DATE DUE

DEMCO 38-296

THE THEATRE OF JOSE MARTIN RECUERDA, SPANISH DRAMATIST

Dramas of Franco and Post-Franco Spain

THE THEATRE OF JOSE MARTIN RECUERDA, SPANISH DRAMATIST

Dramas of Franco and Post-Franco Spain

Sixto E. Torres

Hispanic Literature
Volume 22

The Edwin Mellen Press
Lewiston/Queenston/Lampeter

Library of Congress Cataloging-in-Publication Data

Martín Recuerda, José.
  [Plays. Selections]
  The theatre of José Martín Recuerda, Spanish dramatist : dramas of
Franco and post-Franco Spain / [selection and introduction by] Sixto
E. Torres.
        p.   cm. -- (Hispanic literature ; v. 22)
  English and Spanish.
  Includes bibliographical references.
  ISBN 0-7734-9356-5
  I. Torres, Sixto E. II. Title. III. Series.
PQ6663.A746A6 1993
862'.64--dc20   93-30131
                                                                    CIP

This is volume 22 in the continuing series
Hispanic Literature
Volume 22 ISBN 0-7734-9356-5
HL Series ISBN 0-88946-386-7

A CIP catalog record for this book
is available from the British Library.

The Edwin Mellen Press   The Edwin Mellen Press
       Box 450   Box 67
Lewiston, New York   Queenston, Ontario
    USA 14092   CANADA L0S 1L0

Edwin Mellen Press, Ltd.
Lampeter, Dyfed, Wales
UNITED KINGDOM SA48 7DY

Printed in the United States of America

To Sandy, Bryan, and Alyssa—
My inspirations

CONTENTS

Preface

José Martín Recuerda is an important dramatist of the contemporary Spanish theatre of protest and indictment, which demonstrates a direct concern for the harsher actualities of Spanish social life. Critics generally agree in placing him among the most significant of the day, and young researchers nationally and internationally have dedicated more than a dozen dissertations and theses to his work. Yet, because his theatre is so direct, explosive, and punctuated by verbal and physical aggression, many works remain unstaged and unpublished today.

This collection does not propose to present a detailed analysis of his theatre. Rather the volume, with a brief critical introduction, is intended to bring together a number of plays which have existed in manuscript form, but not available to the general public and researchers. Of special importance is the volume's bibliography, for I believe it to be the most extensive on his theatre.

The theatre of Martín Recuerda has evolved from the presentation of individuals who react with passive resignation in his early works to those who staunchly resist and vehemently oppose unjust social and political conditions. In nearly half century of playwriting, he has amassed more than forty plays, including film and TV scripts, of which several have had commercial success and more than twenty remain unpublished. Theatre experts until 1984 had divided the trajectory of his dramaturgy into two cycles. Yet, there may be as many as four distinct periods, which stem from his attempt to criticize the quickly changing social and political conditions in Spain's recent history. From the Sartrian/Brechtian dramatic and technical aspects of his drama, to a confrontational political stance, to experimentation with historical and mythic figures as a basis of his work, Martín Recuerda demonstrates his concern by pointing out the injustices of society.

By the playwright's own words, El Enemigo (1943) was considered lost. Through the efforts of the late Gerardo Velázquez Cueto, who graciously shared with me one of a few available copies of the manuscript, I am happy to include it among the other five. This work is vitally important, for among the first six early works, *El Enemigo* remains intact. The play stands out for its contemporary approach, which is later produced in his mature work. The thematic basis, character presence, and the confrontational mode of the characters directly connect it twenty years later with *Las Salvajes de Puente San Gil*.

The other five works, written between 1983 and 1991, are marked by a conscious effort by Martín Recuerda to present the reality of recent Spanish social and political life, and by the process of experimentation both thematically and technically. *Carteles Rotos* (1983) focuses on family, a metaphor for Spain, in its deteriorating moments during post-Franco Spain. *La Cicatriz* (1985) exposes not only issues pertaining to women, but also taboo subjects such as homosexuality. The play is a powerful cry for tolerance, compassion, and understanding among dissimilar camps. *Amadís de Gaula* (1986) explores the symbiotic relationship between the supernatural and the real, fantasy and illusion, and the presentation of the person in Amadís and his search for the "self" through rites of initiation, which humanize the mythical figure. As such, he is presented as a flesh and blood entity as a way of projecting to the audience the need to search for truth in an almost immoral society. *La Deuda* (1988) presents a striking departure from Martín Recuerda's dramatic constants. No longer is Andalusia the setting as in most of his plays, but rather the setting is Nevada (U. S. A.) While treating the problem and consequences of mixed marriages, he also projects the psychological damage caused by institutions of higher learning to professors with publication deadlines and the horrors of an unfair evaluation process. By the decade of the 90's, Martín Recuerda had realized that the social changes promised immediately after Franco's death had not materialized. In his disillusionment with a system unwilling to change, he completed *Las Reinas del Paralelo* in 1991. As a play that opens with a scene reminiscent of the subworld of *Las Conversiones*, it presents a dingy cafe that attracts every element of society. The play combines street language with song and dance, and presents characters who are in a constant state of agitation, underlined by their verbal abuse and physical aggression, and taboo subjects such as homosexuality, transvestism, food stamp fraud, the laundering of monies, and theft in high offices.

Of major importance for this book's development is the permission given by the playwright to publish the manuscripts, and the use of the Purdue University Library, which houses unpublished works by the writers of the *Generación Realista*. My work with Purdue was made possible by a travel grant by the College of Liberal Arts and Clemson University in 1991. I express my sincere appreciation to the late Gerardo Velázquez Cueto for providing a copy of *El Enemigo*, and to Francisco Cabello, Barry Weingarten, and Martha Halsey, who, through the years, have provided me with information and copies of Recuerda's most current manuscripts.

Introduction

Brief Biographical Sketch

José Martín Recuerda was born on June 17, 1922, in Granada, about fifteen miles from Fuentevaqueros, birth place of Federico García Lorca. He was one of six children, his parents owned a fruit stand in Plaza de Bib-Rambla, and though he struggled early on with competing in an all male family, he completed his elementary education at the Placeta de Castillejos school, where the poet and dramatist Federico García Lorca first studied.[1] He then enrolled in that city's Padre Suárez High School and later completed his bachillerato at the Academia Luis Vives. In 1947 he entered the University of Granada and earned the degree of licenciatura in Spanish literature.

His love for the theatre began at an early age with his involvement in the children's theatre. When asked what had motivated him to write, he quickly adds today that his intense desire for the theatre and his fascination with the traveling repertories he witnessed as a child in Granada provided the inspiration.[2] Granada was itself a place of great fascination for him, for he encountered a mixture of cultures and dynamism which find their expression in dramas later in his career.

During his adolescence, he completed his first dramatic work, *La Garduña*, at age fifteen and wrote several poetic compositions, two novels and six other dramatic pieces.[3] The playwright, however, initiated his dramatic career in 1954 with the performance of *La Llanura* —a three-act play revised berore it was staged in Granada, Seville and Madrid. The original version of the work, censored by the Franco regime for its inclusion of the term *fusilamiento* and other direct references to the Spanish Civil War, was not published until 1977.

Martín Recuerda has become one of the most popular Spanish dramatists of the post-Civil War period. His most successful plays, *Las Salvajes en Puente San Gil* (1961), and *Las Arrecogías del Beaterio de Santa María Egipciaca* (1978), since their premiere night, have enjoyed full-house performances throughout Europe. In addition, his other works, *El Teatrito de Don Ramón* (1958), *Como las Secas Cañas del Camino* (1960), and *¿Quién Quiere una Copla del Arcipreste de Hita?* (1965) have been performed extensively on both stage and television.

A nationally and internationally acclaimed playwright, he has twice won the coveted Lope de Vega Price of 200,000 pesetas[3] in 1959 for *El Teatrito de Don Ramón* and in 1976 for *El Engañao*—a work published in 1981. He was also awarded the International Theater Prize in 1968 at Valparaiso University in Webster, Indiana.

While working as a teacher in the city's Padre Suárez High School, he was asked to become director of the Teatro Universitario of Granada in 1952—a position he held until 1960 and one which he directed enthusiastically. In his zeal to decentralize the theatre from Madrid, he and his Teatro Universitario traveled the length and breadth of Andalusia presenting modern and classical works.

Because of his active involvement with the university theatre, he received numerous awards and commendations. After winning the Premio de Plata of the Sindicato Español Universitario of Madrid in 1952, he became the National Prize winner for direction of the university theatres of Madrid and Murcia in 1954 and 1957, respectively. In 1955, he was awarded the International Prize for Direction by the University Theater in Montpelier in France. In addition, he participated in various theatrical festivals.

While he attended and gave lectures for dramatic writers at the International University of Santander in 1954, he played a major role in the Third International Festival of University Theater at the University of Monteplier that same year. In 1956 he traveled to Italy to enter the Fifth International Festival of University Theater in Parma. A year later, he became Spain's representative at the Primera Quincena de Arte Internacional in Tangier.

An able professor and speaker, the playwright has given lectures and conducted literary workshops and conferences not only throughout Spain and Europe, but also in the United States. He served as professor of Spanish literature at the University of Washington in 1966 and Humbolt State College in California in 1970. In addition to teaching literature and drama courses, he also played an important role in round table discussions, lectures and conferences held at several universities. In 1980 he was the keynote speaker at a Theater Symposium at The Pennsylvania State University, where an English version of his recent *Las Arrecogías del Beaterio de Santa María Egipciaca,* a drama about the nineteenth century martyr Mariana de Pineda, was staged. Martín Recuerda was director and holder of the Juan del Enzina Chair at the University of Salamanca. Although he has retired from university life, he frequently speaks at conferences and conventions, and he continues to write at his home in Salobreña. In 1991, he completed *Las Reinas del Paralelo,* a work included in this volume, and he is currently working on *La Caramba en la Iglesia de San Jerónimo el Real.* In 1993, Granada awarded him the city's highest honor: *La Medalla de Oro.*

General Characteristics of Spain's Theatre of Social Protest

José Martín Recuerda is an outstanding member of Spain's Post Civil War "generacion realista." This theatre, which began to figure prominently in the 1950's, includes the works of several authors of serious drama who wrote during the decade of the 1960's a type of theatre that Francisco Ruiz Ramón calls dramas of protest and indictment.[4] José Martín Recuerda, Carlos Muñiz, José María Rodríguez Méndez, Ricardo Rodríguez Buded, Antonio Gala and Lauro Olmo have been perhaps the leading exponents of the theatre of social protest, which has its roots in Antonio Buero Vallejo's *Historia de una Escalera* (1949) and Alfonso Sastre's *Escuadra hacia la Muerte* (1953). These playwrights demonstrate a more direct concern for the harsher realities of Spanish life. Through their drama they attempt to depict society as it is without evading politics and other controversial issues.

While they often seek inspiration in Spain's own tradition and adopt a critical view of recent Spain, they denounce vigorously the *teatro de evasión,* a comic and escapist theatre of the Franco period, which is not concerned with social, political and religious issues. At the same time, they take a definitive stand against contemporary social injustices and bring into sharp focus the more painful actualities of Spanish social and economic life.

The playwrights use a relatively bold and violent language in their works. It is direct, explosive, defiant and opposed to the passive rhetoric of the innocuous theatre of entertainment of recent years. Ruiz Ramón mentions that this new, abrasive language ". . . es la consecuencia de una toma de posición frente al lenguaje oficial, bien-sonante, y de una actitud de protesta desenmascadora de una violencia real."[5]

The writers often portray the plight of the poor working classes, as suggested by Ruiz Ramón:

> Los temas generalmente presentados por este teatro son los de la injusticia social, la explotación del hombre por el hombre, las condiciones inhumanas de vida del proletario, del empleado y de la clase media baja, su alienación, su miseria y su angustia, la hipocresía social y moral de los representantes de la sociedad establecida y la desmitificación de los principios y valores que les sirven de fundamento, la discriminación social, la violencia y la crueldad de las "buenas conciencias," la dureza, la impiedad e inmisericordia de la opinión pública, la condición humana de los humillados y ofendidos, del hombre de suburbio, del hombre al margen, del hombre expoliado, en una palabra, de los viejos y de los nuevos esclavos de la sociedad contemporánea.[6]

The plays of these dramatists are fundamentally realistic in concept, although, of course, depending on the individual differences and ideological preferences of the writers, the dramatic pieces vary in technique and message. Some dramas, like Lauro Olmo's *La Camisa* (1962), are realistic and tragic in tone, but "are not lacking in lighter costumbristic elements (frequently earthy) that provide balance in the playwright's realistic and credible dramatic situations."[7] Rodríguez Buded's *El Charlatán* (1962) has touches of dark humor, while another work of his, *Un Hombre Duerme* (1959), tends toward the absurdist. Rodríguez Méndez's *Los Inocentes de la Moncloa* (1960) reveals a tendency toward naturalism. On the other hand, Carlos Muniz's works, especially *El Tintero* (1961), are expressionistic in form. José Martín Recuerda's works of the first period, especially *El Teatrito de Don Ramón* (1959), display strong lyrical overtones. In the plays of the second period, Recuerda shows a shift toward the theatre of cruelty.

The writers, generally speaking, have not adopted, to any great extent, the forms of the theatre of the absurd or the avant-garde theatre. The absurdists, like Fernando Arrabal, lean toward a theatre of panic and intellectual terrorism, sordidness and ambiguity. The formerly "underground" playwrights or *vanguardistas*, which include José Ruibal,

José María Bellido and Antonio Ballesteros, dedicate their efforts to a type of theatre that is usually brief, intensely ironic and allegorical.

Generally speaking, the writers of social concern portray characters from the middle to lower social strata. Middle-age dreamers, prostitutes, revolutionary fanatics, drunks, unruly youths, priests and crooked town officials abound in this theatre. Their importance is underlined by the fact that social protest writers want to present the reality of Spain—"una España abofeteada y malherida, cuyos representantes no podían ser otros que campesinos, prostitutas, delincuentes ensoñados, señoritos fracasados y aguardentosos, guardias, trashunantes, licenciados que ahorcaron la toga y gentes de vida más o menos airada."[8] These protagonists face considerable psychological and physical pressure in an environment where injustice reigns supreme. They confront harsh social, political and economic systems, and many become victims of a cruel, fragmented and alienated society.

Spanish critics, in general, tend to look upon these writers of recent social drama as a group or "generation" that evolved toward more radical expression of its messages, but which remains, more or less, within the bounds of the social realism initiated by Buero Vallejo and Sastre. The playwrights of recent social protest believe that, in the strictest sense, the group of writers to which they belong may not be called a "generation" because the dramatists vary considerably in their aesthetics. From an ethical perspective, however, they form an authentic "generation," since they have been united by the same cause: that of protest and social criticism.[9]

Certainly the dramatists of social protest have chosen a difficult road. Until Franco's death, they worked under a strict censorship which limited the type of drama that could actually be staged. Until 1975 works that negatively portrayed the Catholic Church, the Spanish government or the Head of State (Francisco Franco) were usually censored. Consequently, many of the plays, firmly rooted in social causes were either not presented on stage because of the nature of their themes or were performed in a drastically altered form. Thus, the powerful protest of these dramatists was subdued or weakened by the Franco regime. They were not entirely free to express their thoughts, and their accusing fingers were not allowed to point directly to the exact causes of social ills, lest they suffer reprisal from the established government. The social protest of the dramatists of the 1950's and 1960's in Franco Spain was, then, often indirect and even disguised. They tended to "atraer a un plano primerísimo el doloroso vivir material de las clases humildes y conseguir los efectos apetecidos"[10] without pointing out "muy concretamente las causas de la injusticia"[11] that ails society. In a 1973 Málaga conference, Martín Recuerda stated clearly the situation of these dramatists of social protest:

> Cuando han intentado asomar la cabeza en los escenarios españoles, se la han cortado; cuando han intentado hablar, les han tapado la boca, han ido poco a poco, frustrándoles el camino, sin que puedan dar testimonio de su tiempo y de plantearse a España como punto de partida de sus conflictos dramáticos.[12]

Even well after the death of Francisco Franco (November, 1975), social protest writers continued to face opposition—despite the fact that official censorship was abolished in 1975. During the early post-Franco years, the government supported commercial ventures that would bring a profit. Socially entrenched, avant garde, or other theatre considered risky was not promoted. And so social protest writers were once again forced to stage their work in noncommercial houses and university theatres.

The Theatre of José Martín Recuerda

The theatre of José Martín Recuerda is often poetic yet basically realistic. It is, says Benigno Vaquero Cid, "abierto, directo, de un hombre ferozmente independiente."[13] It is as far from the psychological or existential theatre as it is from the theatre of evasion. His theatre is deeply entrenched in its Iberianism, for Spanish theatre is in great part violent, passionate, cruel and satiric; and a long time ago he learned that the Spaniard, desirous in creating realism, cannot write drama without intermingling these sharp contrasts which render such spiritual wealth.[14]

The dramatist is a liberal thinker. While he is not actively involved in politics or political organizations, he does believe that when a playwright deals with man's problems he cannot avoid political, economic or religious themes at the time of artistic creation.

In addition, he believes that his theatre clings to a line that is fundamentally traditional because the dramatist must touch upon the foundations of Spanish tradition when dealing with its people and problems. He feels proud to write a type of theatre whose creativity is born of an "España de tierras yermas, de cantos secretos y anónimos, de aguas silenciosas, de ríos llenos de historia y sobre todo el pueblo español que todavía sabe cantar y no llegó a olvidar sus viejas canciones."[15]

His theatre protests the social wrongs committed against the individual. It lashes out at political and religious injustices and exposes moral and social hypocrisy, indifference and man's inhumanity toward man. Vaquero Cid, Martín Recuerda's mentor of many years, claims that the playwright gets to the heart of contemporary man's situation:

> Si en su carne hace impacto el hecho de un fusilado, o un violento choque social capaz de arrancar los añejos disfraces de la hipocresía beateril o política, o un problema de tipo religioso capaz de zarandearnos las entrañas, enfrentado la vida con la fe, Martín Recuerda, en plenitud creadora, los aborda y nos los sube a las tablas abiertamente en toda su trágica desnudez y con todas sus consecuencias.[16]

7

Martín Recuerda's theatre is often compared to that of Federico García Lorca because of its similar provincial setting in Granada and lyrical overtones. Both attended the same school and university and developed talent in sketching, drawing, painting and classical music. Both maintained an undaunted passion for reading, wrote verses and attempted the novel. Martín Recuerda and Lorca began to write dramas at a very early age and were influenced by Valle-Inclán, Azorín and Unamuno. Both were indefatigable directors of university theatres as they brought drama to the people throughout Spain. Both traveled abroad, expanding their horizons as dramatic artists. Lorca visited New York and Recuerda gave lectures in California and Pennsylvania and spoke in conferences in France and Italy. Both remained firmly entrenched in the social and economic problems of Spain and were repelled by hypocrisy and the lack of charity. Martín Recuerda, however, was deeply committed to social theatre and the fight for social justice because of the many iniquities perpetrated against society during the Franco regime. Both artists have used themes and characters from the towns and villages they knew so well and put in their plays a great number of female characters.[17]

His plays are realistic in language and plot and have rural settings. The majority of his works, for example, are situated in what José Monleón calls the Andalusia of García Lorca and of the *cante jondo*, from which desperate workers emigrate to the industrial countries north of Spain, and that deludes its people by its false image of gaiety.[18] While many of his dramas take place in the lower Andalusia of the contemporary epoch, his *Amadís de Gaula, Las Conversiones, El Engañao* and *Las Arrecogías del Beaterio de Santa María Egipciaca* are located in fourteenth, fifteenth, sixteenth and nineteenth-century Spain, respectively. The play *¿Quién Quiere una Copla del Arcipreste de Hita?*, based on the *Libro de Buen Amor*, takes place in New Castille during the fourteenth century, while *Carteles Rotos, Caballos Desbocaos, La Trotski, La Trotski se va a Las Indias*, and *Las Reinas del Paralelo* develop in post-Franco Spain. Neither humor, fantasy nor allegory are important elements in Martín Recuerda's plays. They are devoid of burlesque ingredients at the same time.

His theatre was first classified in two cycles or periods by José Monleón. After 1975, the late Gerardo Velázquez Cueto identified four distinct periods: early works, theatre of submission, theatre of rebellion I, and theatre of rebellion II.[19] With new *postfranquista* works such as *Caballos Desbocaos, Carteles Rotos, Las Conversiones, Amadís de Gaula, La*

8

Deuda, and *Las Reinas del Paralelo,* Recuerda's dramaturgy truly encompasses four periods. While the classification seems too specific for some critics, Recuerda's works have, indeed, evolved both thematically as well as technically within four time periods: 1943-1960, 1961-1972, 1973-1984, and plays since 1985. Representative of the first period are those plays written before 1960: *La Llanura, Los Atridas, El Payaso y los Pueblos del Sur,* and *El Teatrito de Don Ramón.*[20] These plays are generally characterized by frustrated protagonists who agonize and who, without rebelling, become victims of a tragic and violent Andalusian atmosphere of despair.

The central figures in the works of the second and third periods no longer retreat but, instead, face the public and rebel. Representative works of these cycles written between 1960 and 1984, include *Como las Secas Cañas del Camino, Las Salvajes en Puente San Gil, El Cristo, ¿Quién Quiere una Copla del Arcipreste de Hita?, El Caraqueño, Las Arrecogías del Beaterio de Santa María Egipciaca, El Engañao, Caballos Desbocaos, Las Conversiones, Carteles Rotos,* and *La Trotski.* The same hostile environment exists as in the earlier plays, but the main characters now accuse, resist and rebel. The works of this period are also characterized by a language that is crisp, threatening, explosive; and by main figures who are in a constant state of agitation and motion. Society appears to be represented by deformed and grotesque figures, somewhat reminiscent of Valle-Inclán's *esperpentos.*[21] Indeed, the dramatist shows characters in a crumbling, chaotic and brutal reality—those who have very little to defend except their very lives.

With *Las Salvajes* and later *Las Arrecogías,* Martín Recuerda achieves a technical improvement in his stagecraft. Since he desired to provoke the audience and to maintain tension throughout the drama, he projected the stage space beyond the traditional stage limits by moving characters out into the space of the audience, and thus bringing both audience and character face-to-face to confront social problems. As a way of attacking the established order, Recuerda concentrates on the power of total theatre and the presentation of characters who act with solidarity against injustice. In choral-like fashion—the *personaje corral*—the characters act and react to situations presented them and directly confront the oppressor. Among this group is Recuerda's interest in delving into Spain's historical past, for he believes that by questioning it, we come to better understand our own present. In *El Engañao* and *Las Arrecogías,* the playwright brings to the stage the historical figures of Phillip IV and Mariana de Pineda, respectively. In

¿Quién Quiere una Copla del Arcipreste de Hita?, Arcipreste, the literary figure from the *Libro de Buen Amor*, and Trotaconventos represent two nonconformist figures who suffer the cruel injustices of an intolerable community.

Las Conversiones marks another achievement for Martín Recuerda, for the work responds to a new level of consciousness motivated by the artist's need for self-expression and search for identity under the polemic strictures of post-Franco Spain. A direct condemnation of socialist control, the dramatic piece may be labeled a modern-day *esperpento* that imaginatively melds both historical figures (Enrique IV and Juana la Beltraneja) with fictive and imaginative dimensions (a youthful Celestina) into one work of art. The piece is a venture into plays of transgression and the development of the grotesque, where character inversion is necessary to distance and disorient both reader and audience from a passive existence so as to re-orient them to the problems of today.

Since 1984 Martín Recuerda's disenchantment with Spain's inability to effectuate social change at a quicker pace has motivated him to explore other possibilities. By returning to the mythic mode of the 70's as a way of humanizing legendary heroes, he completes *Amadís de Gaula* in 1986, which questions man's place in the universe, posits the need to cultivate a moral sense in society, and underscores the struggle between good and evil. His next two dramas are significant in that they break with traditional thematic content to expose salient social issues. *La Cicatriz*, completed in 1985 and part of this volume, treats the taboo subject of homosexuality in the Church and the implications of the issue on a broader scale in society. *La Deuda*, written in 1988, takes place in the United States and focuses on interracial marriage and the consequences it faces today, as well as the concept of enslavement to a "hard system" and the psychological damage caused by institutions of higher learning to professors faced with publication deadlines and the horrors of an unfair evaluation process. With *Las Reinas del Paralelo* in 1991, Martín Recuerda returns to the confrontational mode reminiscent of *Las Salvajes* and *Las Arrecogías*. The unique mixture of narrative with poetry maintains a paroxysmal state throughout the play. Its thematic content and focus, however, clearly brings to the forefront issues relating to women as well as the stigma of homosexuality.

A sort of "serialization" seems to occur, however, in his theatre. Some dramas seem to be continuations of García Lorca's dramatic pieces. The play, *Los Atridas*, based on the dramatist's own home life, is, to some extent, a continuation of Lorca's *La Casa de Bernarda Alba* (1936) in that each drama ends with the death of a young girl as the matriarch of the family asks for order and silence and demands that the windows and the door be closed. Similarly, *Como las Secas Cañas del Camino* may be seen as a kind of sequel to Lorca's *Doña Rosita la Soltera* (1935), for each deals with the lonely, frustrated life of a middle-aged unmarried woman. *Las Arrecogías del Beaterio de Santa María Egipciaca*, which treats the story of Mariana de Pineda, is another interpretation of the historical figure in Lorca's own *Mariana Pineda* (1927).

In other plays the dramatist seems to serialize his own work by taking secondary themes from earlier plays and expanding them into central issues in later dramas. The playwright reworks both plot and theme of his earlier dramatic pieces, *El Payaso y los Pueblos del Sur* and *Las Ilusiones de las Hermanas Viajeras* into *El Teatrito de Don Ramón*. From his most popular work, *Las Salvajes en Puente San Gil*, stems the theme for his next play, *El Cristo*. The central characters of *Las Salvajes* also become precursors of the *arrecogías* of the dramatist's epic version of the story of Mariana Pineda in *Las Arrecogías del Beaterio de Santa María Egipciaca*.

Martín Recuerda's theatre encompasses characters from middle to lower social strata. Familiar social figures often appear in his works: the frustrated actor, teacher or writer, the broken-spirited middle-aged professional, the boastful and incorrigible youth, the revolutionary fanatic, the corrupt town official, and the indifferent village priest. In other dramas the characters appear collectively: a company of chorus girls, a group of puritanical ladies, a mob of drunken youths, a crew of imprisoned political activists, a congregation of prostitutes, a group of professional dancers, members of the chorus and assemblages of grotesque and distorted figures.

The author writes serious drama whose themes and messages stir the social conscience. In *La Llanura* the central character not only exposes bitterly the wrongs committed by the political factions during the Spanish Civil War, but also points obliquely to the ruinous effect of the Franco dictatorship. The lack of artistic freedom and the indifference of the church and of the rich to the poor are expressed in *El Teatrito de Don Ramón*. *Como las Secas Cañas del Camino*, which condemns small-town hypocrisy, also underlines the absence of liberty. In *Las Salvajes* a company of chorus girls criticizes the moral and social hypocrisy, the lack of charity and false puritanism of the town. Similarly the protagonist of *El Cristo* strikes at religious fanaticism and

11

the commercialization of religion. He questions the faith of the Spanish people and asks for reform of the Church. While *El Caraqueño* criticizes the materialism of the United States and emphasizes the dehumanization of the individual in a capitalistic state, *Las Arrecogías*, which takes place during the tyranny of Fernando VII, expresses a clear denunciation not only of Fernando's reign but also, by analogy, of Franco's Spain.

Through the many feminine characters which abound in his theatre, the dramatist delves into social and moral issues related to women's rights. He exposes sexual abuse in *Las Salvajes* in which chorus girls are brutally attacked by drunken youths and sexually exploited by town officials. In *Como las Secas Cañas del Camino*, a socially unaccepted love affair between an older woman and a young man ends in solitude and alienation for the feminine figure. In general, the plays depict frustrated unmarried women, women who have lost their husbands in the Spanish Civil War and women abandoned by their lovers. For the most part, the feminine characters are abused and humiliated, as in *Las Conversiones*, or *La Trotski*. But in Recuerda's theatre they are the ones who, either individually of collectively, challenge society and fight against the injustices inflicted upon them.

Music serves as a background to the development of many of the playwright's dramas. The soft sound of an Andalusian guitar is called for in stage directions after climactic situations from *La Llanura* and *Las Arrecogías* to *Las Reinas del Paralelo*, where a festive atmosphere is sustained as songs and sounds are heard within the walls of the convent and on the street outside the fortress. Some plays are sprinkled with songs of a troubadour or the songs and lamentations of a greek-like chorus and some, like *El Teatrito*, are almost poetic.

Although Martín Recuerda's theatre has been favorably received throughout Spain and Europe, many of his works had been censored until recently and he was forced, until a few years ago, to present many of his dramatic pieces in Spain's "theatre of intellectuals," the experimental theatres or *teatros universitarios*. These theatres traditionally encourage freedom of topic and style; and they have mounted the more provocative plays not welcomed by commercial theatre during the Franco regime.

The dramatist affirms that he is rowing against the current when attempting to write a type of theatre which pictures Spain as it is. But he believes, however, that the future of the Spanish theatre will depend upon the better-prepared and disciplined young independent theatrical groups, provided they overcome the current economic crisis and the very indirect economic censorship of the post-Franco Era. The success of the theatre will surely be at hand once these young playwrights get to the heart of the true Spanish theme and style.

The Plays

Although Martín Recuerda gained public attention with *El Teatrito de Don Ramón,* winner of his first Lope de Vega Prize in 1958, he had already completed eleven other plays, some of which have remained unpublished. Particularly important is *El Teatrito* because it is the last play in which his characters protest the injustices of their environment, but fail to act or to confront their oppressor. Critics have pointed to his next work, *Las Salvajes en Puente San Gil* (1961), as a major theatrical and technical achievement, where the play combines protestation with frenzied dancing and aggressive language as a weapon of rebellion against "conformity" and the injustices of the established order.

Nearly twenty years earlier, Martín Recuerda had completed *El Enemigo* (1943), a three-act play structurally aligned closer to Benaventine work, but thematically tied to several other playwrights of the first half of the twentieth century, including García Lorca and Valle-Inclán. Of his early work, *El Enemigo* stands out for its approach, for it provides the thematic basis and character presence which later appear in *Como las Secas Cañas del Camino* (1960), and which is fully developed in *Las Salvajes* and *Las Arrecogías.* Underlined by a crisp, almost acrid, aggressive language, the characters (Elenita, Juan José, Padre Gregorio, and Condesa Sofía) are confrontational. In moments of rage, they strike each other, while verbally abusive as a way of gaining control of the situation and of the other. In the play, Elenita's marriage has been set with Juan José, whom she does not love. She, however, falls in love with her mentor, Padre Gregorio, not knowing that Sofía (her mother) favors Gregorio. In the tensions created by the phaedrian triangle, the game is control. Thus the underpining of language and its use are significant, for if Elenita is to succeed, she must defy her parents, while confronting the suspicious Juan José and Sofía. Aware of the situation, and fearing banishment from the Church, Gregorio agonizes among his commitment to the Church, the stigma of married priests, and the psychological damage he may cause the family. At the end of the work, neither Sofía nor Elenita succeed as Gregorio leaves,

13

having thus destroyed, at least, the hopes of both women and established relationships. Although the play ends without resolution, the technical merit of the presence of its characters, the crisp, sometimes poetic style, the underlying motivations, and the oppositional stance taken by the characters directly connect this work to those of the early stages of the playwright's second period.

The generally politicized framework of *Las Salvajes* in 1961 marks Martín Recuerda's second cycle. This period is underscored by experimentation which garnered him a second Lope de Vega Prize for *El Engañao* in 1976. Other plays were commercially successful, but some remained unstaged in Spain. *El Cristo*, a work completed in 1964, has never been presented in Spain due to the topic of faith and lack of faith and Church involvement in the political arena. In 1982, he completed *Carteles Rotos*. The work offers in its structure, content, and characterization not only a departure from the playwright's dramatic constants, but also a different vision of post-Franco Spain. As an *intimista* work of few characters, movement through dance, is not characteristic. Rather, it brings the audience closer to the character through an effective visual imagery, which projects to the audience what is happening in the deeper recesses of the mind of each character, and exposes their vulnerabilities and their tragic situation.

Unlike the tenets established by *Las Salvajes, Carteles Rotos* focuses on enclosure (home), juxtaposed over an environment of revelry and movement. Recalling the forced silence of Lorca's *La Casa de Bernarda Alba*, the work underscores "house" as a visual referent through which the playwright conveys the unchanged status of the socio-political and repressive machinery, and underlines *lo ininteligible* of a system which works against the efforts of the characters and which negates the individual's forward progress and mobility from stagnation and ultimate annihilation or paralysis.

When *Carteles Rotos* begins we are transported into an enclosed world dominated by the dilapidated and imposing house, a symbol of disintegration and decaying Spanish community, for the once elegant exterior pillars (now rotted), the broken windows, cobwebs and torn and slashed paintings that depict Franco in his heyday in the interior of the house, are only reinforced and echoed by the deteriorating psychological condition of the family members who enter. El General Borja is only a shell of the man he once was. Completely rejected and criticized by community members for his part in the Franco regime, his only escape is within himself in much the same fashion as does the

14

Abuelo in Buero Vallejo's *El Tragaluz* (1967). Cati, a washed-up dancer who married for money and prestige, is the mother figure for recent Spain. Her longing for better days is underscored by the image of memory projected to the audience through the *maleta* motif. Lola, who has managed to become a doctor, has been released due to on-going hospital strikes; and Paco, her brother and struggling college professor, are modern echoes of the tragedies of upward mobility. Finally Antoñico and Paulico, youngsters caught in the symbolic struggle between the transitional world of the *rockeros* and the static traditionalism of Borja and Cati, become tomorrow's victims, for Antoñico is senselessly beaten by the *rockeros* and emerges bound and donning a crown of thorns as a Christ figure and a clear sign of man's seemingly endless brutality. Through the modality of introspection, Martín Recuerda projects the tragedy to the audience so that they are emotionally involved in the drama of the characters and the action of the play.

One of the most difficult issues to confront Spanish society and to assail Catholic morality has been that of homosexuality. While this topic has appeared as a minor theme in *Las Conversiones* and *La Trotski, La Cicatriz*, a two-part play completed in 1985, brings the topic of homosexuality to the forefront in a powerful rendition of love/hate relationship, jealousy, and compassion among monks of a monastery, which the playwright calls "convento." Having suffered the humiliation and brutality of unknown assailants outside the walls of the monastery, the young and illiterate, but handsome Francisco seeks sanctuary. Befriended by Blas, Pablo, and Aníbal, the young man becomes the object of controversy over which the three monks struggle. In a horrifying scene, where Blas removes Francisco's clothing, we are left with the shocking contrast of the beauty of Francisco and the horror of a large scar in place of his manhood. The sexual desires of Pablo and Aníbal and their jealous rivalry ultimately end in the banishment of Blas and the seclusion of Francisco, Pablo, and Aníbal.

Within the mode of experimentation, Martín Recuerda returns to both historical and mythic or literary figures as a way of searching for ways to explain Spain's problems. With *Amadís de Gaula*, written in 1986, Martín Recuerda offers, in its structural framework, thematic fiber, and characterization a striking departure from his politicized drama. Based on Montalvo's original *Amadís de Gaula* (1508), the work follows the patterns of a romance, and recounts in four brief and uninterrupted episodes (1) the abandonment of the infant Amadís to the turbulent waters of a river, and his nocturnal rescue at sea by Gandeles; (2) his subsequent rescue by Gandeles (a Scottish knight) and his wife Blanquidela, who, having been displaced by the horrible condition of their country, find themselves adrift at sea at night on a journey toward freedom; (3) Amadís' proclamation of love for Oriana, who is associated with flowers and the colors red and white; (4) his knighting at age 15, and his ritualized initiation into the world of adulthood—a world which at the end strips him of his illusions and forces him to recognize, much like Don Quijote, his limitations. Although helped by Urganda la Desconocida (a sorceress and protectress) and Ardián (the dwarf), Amadís nearly meets his end when Arcalaus (sorcerer of the underworld) enchants him and holds him captive in his fortress. Amadís' escape is met with the news that Oriana has been banished by Arcalaus to Insula Firme, where she joins countless other lovers and heroes who are, like statues, frozen in time. As a hero symbolizing rights of initiation and growth, the playwright does not allow Amadís to remain within the confines of the Insula. Thus he is turned away by the voice of Oriana, who implores him to live. Amadís' position outside the gates of Insula Firme serves to reaffirm the fragile hope of man's continued "growth."

After *Amadís,* Martín Recuerda returns to a more aggressive play with *La Trotski se va a Las Indias* in 1987. However, he quickly completed *La Deuda* in 1988, a play with few characters. In a departure from his previous drama and the Andalusian background, the playwright sets the action of this drama in a town just outside Las Vegas, Nevada, in a well-to-do neighborhood, where friends have gathered to celebrate New Year's Eve at the home of Ignacio, a physics professor from a nearby university. Frustrated by unfair tenure and promotion practices at the university, Ignacio has abandoned Patricia, his wife, who escapes his inattention by shopping and traveling. The visitors are students of his, but they come to represent marginal and symbolic figures: Robert, dressed as an American Indian; Jim, as a cowboy; and Janet, an Afro-American woman. Through the visual referents of *maletas* and *wisky,* their conversations turn into psychological analysis, exposing their underlying despair and the political and social forces which impinge upon the thoughts and actions of the individual and limit the possibilities of a better future. Reminiscent of *Carteles Rotos,* the play ends in despair and loneliness.

A powerful and historically-based play reminiscent of the techniques in *Las Salvajes* and *Las Arrecogías,* Martín Recuerda's *Las*

Reinas del Paralelo, written in 1991, opens with a shocking scene characteristic of the dingy cafe in *Las Conversiones.* With a setting in Barcelona in the 40's, the play focuses on the action that develops in "El Aspa Dorada," a sort of "treatro de variedades." The work combines song and dance with explosive verbal and physical aggression and a large cast of characters, including those from "el mundo de hampa": prostitutes, pimps, homosexuals and transvestites, anarchists, falangists, soldiers, and others from all walks of life. Although the characters have something to hide from their past, each plays the game of psychological control, while uncovering their vulnerabilities and their tragic situation in a society that is unwilling to hear their plea for justice. Though the playwright situates the action in the 40's, he underscores the problems of the present: theft in high places, the laundering of monies, the black marketing of goods, food stamp fraud, and social intolerance.

NOTES

[1]"Biografía." *Primer Acto* 169 (June 1974): 11. (Usually the date of 1925 is given).

[2]*Ibid.,* 11.

[3]Amando Carlos Isasi Angulo. *Diálogos del Teatro Español de la Postguera.* Madrid: Ayuso, 1974. 256.

[4]Francisco Ruiz Ramón. *Historia del Teatro Español. Siglo XX.* Madrid: Alianza, 1971. 464.

[5]Ruiz Ramón. *Historia del Teatro Español,* 467.

[6]Francisco Ruiz Ramón. "Prolegómenos a un estudio del nuevo teatro español." *Primer Acto* 173 (October 1974): 5.

[7]Marion P. Holt. *The Contemporary Spanish Theater (1949-1972).* Boston: Twayne Publishers, 1975. 149.

[8]José Fernández Santos and José Monleón. "Coloquio sobre el naturalismo, el costumbrismo, el sainete y el futuro de nuestro teatro." *Primer Acto* 102 (September 1968): 23.

[10]Francisco García Pavón. *El Teatro Social en España (1895-1962).* Madrid: Taurus, 1962. 130.

[11]*Ibid.,* 128.

[12]José Martín Recuerda. "Notas para un nuevo teatro español." In *Teatro y su Crítica.* Málaga: Instituto de Cultura de la Diputación Provincial de Málaga, 1975. 324.

[13]Benigno Vaquero Cid. "De Lorca a Recuerda." In *Teatro do José Martín Recuerda,* 31.

[14]Santiago de las Heras. "Un autor recuperado."*Primer Acto* 107 (April 1969): 31.

[15]José Martín Recuerda. "Notas para un nuevo teatro español," 321.

[16]Benigno Vaquero Cid. "De Lorca a Recuerda." In *Teatro de José Martín Recuerda,* 30.

[17]*Ibid.,* 22-31.

[18]José Monleón. "Martín Recuerda o la otra Andalucía." In *Teatro de José Martín Recuerda,* 10-11.

[19]Gerardo Velázquez Cueto, ed. *El Teatrito de Don Ramón. Como las Secas Cañas del Camino.* Barcelona: Plaza & Janés, 1984: 23-24.

[20]*Ibid.,* 11-12.

[21]The *esperpento,* totally created by Ramón del Valle-Inclán (1866-1936), is an inverted esthetic system, based on ugliness, the disproportionate and the grotesque, which tries to externalize the essence of Spanish life. See Emilio González López, *El Arte Dramático de Valle-Inclán* (New York: Las Americas, 1967).

The Plays

El Enemigo (1943)

Carteles Rotos (1983)

La Cicatriz (1985)

Amadís de Gaula (1986)

La Deuda (1988)

Las Reinas del Paralelo (1991)

EL ENEMIGO
(1943)

A D. Jacinto Benavente

PERSONAJES

Padre Gregorio
Condesa Sofía
Condesita Elena
Conde Pablo
Juan José
Cuqui
Alberto
Polo
Teresa
El Viejo Tomás
Mary
Paco
María

Acto I

*Un recibidor en la finca de los Condes de León. Al fondo una puerta de cristales
da a un jardín. Tras él, se ven sierrras lejanas. A la izquierda, una puerta
comunica a un salón. A la derecha, la puerta de entrada. Todo adornado con
gusto y modernismo.*

Escena 1

(Teresa lleva un retrato.)

TERESA. — ¿Dónde pondría yo esto? . . . *(Ojea las mesitas.)* Aquí. ¡Oh
no! Pudiera ser . . .

(Interrumpe el Viejo Tomás desde la puerta del jardín.)

TOMÁS. — Temprano vinieron los condes este año.

TERESA. — ¡Jesús, qué susto me ha dado!

TOMÁS. — Cuando no es pascua.

TERESA. — Se me pudiera haber caído el retrato. ¡Qué modo de dar los
buenos días!

TOMÁS.— También Uds. nos habéis sorprendido. Aún no ha empezado
la primavera.

TERESA. — Ha estado peor este invierno el señor.

TOMÁS. — Ah, no hemos tenido noticias.

TERESA. — Claro que más bien nos hemos adelantado a venir ni por el
señor ni por el médico, sino por la señora.

TOMÁS. — Siempre la condesa tan temerosa . . . ¿Y cuántos días lleváis?

TERESA. — También usted ha estado fuera?

TOMÁS. — Fuera que digamos, no. He estado un mes en el Monasterio
arreglando el jardín. ¡Qué va a hacer uno! Tiene uno que buscar
trabajo donde lo llaman. Esta mañana he vuelto y me extrañó el ver
las ventanas abiertas, echando mis cuentas noto que no han crecido
aún las celindas, cuando otros años han estado marchitas y hasta
casi las rosas. Vaya, ¡cuánto lo siento! Yo que creía que el señor
había mejorado bastante.

TERESA. — Y mejorado se fue el año pasado aquí. *(Comienza a arreglar la
habitación. Coloca el retrato en una mesita).*

TOMÁS. — ¿Quién es el joven del retrato?

TERESA. — Juan José, el novio, es decir, el futuro de la condesita Elena.
TOMÁS. — ¡Qué tiempos!
TERESA. — Ay, todos no tenemos la misma suerte. ¡Es tan linda!
TOMÁS. — Por lo visto éste viene bien. No hay más que verte que no has sabido dónde colocar el retrato.
TERESA. — Son órdenes de la señora. La condesita no trajo ninguno.
TOMÁS. — Vaya, éste quizás.
TERESA. — ¿Cómo quizás? Sí, se casan al fin del verano. Ha venido también con nosotros.
TOMÁS. — ¿Pertenece a buena familia?
TERESA. — A los condes de Almansa.
TOMÁS. — Caramba, si no me engaño, son parientes del padre Gregorio.
TERESA. — *(Con alegría.)* ¿Cómo está?
TOMÁS. — Tan bueno y tan santo como siempre. ¡Oh, en esta casa lo que lo quieren todos! ¡Cuánto me alegra! Por aquí lo queremos también todos.
TERESA. — Este invierno pasado el señor le mandó llamar varias veces.
TOMÁS. — ¿Y no fue?
TERESA. — No pudo.
TOMÁS. — Claro . . .
TERESA. — ¿Eh?
TOMÁS. — ¡Ah!, como tiene tantas ocupaciones. *(Se siente un caramillo, cencerros de ovejas. El Viejo Tomás se vuelve. Teresa se detiene.)*
TOMÁS. — ¡Eh, estas ovejas! No pueden irse por aquellas lejanías. Han de buscar los trebos de nuestros bosques. *(Llamando.)* ¡Eh, pastor, condúzcalas hacia aquel cerro, eh, pastor!
VOZ. — Va a comenzar tormentaaa.
TOMÁS. — ¿Qué?
VOZ. — ¡Tormentaaa!
TOMÁS. — ¡Es un mes de mayo muy hermoso. No ve qué claro está el cielo. ¡Sólo unos nublos muy lejanos!
VOZ. — ¡Tormentaaa!
TOMÁS. — *(A Teresa.)* ¡Este pastor Andresillo tan pícaro! Voy a tener que ir yo. *(Vase refunfuñando. Suenan risas. Puerta derecha Polo, Cuqui y Alberto en trajes de montar. Teresa sigue arreglando.)*

Escena 2

CUQUI. — ¿Habéis encerrado bien los caballos?

ALBERTO. — No tienes ni que preguntar.

CUQUI. — Pero, ¿cómo habéis estado, hombre?

POLO. — Por nosotros . . .

ALBERTO. — Fue ella quien quiso alejarse.

POLO — Y despistarse.

CUQUI. — *(A Teresa.)* ¿No ha llegado Elena?

TERESA. — No señorita.

CUQUI. — ¿Dónde se habrá podido quedar?

ALBERTO. — Con Juan José, naturalmente.

CUQUI. — ¿Se ha levantado mi tía?

TERESA. — Sí, señorita.

CUQUI. — Bien. Tráenos un poco de ron.

TERESA. — Sí, señorita. *(Se va.)*

CUQUI. — Verdaderamente aún no sabéis montar. *(Se quita los guantes y se sienta. Se sientan todos.)*

POLO. — Los caballos que no se dejan bien manejar.

CUQUI. — Quita hombre, vosotros que no los manejáis bien.

ALBERTO. — ¿Recuerdas en la casería de Mary?

POLO. — Apostó con un viejo coronel de infantería que saltaría la valla, y la saltó.

CUQUI. — Habría que haberlo visto.

POLO. — Bueno, ¿qué hacer ahora?

CUQUI. — Tomaremos el desayuno y nos iremos al prado.

POLO. — ¿Piensas escribir?

CUQUI. — Tengo que acabar el estatuto. *(Alberto suelta una carcajada.)*

POLO. — No te reirías delante de Elena.

ALBERTO. — ¿Por qué?

POLO. — Es la jefa del Club.

ALBERTO. — No me hagas reír.

CUQUI. — Estoy intranquila por ella.

POLO. — Pero si está con Juan José.

CUQUI. — Lleva unos días tan distinta que parece como si estos aires la transformasen.

POLO. — Es muy romántica.

ALBERTO — Nada de eso.

CUQUI — Cinco días llevamos en la finca, y cinco días que la veo completamente cambiada.

POLO. — ¿Sigue cambiando impresiones con ese monje? ¿Cómo se llama?

(Silencio.)

CUQUI. — Padre Gregorio.

ALBERTO. — ¿Cuál era de aquellos tres que vimos paseando por el sendero?

CUQUI. — El más alto.

ALBERTO. — A mí no me agrada su aspecto.

CUQUI. — Ha debido ser guapo. Yo le encuentro un aire muy atrayente.

POLO. — ¡Cuqui!

CUQUI. — Oh, la verdad sea dicha.

ALBERTO — Dicen que es todo bondad y que es pariente de Juan José.

CUQUI. — No sé. Es muy amigo de mis tíos y además el director espiritual de Elena.

ALBERTO. — Si he de seros sincero, he de deciros que yo veo bien para nadie; eso de tomar consejos de otros, las personas sabemos muy bien por el camino que andamos. Esos hombres tan sabios sólo logran formar un desorden en el espíritu, presentar a la vida muchos caminos distintos para no saber cuál elegir.

CUQUI. — Sí, pero cuando las cosas se hablan con verdad es muy difícil truncar un camino. Se nota bien al Padre Gregorio su bondad y su verdad. Yo veo bien ese cambio de impresiones.

POLO. — ¿Lleva ya muchos años?

CUQUI. — Cuatro o cinco. Mi tía Sofía casi al venir aquí, aparte de la salud de su esposo, viene por el hecho de que el Padre Gregorio guíe en sus actos más íntimos a Elena. Ella es la que se interesa porque su hija cambie impresiones constantemente con el padre Gregorio. Yo no sé cómo este año no está ya aquí el padre. Todos los años, al llegar, lo primero que hace el conde Pablo es mandarle a llamar. Claro que interviene mi tía Sofía. Cualquier cosa que le ocurre a Elena mi tía inmediatamente le aconseja que se lo cuente al Padre Gregorio, y durante los inviernos no dejan de escribirse.

POLO. — ¡Cuánto quiere la Condesa al Padre Gregorio!

CUQUI. — Oh, como si fuese su propio hermano. ¡Es un cariño grandísimo!

ALBERTO — Pues no digamos el conde . . .

CUQUI. — Oh, mi tío siente delirio por él. Ya ves, este invierno cuando estaba tan grave sólo se acordaba de él. El Padre Gregorio es en esta casa el único y verdadero amigo. *(Interrumpe Teresa. Trae el ron y bandeja con copas, coloca en la mesa. Cuqui se levanta, y llenando las copas, ofrece.)*

CUQUI. — *(A Teresa.)* ¿Llegó Elena?

TERESA. — No señorita.

ALBERTO. — ¡Qué ron más bueno! *(Vase Teresa. Polo enciende un pitillo. A escena, quitándose los guantes brúscamente, Juan José).*

Escena 3

CUQUI. — Oh . . .

ALBERTO. — ¡Qué lástima! Tan joven.

CUQUI. — ¿Qué le ocurre al Romeo?

POLO. — ¿Qué le ocurre al gran ingeniero? *(Silencio. Juan José echa tembloroso una copa. Bebe. Se detiene un momento. Mira sin apercibirse de lo que dicen, y vase brúscamente por la puerta del foro.)*

CUQUI. — ¡El amor!

ALBERTO — *(Deja salir una carcajada.)* Quién diría que es el famoso ingeniero.

POLO. — Tiene momentos de niño.

CUQUI. — Bronca segura.

ALBERTO. — ¿Dónde estará entonces Elena?

CUQUI. — No sé.

POLO. — Recuerdas cuando echó su caballo a trote. Quizás fuese enfadada.

CUQUI. — ¿Por dónde echó, tú la viste?

POLO. — Ese camino ancho bordeado de álamos.

CUQUI. — *(Pensativa.)* Oh . . .

ALBERTO. — ¿No es el camino que conduce al monasterio?

CUQUI. — Sí.

POLO. — Qué extraña es a veces esta Elena. Está con nosotros al parecer muy feliz y de pronto se le pierde el color de la cara como si el corazón se parase por un instante y desaparece como por encanto; o está medio loca, o yo no sé.

ALBERTO. — Yo que creía que deseaba estar sola con Juan José.

POLO. — ¿Echamos un partido de tenis, Alberto?

ALBERTO. — Como quieras. Vayamos. *(Polo y Alberto vanse puerta del foro. Cuqui se sienta pensativa. Después de una pausa con lentitud, llega Elena. Se detiene ante la puerta del jardín y mira las sierras.)*

26

Escena 4

CUQUI. — ¿De dónde vienes? *(Pausa.)* Sabes Elena, esta mañana he
madrugado más que tú. Abrí el balcón a la primera claridad del sol
y aún veía la luz de algún cortijo que relampagueaba tan mortecina
como las luces ya casi extinguidas de las estrellas. Este año veo
estos campos más hermosos. Estos jardines dan más flores. ¿De
dónde vienes, Elena?

ELENA. — *(Sin dejar de mirar.)* Seguí el camino de los álamos y llegué a
la sierra.

CUQUI. — ¿A la sierra?

ELENA. — Siempre desde niña miraba desde esta puerta aquella sierra.
A veces me sentaba, y abrazada a mi muñeca contemplaba como
una tonta la puesta del sol. ¡Son unas sierras tan desolades! Los
últimos días del estío, cuando suele pasar alguna que otra tormenta,
aquellas sierras toman expresión tan lúgubre que da miedo; y
cuando pensaba en aquellos pobres pastores que corrían a cobijarse
en las cuevas, sentía compasión por ellos como por todo lo que allí
existe. A pesar de todo me atraen como si fuese un abismo, ese
abismo misterioso y profundo al que nos dicen, "No os asoméis," y
sin embargo vamos con más ansias a descubrir todo lo que en él
haya de misterio, aunque sepamos conscientes que puede peligrar
nuestra vida y . . .

CUQUI. — Qué extraña eres a veces.

ELENA. — ¿Extraña, por qué? Porque en este momento no me ves
optimista. Sólo te cuento una pesadilla que he tenido desde niña.
Siempre al llegar a Casa Blanca y mirar aquello, ha constituído un
secreto *(Pausa.)* Mira, Cuqui *(Ésta se levanta y va)* fíjate en aquel viejo
monasterio.

CUQUI. — Sí.

ELENA. — Parece de ensueño. A veces cuando han bajado las nubes y
como cadenas le han rodeado, me ha dado la sensación de algo de
otro mundo. Recuerdo los primeros años de venir que a mi madre,
sobre todo a la caída de la tarde, ya próxima la noche, cuando una
que otra luz brilla en sus ventanas mortecina, le daba miedo mirar,
mi madre me enseñó a tenerle miedo. Pero ese miedo que te incita a
contemplarlo desde cerca, que te incita a penetrar dentro y ver . . .
como, por decirlo así, el corazón.

CUQUI. — Vaya. Qué cosas tan bonitas dices.

ELENA. — Siempre me he ido yo sola hasta allí *(Cuqui se vuelve a sentar.*

Elena se vuelve a ella) y me ha parecido juntamente con la sierra algo que no tiene vida. ¿No le has visto nunca por dentro? Hay una soledad que se impone, unos cipreses que de noche parecen almas de otro mundo, y una fuente por donde sale el agua gota a gota como si gimiese. *(Repentinamente se cubre su rostro entre sus manos.)* ¡Oh, no sé cómo pueden allí vivir!

CUQUI. — Pero, ¡Elena!

ELENA. — Es un mundo donde parece que sus habitantes son cadáveres. No circula la sangre por sus venas. No sienten el calor de la vida y sin embargo dicen que allí han encontrado la paz, la felicidad.

CUQUI. — Cualquiera diría que tú eres la jefa del Club del Día.

ELENA. — Déjame ahora Cuqui, no puedo reír.

CUQUI. — Pero, ¿qué te sucede?

ELENA. — Nada.

CUQUI. —¿Has reñido con Juan José?

ELENA. — Sólo he querido estar sola. ¿No tienes tú momentos que deseas estar sola?

CUQUI. — Sí, pero son lógicos.

ELENA. — Pues lógico para mí, es este . . .

CUQUI. — No hay razón, abandonarlo de pronto e irse a la sierra, yo no comprendo.

ELENA. — Quizás, nadie lo comprendería.

CUQUI. — ¿Por qué nadie? Hay personas muy sabias que te puedan comprender. *(Elena enmudece y mira fija a Cuqui.)* Personas, que sepan comprender la vida mejor que nosotras: tu madre misma, el Padre Gregorio. ¿Por qué no le confías al Padre Gregorio lo que te sucede? ¿Qué te ha pasado de pronto? Has cambiado de color. ¡Jesús hija, estás llena de misterios! *(Elena suelta una carcajada.)*

ELENA. — Mucho queremos a ese padre en esta casa pero no es inteligente. *(Vuelve a reír.)* Las mujeres no nos debemos confiar a nadie. Me refiero a esta edad, cuando no sabemos lo que ha de venir. *(Se sienta.)* Más tarde, quién dice que no le abramos pleno el corazón a nuestros maridos. Verdaderamente yo creo que nadie dice verdad a nadie. *(Vuelve a reír. Suenan las voces de Polo y Alberto.)*

POLO. — *(Llamando.)* ¿Cuqui, has cogido la raqueta?

CUQUI. — ¿Eh? *(Se levanta.)*

POLO. — Que si has cogido la raqueta, haz el favor de traerla.

CUQUI. — Ah, voy enseguida. *(Se va. En la puerta izquierda está pensativa la Condesa Sofía).*

28

Escena 5

CONDESA. — Me han sorprendido tus palabras.

ELENA. — Ah, madre. *(Se levanta y besa. Elena se vuelve a sentar. La Condesa llega al centro de la escena.)*

CONDESA. — Eran frases angustiosas. ¿Por qué te torturas sin ser comprendida? *(Silencio.)*

ELENA. — *(Sonríe.)* ¿Yo?

CONDESA. — Lo estoy leyendo en tus ojos.

ELENA. — ¿En mis ojos? Pero si dice Juan José que no son expresivos.

CONDESA. — No digas sandeces.

ELENA. — Yo, madre, por este tiempo soy muy feliz. Mañana, ¿quién sabe?

CONDESA. — Pues no des motivos a figuraciones absurdas.

ELENA. — No comprendo las figuraciones. Las personas tenemos que llevar la mezcla de la sinceridad y de la hipocresía.

CONDESA. — No te comprendo.

ELENA. — Ah, pues debes comprenderme, tú que me has enseñado a vivir.

CONDESA. — ¡Elena!

ELENA. — ¿Acaso miento?

CONDESA. — No puedes negar tu angustia e incomprensión.

ELENA. — Si no la niego. Soy feliz en Casa Blanca.

CONDESA. — *(Se sienta.)* Yo te ensené hija mía cierta vez, a que cuando fueses feliz, hicieses también felices a los demás.

ELENA. — ¿Y acaso tengo derecho a eso? ¿No pudiese ser que me hiciesen a mí feliz para yo hacer feliz a los demás?

CONDESA. — Y así es, Elena. Te ofrecen verdad que no aceptas. Has de ser ya razonable.

ELENA. — Madre, a veces no te comprendo.

CONDESA. — ¿Por qué desconciertas a Juan José?

ELENA. — ¿Desconcertarle? Acaso porque le quiera.

CONDESA. — Me entristece, hija mía, que al hombre que será tu esposo, le hagas sufrir. Debes ser como él quiere que tú seas, desligarte de todo y ver sólo la verdad que él te ofrece. Eres ya una mujer y tienes derecho a ser juiciosa. Te torturas sin ser comprendida cuando no tienes por qué, cuando debes de ser más feliz.

ELENA. — No te comprendo madre. Tú sabes que yo no soy juiciosa, que he estado siempre pendiente de tus consejos. Tú me has conducido, me has enseñado a vivir, me has dicho siempre que soy una de esas cabecitas locas que necesitan orden en el espíritu, que por estar demasiado mimada y no haciendo caso a tus consejos has querido siempre que los tome del Padre Gregorio, tu más sincero y fiel amigo a quien tú has confiado siempre mi pobre corazón. Y ahora madre, me dices que sea juiciosa, que tengo derecho a ser juiciosa.

CONDESA. — Era precisamente lo que te quería decir. Eres mujer, Elena. Ha pasado por ti ya la ilusión, los sueños de hada. Tienes que pensar en no torturar a un hombre a quien convencida estás de que te ama. Sabes claramente que siempre sus palabras van empañadas en verdad como tú misma has dicho: "Que empiecen por amarme para amar." Así es, Elena, no puedes torturarte ni ser incomprendida. Si no le quieres, díceselo claro y desengáñalo.

ELENA. — No tengo motivos para decir lo que no sienta.

CONDESA. — Bien, hija. Entonces has de tener más comprensión.

ELENA. — ¿Qué quieres decirme?

CONDESA. — Que por sí sola recapacites y no tomes consejos de nadie. *(Silencio.)*

ELENA. — ¿Eh? *(Elena mira fijamente.)*

CONDESA. — Eres mujer . . .

ELENA. — *(Se levanta. Silencio.)* Como mujer, sabré elegir y amar.

CONDESA. — *(Se levanta.)* ¡Elena!

ELENA. — Déjame, por favor. *(Vase puerta del foro. La Condesa suspira, aprieta sus puños, cierra los ojos y mira al cielo. A escena, feliz, el Conde Pablo.)*

Escena 6

PABLO. — Sofía, ¿cómo no me has dicho nada? Qué feliz estoy. ¿Cómo no me dijiste que iba a venir Gregorio? ¿Qué te sucede . . . ? Te veo intranquila. ¡Vaya, qué gran sorpresa! ¡Que viene Gregorio! ¿Por qué no lo dijiste antes?

CONDESA. — Yo . . . yo, Pablo, quería darte la sorpresa.

PABLO. — ¿No te alegra? Parece como si no te alegrase.

CONDESA — *(Sirviendo.)* ¡Oh Pablo, con que tú le quieras y te alegres de su venida me basta!

PABLO. — ¡Ah, Sofía! *(Le besa su frente.)* ¿Pero qué te sucede? Estás temblando, no me explico.

CONDESA. — Nada, Pablo, nada.

PABLO. — Os reservo una sorpresa, una grata sorpresa . . . Pediré al Padre Gregorio que bendiga el enlace de tu hija . . . ¿Eh? . . . ¡Sofía! ¡Te has quedado blanca como si se te hubiese parado tu corazón! ¡Sofía! ¿Qué te sucede?

CONDESA. — Nada, nada Pablo. Déjame por favor. *(Vase.)*

PABLO. — ¡Sofía! *(Se queda viéndola irse, puerta izquierda. Llaman puerta de la calle. Hay un silencio. A escena, Padre Gregorio.)*

Escena 7

(Con gran alegría ambos se dan sus manos.)

GREGORIO. — ¡Amigo Pablo! ¡Pero si está usted muy bien!

PABLO. — Así. Así. Claro que me encuentro más firme.

GREGORIO. — Vaya, gracias a Dios. Mucho que he rezado por usted. Hace mucha falta en esta casa.

PABLO. — ¡Bah! Ya están todos bien criados, pero sentémonos. *(Se sientan.)*

GREGORIO. — Vaya. Si parece que fue ayer el último día que nos vimos . . .

PABLO. — De nuevo estamos aquí para echar un remiendo a la vida. He pasado un invierno bastante mal, en cama, o cuando no, en la chimenea contemplando las llamas, la lluvia y la nieve que veía caer tras las ventanas. ¡Cuánto en aquellos momentos me hubiese complacido con escuchar sus palabras!

GREGORIO. — Y yo en dejarlas salir de mis labios.

PABLO. — ¡Ah, Padre Gregorio! ¡Cómo pasan por nosotros los años! Sí, creo que estoy viendo sus sienes blancas.

GREGORIO. — Sí, Pablo, los años no pasan en balde.

PABLO. — ¡Ah, parece que fue ayer cuando vine por primera vez a estas sierras! Fue invención de mi esposa. ¡Le tiene tanto afecto a estos lugares! No podría ella pasar sin un verano en Casa Blanca. Claro, mi hija casi, casi se ha criado aquí. Le debe su salud a estos aires y estas aguas.

GREGORIO. — Se ha hecho Elena toda una mujer.

PABLO. — ¿Ha visto Padre Gregorio? ¡Toda una mujer!

GREGORIO. — La otra tarde paseaba por estos caminos de las viñas y veo que una señorita me llama y viene hacia mí y ¡qué gran sorpresa! No ha perdido su genio vivaracho y feliz, y además es un retrato de la Condesa Sofía.

PABLO. — ¿Se ha fijado? Su misma sonrisa, su misma mirada.

GREGORIO. — He pasado algunas tardes hablando con ella, y me parece de una perspicacia muy natural de estos tiempos, y de un alma grande en bondad.

PABLO. — Ah, cómo quiero a mi pequeña Elena. ¡Somos todos tan felices! Sólo yo . . . con mi enfermedad . . .

GREGORIO. — Dios le ayudará y le devolverá poco a poco su salud y su alegría.

PABLO. — Quiera Dios . . . Sabe padre, queremos casar a Elena para final del estío.

GREGORIO. — Ya me habló de su casamiento. Creo que va a ser un acierto el casarle con Juan José. ¡Él se merece a Elena! ¡Hacen muy buena pareja! Elena se merece un esposo que sepa hacerla feliz.

PABLO. — Ellos a mi parecer son felices desde que se conocieron. Sólo encuentro, lógico para un principio, un poco de despego por decirlo así, de mi hija hacia Juan José. Pero creo que con el tiempo él irá domando a mi fierecilla, y sabrá quitarle todas las coqueterías y vanidad propias de su juventud.

GREGORIO. — La condesita Elena sólo tiene exteriormente la capa social de la juventud de este tiempo, frívola, vanidosilla, lo propio, claro está, pero ha de desaparecerle esto pronto.

PABLO. — Es otra Sofía, otra madre. Así era ella en su juventud, tan vanidosa que prefería el sacrificio por un solo capricho.

GREGORIO. — De cierto modo, de cierto modo, Pablo.

PABLO. — No. No. Aquí no sirve modestia. Entre dos viejos amigos no hay nada que ocultar, y francamente, ¿qué opina usted de esta boda tan próxima?

GREGORIO. — A mi juicio, sinceramente, debe casarse más tarde. La juventud de ahora tiene demasiado trato con lo superfluo del mundo y está magnetizada por cierto temperamento inestable. *(Sonríe.)* Le gusta a cada uno vivir la vida a su manera sin preocuparse del qué dirán. No obstante, como nadie sabemos nunca lo que es mejor, no sé si su matrimonio puede constituirle un camino recto y hacer de ella una verdadera condesa de León. *(Se siente ruido.)* ¿Qué es eso? Parece galopar de caballos.

PABLO. — Serán ellos que hacia aquí se dirigen. *(Llamando.)* Teresa. *(Llega Teresa.)* Dile a la señora que está aquí el Padre Gregorio. Que venga a saludarle.

32

TERESA. — Sí, señor. *(Vase.)*
PABLO. — *(Se levanta.)* Tomemos una copa. *(Ofrece al Padre.)* Este año quiero tenerle aún más cerca. *(La Condesa Sofía está yerta, altiva, en la puerta izquierda.)*

Escena 8

(El Padre Gregorio, que está frente a ella, se levanta y queda fijo.)

PABLO. — ¡Oh!
GREGORIO. — Señora . . .
CONDESA. — *(Llega a él.)* ¿Cómo está?
GREGORIO. — Bien, señora.
CONDESA. — Siéntense, prosigan.
GREGORIO. — Con su permiso, señora. *(Se sientan todos.)*
PABLO. — Aquí tenemos de nuevo a nuestro querido Gregorio. ¡Oh, qué contento estoy! Sofía también se alegra tanto, ¿verdad, Sofía?
CONDESA. — Sí, Pablo.
GREGORIO. — Cuánto se lo agradezco. *(Silencio.)*
PABLO. — ¿Pero no habláis nada? ¡Caramba, Sofía, te has quedado como una estatua!
CONDESA. — Espero que siga vuestra charla.
GREGORIO. — La señora no tiene buen aspecto.
PABLO. — Siempre le sucede lo mismo al cambio de aires. Después le vuelven sus colores y parece otra. Sabe Padre Gregorio, estos aires le devuelven la salud a cualquiera. Tomemos otra copa. *(Se levanta y ofrece. El Padre Gregorio tiene la copa en la mano.)* Sofía quiere que Elena no deje nunca de escuchar sus consejos. Para Sofía es usted un santo, he de confesarlo. Sí, ella le quiere como si fuese usted algo muy suyo. Tengo celos de usted Padre Gregorio. Se adueña de los corazones con facilidad increíble *(riendo)* cualquiera diría que . . . *(La copa del Padre Gregorio ha caído al suelo.)* ¡Oh!
GREGORIO. — ¡Caramba, qué pulso! Está visto que no puedo beber.
PABLO. — Oh, está temblando su mano.
CONDESA. — *(Se levanta.)* Discúlpenme. *(Saludando.)* Padre, Pablo. *(Vuelve su espalda y vase.)*
GREGORIO. — *(Se ha levantado.)* Señora . . . *(Son interrumpidos por la risa de Elena. A escena puerta del foro, está Juan José.)*

Escena 9

ELENA. — *(Sorprendida.)* ¡Ah, Padre Gregorio! *(Le da sus manos.)* Al fin llegó. ¡Cuánto me alegro! ¿No conocía a Juan José?

GREGORIO — Sé que es pariente lejano, pero no le conocía. ¿Cómo está, Juan José? *(Le ofrece su mano.)*

JUAN JOSÉ. — Encantado, padre.

PABLO. — Estos locos. *(Ríe.)* Llevan a trote sus caballos sin meditar los caminos.

ELENA. — Y si algo nos sucediese, qué más da dos personas menos en el mundo. *(Ríe.)* ¿Verdad, Juan José?

JUAN JOSÉ. — Qué más da.

ELENA. — Juan José sentía un deseo irresistible en conocer al padre. *(A Juan José.)* Aquí le tienes. Tanto hemos hablado de usted. Además Juan José quería visitar el Monasterio. Tiene mucho interés en ver la construcción.

GREGORIO. — ¿Le gusta la arquitectura?

JUAN JOSÉ. — Mucho.

ELENA. — Si tiene acabada la carrera.

GREGORIO. — ¡Caramba!

PABLO. — Pero, sentémonos. *(Se sientan todos menos Elena.)*

GREGORIO. — ¿Y qué, Juan José, piensas ejercer la carrera?

JUAN JOSÉ. — Tengo ya unos trabajos en proyecto, los que pienso poner en práctica.

GREGORIO — Eso está muy bien.

JUAN JOSÉ. — Mi gusto hubiese sido empezar este verano, pero las circunstancias . . .

GREGORIO. — *(Sonríe.)* ¡Ah, ella!

JUAN JOSÉ. — No, yo, Padre Gregorio *(El Conde saca su pitillera y antes de encender ofrece a Juan José. Ambos fuman.)*

PABLO. — ¿Juan José es familiar por la parte materna?

GREGORIO. — Sí, mi abuelo materno y el suyo, primos. He de confesar que yo a Juan José mucho le conocía, porque mucho me había hablado Elena de él.

ELENA. — ¡Oh!

JUAN JOSÉ. — ¿Bien o mal?

GREGORIO. — ¡Qué niños son!

PABLO. — Naturalmente, habrá sido bien.

JUAN JOSÉ. — Como es tan inestable.

GREGORIO — ¿Oyes, Elena? Él te va conociendo mejor que tú a él.

ELENA. — A mí no me debéis hacer caso.

JUAN JOSÉ. — No es juiciosa a veces.

ELENA. — Qué más da. Yo pienso y digo. Todo como es lógico hay que dejarlo al tiempo. Lo que pienso digo. Si digo mal, es porque en ese intervalo de tiempo me han hecho motivos para que diga el mal, o es que yo no tengo inteligencia para comprender que el mal que yo creo, es el bien que me dicen, o viceversa. Pasa otro intervalo de tiempo, vuelvo a pensar, me dicen el bien, o yo no comprendo a nadie o nadie me comprende a mí.

PABLO. — Pero, ¿qué está diciendo esta criatura?

JUAN JOSÉ. — Yo si bien comprendo estos enredos, son sus teorías las que nadie las comprende y absurdas.

ELENA. — Yo vivo a mi manera y vivo como viene el día, y si a veces no soy feliz, me creo que lo soy y con eso me basta.

JUAN JOSÉ. — Ésa es una de sus teorías: creerse todo aunque no sea cierto.

ELENA. — Quien me quiera, que me quiera como soy, que me deje ser dichosa y nada me reproche.

PABLO. — ¡El dinero, el dinero!

GREGORIO. — El dinero no. Elena no comprende el amor. *(Silencio. A Juan José.)* ¡Oh, tiene que comprender esas palabras que ella dice!

ELENA. — *(Ríe muy nerviosa.)* ¿Que no comprendo el amor?

JUAN JOSÉ. — ¡Elena!

ELENA. — Déjame reír. Ahora tengo ganas de reír. Déjame reír.

JUAN JOSÉ. — Ve, padre. Otra de sus teorías. Observe el error. Está riendo con una clase de risa, que no sé, si es burla de mí, o pena de un sentimiento de ella.

ELENA. — *(Ríe con más violencia.)* ¡Pena de un sentimiento de ella!

GREGORIO. — Esta chiquilla.

JUAN JOSÉ. — *(Se levanta.)* ¡Elena!

PABLO. — ¡Basta ya hija! *(La risa de Elena cesa).*

JUAN JOSÉ.— *(Vuelve a sentarse.)* ¿A qué ha venido ahora esa risa?

PABLO. — Padre, quería darle una sorpresa.

JUAN JOSÉ. — ¡Ah! ¿Por qué no le decimos ahora al padre lo que queríamos decirle, Elena?

ELENA. — Eso es más serio, perdóname Juan José, perdonadme todos.

GREGORIO. — ¿De qué se trata? Ha cambiado el eco de su voz la condesita Elena.

JUAN JOSÉ. — ¿Por qué no lo dices, Elena?

ELENA. — Dilo tú.

JUAN JOSÉ — Queríamos pedirle que fuese usted quien nos echase las bendiciones en nuestro casamiento.

GREGORIO — *(Con gran sorpresa y alegría se levanta y da las manos a Juan José.)* ¡Qué gran felicidad! *(Da las manos a Elena. Suena un cantar entre risas. Nadie se percibe.)*

CANTAR. —

> Que no te quiero, moza,
> que no te quiero,
> si tú me das tus besos
> yo los devuelvo,
> yo los devuelvo, bajo la luna clara,
> yo los devuelvo,
> a pesar de tu llanto,
> yo no los quiero *(bis)*

(Muchas risas.)

> Y va llorando
> y va llorando, mozo,
> por el sendero,
> ya se apagó tu vida
> como el lucero *(bis)*.

(Los cantares se van alejando entre risas y voces.)

ELENA. — *(Fría.)* ¡Qué gran felicidad, padre!

GREGORIO. — Elena está tan emocionada que se ha quedado fría. Sus manos son de mármol.

JUAN JOSÉ. — ¡Elena!

PABLO. — No lo puede remediar. No puede ocultar su amor.

JUAN JOSÉ. — Elena . . .

GREGORIO. — *(Vuelve a sentarse.)* ¡Qué gran felicidad! *(Sonriendo.)* Si hasta una lágrima quiere brotar de mis ojos. *(Elena mira sus manos y sus dientes.)* Vaya, y ¿para cuándo han fijado la fecha de su boda?

JUAN JOSÉ. — Para el día de la Virgen.

GREGORIO — Dentro de unos tres meses.

JUAN JOSÉ. — Así es.

ELENA. — *(Suelta una carcajada. En voz alta.)* ¡Padre acompáñame! ¡Quiero dar una vuelta por estos jardines!

PABLO. — Pues . . . *(Se encoge de hombros.)* Vamos. *(Se levanta y vase con Elena por la puerta del foro. Elena va riendo y charlando feliz.)*

Escena 10

(Juan José se sienta junto al Padre Gregorio.)

JUAN JOSÉ. — Estoy emocionado, padre. Ella va riendo, también emocionada. ¡Nos queremos tanto, Padre Gregorio! Se ha ido casi avergonzada de mí porque ha confesado sin decir lo que nunca quiere confesarme. ¡Que me quiere, padre, que me quiere! Es tan vanidosilla que nunca quiere decirlo, pero sé que me quiere. ¡Me quiere Padre Gregorio, me quiere!

GREGORIO. — Calma hijo, calma. Están temblando tus manos y tus labios. Calma, hijo, calma.

JUAN JOSÉ. — Es un momento tan feliz éste. No sabe lo que constituye para mí este momento. Ha desaparecido por completo mi duda. ¡Me quiere, padre, me quiere!

GREGORIO. — Yo pediré a Dios con toda mi alma que os bendiga y haga muy felices.

JUAN JOSÉ. — *(Se levanta.)* Estoy tan emocionado. ¡La quiero tanto, Padre Gregorio, la quiero tanto!

GREGORIO. — Calma, hijo calma, estás temblando.

JUAN JOSÉ. — *(Para sí.)* ¡Me quiere, me quiere! *(Llama con voz temblorosa.)* Elena, Elena. *(Vase puerta del foro.)* ¡Elena, Elena! *(El Padre Gregorio se levanta y se queda viéndole ir.)*

Escena 11

(Después de una pausa, suena una campana lejana. El Padre Gregorio se santigua. Después intenta entrar puerta derecha. Elena aparece sola en la puerta del foro. Intenta llamar al Padre Gregorio y llevando rápida sus manos a su cara, hinca sus dientes en sus dedos. En el mismo momento aparece en puerta izquierda la Condesa Sofía, la que como una estatua y mirando con odio, ha visto la escena. Suena la voz de Juan José.) ¡Elena! ¡Elena! *(Suena el cantar de un campesino al mismo tiempo que el Padre*

Gregorio se dirige sin volver su cabeza a escuchar el cantar. Mientras el cantar suena, Elena está mirando de un modo extraño al Padre Gregorio.)

CANTAR. —　　　　Que lo busca y no lo encuentra
　　　　　　　　por el sendero,
　　　　　　　　por el sendero, va la sombra amarga
　　　　　　　　del hechicero,
　　　　　　　　del hechicero, madre, del hombre que yo busco
　　　　　　　　por él me muero,
　　　　　　　　por él me muero.

VOZ. — ¡Elena! ¡Elena! *(Elena lleva de nuevo su mano a su boca y con rabia y sin poder hablar, hinca de nuevo sus dientes.)*
CONDESA. — *(Sin moverse grita.)* ¡¡Hija!! *(El Padre Gregorio se ha metido dentro antes que acabara el cantar.)*

Acto II

Un salón elegante y moderno en casa de los Condes de León. Al fondo un gran balcón cuyos cristales cubiertos por finos visillos dejan ver la noche, la ciudad con las luces de sus casas. A izquierda y derecha, puertas con cortinas de gasa azul que comunican a otro saloncito. Un sofá al centro, sillones, mesitas de té, gran araña de cristal y suelo alfombrado.

Escena 1

(Los íntimos de la condesita, Cuqui, Polo, Alberto, Mary y Pablo. Sentados, charlan y toman el té.)

POLO. — *(Se levanta y toma una copa.)* ¡Allá, salud de los futuros!

TODOS. — *(Brindando con él.)* Por su salud.

CUQUI. — Las cosas de Juan José.

MARY. — Vaya con el conde de Almansa.

PABLO. — ¿No estáis a gusto?

MARY. — Claro, hombre. Por nosotras . . . pero debían haber venido todos los amigos.

ALBERTO. — Debemos estar contentos de ello.

CUQUI. — Sí, pero yo creía que íbamos a bailar.

PACO — Por eso no te apures. Después vamos a un club.

CUQUI. — Acepto. Hasta las seis no tengo prisa.

PABLO. — Como quieras.

MARY. — Nunca estuve en alguna petición de mano tan aburrida.

POLO. — Ah, yo no me aburro. Estoy en casa de Elena y con esto me basta.

MARY. — Por esa parte yo también.

CUQUI. — Acuérdate de la petición de mano de los de Altamira.

PABLO. — No sois juiciosas, caramba. Juan José . . . , ya sabéis todos que es enemigo de la sociedad.

MARY. — Qué contraste con Elena.

ALBERTO. — Dicen que mientras haya contraste habrá amor.

CUQUI. — ¿Quién nos dijo eso?

MARY. — ¿No te acuerdas mujer?

CUQUI. — No.

MARY. — Qué buena memoria. Ayer mismo lo dijo Elena.

ALBERTO. — Está influenciada por las palabras de ese fraile.

POLO. — La novedad.

PACO. — Lo último.

MARY. — ¿Lo último? Hace muchos años que Elena conoció al fraile. Ya ves, yo he ido juntamente con ella a Casa Blanca todos los veranos y siempre las palabras de ese fraile han influído de un modo asombroso en ella.

POLO. — Como influye en mi ahora el golf.

CUQUI. — Como quiera que sea, pero han influído.

MARY. — Lo que me ha gustado siempre tener un director espiritual.

POLO. — ¿Para qué? ¿Para confesar a medias?

MARY. — Hombre, hay que disfrazar los pecados para que no sepan del todo, todo lo nuestro.

CUQUI. — Anda hija, no serás tan hipócrita para la vida.

MARY. — Cuando me conviene, sí.

CUQUI. — Pues yo nunca digo falsedades.

ALBERTO. — Calla, porque el otro día metiste en un lío a Lulú.

CUQUI. — Porque las cosas vinieron así.

PABLO. — No habléis tonterías.

ALBERTO. — El Padre Gregorio quizás nos esté oyendo.

PABLO. — Caramba, que va a estar en todas partes.

ALBERTO. — ¿Pero no lo sabes? Ha venido para el casamiento de Elena.

MARY. — ¡Ah! ¿Está aquí? Yo quisiera verlo.

PABLO. — ¿Invitado?

ALBERTO. — De cierto modo. Él va a ser quien los va a casar.

MARY. — Oh.

POLO. — La novedad.

CUQUI. — Qué importa Polo, la novedad es el estímulo del momento para no pensar en nosotros.

POLO. — ¿Tú no piensas en ti?

CUQUI. — No quiero pensar. Me gusta dejar todo al rumbo del viento.

MARY. — Y quien piense de otro modo no está en lo cierto.

(Suena lejana música del jazz.)

PABLO. — ¿Oyes, Mary? Bella melodía. ¿Bailamos?

MARY. — No, que aún no sé bien y Alberto se ríe.

ALBERTO. — No sé lo que deba importarte.

40

MARY. — Pues por eso mismo lo digo, porque ni me importa ni sé que te importa. ¿Vamos Paco? *(Se levanta.)*

PABLO. — Como quiera. *(Comienza a bailar. Se introducen bailando en uno de los saloncitos.)*

ALBERTO. — Cuando el día se nubla, se nubla ella.

CUQUI. — Para algo es socia de nuestro club.

ALBERTO. — ¿De vuestro club? ¿Cuál es vuestro club?

POLO. — El ridículo y absurdo Club del Día.

CUQUI. — Será como tú quieras, pero ni a mí ni a las socias nos preocupe el qué diran "no importan opiniones ajenas." Capítulo 12, art. II.

ALBERTO. — Anda, ¿tenéis vuestro Estatuto?

POLO. — ¿No lo sabes? Intentan reformar la sociedad. Ésa es la base.

CUQUI. — No estás en lo cierto. La base es vivir a nuestra manera. Es decir, buscamos el mejor modo de vivir.

POLO. — Hay unos artículos muy preciosos, sí muy preciosos. Hay un artículo que dice: "Las mujeres de nuestro club elegiremos al hombre que nos interese del mismo modo que el hombre elige la mujer que le interesa."

ALBERTO. — ¿Pretendéis reformar la humanidad?

CUQUI. — Pretendemos con ese artículo reformar esas mujeres bobas que sufren por amor.

ALBERTO. — ¡Anda, qué interesante!

CUQUI. — Fue invención de Elena. Este artículo se desarrolla de esta forma: la mujer se declara al hombre que le interesa a base de un trato.

ALBERTO. — ¿Qué trato?

CUQUI. — Ya te lo puedes figurar.

POLO. — Pues, si a ella le conviene convivir con él, seguirán las relaciones, hasta incluso pueden llegar a casarse.

ALBERTO. — Pero, ¿y si llegan a sentir ellas el amor durante ese trato y después al hombre no le conviene?

CUQUI. — Anda hijo, ¿crees que estamos en el siglo XIX? Las mujeres ahora no nos enamoramos tan fácil. Tenemos una férrea voluntad.

POLO. — Eso quiere decir que la habéis heredado de nosotros.

CUQUI. — Claro, capítulo 11, artículo 5º: "Como los hombres han perdido la voluntad, las mujeres no la hemos heredado sino que nos hemos apoderado."

ALBERTO. — Anda Polo, discute eso.

POLO. — Muy fácil. Se apoderán porque en nosotros existe una

41

indiferencia tal, que no es posible que ninguna nos cace, porque nosotros sin ellas saberlo cazamos las que queremos. *(Ellos ríen.)*

CUQUI. — Bien, pero no será ninguna de nuestro club.

POLO. — Secretos.

CUQUI. — Oh, caballeros, nuestro estatuto se extenderá por todas las mujeres de nuestro tiempo.

POLO. — Así sea para cazarlas antes.

CUQUI. — Oh, si las cazáis es porque se fingen cazadas para cazaros.

POLO. — Tomemos otra copa. *(Polo echa champagne y ofrece.)*

ALBERTO. — *(Alzando su copa.)* Por los futuros.

CUQUI. — Por Juan José.

POLO. — Por Elena. *(Acaba la melodía. Mary y Pablo regresan. Polo da copas a ellos. Brindan todos.)*

Escena 2

(Elena llega vestida elegantísima de negro.)

ELENA. — Queridos amigos, ¿os he hecho mucho esperar? *(Da sus manos a todos.)*

POLO. — ¡Caramba, la futura esposa!

ALBERTO. — *(Aparte a Cuqui.)* ¿Porque viste de luto?

ELENA. — No te ocultes para preguntar, Alberto. ¡Mi querida Mary . . . mi amigo Paco!

CUQUI. — Capítulo 10, artículo 9: "Las mujeres que están en vísperas de su boda vestirán de luto."

ALBERTO. — Oh.

ELENA. — *(Distraída.)* Alberto siempre tan inteligente. ¡Huy, pero . . . si no habéis bebido casi champagne! ¡Bebed amigos míos, bebed! *(Mary y Pablo se quedan pensativos. Elena coge una botella y empieza a echarles.)* Yo soy muy feliz. ¿Por qué vosotros no habéis de serlo?

CUQUI. — *(A Alberto.)* "Han de ser todos felices cuando una se sienta, o, han de estar amargados y tristes cuando una se sienta." *(A Elena.)* ¡Oh, mi querida Elena, échame mucho champagne!

ELENA. — Bebe todo el que quieras, bebe. *(Sigue echando.)*

ALBERTO. — *(A Cuqui.)* ¿Por qué tiene los ojos como si quisiese llorar?

CUQUI. — Porque *(En voz baja)* . . . una debe estar triste cuando las demás estén *(En voz alta.)* ¡Elena, échame mucho champagne!

ELENA. — Bebe, bebe todo el que quieras. *(Suena de nuevo la melodía.)*
PABLO. — ¿Bailamos, Mary?
MARY. — Vamos.
CUQUI. — ¡Bailemos todos!
POLO. — Acepto, Cuqui.
CUQUI. — Oh . . . *(Bailando los cuatro vanse a otros salones.)*
ALBERTO. — ¿Hay allí más licor?
ELENA. — Sí, en el salón donde están los viejos.
ALBERTO. — Allí me voy . . . ¿Está esto en algún capítulo? *(Elena ríe. Vase Alberto. Después de una pausa, entra Juan José.)*

Escena 3

JUAN JOSÉ. — Te he buscado, Elena, por todas partes.
ELENA. — No me habrás buscado bien.
JUAN JOSÉ. — Tal vez.
ELENA. — Vayamos al salón.
JUAN JOSÉ. — No Elena, quiero estar a solas contigo.
ELENA. — Caramba, qué poco sociable eres.
JUAN JOSÉ. — Qué me importa la sociedad.
ELENA. — Hay que estar bien con todo el mundo.
JUAN JOSÉ. — Elena, no quisiera que tuvieras esas ideas tan vulgares.
ELENA. — ¿Vulgares? Para ti todo lo mío es absurdo y vulgar.
JUAN JOSÉ. — Así quisiera yo que fueses, tan vulgar que pasases desapercibida ante todos.
ELENA. — Qué manera de pensar tan extraña. Vayamos al salón. *Intenta ir. Juan José se interpone.)*
JUAN JOSÉ. — Elena, es la última noche de solteros. Elena, seamos más dichosos que ellos.
ELENA. — *(Alterada.)* ¡Pues dichosa quiero ser! *(Vase riendo a carcajadas. Juan José vase también encolerizado, puerta opuesta. A escena, el Conde Pablo.)*

Escena 4

PABLO. — Elena. *(Llamando.)* Elena. *(A escena Condesa Sofía.)*
SOFÍA. — Tu hija está en el salón.
PABLO. — Quiero darle una sorpresa. Mi último regalo.
CONDESA. — ¿Qué has comprado?

PABLO. — Un collar . . . ¡Elena, Elena!

CONDESA. — Ya vendrá. *(Pausa.)*

PABLO. — Bueno, ya vendrá. *(Se sienta y enciende un cigarrillo.)*

CONDESA. — Sabes, Pablo, encuentro un no sé qué extraño en Elena.

PABLO. — ¿Qué quieres decir?

CONDESA. —Sabes . . . la noto muy variada.

PABLO. — Las personas cuando van a casarse se vuelven fuera de sí.

CONDESA. — Es tan nerviosa.

PABLO. — Es natural que así esté.

CONDESA. — Pablo. Pablo. Temo que llegue mañana.

PABLO. — Pues en mañana estamos. Son las doce.

CONDESA. — ¿Las doce ya?

PABLO. — Las doce.

CONDESA. — Pablo, hablemos con razón.

PABLO. — No te comprendo. *(Sofía se sienta frente a él.)*

CONDESA. — ¿Has sido feliz durante todo el verano?

PABLO. — Qué preguntas, ¡claro!

CONDESA. — ¿Ha sido Elena también feliz?

PABLO. — A mi parecer creo que sí.

CONDESA. — Pues yo he tenido un temor, que no me ha dejado tranquila y no sé por qué.

PABLO. — No sé a lo que te refieres.

CONDESA. — A nuestra hija

PABLO. — ¿A Elena? Un temor, ¿por qué?

CONDESA. — Pablo, ¿tú crees que Elena es feliz?

PABLO. — Sí, lo creo. Es muy feliz. Recuerdas . . . es tu mismo carácter. Lo mismo estabas tú en vísperas de nuestra boda. Yo te notaba algo extraño y a veces creía que tú no me querías, pero, yo poco a poco te hice que me quisieses. Elena es igual que tú, una niña loca de dinero que no sabe en qué pensar. Que pensará, no lo dudes, cuando sepa lo que el matrimonio trae consigo. Ahora es una chiquilla llena de ilusiones y dispuesta siempre a conseguir lo que imposible encuentre, una chiquilla.

CONDESA. — No debiera casarse Elena tan joven.

PABLO. — Mi opinión es que sí. En tiempo de casada volverá su cabeza atrás y se arrepentirá de haber vivido una vida tan loca y absurda. Y digo esto porque, a mi juicio, en el matrimonio he encontrado yo los verdaderos momentos felices que en la tierra se puedan encontrar. Un matrimonio donde haya cariño y comprensión. ¡Qué más se puede desear! Yo estoy muy contento con que Elena se case con Juan José, porque creo que Juan José es de esos hombres desligados de modernismo, capaz de hacer a una mujer feliz.

CONDESA. — Pablo, ¿tú crees que Elena es feliz?

PABLO. — En estos momentos, ya te lo he dicho, sí.

CONDESA. — Pues yo creo que no.

PABLO. — ¿Cómo?

CONDESA. — Elena no es feliz. Yo te digo Pablo, que Elena no está enamorada de Juan José.

PABLO. — Ya sé que me hablas por experiencia. Ya sé, que tú te casaste conmigo sin estar enamorada. No sé por lo que sería; lo cierto fue que te casaste y, acaso ¿no fuiste y eres dichosa?

CONDESA. — Lo soy, Pablo. Lo juro con toda mi alma, pero sufrí mucho hasta llegar a quererte.

PABLO. — Yo adivinaba tu sufrimiento, un sufrimiento originado al despojarte de tus locuras, de tu vanidad, porque empezaste a comprender la vida y te vi sencilla, martirizándote, tú misma porque tú sabías que yo estaba convencido de que hacia mí no existía el menor amor tuyo, cuando tu empezabas ya a amarme. Tú querías que yo te comprendiera, y no creías que yo te pudiese comprender; y así fue, en aquellos primeros años, tu sufrimiento.

CONDESA. — Si así fue, yo no quisiera, Pablo, que a mi hija le sucediese lo mismo.

PABLO. — ¿Acaso tú no eres feliz?

CONDESA. — Muy feliz.

PABLO. — He ahí tu premio. Tú sufriste y depuraste tu espíritu de toda la falsedad que en él existiese, alcanzando así tu premio.

CONDESA. — Todo está bien. Yo era una joven con dinero, vanidosa y loca. Yo me casé sin amar, pero Pablo, aquellos eran otros tiempos.

PABLO. — ¿Qué quieres decirme?

CONDESA. — Otros tiempos, Pablo, las personas teníamos mucho temor al menor pecado. Nos habíamos criado en un ambiente cristiano al que respetamos y temíamos. Sólo una mujer sin conciencia se hubiese casado con un hombre sin quererlo y se hubiese atrevido al mal paso, al escándalo. Pero ahora, ahora Pablo, los tiempos son muy distintos. Las personas criadas en el ambiente que fuese, a pesar de darse perfecta cuenta su conciencia de todo, son libres. No temen al pecado. Para ellas no existe, no existe nada más que lo que le dicta su conciencia y su corazón. Jamás creen que haya pecado donde verdaderamente lo hay y, ellas viven felices sin creerse nunca que a cada paso ejecutan el mal y manchan su alma.

PABLO. — Quizás nos equivoquemos. Nadie sabremos nunca lo que las cosas puedan resultar. Pero Sofía, esta nueva generación sabe buscarse muy bien su camino.

CONDESA. — Y también sabe perderse.

PABLO. — Reconozco lo que me dices, yo también he pensado eso mucho, pero, cuando se trata del corazón, bien sabemos no hundirnos donde no nos podamos levantar.

CONDESA. — Oh no, Pablo. El corazón nos lleva al sacrificio a que sepamos muy conscientes que nos hundimos en nuestro camino.

PABLO. — Bien, diré lo que dice Elena: dejarlo todo al tiempo. Verás como ella acciona sin dañar.

CONDESA. — ¡Qué tiempo, Pablo!

PABLO. — ¿Qué se sabe lo que vendrá detrás de estos minutos?

CODNDESA. — Pablo, nada de lo que en mi casa hay hoy es de mi agrado. Me refiero a está noche. Mañana, no sé.

PABLO. — No te comprendo.

CONDESA. — No quiero que me comprendas.

PABLO. — ¿Pues . . . ?

CONDESA. — Es imposible que algún día me comprendieras y menos tú. Quiero que tú mismo llegues por sí solo a comprenderlo.

PABLO. — Sigo sin comprender. (*Ríe.*)

CONDESA. — (*Se levanta.*) Está bien, Pablo. Mejor será que no llegues nunca a comprender para el bien de tu hija y de todos. (*Vase.*)

PABLO. — ¡Sofía! (*Se levanta, se encoge de hombros, y se va. Suena la música del jazz. Llega Juan José pensativo. Mira desde el balcón la ciudad. Después de una pausa, Padre Gregorio.*)

Escena 5

(*Padre Gregorio se detiene y mira pensativo a Juan José.*)

JUAN JOSÉ. — Padre.

GREGORIO. — ¿Qué haces que no estás con tus amigos?

JUAN JOSÉ. — Yo . . . yo padre . . .

GREGORIO. —Ya sé lo que quieres decirme. Sentémonos, hijo. (*Se sientan.*)

JUAN JOSÉ. — No puedo oírla reír . . .

GREGORIO. — No digas, Juan José, esas sandeces. ¿Por qué hijo?

JUAN JOSÉ. — No puedo padre, no puedo. Esa risa parece decirme que nada le intereso, parece decirme incluso que me odia.

GREGORIO. — Oh, Juan José. Ella es muy joven para empezar a odiar.

JUAN JOSÉ. — Tengo una duda grande Padre Gregorio: o yo soy un loco, o yo no comprendo el cariño, y ¿qué decisión tomar? Sólo faltan unas horas y, ¡yo la quiero tanto! ¡Ay, Padre Gregorio, la quiero tanto! No quiero ni pensarlo padre. Yo seré siempre de esos hombres que ciegos tendrán puesta toda su fe en su esposa; y hay una idea que me tortura—la indiferencia, padre, la indiferencia. ¿Qué hago yo? Lo confieso, sí, voy a casarme con ella y dudo de su cariño.

GREGORIO. — Mientras haya duda, la querrás.

JUAN JOSÉ. — Estoy muy herido en mi amor propio. ¡Muy herido Padre Gregorio! Se lo pido a Dios con toda mi alma. Antes de llegar a la locura quiero aborrrecerla.

GREGORIO. — No seas egoísta hijo.

JUAN JOSÉ. — Padre, va a ser mía y quiero que sea integra. Que me pertenezca a mí y no al mundo. ¡Déjeme que sea egoísta porque mucho la quiero! Yo todo lo sacrificaría por saber que ella me quiere. Yo quisiera padre que se apartara de toda sociedad y viviera sólo por mí.

GREGORIO. — Ah, hijo no seas vanidoso. Ella misma se irá poco a poco desligándose de todo y comprenderá que sólo tiene que vivir para ti, porque ella, en ti verá la verdad.

JUAN JOSÉ. — Pero tardará mucho para convencerse de ello, y mientras está en la sociedad puede estar sufriendo tentaciones a cada momento. No me tortura sólo la idea de que a mí me desprecie, sino la idea de pensar que ella sufra al sentir pasión o amor hacia otra persona y no ser correspondida.

GREGORIO. — Pero, ¿por qué el demonio de los celos te va a conducir a pensar de esa forma?

JUAN JOSÉ. — No son celos, Padre Gregorio. Es que me da motivos de no quererme . . . y piense bien, padre, no quererme cuando más me debiese querer. ¡No puedo pensarlo! ¿Qué hago Dios mío?

GREGORIO. — ¡No casarte, Juan José! (*Silencio. Juan José enmudecido mira fijamente al Padre.*) ¡Dile que no la quieres y ten voluntad para marcharte! ¡Sé hombre, hiere tú también en su amor propio para el bien de los dos!

JUAN JOSÉ. — Y si la hiero y me llega a odiar?

GREGORIO. — (*En voz alta.*) ¡Pues ten voluntad para no verla nunca!

JUAN JOSÉ. — ¿Y si algún día de nuevo oigo su risa siguiendo por el mundo como si yo no hubiese pasado por su vida?

GREGORIO. — Vuélvele tu espalda!

JUAN JOSÉ. — *(En voz alta.)* ¡No padre, no, la quiero mucho! ¡Tengo ya que conducirla por otro camino para que no caiga donde no pueda levantarse, para que no sufra. Yo no puedo enterarme que ella está sufriendo! ¡Es una niña aún! . . . Sería capaz . . . .

GREGORIO. — ¡Juan José!

JUAN JOSÉ. — Perdóneme Padre. Soy un loco, o yo no comprendo nada. *(Oculta su rostro entre sus manos.)*

GREGORIO. — Hijo mío, tu amor está en la resignación. Tienes que sufrir resignándote a todo porque mucho la amas. Pero resígnate a lo lejos. Vela por ella muy lejos de donde esté. Algún día Elena comprenderá tu verdad y en tu verdad estará el sacrificio de ella.

JUAN JOSÉ. — No puedo cambiar nuestro camino. ¡No puedo destrozarme!

GREGORIO. — No, sigue amándola. No dejes nunca de amarla que ella volverá a ti.

JUAN JOSÉ. — No puedo. No puedo Padre Gregorio.

GREGORIO. — Vuestra felicidad, el bien de ella está, en la rotura de vuestros caminos. ¡Hiérela en su amor propio y sufre! *(Pausa.)* Después . . . será todo florido, será todo un camino de rosas, Dios mío. ¿No es así? *(Suenan risas y murmullos. Elena entre todos ríe a carcajadas.)*

JUAN JOSÉ. — ¿No oye, padre? *(Grita.)* ¡Otra vez su risa, otra vez su risa! *(Juan José empieza a reír histéricamente. Se levanta y se va riendo.)* ¡Otra vez su risa . . . otra vez su risa! *(Antes de salir exclama.)* ¡¡Ay!!

(Suenan de nuevo las risas de ambos. El Padre Gregorio se levanta y va al balcón. La condesita Elena entra riendo.)

Escena 6

ELENA. — Ah, ¿estaba aquí, padre?

GREGORIO. — *(Volviéndose.)* Miraba las luces de la ciudad.

ELENA. — Ha visto ¡cuánto mundo! ¿0Padre, no quiere pasar a los salones?

GREGORIO. — Me gusta la soledad.

ELENA. — No comprendo a esas personas que les agrada la soledad. No le comprendo a usted.

GREGORIO. — Maneras de ser.

ELENA. — Sí, pero es que al mundo, a las personas le debemos el saber vivir. Ellas nos enseñan todo. Nos enseñan lo malo y lo bueno, lo agradable y lo desagradable.

GREGORIO. —Y ¿para meditar lo que aprendes no has deseado la soledad?

ELENA. — A veces sí, a veces no.

GREGORIO. — Pues es éste uno de esos momentos que yo necesito para pensar lo que me enseñan.

ELENA. — Oh, qué interesante. *(Se sienta.)* ¿Qué pueden enseñarle a Ud?

GREGORIO. — Lo que me queda por saber y no sabré nunca.

ELENA. —Ya sé que los sabios mueren quedándoles cosas por saber. Yo, para evitarme esos momentos fúnebres y solos, siempre procuro olvidar y distraer mis pensamientos en el más insignificante detalle, padre. Voy a hacerle una pregunta que quiero me diga por favor.

GREGORIO. — Oh, tú dirás.

ELENA. — ¿Por qué no me confía lo que le sucede? *(Silencio.)*

GREGORIO. — Tú . . . quieres que yo te confíe lo que me sucede . . . Dime Elena ¿por qué?

ELENA. — Me preocupa el verle preocupado.

GREGORIO. — ¿A ti . . . Elena?

ELENA. — Sólo quisiera saber una cosa y al mismo tiempo el último consejo de usted. El último, digo, porque ahora dejaré de ser loca para ser esposa.

GREGORIO. — Luego, tú misma sabes como eres. Tú sabes lo que quieres.

ELENA. — Yo sé bien lo que quiero, Padre Gregorio.

GREGORIO. — ¿En qué puede serte útil este devoto de Dios?

ELENA. — Primero en contestarme a una pregunta que ansio saber y no sé por qué. Padre, dígame sinceramente, ¿por qué está preocupado, por qué está preocupado?

GREGORIO. — No te comprendo. ¿Yo preocupado, yo triste?

ELENA. — No me lo niegue, padre, yo le conozco bien. Comprendo su alegría, comprendo su tristeza.

GREGORIO. — Si he de serte sincero estoy triste. Si quieres saber por qué, trataré de explicarme. *(Se sienta.)* Yo también tuve mis debilidades de joven, yo tampoco fui juicioso. Estas melodías, estos salones, estas risas, este ambiente yo también lo probé. Esto, Elena, me recuerda mi pasado. El que no me preocupa lo más mínimo, sólo ya experimentado por mí me hace entristecerme de todo cuanto me rodea. Me entristecen todos. Esas risas que a mí llegan, me parecen dolores desprendidos de las almas. Esas risas son antifaces que cubren sus tragedias. Me entristece todo eso y quiero estar solo para pedir por todos, porque, Elena, yo encontré mi camino, un camino envuelto en amor y paz y desde lejos os contemplo; y para mí, vuestras alegrías son raudales de lágrimas que no pueden brotar. Ésta es mi causa, Elena.

ELENA. — *(Pensativa.)* Ésta es su causa . . .

GREGORIO. — ¿Por qué te afliges cuando debes de ser muy feliz? Mi camino es así. El tuyo, Elena, es el que Dios te concede desde mañana—ser esposa, Elena, esposa y madre. Ésa es tu vida. Ahí está tu paz, tu amor y tu tragedia.

ELENA. — *(Pensativa.)* ¡Mi paz!

GREGORIO. — Qué mayor dicha que amar y sentirse amada.

ELENA. — *(Idem.)* ¡Amar!

GREGORIO. — ¿Acaso no sientes amor?

ELENA. — *(Repentinamente grita.)* ¡Con toda mi alma!

GREGORIO. — ¡Hija!

ELENA. — Perdón, padre.

GREGORIO. — Has tomado aspecto de loca. Yo sé mejor que nadie, que tu amor es sublime, propio de tu espíritu tan lleno de bondad. No debes hacerle sufrir a los que te rodean y ser sincera con ellos. No debes ocultar lo que sientes, abrir tu corazón y darlo a los que a ti te aman. *(Elena ríe histérica.)* ¡Hija, otra vez tu risa! ¿Por qué?

ELENA. — ¡Déjeme usted que ría, padre! *(Elena ríe tanto que le asoman sus lágrimas.)*

GREGORIO. — *(En voz alta.)* ¡Es la risa de la tragedia, Elena! *(Elena ríe aún más. El Padre grita.)* ¡Elena! ¿Por qué sufres?

ELENA. — *(Aprieta sus puños, sus dientes, y tiembla.)* ¡Porque amo!

GREGORIO. — ¡Elena!

ELENA. — *(Como loca.)* Si yo pudiera confesarme me confesaría ante Dios y no ante el mundo. *(Grita.)* ¡Con usted no, no! usted no es más que otro hombre, y como hombre no comprendería nunca mi confesión. ¡Sí, sufro! Yo también llevo el antifaz de mi risa. Yo también llevo los raudales de lágrimas, y desgarrada mi juventud al parecer feliz! Yo no tengo la culpa de haber conocido la pasión, el amor. Yo no tengo la culpa! *(Entre lágrimas.)* ¡Yo no quiero ser feliz, no puedo ser feliz, pero yo no tengo la culpa de mi cariño, no me comprendería nadie, ni el más odioso, ni el más santo de los hombres. ¡Déjeme usted que ría! ¡Déjeme Ud! *(De nuevo su risa.)*

GREGORIO. — ¡Elena, hija mía, por Dios te lo pido! ¡Cuéntame lo que te sucede, confíame tu sufrimiento! ¡Por Dios, hija mía! ¿Cuál es el consejo que me pides? ¡Hija, hija mía!

ELENA. — *(Gritando.)* ¡No me hable usted con dulzura! ¡No me llame usted hija!

GREGORIO. — ¡Elena! ¿Qué te sucede? No te comprendo.

ELENA. — *(Se levanta.)* ¡Soy indigna. No me hable usted ya más . . .

GREGORIO. — *(Levantándose.)* ¡Elena! Si yo he podido ofenderte, si yo algún daño te he causado, dímelo para pedirte perdón.

ELENA. — ¡Déjeme! *(Grita.)* ¡Déjeme! *(Silencio.)*

GREGORIO. — *(Ha inclinado su cabeza.)* Está bien, Elena, me iré para siempre . . . bendeciré vuestra boda, y . . .

ELENA. — *(Gritando.)* ¡No, no! ¡Eso nunca . . . eso nunca! *(Silencio.)*

GREGORIO. — Entonces . . . Elena . . . Dios te bendiga . . . *(El Padre Gregorio vuelve silenciosamente su espalda y se va con lentitud. Elena se queda llorando. Llega a prisa la Condesa Sofía.)*

Escena 7

CONDESA. — ¡Hija, hija mía! ¿Llorando, tú? *(La abraza.)* Hija, ¿qué te ocurre?

ELENA. — Nada.

CONDESA. — ¿Quién te ha hecho llorar? Dime hija.

ELENA. — Déjame, déjame.

CONDESA. — ¿Qué te sucede? Dime.

ELENA. — ¡Yo no puedo ser feliz! ¡Yo no lo quiero, yo no lo quiero!

CONDESA. — *(Gritando.)* ¿A quién?

ELENA. — ¡Yo no tengo la culpa de nada!

CONDESA. — Hija, estás temblando.

ELENA. — ¡Yo no tengo la culpa, no he hecho más que quererle!

CONDESA: — ¡Hija!

ELENA. — ¿Por qué consientes esto, Dios mío?

CONDESA. — ¡Hija!

ELENA. — ¡Le quiero, le quiero!, pero me ha dado motivos para quererle. ¡Me ha dado motivos, madre, me ha dado motivos! ¡Me ha devorado siempre con sus ojos. He visto temblar sus labios por no poderme besar, le he visto huír de mi lado por no poder sentir el respirar de mi pecho! ¡Lo quiero madre, lo quiero! *(Temblando.)* ¿Por qué consientes esto Dios mío? ¡Le quiero, madre, le quiero!

CONDESA. — *(Gritando.)* ¿A quién?

ELENA. — *(Entre lágrimas, risas.)* ¡No puedo decirlo, no puedo decirlo! ¡Sería profanar mi gran amor, le quiero, le quiero!

CONDESA. — *(Idem.)* ¿A quién? *(Aparece temeroso Juan José.)*

ELENA. — ¡Dejadme, dejadme!

CONDESA. — ¡Ahí le tienes . . . . ahí le tienes!

ELENA. —¡Le quiero, le quiero! *(Vase Elena como una loca sin apercibirse de nada.)*

CONDESA. — *(Grita.)* ¡Hija!

JUAN JOSÉ. — *(Gritando como un loco.)* ¡Elena, Elena! ¡Ay Dios mío! ¡Elena! *(Vase llamando entre lágrimas.)* ¡Elena . . . Elena!

Escena 8

(Condesa Sofía se sienta muy pensativa. Sus lágrimas bajan. Después de un silencio, Conde Pablo.)

PABLO. — ¿Dónde estáis? No atendéis los invitados ¡Cómo se aproxima la hora Sofía! ¡Oh! He bebido tanto que me parece que todo me da vueltas. Creo que antes me dejé mi pitillera por aquí. *(Busca.)* ¿Dónde está? Voy a tener que ir a por más cigarrillos. Oh, no debí de haber bebido, ¡cuánto me tiembla el pulso! *(Mira a la Condesa.)* ¿Pero, llorando tú? ¡Oh, Sofía, ya sé que eres muy feliz! *(Se sienta junto a ella y echa su brazo por sus hombros.)* Vaya, sécate tus lágrimas, que me ablandas a mí también. ¡Vaya, la bebida me va a hacer llorar! No hay que apurarse . . . se nos va ella pero, no hay que apurarse. ¿Dónde están todos? *(Se levanta.)* Quiero besar a la novia. ¿Dónde está mi Elena? *(Llama.)* Elena, Elena *(Pausa.)* No aparece. ¡Ay, Sofía, cada tic-tac del reloj . . . me recuerda aquellos tiempos! ¡Qué felices! Vamos, vamos, no llores más. *(Pausa.)* ¿Dónde está este Padre Gregorio? No he charlado con él en toda la noche, ¿dónde está? *(La Condesa le mira fijamente.)* ¡Qué feliz es también el Padre Gregorio! ¡Nos quiere tanto, quiere tanto a Elena . . . Dónde está, dónde está? *(Llamando.)* Padre, Padre Gregorio.

CONDESA. — *(Se levanta bruscamente y grita.)* !!Pablo!! *(El Conde se detiene. Vuelve con lentitud su cabeza y mira inmóvil a su esposa.)*

PABLO. — *(Extrañado.)* Sofía? *(Sofía cubre su rostro entre sus manos y llora.)*

PABLO. — *(Se va aproximando a ella.)* Sofía. Sofía.

CONDESA. — *(Gritando, temblorosa, con sus puños cerrados.)* ¡El Enemigo ... el Enemigo!

PABLO. — *(Se abraza a ella gritando.)* ¡Sofía! ¡Sofía! *(Tembloroso, sus manos en sus hombros como el que quiere pegar.)* ¿Era él ... era él?

CONDESA. — *(Entre sollozos.)* Sí ... sí ...

PABLO. — *(Aún más tembloroso.)* ¿Era él, era él?

CONDESA. — *(Gritando.)* ¡El Enemigo!

Acto III

(La misma decoración del acto segundo.)

Escena 1

(Está amaneciendo. Juan José medio dormido está en un sofá. En el suelo hay botellas vacías. Cruza la escena Teresa. Abre las hojas del balcón. Se detiene ante Juan José, le observa y se va moviendo su cabeza.)

JUAN JOSÉ. — *(Despertando.)* ¿Qué hora es? *(Mira alrededor.)* ¿Eh? *(Intenta levantarse y se siente mareado. Como si de repente le hubiese pasado un pensamiento, queda inmóvil. Pasa su mano por su frente y con gesto irresoluto empieza a pasear por la habitación. Hablan fuera Elena y Teresa.)*

TERESA. — Oh, pero ¿qué hace aquí la señorita?

ELENA. — ¿Qué hora dio?

TERESA. — Las siete.

ELENA. — Ah.

TERESA. — Pero, ¿no ha dormido la señorita? *(Pausa. A escena, Elena. Juan José inclina su cabeza.)*

ELENA. — *(Está enmudecida en el umbral.)* ¿Eh?

JUAN .JOSÉ. — No has podido dormir . . . , ¿verdad? Has estado pensando el paso decisivo de tu vida, el que ya has resuelto. No creí nunca . . . , sin embargo tendré que resignarme. No pude comprender que nuestro amor fuese una silenciosa lucha. Yo tampoco he podido dormir. Bueno, espero tus últimas palabras. He debido haberme marchado, pero no he podido creerlo hasta sentirlo salir de tus labios. He querido creerme una de tus teorías: creerme todo igual aunque no sea cierto. A pesar de todo no puedo creer que en vez del comienzo es este el final. ¿Creías que me había ido? *(Pausa.)* ¿Que esta noche podía haberla pasado tranquilo? No tienes una sola frase? ¿Por qué me miras con tanto miedo? ¿No tienes disculpa?

ELENA. — *(En voz baja.)* ¿Disculpa?

JUAN JOSÉ. — ¡Habla! *(Elena da unos pasos, alza su cabeza y desafía con su mirada.)*

ELENA. — No tengo por qué disculparme.

JUAN JOSÉ. — ¿Me dices eso a mí? ¡A mí! *(Suelta una carcajada.)*

ELENA. — ¡Juan José!

JUAN JOSÉ. — Déjame que ría, ahora yo soy quien quiere reír.

ELENA. — ¡Juan José!

JUAN JOSÉ. — ¿Qué puedes decirme tú?

ELENA. — Nada. Eres tú, tú, quien tiene que comprender.

JUAN JOSÉ. — ¿Yo? *(Sigue la risa.)*

ELENA. — ¡Basta ya!

JUAN JOSÉ. — No, tengo que reír, déjame reír. *(Cae riendo en un sillón. La risa va cesando. Hay un silencio.)*

ELENA. — Quiero hablarte, quiero abrirte mi alma.

JUAN JOSÉ. — Tus culpas.

ELENA. — Mi verdad.

JUAN JOSÉ. — ¡Ya, para qué!

ELENA. — No trato de disculparme. Quiero dejar mi alma abierta por primera vez en mi vida, ¡a ti Juan José! Entiéndelo bien, a la única persona que no pude mentirle. Tú has sabido quitarle el antifaz a mi corazón, y eres el único que me ha visto como soy. ¡A ti no he podido mentirte! ¡He sido como soy! Te he demostrado siempre lo que he sentido, tal como es. Si odio, te he demostrado odio, lo que he sentido, ¡odio y compasión! Has parado en mi camino y has sido la barrera indestructible de mi paso. He ido en busca de lo que mi corazón me ha mandado, y te has interpuesto como si con cadenas me hubieses amarrado. ¡Qué me importa lo que quiero, si estoy ciega, qué me importa! ¡Está apoderado de mi alma, y mi alma le sigue; y si por encima de mi amor está Cristo, quiero ser como él sea. ¡Quiero amar lo que ame, quiero ponerme al nivel de su espíritu; y si no llego a su intimidad, quiero amarlo a solas, a lo lejos, amarlo sin que me ame!

JUAN JOSÉ. — Elena . . . si algún día me buscas me encontrarás.

ELENA. — ¡Qué equivocación!

JUAN JOSÉ. — ¿Eh?

ELENA. — No te busqué nunca.

JUAN JOSÉ. — ¿Tú?, me dices. *(Pausa.)*

ELENA. — Pero, ¿qué crees?, ¿que esto es un juego? ¿Acaso piensas que he de volver, acaso crees que una de mis locuras? ¡Qué equivocación! He sentido por primera vez el amor y no me arrepentiré jamás. No creas que es la locura del capricho hacia lo imposible. Sé que imposible es, que quizás no sea correspondida y sin embargo *(grita)*, ¡le quiero!

JUAN JOSÉ. — ¡Mientes! El Padre Gregorio es tu capricho. Le has calumniado. No mereces compasión. Estás herida en tu vanidad y tu vanidad es ante todo. (*Suelta una carcajada.*) ¡Ah condesita Elena! (*Silencio.*) Si tú le amases, no consentirías haberle herido. (*Gritando.*) ¡Le has calumniado! ¿Cómo es posible si hubieses sentido amor?

ELENA. — (*En voz alta.*) Le amo más que a mi propia vida, y huiré, huiré de su lado (*entre lágrimas*) porque . . . ¡Ay Dios mío, él también me quiere!

JUAN JOSÉ. — (*Después de un silencio.*) He tenido yo la culpa. Era mi temor. Perdóname Elena, no he sabido quererte. He debido dejarte seguir tu camino, quitar las murallas y que tu corazón fuese quien eligiera. No soy digno de haber causado tu suplicio, pero Elena . . . me da miedo y pena que desde hoy derrumbes esas murallas. Ahora seguirás adelante, ciega aunque con felicidad, y serás muy feliz mientras ames y no despiertes a la realidad. ¡No llegues a despertar, Elena! Sigue como has seguido hasta ahora. Mantén ese rayo de esperanza, que como un débil rayo está expuesto a quebrarse. Quiera Dios que cuando acabe por completo esa esperanza, cuando tu corazón se desborde, o se aprisione entre nuevas cadenas, tú te despiertes muy lejos, muy lejos de donde esté. Ahora Elena me voy y perdona el daño que pueda haberte causado.

ELENA. — (*Con cólera.*) ¿Dónde vas?

JUAN JOSÉ. — (*Alza su voz.*) Si ya lo he visto muy claro. Si lo estoy viendo muy claro. (*A gritos.*) ¡Voy a enfrentarme con quien me ha robado mi cariño, con quien me ha dado consejos para que deje de quererte. ¡Voy a enfrentarme con el hombre y no con el Padre Gregorio! ¡Voy a enfrentarme con el Enemigo! (*Se va.*)

ELENA. — ¡Juan José! (*Elena está rígida. En la puerta izquierda el Conde Pablo.*)

Escena 2

PABLO. — Elena, ¿tú, tan de mañana? (*Se aproxima al balcón.*) ¡Qué día tan hermoso! ¡Cómo pían los pájaros en aquellos árboles! (*Se vuelve.*) ¡Ah, hija mía! ¿Estás llorando, no comprendo, cuando debes de ser más feliz? Vamos, vamos hija mía. (*La abraza.*) Sabes, no he podido dormir en toda la noche. Estoy tan emocionado por tu casamiento que me ha sido imposible dormir. Es mucha emoción, Elena, mucha emoción. He estado pensando toda la noche el día aquel de mi boda cuando no podía creerlo que aquella ilusión contenida por mucho tiempo iba a llegar a realizarse. Tu madre también lloraba. ¡No llores más hija mía! De esta forma Juan José creerá que no le quieres y sufrirá como sufría yo . . . *(Elena se suelta de sus brazos y le mira con dulzura.)*

ELENA. — *(En voz baja.)* ¿Tú . . . creías . . . que . . .

PABLO. — Oh, sí hija mía, cuando mucho se quiere todo es duda. Yo le notaba tal indiferencia a tu madre que me daba miedo cuando en ella pensaba. Después tu madre supo comprenderme y aquel sufrimiento se trocó en cariño y felicidad, con tal placidez que me alegro que haya ocurrido así. *(Se deja caer en un sillón.)* ¡Han pasado ya tantos años! Ven aca hija mía. *(Elena va.)* Trae que te seque tus lágrimas. *(Elena se arrodilla. El Padre seca.)* Confíame la verdad, siempre me has confesado la verdad. ¿Estás enamorada de Juan José? *(Silencio. Elena echa la cabeza en las rodillas de su padre y llora.)* Bien, bien hija mía, basta ya hija, basta ya. Eres tan igual a tu madre que hasta en su forma de querer te pareces. No te aflijas. Tu madre al principio tampoco me quería a mí. ¡Hace ya tantos años! Durante los cuales mantuvo siempre un hondo secreto que al principio me hería de tal forma que había momentos que hubiese cometido una locura. Este secreto nos ha servido para unirnos más. *(Elena levanta con lentitud su cabeza.)* Sabía que existía un hombre a quien tu madre amaba, y lo llevaba tan dentro de su corazón que ese hombre era para mí como la fiera que te va royendo poco a poco tus entrañas, ese espectro que te aprisiona y siempre lo llevas en el pensamiento. Era para mí el ser más odioso, mi enemigo, un enemigo que en mi juventud se llevaba pedazos de mi vida. Quizás a él le deba esta enfermedad que llevo padeciendo tantos años. También quizás le deba la máxima unión de tu madre hacia mí. Hoy yo perdono a los dos. Sé quien es mi enemigo y le perdono, ¡que voy a hacer! Mi enemigo se ha llevado pedazos de mi vida, pero me los ha pagado con la máxima felicidad que pueda sentirse en el corazón. Tu madre y él emprendieron caminos distintos y no tuvieron la culpa de sus opuestos amores. Sólo una duda me queda, aunque sé que a tu madre ya no le importa aquel hombre. Sé que se vengó de él sin comprenderlo nunca. ¿Cómo, Dios mío? ¿De qué forma se ha vengado? Quiero saberlo, Dios mío, para reparar la venganza de mi enemigo. *(Alza su voz.)* ¿Cómo Señor, cómo? No puedo pensar que tu madre, ¡tu madre!, manche su alma con su venganza porque es muy buena *(Tembloroso)*, muy buena. Tu madre es muy buena.

ELENA. — Padre, padre. *(Se abraza a él.)*

PABLO. — *(Acariciando se levantan.)* ¿No querrás que a Juan José le ocurra lo que a mí me ocurrió? Tienes que hacerlo muy feliz, ¡muy feliz! *(Han salido.)*

Escena 3

(A escena, Teresa. Puerta opuesta.)

TERESA. — Jesús. Están hoy todos revolucionados *(Abre el balcón. Mira todo alrededor.)* Pues sí que está todo esto bien. Ni con tres doncellas más puedo limpiar la casa. ¡Cuánta botella! *(Empieza a coger.)* Y si María dejara por un momento el comedor y me ayudara . . . *(Intenta irse con botellas e interrumpe María.)*

MARÍA. — ¿Qué tanto murmuras mi nombre?

TERESA. — Que estoy sola para todo. Si la otra no se hubiera ido al pueblo.

MARÍA. — Tenemos que apañarnos.

TERESA. — Con tu ayuda, no está esto limpio para cuando regresen de la iglesia.

MARÍA. — No puedo hacer más que preparar la ropa de los señores y arreglar el vestido a la señorita.

TERESA. — No puedes quejarte, tu trabajo es menor.

MARÍA. — ¿Menor? ¡Eh!

TERESA. — Será porque has tenido que arreglar los dormitorios. Pues lo que es eso, parece que están todos locos. Han pasado la noche desvelados paseándose o sentados en sillones, y si es ese Padre Gregorio no digamos, toda la noche ha tenido la luz encendida y no me ha dejado cerrar un ojo con sus pasos.

MARÍA. — Cualquiera diría que se va a festejar una boda.

TERESA. — Oh, se me resbalan estas botellas. Date prisa María. *(Se va Teresa.)*

MARÍA. — Sí, mujer, claro.

(A escena, Padre Gregorio. Lleva un misal y crucifijo de madera negra.)

MARÍA. — Buenos días, Padre. *(El Padre Gregorio no se percibe. Está en el balcón mirando la ciudad).* Oh. *(Se va mirándole extrañada. Después de una pausa, Conde Pablo.)*

Escena 4

(Pablo está detenido en el umbral. Hablan fuera. El Padre Gregorio escucha sin volver la cabeza.)

VOZ 1ra. — Oh, ¿qué?

VOZ 2da. — Que no se casa.

VOZ 1ra. — Pero, ¿estás loca?

VOZ 2da. — Nada, llorando está en el jardín.

VOZ 1ra. — Pero, ¿qué ha podido suceder?

VOZ 2da. — ¿Que qué ha sucedido? *(En voz alta y alterada.)* ¡Maldito sea el conde de Mendoza y Zúñiga! *(La cruz y el libro del Padre Gregorio caen súbitamente al suelo. El Padre se vuelve estupefacto aún más al encontrarse su mirada con los ojos del Conde. Después de una pausa, coge el libro y la cruz.)*

PABLO. — *(Con ternura.)* Mi querido Padre Gregorio, tan madrugador como siempre, vaya, ¿habrá echado de menos esta noche su celda? Le quedaré siempre profundamente agradecido, el haberse sacrificado para venir. Esto vale mucho mi querido Gregorio. Yo no hubiese podido abandonar mi humilde lecho. ¡Cuánto se lo agradezco, cuánto se lo agradezco! *(Le da sus manos nervioso. En voz alta).* ¡Pero cuánto se lo agradezco, mi querido Gregorio, cuánto se lo agradezco! *(Sus lágrimas en sus ojos y dándole palmadas en sus hombros.)* ¡Qué feliz me hace mi gran amigo, pero qué feliz me hace! *(Aún más tembloroso.)* ¡Pero qué feliz, mi querido Gregorio! *(El Padre con dulzura suelta su mano, se mira la suya y el rostro del Conde. Silencio.)* Mi mano tiembla de felicidad. *(El Padre Gregorio le está mirando respetuosamente.)* No podré agradecerle nunca el bien que me ha hecho . . . Padre Gregorio.

GREGORIO. — Aún mi misión en esta casa no está cumplida. *(El Conde queda sombrío, da unos pasos y se deja caer en un sillón.)* Mi misión se cumple ahora, cuando salga por esta puerta para siempre. *(Silencio.)*

PABLO. — *(Va volviendo su cabeza con lentitud.)* ¿Eh?

GREGORIO. — Sólo siento con toda mi alma el dolor de tu hija, pero, era preciso ese dolor. Ha sucedido así, quise buscar la paz en la tierra, quise apartarme del mundo y el mundo me ha seguido, trayéndome consigo sus espinas. Sólo una cosa quiero decirte, Conde Pablo, tan verdad como el camino al parecer increíble que sigo para la purificación de mí alma. He consentido esta batalla para librarte de tu suplicio, para exponer más clara que la luz mi verdad, para satisfacción de mi conciencia. He fracasado de nuevo para tu esposa. Sigo siendo aquel hipócrita que buscaba en Cristo el placer, el antifaz que cubriese sus culpas. ¡No me importa! En mi fracaso ha de estar mi victoria, su arrepentimiento con el dolor de tu hija. ¡Esa es mi victoria! Mi triunfo está al salir de esa puerta, ¡victorioso!, con el dolor que le voy a causar a tu hija, ¡con el odio! *(Alzando su voz.)* ¡Para ella, sí, quiero ser un enemigo! ¡Un enemigo! Me voy Conde Pablo pero antes tienes que escuchar mi historia envuelta en mi verdad.

(Silencio.)

PABLO. — ¡Por favor!
GREGORIO. — No, tienes que oírla, para que destruyas esas cadenas que destruyen y arrisionan tu corazón. Gregorio de Mendoza y Zúñiga, descendiente de los condes de Zúñiga, no di motivos a nadie para que me odiase. Yo en mi juventud amé con ese amor mezcla de carne y espíritu, con ese amor que suele sentirse por primera vez en la vida lleno de ilusiones y misterio; pero Cristo llamaba a cada momento en mi corazón, me hacía ver otro camino, me enseñaba el amor más lleno de pureza—el amor hacia Él. Dos amores luchaban en mi alma, el amor de una mujer y el amor a Cristo. En medio de ellos iba viendo la falsedad, el interés, el engaño de nosotros mismos, sin querer convencerme de nuestro engaño, porque no sabía dónde el engaño estaba. Al mismo tiempo la Condesa Sofía de León, que era la mujer amada, luchaba entre la burla, el amor y el odio. *(Pablo cierra sus ojos, se estremece, se muerde sus labios.)* Ella, la que fue sacrificada ante mi amor hacia Cristo, nunca comprendió la paz y dulzura que deja en el corazón el amor de Dios. Para ella mi vocación fue el egoísmo del placer, fue la burla de su amor. Siguió amándome y poco a poco fue tornando su amor en odio y para ella Gregorio de Mendoza fue el enemigo. Yo perdono el odio de la Condesa Sofía y hoy sigo teniéndole ese cariño que pueda tenerle un hermano, y amándola de esa forma amo todo lo suyo, lo engendrado por ella, lo que ella ama.
PABLO. — *(Se levanta.)* Le creo, Padre Gregorio, le creo.
GREGORIO. — Dios mío, ésta es toda la verdad. Si algo falso hay, oculto sin querer, ¡perdóname! *(Suenan voces.)*
VOZ. — ¡Deja, déjame! *(Gritando.)* ¡Déjame! *(A escena, Juan José.)*

Escena 5

(Hay un gran silencio. Juan José, detenido en el umbral, está mirando fijamente al Padre Gregorio.)

PABLO. — ¡Juan José! *(Silencio. Juan José no deja de mirar al Padre.)* ¡Juan José! ¿Estás loco?

GREGORIO. — Por favor, déjenos solos, Pablo.

PABLO. — Pero . . .

GREGORIO. — ¡Por favor! *(En silencio sale Conde Pablo. Ambos se están mirando con fijeza.)*

JUAN JOSÉ. — No me pude contener un momento más. Hubiese apartado lo que a mi paso se hubiese opuesto para enfrentarme, ¡ni un sólo minuto! Quiero gozar con decirle toda una verdad. *(Entra.)* Quiero hablarle al hombre, a un rival. Su mirada en estos momentos me lo dice. Dejan salir sus ojos el fuego de su pasión envuelto en el odio propio de un rival. Al hombre que hay dentro de esos hábitos busco y al hombre me encuentro, aunque se oculte hipócrita, bajo ese disfraz, pero no puede negar su odio hacia mí. Es mayor que su comedia. Lo deja traslucir por todo su rostro. Yo sé su vida, su pasado, ¡me he enterado muy bien! ¡Sé quién es usted Conde de Mendoza! Sé bien quién era y quién es! No hay más que mirarle sus ojos redondos y vivos como áspid. No hay más que mirarle sus manos largas, de dedos puntiagudos, como el criminal, el loco que goza con dejar su huella en la carne porque de carne se hastía y carne desea. Ése es su estímulo para su vida, el estímulo más fuerte que su voluntad. Huyó a aquel convento porque había destrozado vidas por el sólo hecho del placer. Quiso cobijarse allí como si creyese que no le iba a perseguir su instinto carnal. Quiso borrar su pasado. Quiso la salvación de su alma llena de huellas imposibles de borrar, con los pecados más hondos, con sus sacrilegios, con sus crímenes; pero a pesar de su falsa humildad, de su falso espíritu, no deja de traslucirse su pasado envuelto en esa maldad que le asoma a su rostro. No puede ni podrá purificar la mala sangre que lleva circulando por sus venas. Es usted uno de esos seres indignos que se abrazan a Cristo, fanatizados al temor del infierno porque tienen la conciencia negra de haber destrozado vidas, como destroza el criminal las vidas débiles de mujeres torpes por amor. Todo su pasado lo puede perdonar Cristo, pero ¿cómo perdonar al hombre que no se arrepiente? ¿Cómo? *(Grita.)* ¿Cómo, cómo? *(El Padre está enmudecido, rígido.)* No pueden salir sus palabras. En estos momentos siente la desvergüenza de su vida. No puede contestarme porque me ve encolerizado y con razón, porque sabe que ha destrozado mi vida. *(Grita.)* ¡Ha destrozado mi vida! ¡Cobarde! No siente la valentía de ofrecerme su pecho como los hombres. Aquel Conde Gregorio de Mendoza no ha sabido hacer más que destrozar vidas de mujeres indefensas. ¿Qué me dice de la Condesa Sofía de León? *(El Padre aprieta sus puños. Se muerde sus labios. Juan José grita.)* ¿Qué me dice? ¡Cobarde! *(Tembloroso va subiendo su mano, se aproxima a él y grita. El Padre sigue igual.)* ¿Qué me dice de la Condesita Elena? ¡A ella ha destrozado su vida como a las otras. ¡Cobarde! No le perdonará nunca Dios. ¡Ha destrozado su vida, su vida que era mía! ¡Me ha destrozado usted a mí! ¡Cobarde! *(Juan José le deja caer una tremenda bofetada. Hay un hondo silencio. Juan José da unos pasos hacia atrás y queda inmóvil. El Padre, como si fuese de piedra, queda igual. Sólo unas lágrimas le brotan y caen a sus mejillas.)*

GREGORIO. — *(Muy en voz baja.)* Yo te perdono hijo mío. *(Silencio.)*

JUAN JOSÉ. — *(Inmóvil.)* Yo . . . yo no sé cómo . . . la ira ha cegado mis ojos. ¡Ella no me quiere, ah, Padre Gregorio! ¡Ay Padre! *(Gritando se arrodilla y besa su túnica.)* ¡Ay Padre perdóneme, perdóneme. ¡Soy indigno, yo no creo nada, yo no creo nada, perdóneme! *(El Padre mirando al cielo acaricia sus cabellos.)* ¡La quiero mucho padre, la quiero mucho!

GREGORIO. — Hijo mío. *(Se deja caer en una silla.)* Quiero que reflexiones y me escuches. *(Hay un silencio.)* Una verdad. Si mis palabras ahora no te convencen, tú, con el tiempo irás, meditando y comprenderás lo que llevan de verdad. Borra de ti toda esa cólera y escúchame, por favor. No trato de reparar la calumnia. Somos todos muy distintos para lograr comprendernos. Sólo trato de dejar con mis palabras desahogo en mi conciencia, a mi parecer sana. Desgraciadamente soy el enemigo. He levantado odios. He levantado odios al querer conduciros por vuestros mejores caminos, ¡entiéndelo bien Juan José, sus mejores caminos! He querido enseñar a sufrir a dos seres que quizás con su sufrimiento sólo lleguen a ser felices. Dos seres que todo les sobra y sin embargo no son felices. Desgraciadamente soy el enemigo para ella, para ti, y para todos, quizás, no haya sabido cumplir mi misión. Dichoso soy por todo porque tengo la certeza, Dios mío, que su sufrimiento ha de ser para vuestra salvación, para vuestra felicidad. Elena se resignará a quererte como yo me resigno a seguir siendo el enemigo. De esta forma os haré felices. Elena me odiará como ya me odia y volverá sus ojos y necesitará ser amada y amará, ¿a quién?, al hombre donde en él encontró la verdad, al hombre que supo darle por entero su corazón—¡a ti, Juan José!, al hombre que amará cuando sus primeras locuras, sus primeros desengaños desaparezcan al verse sola, al sentir en su corazón vacío, un vacío que llenará tu alma. ¡Dios te dará tu premio, Juan José, porque mucho la amas! ¡No me importa ser el enemigo. ¡Ellos serán felices mientras el enemigo yo sea! Después . . . Elena, la pobre Elena, será mujer. *(Grita.)* ¡Créeme Condesa Sofía, si no te hice feliz, quiero hacer a tu Elena, que la quiero como si hubiese sido la hija que soñábamos. *(Con serenidad.)* Quiero seguir siendo el enemigo. Y ahora, escúchame Juan José. Yo salía con Elena, paseábamos juntos, reíamos, me contaba sus secretos, su vida. Yo sabía que empezaba a ser el enemigo. Yo en silencio recogía sus palabras imposibles de evitar lo mismo que su amor, ese amor que será pasajero en su cabecita loca. Todo lo recogía con dulzura. Elena era el medio de batalla. Existían dos campos, dos enemigos, los dos con resignación pero uno era impulsado por un odio, una venganza; otro, por convencer lo que imposible hubiese sido convencer en otro tiempo. Uno, una mujer herida en su vanidad; otro, un hombre herido en su verdad. Los dos hemos luchado siempre. Nos hemos atacado con medios inútiles . . . y ahora Elena, mi pobre Elena, ha sido el medio de batalla. Ha sido impulsada por su madre, por la Condesa Sofía, mi gran enemiga, mi gran amiga, mi gran hermana. ¡Ella ha impulsado a su hija con el sólo objeto de satisfacer su venganza, con el sólo objeto de que todos me odien! *(Grita.)* ¡Que yo sea el enemigo! ¡Qué me importa ser el enemigo, si en siendo ese ser falso, odioso, gano la batalla! Ellos serán felices, mi Elena, mi pobre Elena hija de ella, de ella, será muy feliz. *(Con lágrimas.)* ¡Qué me importa . . . , qué me importa!

JUAN JOSÉ. — *(Tembloroso.)* ¡Su puesto está allí, allí! *(Grita.)* ¡Al lado de Cristo! ¡Ése es su puesto, allí, allí! *(Sale como un loco. El Padre en silencio le bendice, abraza su cruz y sale mirando al cielo.)*

63

Escena 6

(Por la puerta opuesta sale Elena. Ha intentado llamar al Padre. Se muerde sus labios y llora. A escena, Condesa Sofía.)

CONDESA. — Ha llegado el final, Elena.

ELENA. — El que esperaba desde hacía mucho tiempo.

CONDESA. — ¿Esperabas?

ELENA. — Esperaba desde que empecé a temer aquel odioso monasterio.

CONDESA. — ¿Eh? *(Silencio.)* ¿A qué te refieres?

ELENA. — Aquellas tardes que dejaron huellas de miedo dentro de mi alma, aquellas tardes que nos sentábamos en el jardín y tú me decías: "Ves aquel monasterio. Las personas que viven allí parece que no tienen vida. Se mueven al parecer sin alma."

CONDESA. — No te comprendo, y ¿desde entonces has esperado el final?

ELENA. — Un final que es el comienzo de una nueva vida para mí.

CONDESA. — ¿Eh?, pero, ¿qué hablas?

ELENA. — Estoy recordando el pasado, mis años de niña, aquella niña caprichosa que su madre daba los mimos que deseaba y llegué a estar tan orgullosa de mí, que no pude nunca creer que pudiera caer en tal impureza de moralidad, que tuviese que abrazar la palabra de un hombre para no dejar limpia mi alma sino calmar el desahogo de actos de una persona que llega a tener tal orgullo que cae en la maldad; y cuando sus palabras salían desprendiendo un no sé qué de sus labios, una ternura, una verdad, un cariño, yo recogía esas palabras y se me iba formando una ilusión como si fuese un delicioso cuento donde hay mezcla de pasión y pureza.

CONDESA. — Bien. Después no tuviste necesidad de esas palabras. Debiste ser juiciosa y comprender la imposibilidad de tu ilusión.

ELENA. — Entonces ya era mujer.

CONDESA. — Con más razón.

ELENA. — Al contrario, a medida que era más mujer, menos mandaba en mi corazón.

CONDESA. — No puedo oír tus palabras. Yo te enseñé a tener un corazón tan duro como el mío.

ELENA. — Para que endurezca es preciso que cierre la herida que haya clavado.

CONDESA. — ¡Elena!

ELENA. — Es preciso que la sangre derramada riegue también mi corazón.

CONDESA. — ¡Qué estás hablando! Estás hiriendo a tu madre.

ELENA. — ¿Herirte? ¿Por qué? No tengo motivos.

CONDESA. — Estás engañada, Elena.

ELENA. — ¿De qué?

CONDESA. — Yo he querido que abras el espíritu al Padre Gregorio hasta cierto punto.

ELENA. — ¡No menciones su nombre!

CONDESA. — Tengo pena de ti. Estás engañada hija mía. He querido que a él le confíes tus más íntimos secretos porque el destino, la suerte, o la desgracia, ha hecho que sea la persona escogida para ello.

ELENA. — ¿Engañada? Pues, si engañada estoy, vivo con felicidad.

CONDESA. — No tienes juicio.

ELENA. — Sólo tengo un pensamiento por el cual queda libre mi conciencia, un sólo pensamiento madre—¡alejarme!, ¡alejarme de todos!, dejar que él siga su vida y que pase la Condesita Elena como sombra que se desvanece en el espacio. ¡Este sólo pensamiento! ¡alejarme, alejarme, muy lejos de todos! Le quiero tanto que este sacrificio es la mayor prueba de mi amor para satisfacer mi conciencia. ¡Me alejo, madre! ¡Me alejaré de todos!

CONDESA. — ¿Dónde vas a ir tú? ¡Mi pobre Elena!

ELENA. — Donde satisfaga mi conciencia.

CONDESA. — Has de escuchar a tu madre, porque tu madre en estos momentos te lo exige. (*Silencio.*) La verdad (*Sus manos tiemblan*), tan verdad como aquella historia, tan verdad como tu madre te está hablando en estos momentos.

ELENA. — (*En voz baja.*) Madre.

CONDESA. — Tu madre te dice (*Tiembla*) que el Padre Gregorio te quiere con cariño puro donde para nada se mezcla la pasión.

ELENA. — (*Ríe muy nerviosa.*) Sus ojos no me han mentido nunca. Esa mirada fija que me ha clavado siempre en mi cara, ese huír de mi lado por no poderme mirar. ¡Eso! (*Vuelve a reír.*) ¡Eso no se me olvidará nunca!

CONDESA. — (*Grita.*) ¡Elena!

ELENA. — Déjame reír.

CONDESA. — ¡Elena! (*Gritando como una loca.*) ¡Tu madre te dice que el Padre Gregorio sólo ha tenido pasión por mí! (*Silencio. Elena sorprendida se va retirando.*) ¡Te lo dice tu madre!

ELENA. — ¡No, no puedo creerlo! *(Grita.)* ¡No, no puedo! *(Comienza a reír.)* ¡No, no puedo, no puedo![1]

CONDESA. — ¡Elena, estás loca, hija! ¡No me tortures más.

ELENA. — ¡Me has torturado siempre! *(Gritando.)* ¡No puedo pensar que el hombre que amo ha sentido pasión por ti! *(Entre dientes.)* ¡Ay, si no fueras mi madre! *(Sus manos suben temblorosas como garras.)* ¡Ay!

CONDESA. — ¡Elena!

ELENA. — ¡Sí, estoy loca!

CONDESA. — ¡Elena!

ELENA. — ¡Ay! *(Lleva sus manos a su rostro e hinca sus uñas temblando en él.)*

CONDESA. — ¡Hija! ¡Hija mía, no! ¡No! ¡Pégame a mí que he tenido la culpa, a mí! ¡Yo, que no creía en su amor hacia Cristo! ¡Yo, que no creí que fuese el santo! ¡Pégame a mí que yo he tenido la culpa!

ELENA. — ¿A mi madre? ¿Cómo? ¿Cómo? *(Llorando se abraza a ella.)* ¡Ay, madre mía! ¡Perdóname! ¡Perdóname! ¡Perdóname, madre mía!

CONDESA. — Eres tú quien tiene que perdonarme! ¡Tú, hija! *(El Padre Gregorio sale en silencio. Elena no se percibe. Sigue llorando abrazada a su madre. Sofía con su mano le dice que no se aproxime. El Padre Gregorio asomándole sus lágrimas cubre su rostro entre sus manos. Intenta hablarle a Sofía y no puede. Se va retirando hacia atrás.)*

GREGORIO. — *(Gritando.)* Gracias, Dios mío. *(A Sofía.)* ¡No tengo por qué perdonarte! ¡Bendito sea tu arrepentimiento. Bendito sea el amor de Dios!

FIN

José Martín Recuerda
Granada, 5 de diciembre, 1943

[1]**Variation to** *El Enemigo*

In a 1993 letter prior to the publication of this collection, the playwright stated, "Me he acordado mucho de Jacinto Benavente al leer *El*

Enemigo. Es increíble la evolución que los autores sufrimos desde nuestro comienzo." As an artist who continually revises his work, Martín Recuerda suggested the following alternate ending to *El Enemigo* :

. . .

ELENA. — ¡No, no puedo creerlo! ¡No puedo! *(Comienza a reír.)* ¡No, no puedo!

CONDESA. — Elena, te estás volviendo loca. ¡No me tortures más!

ELENA. — ¡Tú me has torturado siempre! ¡No puedo pensar que el hombre que quiero ha sentido pasión por ti! *(Entre dientes.)* ¡Ay, si no fueras mi madre!

CONDESA. — ¡Elena!

ELENA. — ¡Sí, sí, me estoy volviendo loca, me estoy volviendo loca! *(Se hinca las uñas en la cara, dando un grito.)* ¡Ay!

CONDESA. — *(Avalanzándose a su hija y quitándole las manos de la cara.)* ¡Deja esas manos! *(Lucha con su hija, volviéndole a decir:)* ¡Te digo que dejes esas manos! ¡Yo no creí nunca que el enemigo creía en Cristo! ¡Yo no creí nunca que fuera un buen hombre! ¡Tu madre ha tenido la culpa de todo! *(Cae desesperadamente en un sillón, cubriéndose la cabeza con las manos, y gritanto.)* ¡Golpéame, golpéame, golpéame!

ELENA. — *(Se arrodilla y se abraza a ella.)* ¿Cómo voy a poder golpearme, madre? ¡Perdóname, perdóname!

CONDESA. — *(Desesperadamente.)* ¡Eres tú quien tiene que perdonarme!

(Las dos se abrazan e intentan acariciarse. El Padre Gregorio sale en silencio. Elena no se percibe. Sigue abrazada a su madre. El Padre Gregorio intenta hablar, pero no puede. Se va retirando mientras la madre y la hija siguen en la misma desesperación y en los mismos abrazos.)

CARTELES ROTOS
(1983)

PERSONAJES

Rosario "La Mitinera"
La Amparo
Cati Borja, mujer del General Borja
Borja, su marido
Ninfi, hija de ambos
Lali, hijo menor
Paco, hijo mayor
Patricia, mujer de Paco
Antoñico El Basurero, hijo de La Amparo

ACCIÓN: La España del año 1983

PRIMERA PARTE

Al ir levantándose el telón vemos una oscuridad inundada por una música salvaje y rockera con aullidos y gritos de una juventud donde se observan miles de seres crispados, encolerizados, "liberándose." Los rockeros cantan "Esta va a ser nuestra noche." La luz va iluminando todo el escenario y vemos el viejo palacio que rodean las plantaciones de la familia de los Borjas. Son plantaciones de caña de azúcar. En la costa sureña de España. Podríamos decir que la playa está a unos cincuenta metros. El mar suena día y noche. Unas veces calmado, otras vociferante, amanezante. El Palacio tiene cuatro columnas marmíreas que vemos al fondo de la sala de abajo. Columnas que forman parte de la puerta de entrada. Postigos de madera carcomida pero con el empaque de un palacio griego. Están abiertos. Dan a una plazoleta de arena rodeada de galanes de noche, de acacias rojas, de rosas. Los portones los cierran enormes pletinas de hierro.

En la sala baja que nos va a servir de acción principal, hay ventanas encristaladas. La sala es redonda. Estas ventanas tienen postigos del mismo estilo de los de la puerta, carcomidos, agujerados, con barras de hierro colgantes que cierran durante los inviernos. Alguna vez el mar embravecido destruyó acacias y galanes de noche y entró por las rendijas de la gloriossa puerta de otros tiempos. Muchos años hace que el palacio está construído, con un aire entre colonial y griego impropio de las costas sureñas españolas. Por las ventanas se ven las plantaciones de caña de azúcar. La sala tiene también columnas clásicas ya muy descoloridas. Sin embargo, está adornada con muebles modernistas. A un lado hay una tarima. Se ve que ha servido en otro tiempo para solaz artístico de los dueños de la finca. Encima de esta tarima, que está entre dos ventanas de vidriera, hay un piano que parece devorado por marmitás: anidan telarañas. Está abierto y las teclas pueden verse unas más altas que otras. Casi en el centro de la sala vemos un enorme óleo del General Franco en los tiempos de sus primeras campañas, de marco barroco, hecho de un dorado de altar de iglesias andaluzas. El óleo del General nos preside la casa. Más a un lado, vemos otro óleo más pequeño del General entrando bajo palio en la Catedral de Sevilla. El sol fue devorando los óleos. Se adivina que los Borjas, desde hace mucho tiempo, no vinieron al palacio. Se adivina también que alguien dejó las ventanas con los postigos abiertas. Los hierros cuelgan con el orín verdoso del mar. Por eso entró el sol y fue descoloriendo las reliquias de los óleos que en aquella casa se conservan. Es más, hay cristales rotos en algunas de las ventanas. Se ve que alguien entró y apuñaló los cuadros. El salón tiene dos plantas. Las habitaciones están arriba. A ellas se sube por una escalera que empieza en la sala y a la izquierda del espectador — escalera que conduce a un largo pasillo que rodea todo el recinto, viéndose los dormitorios, en estos momentos abiertos y ventilándose. Abajo, casi en el centro junto al portón de entrada, hay una puerta encristalada de dos hojas que deja ver el comedor con mesa y sillas coloniales y candelabros a los lados de la mesa. En la pared del fondo de este comedor se ve colgado un óleo estrecho y alarmante. No sabemos por quién fue pintado, pero se puede observar a las tropas del General Franco en la toma de Madrid. Parece que recoge los sucesos de la Calle Bailén antes que de la capital de España se rindiera. Vemos en el cuadro la artillería encañonando, cadáveres ensangrentados, machacadas las cabezas, caballos desbocados, lucha encarnizada, guardias civiles subidos en caballos espantados, con sable levantados en sobrecogedora agresividad. Parece asomar por un lado del óleo el Palacio de Oriente.

Todo el palacio de los Borjas dará la sensación de una irreparable ruina. Las termitas, el descuido de la familia, el yodo de las aguas del mar, los levantes huracanados han ido casi destruyendo el palacio. Si en un tiempo hermoso, hoy en un estado de muerte arrebatadora. En los postigos de las ventanas se ven pegados carteles electorales, no sólo en las ventanas sino también en parte de las calumnas de la puerta y en las viejas tapias que podemos ver el palacio, así como en los postigos del portón. Los carteles con diversas figuras humanas sonrientes y diversos slogan nos causan histeria. La histeria de una España inquieta que nos conduce al espanto de un futuro incierto. Hay signos de hoz y martillo pintados en un rojo violento y banderas andaluzas y españolas igualmente pintadas.

El pueblo está en fiestas. Se está celebrando, durante todo el día, concursos de rock. Concursos que vitorea la juventud con frenesí de tribus africanas. Unas veces se oirán más cerca, otras más lejanas, depende de los vientos o del portón de entrada que se abra o se cierre.

Rosario "La Mitinera" y la Amparo, con pañuelos en la cabeza y subidas en escaleras plegables, con tinas, cubos, escobones, estropajos, jabones, intentan poner todo en orden. La Rosario, una chata perruna, con buena vitalidad, aspecto de mujer buena, está dale que dale a los carteles. La Amparo, maciza, como de acero, y con buenos pechos, friega el suelo con todos sus bríos.

Estamos a plena luz solar. El mar está sereno. Las dos mujeres se ven bravuconas, con agallas, casi coléricas. Rosario "La Mitinera" quita los carteles con los dientes encajados, cabreada, con rabia. Las dos mujeres tendrán unos cincuenta y cinco años.

ROSARIO "LA MITINERA". — No se arrancan tan fácil. Ni se termina esto nunca. Claro, hay unos pegados debajo de otros.

LA AMPARO. — Pues a este suelo se lo ha comido la mar. La mar que entra por todas las rendijas. Qué pena de casa abandonada. Mira, ¿quién quita aquellas goteras de arriba?, y el run run de las polillas me trae ya loca.

ROSARIO "LA MITINERA". — Todo sea por ellos. Criamos a sus hijos con los nuestros, y yo, aunque no los vi hace mucho tiempo, los quiero todavía.

LA AMPARO. — ¿Pues no ves mis manos? *(Las enseña.)* Desolladas para dejarlo todo limpio, muy limpio. Los quiero como si fueran míos. Y a su tierra vuelven. Esta tierra donde los parieron y hasta se casó la Cati con el Borja.

ROSARIO "LA MITINIERA". — Dale, dale. Que parezca un espejo; que se crean que están en aquellos tiempos; que vean que los queremos todavía.

LA AMPARO. — *(Dándose cuenta de los cuadros.)* Mira, entraron a robar. Ni por mucho que cierres puertas y ventanas y les pongas esos hierros con esas argollas no hay nada que hacer. Lo abren todo. Y qué mala leche: apuñalaron los cuadros.

ROSARIO "LA MITINERA". — Si dicen de quitarlos, cualquiera arranca con esta cruz a cuestas por las calles del pueblo. Habrá que quemarlos en la playa. Me apedrearían quienes me vieran con ellos, o me pisotearían, o me apuñalarían. Y ya estos cuadros ni se pueden vender en baratillos. Quién nos dijera que un día los vimos tan relucientes y ahora nos da miedo mirarlos. Me da pena del general Borja. ¿No podríamos nosotras coser las puñaladas?

LA AMPARO. — Quita, mujer. Que vean la Cati y el Paco como dejaron su casa. Estoy deseando de ver a mis niños. Ni una tarjeta postal. Ni un recuerdo tuvieron en tantos años para la Amparo. Cómo estarán ya. Ni los reconoceremos. Mujer, deja ya esos carteles. Ya los quitaremos cuando dejemos los suelos brillantes.

ROSARIO "LA MITINERA". — Ay, se van a comer vivos. Nunca vi tantos dolíos en el pueblo como ahora. Y como la Guardia Civil no manda. Se pegan palizas los del pueblo con los guardias y si detienen a alguien, al otro día, a la calle. Así hay tanto ladrón suelto.

LA AMPARO. — Y atao, porque hay que ver lo que estamos viendo. Tanta predicación que nos están volviendo para el manicomio. *(En un arranque de furia.)* ¡Los desollaría como a este suelo! Se creen que mandan todos. Qué pena tengo. Ahora entra mi Antoñico en quintas. Ojalá viera vida por esos mundos, como la Cati, que se fue bailando de barco en barco y los vio. Ojalá le tocara servir de marinero.

ROSARIO "LA MITINERA". — Pero pídele a la Virgen que no se lo lleven al Norte. La Bilbaina esa que ha venido a poner la perfumería, dice que matan a la gente cuando menos se espera. Y qué cara de mártir tiene la Bilbaina. Dicen que a su marido le pegaban buenas palizas.

LA AMPARO. — Ya lo ves por la tele: crímenes aquí, crímenes allí.

ROSARIO "LA MITINERA". — Pues yo te digo, como Rosasio "La Mitinera" que soy, que hay que esperar a que todo se asiente. Se me ha metido en la cabeza que todo se va a arreglar.

LA AMPARO. — *(Burlona.)* Sí, por lo menos las aceras, las calles y los jardinillos sí que están bien arreglados. Y tú, tan mitinera como eres, no dices nunca que las cupletistas que traen al pueblo ganan un dineral. Y el pueblo va en peregrinación a verlas porque son las que salen por la tele. Y mientras de aquí *(Con la mano hace un gesto de comer)* con la barriga vacía la mayoría. ¿Pues y esos que llaman rockeros? Qué vergüenza. Qué zahurda. Qué tíos piojosos que no vienen más que a echar mierda al pueblo y nos ponen las cabezas locas.

ROSARIO "LA MITINERA". — Dineros es lo que nos hace falta.

LA AMPARO. — Pues vete a trabajar con la princesa mora, esa que dicen que ha venido de la Arabi Saudí y ha comprado el palacio de lo alto del monte.

ROSARIO "LA MITINERA". — *(Hecha una furia.)* ¿Esa? Ésa es una ladrona. Ni es princesa ni es nada. Lleva dos años sin pagar a las cuarenta mujeres del pueblo que la sirven, ¿o es que te haces la tonta?

LA AMPARO. — ¿La tonta? Sabe Dios donde ésa mete los dineros.

ROSARIO "LA MITINERA". — *(Haciendo un gesto de manos.)* Así nos están comiendo los moros. La Adolfina dice que estuvo en Marbella y que no hay más que palacios moros por todas partes. Los moros nos comen y mientras los de los carteles diciendo que están arreglando a España.

LA AMPARO. — Veremos en qué queda todo. La Micaela la Rondeña que antes se iba a Alemania, dicen que ahora se va a Marbella. Y lo peor, que allí tampoco pagan.

ROSARIO "LA MITINERA". — *(Guardando un rencor.)* Pues aquí. Aquí. *(Sacudiendo el polvo con mucha furia.)* Sí, lo estoy viendo. Nos llegaremos a matar por las calles. Quita. Quita carteles que no servirá para nada. Pronto pondrán otros. Y otros. Y otros. Toda leche queriendo mandar. Hasta Paco el de la Corrala, que siempre fue un putañero albañil, que ni sabe leer ni escribir, quiere también el mando, y les da coba a los moros y a los del Ayuntamiento.

LA AMPARO. — Mujer, es concejal.

ROSARIO "LA MITINERA". — Pues como no entre en el Pleno Municipal a su burra, yo no sé a quién le va a hablar.

LA AMPARO. — La mujer de Paco el de la Corrala, lo sé seguro y me lo ha de paga. Fue la que le dio el palizón a mi Antoñico. Pero la cogeré por mi cuenta. La tiene tomada con él. Le esconde la basura al amanecer y luego la pone, ya que pasó el carro, y dice por todo el pueblo que mi Antoñico no sabe trabajar. A mí de mi Antoñico me da mucha pena. Llora de rodillas en la playa, mirando al cielo y al mar. De estas cosas da coraje. Quieren echar del Ayuntamiento a mi Antoñico y no saben cómo; pero antes me las veré con el alcalde y si hay que arrastrarlo con una soga al pescuezo, lo arrastraré por las calles. Chiquilla, que nos estamos volviendo locos todos.

ROSARIO "LA MITINERA". — Y dices verdad, que las primeras que nos vamos a tirar a las calles somos las monderas de antaño y las soberanas de hogaño. Porque sabrás que ahora somos las soberanas y podemos mandar en todos. Nuestra santa voluntad hay que cumplirla. Maldita sea la puta madre de tantos como yo me sé. *(Se sube en lo alto de un sillón y lo pisotea, dando saltos con coraje, hecha una energúmena, quitándole el polvo.)* Así haría con muchos piojosos que quieren mandar en nosotras. Y mandar muy a la calla callanda.

LA AMPARO. — *(Burlona.)* ¿Y el cartel de Juanico el de la Chamorra? *(Mostrándolo.)* ¿No lo ves? Sonriendo. Ni que sonría ni que no sonría, es el tío más feo del pueblo. Pues, hala, a mandar también. Y nunca fue a la escuela. Ni tuvo eso que hay que tener para trabajar como los que se iban a Alemania. Éste me quiso meter mano cuando yo era mozuela. Pero, ja, ja. Lo cogí de ese pescuezo de colorín que tiene y lo iba a degollar. *(Arranca el cartel con toda su furia.)*

ROSARIO "LA MITINERA" — ¿Y estos cuadros con las puñalás? *(Ha señalado a los cuadros de Franco.)* Yo los arrancaría y que se los llevara también el viento del mar. *(Friega con rabia.)* Friega, friega, que por much que friegues el palacio de Paco el Borja se cae a pedazos. Y es que hacen falta albañiles. Mañana habrá más yesones en el suelo. ¿Qué habrán hecho en tantísimo tiempo? ¿Cómo estarán los niños que yo crié? Mira que si le han salido a la madre.

LA AMPARO. — *(En son bufo.)* ¿Cantará todavía y tocará el piano con aquellos trajes de artista que se los vendió la cupletera que vino al café? ¿Traerá ese baúl donde guarda los trajes de los barcos? Mira que venir un día al pueblo y decirnos, "Yo fui artista antes de casarme con Paco el Borja." Y luego se fue rápida al cuadro largo que hay en este comedor y señalando esta figura de condenado dijo, "Éste. Éste es mi Paco. El que dio paso a las tropas del General Franco en las calles de Madrid. Éste es mi marido hoy, el General Borja." Sin embargo *(Se le saltan las lágrimas)* no lo puedo remediar. Los quiero mucho. Sabe Dios cómo estarán criados esos hijos en tanta ciudad grande donde estuvieron, como tanto malo como hay por esos mundos. *(Con mucho cariño.)* Mi niña, sobre todo, sola por esas Francias y esas Inglaterras. Y ni un sólo recuerdo. Y bien sabe Dios que los quiero como a mi Antoñico y a mi Paulico.

ROSARIO "LA MITINERA". — ¿A qué vendrán a ver estas ruinas que nunca debieran haber dejado solas? Mira, mira *(Señalando por una ventana)*, barcos allí parados. ¿Sabes qué tienen dentro? Fusiles y pistolas, bombas y balas.

LA AMPARO. — Quita, mujer, sólo tienen cebada que le quitaron a un ladrón, porque entre la cebada llevaba mucho dinero.

ROSARIO "LA MITINERA". — Sea lo que sea, pero, mientras estén ahí, los vigilaremos. Que no me fío de nada. *(Con un desahogo expiatorio.)* ¿Querrás creer que ya me da miedo vivir hasta en mi propia tierra? Mira, allí el chalet de la que vendía armas para la guerra hace años, más allá el de la mora que está arruinando al pueblo, allí barcos de ladrones detenidos? ¿Y es que ésto no lo saben los del Ayuntamiento? Lo saben. Lo saben. Lo saben. *(Se vuelve a subir en otro sillón y sigue pisoteando como para quitarle el polvo, pero sus pensamientos son muy distintos.)* A todos así. Así. Así. Así. Veremos que va a pasar aquí. Pues a espiar. A espiar. A espiar. Y a ser capaces de todo. De todo. Ya estoy cansada de tanta mentira y de tanta pudrición. Y antes de más engaños y de que me vuelvan loca, podré con los demás. Me presentaré a las elecciones para hablar lo que tengo que hablar y callar las lenguas a quienes tengo que callar. *(Da los saltos con más fuerza y dice triunfante.)* Mira como sale el polvo y como caen los yesones. Si es que ya nadie ni quiere lo suyo. Maldito el tiempo que une y desune. Maldito el tiempo que vuelve a las personas indiferentes y malas.

LA AMPARO. — Calla esa lengua de bestia.

ROSARIO "LA MITINERA". — No me da la gana. Vi ya tanto en este mundo que ya no quiero ver más. No quiero ver más. No quiero ver más. No quiero ver más. (*Sus saltos son cada vez más violentos y el polvo la envuelve.*)

LA AMPARO. — ¿Oyes?

ROSARIO "LA MITINERA". — No. ¿Qué?

LA AMPARO. — Suenan coches.

ROSARIO "LA MITINERA". — ¿Serán ellos tan pronto?

LA AMPARO. — Asómate a ver, con sigilo.

ROSARIO "LA MITINERA". — (*En voz baja.*) Son dos coches, como de ministros, pero nadie se baja de ellos.

LA AMPARO. — (*Va con sigilo a espiar desde la ventana.*) No los vi nunca. Qué lujo. ¿Cómo habrán podido llegar hasta aquí?

ROSARIO "LA MITINERA". — No todos los caminos de las plantaciones son estrechos.

LA AMPARO. — Pues alguien les dijo el camino por donde hay que llegar.

ROSARIO "LA MITINERA". — (*De repente.*) Calla. Escóndete. Se esconden. (*En voz baja.*) Es la princesa mora.

LA AMPARO. — ¿Qué?

ROSARIO "LA MITINERA". — Lo que te digo, la princesa mora y los que la guardan.

LA AMPARO. — ¿Qué hacen?

ROSARIO "LA MITINERA". — Mirar y mirar esta casa. Uno se bajó del coche. Y sigue mirando. Mira las plantaciones y el palacio.

LA AMPARO. — ¿Será que lo quieren comprar?

ROSARIO "LA MITINERA". — ¿Será posible?

LA AMPARO. — La hija de Carmen la de los chumbos, que ha venido también de Marbella, dice que están comprando todas las tierras. Y dice más: que Andalucía entera es para los moros. Que son los dueños de todo. Y la hija de Carmen la chumbera ha venido vestida de señorica con las tetas de punta. Tiene que haberse echao a puta.

ROSARIO "LA MITINERA". — Quién lo iba a decir.

LA AMPARO. — La necesidad de los que no saben vivir, o no pueden vivir.

ROSARIO "LA MITINERA". — Yo diría en el pleno municipal, si ganara las elecciones, que los dineros de los moros los emplean en el extranjero y aquí sólo vienen a divertirse.

LA AMPARO. — ¿Y de dónde sacan tanto dinero?

ROSARIO "LA MITINERA". — Anda, ¿no sabes que son los dueños del petróleo? Si se ha cundío por el pueblo que pasan aviones y dejan caer barras de oro.

LA AMPARO. — Anda ya.

ROSARIO "LA MITINERA". — ¿Por qué te crees que al atardecer pasan los aviones y todo el pueblo mira para el cielo? Y salen de sus casas. Y salen de las panaderías. Y salen de las tiendas. Y hasta los de las azucareras dejan el trabajo. Y es que quieren hacernos creer lo que no es, porque no pagan. Mentira. Mentira. Mentira. Nos están llevando a un engaño muy grande. Una no es tan tonta. Lo sé por mi hija que lleva dos años sin cobrar ni un céntimo. Probrecita mía, con dos niños chicos y un marío que trabaja donde encarta: a veces tirao en las barracas hasta las tantas. Mi hijica, que no le paga esa demonia lo que le debe. (*En un arranque.*) Ahora verás.

LA AMPARO. — ¿Qué vas a hacer?

ROSARIO "LA MITINERA". — Lo que nadie sería capaz: arrancar un hierro de estas ventanas y salir a su encuentro. (*Lo arranca con todos sus bríos. La Amparo va hacia ella.*)

LA AMPARO. — Estás loca. Estás loca. Estás loca.

ROSARIO "LA MITINERA". — Que me dejes.

LA AMPARO. — Que no te dejo. (*Las dos mujeres luchan ferozmente.*)

ROSARIO "LA MITINERA". — Que me dejes. Que le parto la cabeza a pedazos. Que se vaya a su tierra. Que te he dicho que me dejes.

LA AMPARO. — Que te estás hiriendo las manos.

ROSARIO "LA MITINERA". — Que se hieran. Que se hieran.

LA AMPARO. — (*Que ha intentado detenerle los brazos.*) Estás loca. Ellos son los que tienen ahora los dineros.

ROSARIO "LA MITINERA". — ¿Y los demás por qué se tragan esto?

LA AMPARO. — Porque son los que nos van a ayudar. Si no los cobeteas, será la ruina.

ROSARIO "LA MITINERA". — ¿Y para eso me puse en cola y voté? ¿Pero dónde están los andaluces y los españoles que dejan este latrocinio esperanzados a no sé qué? Pues si ellos callan, yo callo, aunque me lleven, como antes llevaban a las tapias del cementerio. (*En la pelea.*) El hierro. El hierro. Que salgo ahora mismo, aunque me dejen acribillada a balazos. Así los periódicos tendrán que

77

hablar lo que aquí pasa: que mi marío, mi hija y yo, sufrimos mucho mientras mandaban otros. Y si no hay hombre en esta tierra, hay mujeres que todavía nos lanzamos aunque nos asesinen. Que salga en los periódicos mi cuerpo asesinado entre los cañaverales de los Borjas. Que estoy harta de saber como aquel *(Señala los cuadros de Franco)* mandó fusilar a mi padre en un camino. *(Iluminada de un hermoso recuerdo, exclama:)* Blas. Blas. Blas. ¿Para esto diste tu sangre? ¿Para esto caíste en un camino de Carmona fusilado como mi padre a quien tanto quería? *(Con más fuerza.)* El hierro. El hierro. El hierro. Trae. Trae. Trae.

(Se oye dar marcha a los coches. Rosario, sudorosa y potente, estaba ya en la puerta del palacio, con los ojos desencajados y los tendones del cuello en tensión, dispuesta a asesinar. Así dice:)

Se fueron. *(Sale a la placetilla de arena y dice a voces.)* Ladrones. Asesinos. Os aprovecháis de las hijas de los hombres que están en paro. Pero he de espiaros día y noche, aunque se me tuerza la espalda de no dormir por vigilar y me haga más fea que una lechuza. Y al alcalde, y al pleno voy ahora mismo.

LA AMPARO. — *(Empuñándola del vestido.)* Quieta.
ROSARIO "LA MITINERA". — Déjame. Déjame, que soy capaz de lo peor, que las cosas se terminan con la sangre.
LA AMPARO. — *(Soltándola.)* Que te encierren en un manicomio. Digo, los arañazos que me ha hecho.
ROSARIO "LA MITINERA". — *(Con todo su coraja.)* Pues que me encierren. *(Tira el hierro. Entra dentro de la casa y se arroja en un sofá llorando a lágrima viva. Poco a poco se va suavizando.)* Ay, Amparo, ten piedad de mí cuando me dan estos ataques. Es que yo tengo que estar volviéndome loca. Ahora . . . tengo escalofríos de pensar en mañana.
LA AMPARO. — *(Arrodillándose y acariciándola.)* Pero, ¿por qué?
ROSARIO "LA MITINERA". — Tengo un miedo . . . No sé cómo serán los que llegan. Ni lo que querrán hacer.
LA AMPARO. — Pero si los pobres hemos nacido para serlo siempre. No hay más remedio que trabajar con unos o con otros.
ROSARIO "LA MITINERA". — *(Profunda.)* Lo sé. Lo sé, pero yo a esa mora la mato. Blas haría igual.
LA AMPARO. — ¿Qué Blas?

ROSARIO "LA MITINERA". — Tu Paulico me lo dijo . . . , el que llamaban Blas Infante y dio su sangre por la libertad que los andaluces no tenemos. ¿Es que vamos a estar así siempre? ¿Es que hemos nacido para ser esclavos? Ea. Que ya se vuelve una hasta muy política. Y se entera una de todo. Tu Paulico, que es tan listo y va a la escuela, me cuenta lo que le enseñan. Pues a saber y a callar. Gracias que me pilló con mucha sangre en las venas y con muchas ganas de saber. Soy joven todavía. Hasta puta podría ser. Mira mis brazos, acero puro. Van a saber lo que es una de este pueblo defendiendo lo suyo. Y no le temo a nadie.

LA AMPARO. — Pero Rosario, hemos venido a limpiar. Vamos a hacerlo con paciencia. A seguir limpiando. Están al venir. Espera día tras día hasta ver lo que pasa. Es nuestro sino: esperar. Con paciencia. Con buenos pensamientos. Que todos esos arranques que te dan, se contraponen con la verdad que, quizá, vamos a vivir. Y óyeme, ni a mí me dan arranques, ni hablo como tú hablas. Sé qué hacer, cuando hay que hacer. Venga, al trabajo. (*Alegrándola.*) Ale, ale, ale, al trabajo.

(*Coge una fregona y friega los suelos como si quisiera arrancarlos, mostrando una enorme furia contenida. La Rosario, con unos vendos y la misma furia va quitando el polvo de los cuadros. Se va yendo la luz. Se oye la furia de la juventud rockera cantar "No aguanto más." La escena se inunda de esta furia. Al venir la luz, vemos la casa en orden. La música aminora. El portón se abre de par en par. Las ventanas están cerradas, pero por todas las vidrieras vemos los rayos del sol entrando, dándole al viejo palacio aspecto de claustro o de iglesia. El portón fue abierto por la familia Borja. Vienen llenos de alegría y de encanto al ver su viejo palacio en orden. Primero entra la madre, Doña Catalina de Borja, vestida con sencillez de viajera. Su gozo contenido es grande. Es una mujer sesentona pero todavía muy ágil y con muchas ganas de vivir. Mira todo con respeto, como la que entra a una iglesia. Va a prisa a la tarima donde está el piano. Suelta una maleta que atrae. Se detiene, como soñando, delante del piano y lo acaricia.*)

CATI. — Mi piano. Cuánto recuerdo, que no olvidaré. (*Volviéndose a todos.*) Todo sigue precioso: mi tarima, mi cuartito de los trajes, el salón. Todo casi como lo dejamos.

(La familia sigue mirando todo, como los que se encuentran con un ser querido. Al estar el portón abierto se sigue oyendo a los rockeros. Vitorean con frenesí, rompiendo el encanto del encuentro de la familia con la vieja casa. Pero Doña Catalina continúa ensimismada y dice:)

El baúl de los ángeles lo dejaremos ahora encima de la tarima, después lo meteremos en el cuartito de siempre.

(Fuera se oye gente que ayuda a bajar el equipaje, pero la música rock se mezcla con lo que dicen y con las olas del mar que parecen llegar hasta allí.)

Os veo a todos encantados. Ni tenéis palabras que decir. Nuestro inolvidable rincón: cómo la vida nos llevó tan lejos de ti. Y mirad. Mirad por las ventanas, las cañas crecen y crecen. *(Les tira besos con las manos.)* Miles de besos, cañas nuestras, ahora verdes, mañana doradas. Cuántos recuerdos nos traéis. Por allí. Sí, Ninfi, Lali, por allí es por donde venían los caballos, por aquellas veredas. Seguiré mirando las cañas, días y días. Ninfi, ¿te acuerdas de aquellos caminos? ¿Y tú, Lali? *(Va a prisa y los abraza.)* Hijos míos, hemos llegado a nuestra casa. *(Vuelve a prisa junto al piano.)* Mi piano tan viejecito. Mi salvación. Qué alegría le dabas a nuestros corazones. Borja, ¿nos ves?...

(Borja, Ninfi y Lali siguen en el asombro de encontrarse el viejo palacio iluminado por los rayos de sol entrelazándose como en un abrazo de amor. Ninfi, la hija, trae un pelo largo y hermoso cayendo tras la espalda. Ojeras profundas. Mirar pensativo y hondo. Serena. Muy serena. Conteniendo una felicidad mientras mira todo. Las lágrimas se le saltan y las oculta, volviéndose de espalda. Lali, el hijo, que también soltó una maleta al entrar, se sentó en los primeros escalones de la escalera que sube hacia la segunda planta. Los rayos del sol llegan a él, dándole aspecto de héroe troyano, con su cabellera dorada, sus ojos verdes, muy de aspecto sureño, con el dorso desnudo, con unos vaqueros y descalzo, como si hubieran parado en el camino y se hubieran bañado en el mar. A pesar de los muchos años que falta de allí, parece un muchacho del pueblo de inusitada belleza. Borja mira su palacio con la serenidad de un monje en una sala capitular, de un monje que quiere confesarse o mortificarse. Mira el suelo, las paredes, las ventanas. Le ha llamado la atención las puñaladas de los cuadros de Franco y quisiera, en estos momentos, con mucho cariño,

ponerlos bien. Trata de arreglar los jirones pasando la mano muy suavemente. Cati se ha dado cuenta y quiere distraerlo.)

CATI. — Borja, arreglaremos todo mejor que está. Todo quedará igual. ¿Verdad, hijos míos, que todo quedará igual? *(Descubre las lágrimas de Ninfi y va a abrazarla.)* Ninfi. Ninfi. No es para tanto.

(Lali dice pensativo, después de haber visto a Borja querer arreglar las puñaladas, mirando al suelo:)

LALI. — Hemos faltado tanto tiempo, que no nos dábamos cuenta de lo que íbamos perdiendo. Me pregunto, ¿de qué han podido servir los sufrimientos de una historia para hacer mejor a un país? Porque todo aquel que lucha por la historia de un país, porque un país mejore, triunfando o fracasando, siempre lo hace con fe. Me pregunto si las personas sabemos entender lo que es la dignidad humana y lo que han sido los hombres que han luchado por encontrar una dignidad mejor. *(Al padre.)* Mi general, y esto que digo ocurre en todos los países de la tierra. No sé para qué sirven las luchas, las revoluciones y hasta ni siquiera la paz.

(Borja se sienta en el escalón con Lali para animarlo y no hacerle pensar.)

BORJA. — Lali, hijo mío, hemos venido a pasar un verano feliz. Aquí no vamos a leer ni los periódicos. No tendremos noticias de nada, sólo el sonar del viento en las cañas. El mar que llega a acariciarlas y los pájaros que pasan. Cati, por favor, deja los recuerdos. Ninfi, tú lo mismo. Os repito como a Lali. Qué dulzura de olor y de airecillo marino entra por todas partes. Y de flores, esto es de otro mundo. El mundo que dejamos y ahora volvemos a encontrarlo mejor.

(Interrumpen con mucha alegría La Amparo y La Rosario que traen, como yeguas de carga, un baúl decimonónico con flores pintadas y ángeles volando también pintados. Lo traen cogido con maromas. Sudan. No parecen cansarse. La música rock y la alegría lejana se oyen ahora frenéticas.)

LALI. — *(En reacción brusca e inesperada.)* Cerrar el portón. Esa música nos persigue por todas partes.
CATI. — Lali, ¿qué más da? Se oye muy lejana.

LALI. — Pues lo cierro. *(Lo cierra.)*

NINFI. — No importa, nos perseguirá.

LA AMPARO. — *(Colocando el baúl con la ayuda de Borja. Lo están colocando en la tarima.)* Son fiestas. Y hay concurso de rockeros. Ha venido la juventud de todos los pueblos de por aquí. Hoy tendremos suciedad por todas partes, borracheras y hasta ataques de locura.

(Todo empieza a tomar una alegría más rápida.)

BORJA. — *(A las dos mujeres.)* Qué fortaleza tenéis. Estoy admirado de veros. No pasaron años por vosotras. *(Rosario ha ido por maletas.)* Ninfi, ayuda a Rosario. ¿Cerrasteis la puerta y se quedó fuera parte del equipaje.

NINFI. — *(Secándose las lágrimas e intentando alegrarse.)* Eso voy a hacer, padre.

CATI. — Y yo, Borja, y yo. Pobre Amparo. Sudas. Entre todos debiéramos haber metido el baúl dentro. Voy a ayudar a Rosario.

(Al abrirse la puerta vuelve la música con más violencia. Rápidamente Lali se tapa los oídos.)

BORJA. — Ay, Cati, querida Cati. Espera, mira cómo cuidaron todo. Con el resplandor que entra por la puerta se ve mejor. Se merecen un beso fuerte de Borja. *(Las besa. La Amparo se echa a llorar.)*

CATI. — *(Animando a La Amparo.)* Vamos, vamos. Nada envejeció. Cuánto recuerdo. Cuánto. Me has hecho llorar, Amparo. *(Cati tiene las lágrimas saltadas.)*

BORJA. — Pero, ¿qué tienes?

CATI. — *(Las lágrimas le bajan.)* Quisiera besar hasta las paredes. Y besar la tarima donde aprendí tanto. Y abrazarme al baúl de los ángeles. Y besarles las manos a Amparo y a Rosario. Nosotros olvidamos a ellas, pero ellas a nosotros no. Se les ve en las caras, en cómo está toda la casa, en la alegría tan grande que les ha dado el vernos.

BORJA. — Cati, Cati. Deja todo eso para cuando estés sola con ellas. Yo recuerdo sus casamientos. Aquella iglesia pequeñita, aquellos velos blancos de novia con flores de azahar en al frente. El bautiso del primero de sus hijos . . . Ha vuelto la vida. Ha vuelto. ¡Quién nos dijera, todo igual para nosotros! Están nuestras primeras caricias en estas paredes. Todo huele a nuestra juventud. Y el mar sereno. Y el olor de las cañas entrando por todas partes. Esas cañas que milagrosamente cuidaron las familias de Amparo y Rosario. Mira, hasta aquí llegó el mar. Entró por las rendijas del portón y dejó la señal. Y eso que el portón lo resforcé con estos hierros. (*Golpea los hierros.*) ¿Ves? Aquí quise vivir siempre, sin embargo . . . Bueno, a pesar de todo nuestra vida ha sido muy hermosa. Y lo sigue siendo.

CATI. — (*Muy contenta.*) Sí. Lo sigue siendo.

BORJA. — (*Volviéndose al cuadro de Franco, cuadrándose y saludano militarmente con alegría.*) Mi general, te saludo. Mi amigo. Mi compañero. El sol fue difuminando tu figura. Hasta apuñalaron el lienzo. Lienzo que siempre, siempre, presiderá esta casa. Lali, ayuda a Rosario y a Ninfi.

LALI. — (*Muy contento.*) Sí, qué tonto. Cerré la puerta tontamente. La abro otra vez y mira, Rosario con más equipaje. Déjame que te ayude.

ROSARIO "LA MITINERA". — Puedo con todo.

LALI. — Tenemos que subir el equipaje a los cuartos. (*Ayuda a subir y dice muy contento.*) Al pasar la tierra por donde hemos venido, he ido recordando todo. Todo lo inolvidable. Porque en mí se quedó esta tierra, como se quedaron tus brazos, Amparo, en mi cuerpecillo de niño . . . Aquella soga que te ponías atada a tu cintura cuando yo me bañaba, por temor a que me ahogara en el mar. Tú me enseñaste a nadar. Y nos llevabas a Antoñico y a mí a la monda, pero chupábamos la caña duz que tú nos dabas. Inolvidable. Inolvidable todo. Cómo huele mi tierra. Mi tierra que es mi vida. (*Fue dejando el equipaje en los cuartos y bajó rápidamente la escalera. Se puso en el umbral del portón. Muy feliz, y puso los brazos en cruz, de espalda a todos.*) Ya casi alcanzo a tocar las columnas. Me hice un hombre fuerte, Amparo. Tú me ayudaste a no tenerle miedo al mar y a quererlo. Y yo, nadando y nadando llegaba casi hasta el puerto. Ahora me verás trabajar en todo. Ya verás lo que aprendí en tanto tiempo. (*Cambia la alegría en crispación.*) Dios, esa música. Esa juventud que brama. Son como caníbales que quisieran asesinar y destruir. (*Volviéndose y entrando con cierta ira contenida.*) Pero, ¿cómo pudo llegar a mi pueblo esa música, esos cantos, esos gritos. (*Altivo.*) Ya iré conociendo el por qué. Y jamás, jamás me uniré a ellos. Mi amigo será el mar que purifica. (*La música suena más violenta y Lali se vuelve a tapar los oídos desesperadamente.*) Dios. Dios. Dios.

BORJA. — ¡Lali!

LALI. — *(Cae de rodillas.)* Déjame, padre. No puedo oír lo que oigo. Aquí también. Aquí también. Aquí también.

BORJA. — *(Intentando alejar la pesadilla que padece su hijo.)* Vete al mar.

LALI. — Sí, al mar.

(Se quita rápidamente los vaqueros y corre a zambullirse en el mar.)

LA AMPARO. — Tan guapo. Tan hermoso. Tan valiente. Qué orgullo de haberle dado un poco mío. Ale, a la faena. Hay que arreglar los cuartos. ¿Dónde, Cati, está la ropa de cama?

CATI. — En aquella maleta.

BORJA. — *(Muy eufórico, contagiado por alegría de su hijo.)* Pues yo, Borja, voy a hacer lo que mi hijo.

CATI. — ¡Borja!

BORJA. — Llevo su sangre, Cati. No envejecí . *(Señalando el cuadro de la entrada de las tropas en Madrid.)* Era muchacho y ya arrastró aquel cañón en la calle de Bailén. Mis compañeros me admiraban. Mira. *(Empieza a desnudarse.)* Músculos todavía fuertes. Ya sabes, ell deporte que tanto hice. Siempre te lo dije. Me horroriza la vejez y la muerte y hasta ahora estoy pudiendo con ellas. *(En son burlesco.)* Borja es un campeón como su hijo. *(Quedó en bañador y le vemos un cuerpo bronceado, potente todavía, como el de un rey que la vida no acaba de vencer. Sigue desafiando en son burlesco.)* ¿Qué, Amparo? ¿Qué, Rosario? ¿Creíais que el general Borja venía hundido? Nada de eso. Salud hasta mi muerte. He venido aquí a hacer mucho, a trabajar mucho, a hacer todo el bien que pueda por los míos, a buscar el mar, el sol y esta tierra donde nací. Voy a alcanzar a mi hijo, vaya por donde vaya nadando. Lo alcanzaré. *(Sale.)*

CATI. — *(Asustada.)* ¡Borja!

(Ninfi baja a prisa, llamando al padre.)

NINFI. — Padre, espera. Voy contigo. Les ayudaré a ellas más tarde. *(Saca un espejo de bolsillo mientras se mira y va a prisa.)* Fuera estas ojeras. Y que mi pelo se moje en el mar y revolotee después con el viento. Adiós a todos. *(Sale.)*

LA AMPARO. — Son como niños. Quién lo dijera. Mira, ya empezaron a darnos guerra: las ropas tiradas por todas partes, los zapatos, las sandalias. Pues benditas sean las ropas que así se tiran y las familias que así viven. Vamos a recoger todo lo que han dejado tirado.

CATI. — *(Contagiada de la misma euforia.)* Y vamos a abrir las ventanas de par en par.

(Las tres mujeres recogen las ropas y van abriendo las ventanas de par en par. El sol inunda el salón. Todo se llena de alegría.)

LA AMPARO. — Vamos a seguir arreglando todo.

ROSARIO "LA MITINERA". — No puedo tirar de esta maleta. Pesa como si tuviera hierro dentro.

CATI. — Es la de Lali. Le gustan mucho los deportes. Traerá en ella todos los utensilios. Le ha salido al padre. Seguramente traerá hasta un traje de buzo.

LA AMPARO. — Y el baúl, ¿dónde se deja al fin?

CATI. — Donde siempre.

LA AMPARO. — ¿En el cuartito que hay junto al piano?

CATI. — Allí. Ahora vamos a sacar todos los trajes y los vamos a colgar. *(Abriendo el baúl.)* ¿Veis?

LAS DOS MUJERES. — Qué preciosidad.

CATI. — No valen nada. Son telas y pedrerías baratas. *(Saca un traje.)* Éste fue el primero que me puse en el barco donde canté por primera vez.

LA AMPARO. — Qué gracioso.

CATI. — Cuánto recuerdo. Cuánto. Las lágrimas que me costó. Se lo vi a la cupletista, aquella que vino al cafetín. Cantó una sola noche y se volvió a ir en el barco. Yo la veía entre los cristales de la ventanas del cafetín. A las tantas de la noche, hablé con ella. Me enamoraba su vida y su cante y le pregunté el camino a seguir. Me dijo, "Oye la música que toca el negro que me acompaña y ponte a bailar." Bailé sin saber. El negro dijo que aprendería, porque yo tenía condiciones. Aprendí. Bailaba sola hasta en los rincones de mi casa, hasta que un día, como sabéis, todos preguntaron dónde está la Cati. Me había encerrado en la casa de una vecina mía que tenía una gramola. En ella ponía los discos de la cupletista aquella. Aprendía cada día más y más, hasta . . . *(Queda como soñando.)*

LA AMPARO. — ¿Hasta qué?

CATI. — Hasta que no me visteis más. No me despedí de nadie. Ni de mis padres. "Cati," me dije, "¿prefieres ser la hija de un pobre y estar toda la vida sin libertad, o prefieres tener libertrad pase lo que pase en tu vida?" Y la libertad me la dieron los barcos. Bailé y canté, como aquella cupletista, en todos los barcos que me contrataron. Recorrí mucho mundo. Conocí a la gente como es y empecé a olvidar a este pueblo donde había nacido y, mirad, olvidaba que era hasta española.

LAS DOS. — ¡Cati!

CATI. — Sí. He visto tantas noches estrelladas en tantos cielos distintos, tanta gente viajera encantadora de esa que ves durante una sola travesía y ya no vuelves a ver más. Creía muchas veces que me enamoraba de cualquier viajero desconocido, pero cada vez fui buscándome mejor mi vida con toda honradez, enteraos bien, "con toda honradez." ¿Qué era mejor, hundirse sin tener la cedrteza de que algún viajero de aquellos te pudiera querer o saber que me quería alguien en este pueblo? Aunque sé que me llamábais Cati "la vocalista," por no decir "Cati la puta," nadie, nadie puso una mano en esta carne que veis, ni siquiera un beso en mis labios en aquellas noches de locura y de felicidad. Mis labios sólo tocaban el borde de las copas de champán que descorchaban para mí. Honrada. Honrada siempre y reuniendo el dinero que podía para un día volver a esta tierra, tener una casilla y que nadie me echara en cara mi pasado. El único beso que me dieron, me lo habían dado entre estas cañas, un muchacho de ojos verdes, que se llamaba Paco Borja. El hijo del rico. Beso que apenas lo creía, pero no lo olvidaba. Beso que me volvió a ser española. De aquel muchacho recibía carta tras carta hasta que llegué a creer en su amor. *(Riendo tragicómica.)* ¿Cómo es posible que ahora recuerde todo esto? Cati, la hija de Joseíco Benávides, ese hombre que acribillaron a balazos entre estas cañas y todas sabéis por qué. Cati, ésa que se ha codeado con princesas, con grandes señoras, con lo mejor del ejército de España, con emmbajadores de todos los países; que ha asistido a las mejores recepciones en palacios que ni puedo describir, ahora, ahora me encuentro aquí. Aquí. Aquí. *(Se sienta en el baúl de los ángeles y llora como una niña abrazada a su primer traje de artista.)*

ROSARIO "LA MITINERA". — Pero, Cati . . .

CATI. — Dejadme. ¿Es que una no puede llorar ni desahogarse? Lloro, maldiciéndome. Mi libertad estaba aquí con vosotras, con mis hijos parido entre estas cañas. Mi vida pasada no ha tenido nunca libertad. Y ahora menos que nunca. Mirad. *(Saca un cofre que está dentro del baúl y lo abre. Saca un puñado de cartas amarillentas.)* Parte de la historia de mi vida en estas cartas, pero en ellas no pude decir el sufrimieno que llevé tan dentro. Aquí en ésta me dice cuando entró a la Academia Militar. Y en ésta me dice que me espera en el Puerto de Cádiz para llevarme a la iglesia. Nos echaron las bendiciones con mi velo blanco de reina, todo de encaje. Velo que arrastraba por el suelo de la iglesia de San Francisco el Grande. Por primera vez quedó mi cuerpo desnudo para un hombre. Un hombre que dejó sus sudores por la vida que quiso vivir, desde valiente soldado hasta lo que ha llegado hoy a ser. Una vida que se fue ya para siempre. A pesar de todo, necesito consuelo, cariño. Estoy muy falta de cariño. La vida pasa y nos van dejando hasta nuestros hijos, porque queramos o no, vamos hacia la soledad, último refugio de nuestras vidas. *(Pidiendo como una niña.)* Caricias, Rosario. Caricias, Amparo. Dadme vuestras manos. Las tres amigas unidas y a defendernos de todo. Sé que vosotras ni los del pueblo creeréis en mí, pero unidas, unidas ahora más que nunca. He vuelto a mi pueblo para quedarme siempre con vosotras. Vuestras manos. Vuestras manos. *(Las besa y las besa.)*

(Golpes violentos en el portón que dejaron cerrado cuando fueron a bañarse.)

LA AMPARO. — ¿Quién llamará así?
CATI. — Ellos no serán.

(Los golpes siguen más fuertes.)

LA AMPARO. — Así nadie llama nunca. Parece como si alguien quisiera entrar aquí porque lo persiguen. *(Golpes y golpes.)* Pero qué golpes. Ahora mismo abro.

(Abre. El rock suena como si invadiera toda la casa. Al abrirse el portón vemos a un joven con el torso desnudo y magullado por todas partes. Trae atadas las manos con una maroma. Chorrea la sangre de las manos y las sienes. Él como un Cristo atado a la columna. Hasta le han puesto, burlonamente, una corona de espinas. Trae amoratado casi todo el cuerpo. Los pantalones hechos trizas. Descalzo. Tiene aire de infeliz. De joven asustadizo y un poco retrasado mental. Ha caído de rodillas con la garganta seca y la boca entreabierta. El sudor cae por todo su cuerpo. Apenas puede hablar. A pesar de todo, su figura de joven costero es muy sexual. Es Antoñico el Basurero, el hijo de La Amparo.)

87

EL ANTOÑICO. — A . . . gua.
LA AMPARO. — ¡Mi niño!

(Las otras dos mujeres van y cierran rápidamente el portón, mientras La Amparo está atendiendo a su hijo en el suelo. La Rosario va en busca de agua. La Cati, en el umbral del portón, está como la que no tiene respiración.)

CATI. — *(Asombrada.)* Una corona de espinas. Quitársela pronto. Las sienes le sangran.
ROSARIO "LA MITINERA". — Y patadas por todo el cuerpo. Es como si lo hubieran pisoteado.

(Cati y Rosario intentan quitarle la corona. El muchacho se agita con más dolor.)

CATI. — *(Con mucho cariño.)* No te pasará nada. Rosario, trae aquel pequeño botiquín. Vamos a quitarle la maroma.

(Antoñico casi desfalleció en los brazos de su madre mientras Cati lo cuida y le quita la maroma de las manos.)

LA AMPARO. — *(Transida de dolor.)* Te lo dije: no vayas, no vayas. Tú no debes ir a ninguna parte, más que coger un barco o un tren e irte para siempre. Irte de este pueblo donde no te quieren. Mi niño. Mi hijo. *(Se desahoga abrazando al hijo y besándolo por todas partes, repitiendo, "Te lo dije.")*
CATI. — Una ambulancia. Una ambulancia. *(Pitidos de ambulancias.)*
LA AMPARO. — *(Mientras lo sigue besando apasionadamente.)* No vendrán por él. No vendrán. Lo tienen que saber todo y no vendrán. Lo único que quisieran ver es la tierra donde esté muerto. Mi Antoñico, el hijo del que murió en la cárcel por defender a sus ideas.
ROSARIO "LA MITINERA". — Bebe más agua, hijo mío.
CATI. — Si la ambulancia no viene, llamo ahora mismo a Borja.
LA AMPARO. — No lo llames. Su madre lo curó siempre. Venga ese botiquín. *(Lo abre y empieza a curar a su hijo.)* Estoy harta de que llegue a la casa con patadas en el vientre, con sangre en las sienes, con heridas en las manos.
CATI. — Que voy a llamar a Borja.
LA AMPARO. — Te digo que no. Sería peor que el general pidiera por

él, o que lo llevara en sus brazos al hospital. Antoñico, hijo. Te quito las espinas y tú, como el hombre que eres, sabrás resistir. Eres muy valiente. No rechistes. Aguanta el dolor. *(Sacándole las espinas mientras Antoñico encaja los dientes.)* Así. Así. Así. Y voy a guardar todas estas espinas. Y esta soga para llevarlas a quien yo sé. *(Reaccionando y levantando la voz, con las ramas de espinas y la soga entre las manos, dice con el mayor rencor.)* Tomándome la justicia por mi mano se las llevaré a quien yo sé y se las clavaré en la cara y el pecho. *(Antoñico se queja.)* Ni un sólo quejío da un hombre. Aprieta los dientes si tienes dolor.

CATI. — *(Yendo rápida hacia el portón con intención de abrirlo.)* Como sea voy a llamar a una ambulancia.

LA AMPARO. — Ni lo intentes. Ya te lo he dicho. Su madre sola. Hasta en la ambulancia del pueblo podrían asesinarlo.

EL ANTOÑICO. — *(Muy desvalido.)* Mi cuerpo, madre.

LA AMPARO. — *(Con odio.)* De acero para resistir. Resiste, que tu madre sabe bien lo que tiene que hacer.

CATI. — *(A voces, delante del portón.)* Borja, Borja, Borja.

LA AMPARO. — ¡Calla! Nosotras. Nosotras solas. Su madre sola. Has aprendido muy poco, Cati, y ni sabes dónde has venido a vivir. Eres miedosa y débil. Entiéndeme bien: el dolor de una, para una.

ROSARIO "LA MITINERA". — Pero Amparo.

LA AMPARO. — A callar todas. Él se pondrá de pie solo, como hizo tantas veces. Es lo único que le queda y tiene: las fuerzas de un hombre en su cuerpo. Levanta, Antoñico. *(El muchacho va haciendo esfuerzos y logra levantarse.)* Os lo dije.

EL ANTOÑICO. — *(Yéndose asustado a un rincón, con un mirar de perro apaleado.)* Yo . . . , yo estaba cerca de la playa. Y los oía . . .

CATI. — ¿Qué dices? Tiene que tener fiebre.

LA AMPARO. — Que los oía.

CATI. — ¿A quiénes?

LA AMPARO. — A las miles de personas que van a oír a los que cantan. A esa convocatoria, como dicen ahora, de los que piden libertad.

ROSARIO "LA MITINERA". — *(Susurrante y con cólera.)* Convocatoria de libertad, como dicen los que gobiernan.

LA AMPARO. — Calla, Rosario.

(El muchacho se vuelve a sentir desfallecido. Cierra los ojos y apoyado sobre la pared va cayendo de rodillas. Cati se disloca y dice a voces:)

CATI. — ¡Esto es un crimen! *(Se vuelve de espalda y da golpes en el portón.)* ¡Borjaaaaa! ¡Borjaaaaa!

LA AMPARO. — *(A voces.)* Te digo que no lo llames. ¡Cállate! *(Silencio.)* No sabes el orgullo que mi Antoñico tiene. Hasta la muerte la recibiría sin decirle a nadie que muere. Se sentiría avergonzado. Levántate, Antoñico. *(A duras penas se va levantando apoyado en la pared.)* Ahora, Antoñico, le vas a contar a tu madre qué pasó esta vez. *(Fuerte.)* Porque tú no tienes dinero para entrar a los rockeros.

(Pitidos de alarma.)

CATI. — *(Muy asustada.)* ¿Qué puede pasar, madre mía?

LA AMPARO. — *(Con ira.)* Lo que en todas partes. *(Sarcástica.)* ¿Pero de dónde vienes, Cati? ¿Es que no te enteras de las cosas de este mundo? *(Estallando en más ira.)* Que quieren que una juventud en paro, como ratas en la noche, se olvide de todo, de lo que ellos llaman represiones, para llegar a la violencia y se asesinen antes, y se destruyan antes. Así terminarán con lo que no pueden, con la gente joven que se levanta para preguntar como gaviotas ciegas a dónde van. Pero Antoñico, ese perro que veis que se agarra de sitio en sitio, nos contará. *(Reaccionando con cariño.)* Antoñico mío *(Se le abraza a la cintura y cae al suelo suplicándole)* dile a tu madre qué te hicieron y por qué. *(Antoñico mira, con mansedumbre y avergonzado, a Rosario y a Cati.)* ¿Nos quieres hablar, verdad? ¿Es que no le vas a hablar nunca ni a tu madre? ¿Es que toda tu vida te la vas a guardar para ti sólo sin compartir nada con nadie? No hagas que te avergüence delante de estas mujeres y que les diga que hay quien te ha visto llorar de rodillas en la playa, mirando al cielo y al mar. Hablando como un loco al cielo y al mar. *(Antoñico se vuelve bruscamente de espalda, avergonzado. La Amparo se desespera más y se levanta diciendo:)* Iros. Iros. Iros. Que me va a contar lo que no quiere, pero a mí sola. Iros. Iros. Iros. Así aliviará su dolor.

(Las dos mujeres obedecen. Al abrir el portón suenan con más violencia los gritos histéricos, el vocerío, la música, las sirenas de la policía y de la ambulancia. Amparo domina la situación.)

¡Cerrad! ¡Dejadme sola con él! *(Las dos mujeres se han ido y han cerrado el portón. Amparo empieza a enfrentarse con su hijo.)* Ese orgullo de siempre. Maldito orgullo que te dio este pueblo, pero qué

cuerpo que vence todo dolor. Háblame, que es mucho todavía lo
que tu madre tiene que hacer. Háblame. Háblame. Háblame.

EL ANTOÑICO. — Fui solo a la playa . . .

LA AMPARO. — ¿Y qué? ¿Y qué más?

EL ANTOÑICO. — Tú sabes, madre, que yo sé bien el por qué del
concurso rockero . . . No quise ir y me fui a la playa, pero en el
concurso, entre cientos de personas, estaba Paulico. Alguien me
dijo, "Lo han llevado allí con malas ideas." Escondiéndome fui para
decirle que se viniera. Estaba irritado. Casi no lo conocía cuando le
miré los ojos. Me esquivó con fuerza. Con una fuerza que jamás
supe que tenía. Estaba endemoniado. Los del pueblo me
provocaron diciendo, "Hasta a su hermano le teme." Me lo quise
llevar a tirones. La gente empezó a gritar. La policía tiró bombas de
gases. Uno del pueblo le quitó dos bombas a la policía y las puso en
mis manos. Yo no quería tirarlas, pero me di cuenta que entonces
pisoteaban a apaleaban a Paulico, mientras decía a gritos, "Éste
no es el camino de Blas Infante." Repetía una y otra vez mientras le
hundían las patadas en las entrañas.

LA AMPARO. — *(En un aullido.)* ¿Y dónde está?

EL ANTOÑICO. — Ni lo sé, madre. Lo busqué entre miles de personas.
Sólo oía sus quejidos. No sé si estará vivo o muerto. *(En reacción
desesperada y rabiosa.)* No lo sé. No lo sé. No lo sé. Mi ira fue tan
grande que cogí las bombas y las tiré con todos mis bríos. Me
golpearon y golpeé. Buscaba a Paulico. Una avalancha se lanzó a
mí. Me ataron las manos. Me dijeron, "El Cristo que ha venido a
salvar" con risas como gente de infierno, ojos desencajados,
sudores, eran como locos en pajares. Así me acosaron. Me
escupieron. Golpearon todo mi cuerpo. Ya, sin conocimeinto, con el
nombre de Paulico en mis labios, desfallecía. Me ataron las manos.
Me pusieron esta corona de espinas. Me arrastraron por la arena.
Saben que han venido los Borjas y decían: "Llevadlo con ellos."
"Llevadlo con los caciques que tanto daño hicieron y tanto
robaron." "Los Borjas." "Los de Franco." "Este también lo es." "A
quemarlos vivos a todos." Y gritaban: "¿Por qué creéis que no
vinieron en tanto tiempo al pueblo?" . . . "Por temor a que os
degüellen." Me arrastraron con la maroma y me dijeron señalando
un hoyo en la tierra, "Este hoyo está lleno de cadáveres fusilados
por mandato de los Borja." Después, me dejaron solo. Se me
apoderó un miedo como nunca tuve y vine aquí a buscarte. Lo que
me espera no lo sé, madre, no lo sé, no lo sé. *(La Amparo se ha*

91

transfigurado en una especie de bestia salvaje.) ¿Dónde vas?

LA AMPARO. — A por aquella maroma con la que te arrastraron para arrastrar yo a los que bien sé, o que me quemen viva.

EL ANTOÑICO. — ¡Madre!

LA AMPARO. — *(Dislocada.)* Mi Paulico. Mi niño. Yo. Yo sola contra todos. Iré a donde tengan que oírme y les contaré una historia para que sepan lo que es una española defendiendo lo suyo, y hablando como no hablan los que tanto mitinean para volvernos locos. Una española va a decir la verdad. ¡Voy por la maroma! Y si me rocian con gasolina y me queman viva, que lo hagan. Así cambiaremos más de prisa y lo sabrá el mundo entero.

EL ANTOÑICO. — *(En aullido de animal al ver a la madre irse.)* No me dejes. Mi dolor es mucho. Me maldecirá de haberte contado lo que nunca quise. No volveré a confiarte nada. Nada. Nada. Nada. Ni aunque me esté muriendo.

(Antoñico va cayendo otra vez, casi desfallecido. La Amparo está como ciega y loca. El portón se abrió de par en par. Los Borjas están en el umbral. La Rosario quiere detener a La Amparo pero es imposible. Los Borjas están como si no se atrevieran a entrar. El vocerío ambiental continúa.)

ROSARIO "LA MITINERA". — *(Deteniendo a La Amparo.)* Amparo. Amparo. Amparo.

(Se oyen sirenas de ambulancias.)

LA AMPARO. — *(Dislocada.)* En esa lo llevan.

EL ANTOÑICO. — *(En un gesto salvaje.)* ¡Contigo voy, madre!

NINFI. — *(Interponiéndose brusca.)* De aquí no sale ningún herido.

LA AMPARO. — ¿Quién eres tú para impedirlo?

NINFI. — Quien te demostraré ahora mismo. *(Rápidamente coge el botiquín.)* Soy la única responsable para hacerlo.

EL ANTOÑICO. — *(Huyendo.)* No quiero ayuda de ningún Borja.

NINFI. — ¿A qué entraste a mi casa entonces? Un hombre se va por otro camino.

EL ANTOÑICO. — No quiero que tus manos se pongan en mi cuerpo. *(Enfrentándose a todos.)* ¡Dejadme! ¡Dejadme todos! *(Madre e hijo salieron rápidamente. Silencio. Ninfi mira las vendas que tiene en sus manos como si sintiera una gran humillación. Lali parece comprender la humillación de su hermana. Cati está abrazada a Rosario. Borja, tranquilo, se sentó en un baúl de los ángeles.)*

NINFI. — *(Brusca y sin querer conversar.)* Me voy a duchar. *(Sube a prisa la escalera.)*

CATI. — Hija, dejas todo lo del botiquín tirado. Todas tus cosas por el suelo.

NINFI. — *(Mientras sube la escalera.)* Que se queden así. Tira todo lo mío a la basura.

CATI. — Pero, Ninfi . . .

NINFI. — Sí, madre. ¿De qué me ha servido ser médico? ¿Dónde ir ahora? Tres años sin hacer nada. Sólo supliendo guardias en hospitales. ¿Para qué seguir hablando, madre? Ha llegado la hora de enmudecer. No quiero saber nada de nadie. Ni de mí misma.

CATI. — Pero Ninfi, ¿qué te ha pasado de pronto?

NINFI. — Nada. No quiero ni volverlo a recordar. Esos ojos mansos del Antoñico . . . Ese huir de mí y de nosotros.

BORJA. — *(Muy severo.)* ¡Ninfi!

NINFI. — ¿Qué, padre?

BORJA. — ¿Qué quieres insinuar?

NINFI. — No insinúo nada. Mi hermano y tú tenéis siempre para mí miradas de inquisidores. Y hasta palabras.

(Rápidamente sube la escalera Lali y la coge de los hombros lleno de ira.)

LALI. — Cuida lo que dices, Ninfi.

NINFI. — Suelta mis brazos.

BORJA. — ¡Lali!

LALI. — Es que quiero que me hable. Que estoy harto de indirectas, de miradas y de silencios.

NINFI. — Te digo que me sueltes.

LALI. — *(Con ira.)* Cuando tengas que hablar no calles nada y no respondas con la mirada. No lo puedo soportar.

NINFI. — Suelta de una vez. *(Logra desasirse y meterse en el baño. Cierra la puerta bruscamente. El agua de la ducha suena con fuerza.)*

CATI. — *(Intentando apaciguarlo.)* Lali, amor mío.

(Lali se sentó brusco en la escalera y piensa con un mirar profundo, inadivinable. El agua de la ducha suena más y más.)

Lali, cariño, vamos a resconstruir todo. ¿Verdad, Borja, que vamos a reconstruir todo? La vida vuelve como las olas de este mar que acaricia el lugar donde nacimos. Ea. Ya pasó todo. Ay, Rosario, esa música que suena y esos gritos, y ese Antoñico herido, y esa Amparo que ha salido dislocada. ¿Qué ha podido pasar en este pueblo? Mira, Rosario, nosotros venimos de un Madrid tranquilo. Las criaturas tienen un deseo grande de que todo cambie y de emprender nuevas vidas. Nosotros lo mismo. Te diré más. Mira a Borja, quisieron embaucarlo en golpes militares y supo sobreponerse. Hay compañeros que ni le tratan por eso. Mira mi Borja tan pensativo. *(Va hacia él y le acarica y le besa la frente.)* ¿Mejor hombre de este pueblo, dónde? Borja, el niño que me hizo sentir amor y que me enviaba cartas a todos los puertos donde fui parando. El que me llevó al altar. El que luchó en muchas batallas de la guerra civil. El que tiene la Cruz Laureada de San Fernando. El que se resignó, a lo que hay que resignarse en la vida: a que todo cambia y hay que aceptar los cambios como son, aunque haya dicho muchas veces que ni la guerra ni la paz terminan. Él, mi cariño, lo acepta todo. Así quiero que sean sus hijos. Ni una palabra en contra de nadie. Ni un rencor. Ni una traición. Ni un odio a nadie. Qué gran militar que viene a su pueblo a vivir tanquilo con los suyos. Aceptó su retiro y aunque, como es lógico, ame su vida pasada, pero también ama la presente, porque todo es amar a España. A España como sea. Me sigue queriendo a mí y a mis hijos, con lo difícil que es que el amor dure en la vejez y hasta llegar a la muerte. *(Se le arrodilla.)* Borja, cariño, abrázame. No dejes tus brazos caídos. Necesito tu cariño y el calor de tus brazos. *(Borja la abraza.)* ¿Verdad, que no mentí, cariño mío? El cambio mayor es el que pudiera haber dado nuestra vida, y nuestra vida sigue igual. Abrázame más fuerte. ¿Veis, Rosario, Lali de mi alma, un militar que no se siente derrotado, que acepta la vida y la historia como es?

LALI. — *(Levántandose rápido con cólera contenida.)* ¡Madre!

CATI. — *(Asombrada.)* ¡Lali!

LALI. — *(En el mismo estado.)* Nadie sabemos nada de nadie. Yo no sé quién es nadie.

CATI. — *(Levantándose y enfrentándose con su hijo.)* Yo te lo diré. Los Borjas lleváis dentro un único y profundo secreto: que sois buenos. Que sabéis amar a los seres humanos más que a vosotros mismos.

LALI. — *(Dando un puñetazo en la baranda.)* Te digo que calles. *(Estallando en cólera.)* ¡Y el general Borja más tranquilo aún!

BORJA. — *(Sin levantarse del baúl de los ángeles y mirando a su hijo.)* Más tranquilo aún. Ni me espanté de nada nunca, ni me espanto. Evolucionamos todos procurando que esta evolución sea para el mayor bien posible. Nos conocemos y desconocemos. ¿Qué otra cosa se puede hacer en este mundo sino con tranquilidad ver suceder todo y esperar? Lo mismo da la muerte que la vida, la guerra que la paz. Todo es un ir caminando y las luchas y crispaciones son inútiles. Se muere en la paz. Y todo pasa así *(Señala el cuadro del comedor)*, como pasaron aquellos días de la calle de Bailén, allá por el año 1939. Después se vio y vivió tanto que desde mi despacho de general llegué a firmar, no lo sé todavía bien, si causas justas o injustas, porque llegué a no saber bien de nadie.

(Entre la discusión, la barahunda de la fiesta, los ruidos del mar, el viento que bate las cañas, suena el himno nacional de los Estados Unidos y el frenazo de un choche. El himno se sobrepone a todo. Cati se llena de alegría. La alegría de Borja se ve contenida en los ojos. Lali está inquieto y sorprendido. Rosario parece que se ha contagiado de la alegría de Cati, como si la adivinara.)

CATI. — Son ellos. *(Con muchísima alegría.)* Son ellos. Ellos. Dijeron que traerían un choche alquilado desde Madrid a aquí. *(Yendo de unos lados a otros.)* Borja, Lali, Ninfi, Rosario, son ellos. Es mi Paco que llega como dijo. Mi Paco, después de tantos años de verlo. Hijo mío. *(Sale a su encuentro.)* Hijo, mi cielo. Todo un profesor universitario de la Universidad de California. Mi Paco. Mi alma.

(Entra Paco con una maleta. Loco de contento. Deja la maleta y abraza a su madre, alzándola con la fuerza de un Hércules y dándole vueltas. Abraza a Lali, quien se ha contagiado de la alegría del hermano. Abraza a su padre. Abraza a la Rosario alzándole las mismas vueltas que la madre.)

EL PACO. — *(Con alegría incontenible.)* Nada ha cambiado. Los años no son nada. Todo seguís iguales. Iguales. Más guapos. Más fuertes. Dios mío, qué ganas me dan de bendecir todo. En el avión venía pensando cómo iba a encontrarme todo esto. Tal como lo imaginé, lo encontré. He besado la tierra al bajarme del coche. Quisiera besar este suelo. Besaros a todos otra vez y tirar esta camisa de yanqui que traigo puesta. *(Se la quita y la tira.)* Sudo a mares. Y esta gorra que me compré en Chicago me da muchísima calor. *(Se quita la gorra y·la tira.)* Ahora quedo casi desnudo, como veo a Lali y a papá. ¿Y Ninfi? *(Llama.)* Ninfi. Ninfi. *(La ducha deja de sonar y Ninfi baja en bata, con la misma alegría de todos, deseando besar a su hermano, quien le da vueltas y vueltas entre besos y abrazos.)*

NINFI. — Mi Paco. ¿Habrás pasado mucha calor?

EL PACO. — Sólo pensaba en la llegada que me ha parecido una eternidad desde Madrid a aquí. *(Llamando.)* Patricia. Patricia.

CATI. — *(Más feliz aún.)* ¿Ha venido Patricia?

EL PACO. — Conmigo siempre. Patricia, entra que te vean todos. Que conozcan a la mujer que tanto soportó al hijo mayor del General Borja. Al hijo mayor del General Borja, padre, que desde que me fui . . . , cómo recuerdo el avión aquel que tomé en Barajas; cómo recuerdo aquellas lágrimas por las calles de Madrid, para ir subiendo y subiendo al cielo y encontrarme con uno de los países más hermosos del mundo y con una universidad. ¡Eso sí que es una universidad! En esas tierras hasta las ardillas y los ciervos vienen a comer a tu mano. Cuántas cosas tengo que contaros. *(Rosario cogió la maleta.)* Rosario, ¿dónde vas con esa maleta? En Estados Unidos nos hacemos las cosas solos. Déjala quieta. *(Llamando.)* Patricia. Patricia.

(Voz tímida desde afuera.)

VOZ. — Voy. Voy.

CATI. — Quiero verla enseguida.

NINFI. — Y yo.

ROSARIO "LA MITINERA". — Y yo.

(Todos están a la expectativa. Entra Patricia con un maletín. Es negra, con ojos dulces y mansos, modales tímidos. Dientes blanquísimos y sonrisa de bondad. Sonríe. Viene vestida de celeste, con una pamela también celeste. Sigue sonriendo a todos como la que entró a un palacio inesperado que le da desconfianza. Siente un profundo miedo y una profunda timidez. Parece una mujer nacida en un barrio negro y pobre de Nueva York. Tal es su timidez y respeto por todo. La familia está sin saber qué hacer ni qué decir. Cati rompe el fuego y va a abrazarla y a besarla.)

CATI. — Patricia.

EL PACO. — Ya la iréis conociendo. *(Todos vienen lentos y le dan un beso a Patricia, con cierto pudor, tal vez con cierto desencanto, tal vez forzados, tal vez con compasión.)* Mira, Patricia, el primero que te ha besado es Lali. Ésta es Ninfi. Éste, mi padre. Y ésta, Rosario que me dio de mamar en sus pechos.

PATRICIA. — *(Haciendo reverencias torpes y acentuando la timidez al mismo tiempo que muy agradecida por el beso que todos le han dado.)* Yo . . . Estoy muy contenta de . . . conocerlos a todos . . . Sabía tanto ya de todos. Todos los días Paco me contaba cosas de ustedes. No pasaba un día que no los recordara. No llegué a tomar celos de ustedes, porque yo también sé cómo se quiere a lo nuestro.

EL PACO. — *(Abrazándola.)* Es un encanto. Voy a quitar esa música que dejé el caset del coche. Pero queda la otra que no nos deja vivir. *(Va y la quita.)* Y bien, Patricia, aquí tienes tu casa. Qué pena. Una casa para un solo verano. Después regresaremos. Qué se va a hacer. Allí está nuestra vida. Pero este verano seremos muy felices. Muy felices.

NINFI. — Ponte cómoda, Patricia.

PATRICIA. — Sí. Sí.

NINFI. — Arriba está el baño. Allí tienes el mar.

PATRICIA. — Lo vi. Qué bonito. Flores, flores por todas partes y cañas verdes como el mar. Paco me hablaba de todo, pero nunca lo pude imaginar tan bonito. Y qué casa. *(Quitándose la pamela y descubriendo el piano de Cati.)* Perdonen. ¿Éste es el piano de usted?

CATI. — No me llames de usted. Eres mi hija.

PATRICIA. — *(Muy feliz.)* Sí. Sí. Soy su hija.

CATI. — Y estos tus hermanos.

PATRICIA. — *(Acariciando el piano.)* Qué bonito. ¿Aquí cantaba usted?

CATI. — ¿Otra vez de usted?

PATRICIA. — No puedo acostumbrarme, señora.

CATI. — Bueno. Bueno, ya te irás acostumbrando.

EL PACO. — Madre, quisiera que vieras la casa donde vivimos. A la orilla de un lago. Muy cerca de Santa Mónica y de Berverly Hills. Nos codeamos con las grandes estrellas de cine y de teatro que viven en aquellos palacios. Nuestra casa por dentro es cómoda y preciosa. Tiene recuerdos de casi todos los lugares a dónde hemos ido Patricia y yo. Hay hasta un sol de plata de unos indios de sudamérica. Qué garra tiene todo aquello. Luego vamos con frecuencia a los valles donde la familia de Patricia vive, y a los desiertos de Nevada, cerca de las Vegas, donde trabajo temporadas. Soy un profesor muy famoso. Muy cotizado. Me han solicitado de las universidades de Harvard, Yale, Berkeley; pero no, me vendo muy caro. Ya os diré lo que es venderse un un país tan hermoso como Estados Unidos y todo, todo, se lo debo a Patricia. Sin ella mi vida no hubiese sido nada. Nada. Aquí tenéis a mi salvadora. Me salvó su amor. Me sacó de las grandes depresiones que sentía al recordar a España. Así es, esta criatura mansa que se cree inferior a todo lo de este mundo y es rica dando amor a raudales. Mi Patricia. *(Se levanta, la abraza, la alza y le da vueltas y vueltas.)*

PATRICIA. — Que me mareo. Que me mareo, Paco.

EL PACO. — Heredé las fuerzas de un Borja. Mi amor, ¿no te das cuenta? Estamos en la casa donde nací, donte tú y yo seremos felices un verano tan hermoso como éste en la costa española. Sueño de todos los extranjeros del mundo. Mira. *(La lleva a donde dice:)* Mi cuartito. *(Está en la planta baja.)* Aquí jugué y jugué. Soñe. Viví. Hice mis primeros estudios. ¿Te acuerdas, Rosario, cuando me llevabas de la mano para coger el autocar que lleva a la escuela del pueblo? Me crié con niños campesinos. La sangre de un campesino llevo yo. Un campesino que nadie vencerá. Por eso me adapté y me adapto a todo: la escuela aquella tan pequeña, los primeros estudios en la universidad de la ciudad, mis primeras escapadas a Madrid, el cateto en Madrid, el no encontrar trabajo al terminar la carrera, Barajas, el aeropuerto, mis primeras pisadas en América, y hoy, hoy, un profesor que empieza a ser famoso en el mundo. *(Se deja caer en un sofá del salón. Patricia, con un inesperado instinto servil, se le arrodilla y lo descalza.)* ¿Lo ves, madre? Sabe hasta cuando voy a respirar. Ahora sabía que descanso mejor con los zapatos quitados. Ha velado hasta mi sueño. Es un tesoro, madre.

CATI. — *(De repente, como la que tiene una idea luminosa.)* Patricia, quiero que veas el jardín, las cañas, el mar, la playa, la cantidad de flores de todas clases que tiene el jardín. Se está yendo el sol. La puesta de sol en esta costa no se parece a ninguna del mundo.

(Patricia mira tímida a Paco, como la esclava que espera resolución de su señor.)

EL PACO. — Ve, Patricia, ve.

NINFI. — Y nosotros con ella.

CATI. — Yo quedo con mi Paco. Tengo muchísimo que hablar con mi hijo. *(Ruidos violentos por las cañas, como corridas de personas que se persiguen unas a otras.)* ¿Qué es eso, Rosario?

ROSARIO "LA MITINERA". — Los que pasan y pasan y no dejan de pasar. Los que se esconden de la Guardia Civil, los que ya están alcoholizados o drogados.

CATI. — Parece como si hubiese pasado una manada de lobos.

ROSARIO "LA MITINERA". — Lobos los han hecho.

CATI. — ¿Dejaste la ventana cerrada, Ninfi?

NINFI. — La dejé abierta. La lamparilla del cuarto encendida. La brisa traerá ahora el olor del galán de noche. Pero llevemos a Patricia a ver todo.

LALI. — Sí. Sí. *(Ha cogido algo que no podemos distinguir bien y se lo ha metido en el bolsillo de detrás de los vaqueros, que logró ponérselos antes del paseo.)*

PATRICIA. — *(Con la timidez que le caracteriza y sin querer salir de la casa.)* Pero es que yo . . .

TODOS. — Vamos. Vamos. No te asustes. Somos tus hermanos. Somos tu familia. Cuántas cosas tenemos que contarnos.

(Patricia vuelve a mirar a Paco. Paco le indica que se vaya. En estos momentos una especie de rayos de inmenso faro van entrando a la casa, apareciendo y desapareciendo, como si el radiante faro empezara a guiar a barcos lejanos. Al abrir el portón el sonido de la fiesta se agudiza. Todos quedan expectantes a los rayos que, desde la lejanía, alumbran y vuelven a alumbrar la casa.)

CATI. — ¿Qué es eso?

BORJA. — Rayos de luz. Será el faro que ya se encendió.

EL PACO. — *(Levantándose rápido.)* Yo diría que no. *(Patricia huye al lado de Paco.)*

NINFI. — Patricia.

EL PACO. — *(Abrazándola.)* No conoce las costumbres y tiene miedo a todo. *(Un rayo llega a la cara de Paco y le molesta de tal manera que tiene que cerrar los ojos.)* Yo diría que parecen rayos laser.

LALI. — No, Paco. Es el faro que le han puesto ahora más potencia de luz.

EL PACO. — Santo Dios, qué lujo. En un pueblo tan pequeño. ¿Y qué día es hoy que la música no deja de sonar?

LALI. — Son fiestas y en el programa entra un concurso de rock. Dura veinticuatro horas.

EL PACO. — ¿Es cierto?

LALI. — ¿No leíste los carteles por el camino?

EL PACO. — Sí. Leía y leía. Casi me dislocaba. Cientos de carteles, unos más viejos que otros. Cientos de caras pegadas en tapias, árboles, casas de pueblos, o colgados como banderas por la carretera. Creí que todos estos carteles sólo estarían en las ciudades grandes. Sé que España cambia, pero no con el lujo de otras naciones. Creí que nuestro cambio era más humilde. En el avión no se podían leer revistas ni periódicos con noticias atrayentes. Casi todo era discursos políticos.

LALI. — Sí. Cientos de personas buscando el poder.

BORJA. — ¿Lógico, no?

EL PACO. — Sí. Lógico. Pero jamás imaginé que el aturdimiento de carteles llegara a igualar o a superar a las grandes naciones. Recién llegado a Estados Unidos supe que cualquier elección política cuesta millones de dólares. No creo que aquí lo hagan sin dinero.

ROSARIO "LA MITINERA". — *(Que estaba contenida y se va exaltando poco a poco.)* Y las radios y la televisión todo el día enloqueciendo a tantos y tantos pueblos donde no solamente todavía no saben leer, sino que están a cientos cruzados de brazos esperando trabajar. A punto de entrar en las tierras de otros y trabajarlas, haciéndole frente a la justicia y a los propios dueños de las tierras.

EL PACO. — Pero, padre, esto es de asombro.

ROSARIO "LA MITINERA". — *(En la misma actitud.)* Ningún asombro. Mira, oye. Música y música. A las grandes cupletistas o a los cantantes de rock los traen a los pueblos andaluces, por muy pequeños que sean, y les pagan millones por una noche. Toda esa juventud que pasa por estas cañas hace lo que no puedes imaginar: libertad en todo. En todo lo que su cuerpo les manda. Ya pudieran tener catorce o quince años. Y lo peor, roban y los dejan robar, asesinan y los dejan asesinar. Apenas se sabe nunca quién robó ni quién asesinó.

EL PACO. — ¡Rosario!

ROSARIO "LA MITINERA". — Tú no sabes a dónde has venido. Ni creo que lo sepa tu buena familia, a quienes no he descubierto todavía desde que llegaron y no sé las andanzas de sus mundos vividos. Pero sí, vamos a pasar un verano feliz. Después, Paquillo, de pasar este verano, me dirás si es mejor vivir aquí, o seguir viviendo en el calvario que para ti, según tú, fueron tus primeros meses en Estados Unidos. ¿Te crees que no veo en tus ojos el calvario? ¿Te crees que esa pobre Patricia que traes, no me he dado cuenta que te sirve como una esclava?

EL PACO. — *(Con cólera.)* ¡Rosario, no faltes la dignidad de nadie!

ROSARIO "LA MITINERA". — *(Con más cólera aún, haciéndole frente.)* ¡Paco! ¿Quién crees que es la que te habla? Te diré, la que está harta de sudar y de parir y de pasar hambres en esta tierra donde naciste tú y los tuyos. La que han ido clavando en una cruz ante todo lo que ha visto. ¿Y sabes quién además la que te habla? La que todos los bribones que nos gobiernan han dado en llamar . . . pueblo soberano.

EL PACO. — *(Desconcertado.)* Padre, no se puede consentir . . .

BORJA. — Todos debemos hablar. Y desahogar nuestros amarrados sentimientos. Es la mejor manera de ser mejores y comprendernos.

NINFI. — *(Contagiada de la cólera de los otros.)* Escúchame, Rosario. Yo también soy el pueblo soberano y tienes que aprender de mí y de todos los que hemos sufrido en un país pobre y en crisis, desconcertado, encarcelado, desesperado. Y tenemos que quemarnos vivos como en un holocausto o querernos más que nunca.

ROSARIO "LA MITINERA". — Tú has venido aquí a pasar un verano y te irás. Los demás nos quedamos a seguir pasando hambres.

NINFI. — ¿Y qué sabes tú de las mías? ¿Qué sabes tú de los universitarios sin salida, sin trabajo? En paro, como cualquier mujer de este pueblo. Como aquel. *(Señala a Lali e estalla con más fuerza.)* En parao. Abogado en paro. ¿No decías que no sabías quiénes éramos? Tres años sin saber de mi hermano el abogado. Fuera de su casa, mientras nosotros leíamos periódico tras periódico, por si un día lo encontrábamos retratado y cadáver: ¡cadáver, el hijo menor del General Borja!

LALI. — *(En el mismo estado de crispación.)* Ninfi, te prohibo.

NINFI. — Y yo a ti. Yo a todos los que quieran enseñarme el desconcierto de esas luchas que hemos sufrido, que quieran enseñarme de esa desconcertada juventud drogada, alcoholizada y ruina humana, que canta como fieras en el concurso de rock. Mirad *(Señalando lo que ve tras la ventana),* aquellos sí que son los rayos laser, llenando al pueblo de una luz falsa. Millones cuesta todo y ¿de quién o de dónde sacan el dinero? ¿De dónde saca el dinero la gente joven que está en paro?

LALI. — No quiero oír la voz de la calle en ti. Estoy harto, harto, harto. Harto de ver a compañeros en la ruina peor que un ser humano se pueda ver. No quiero seguir oyendo, porque deseo, vivamente deseo salir y matar. Matar. Matar. Matar. He venido aquí a ser puro, a olvidarme de la universidad y de la sociedad en que vivo.

101

He venido aquí a buscar una nueva vida al margen de la mentirosa traicionera en que vivo.

NINFI. — *(Sube a prisa y lo abraza.)* Lali, mi hermano. Lali, te quiero. Deja esa furia y no descubramos a nadie. Que queremos vivir otra vida distinta: la que nos corresponde, la vida de esta Cati y este Borja que entre las cañas empezaron a enamorarse. Aquí, en este dormitorio, Cati parió a tres hijos con amor. Amor que nos llegó a raudales al entrar en esta casa. Que vivan los demás como quieran. Nosotros, los de ahora, crearemos una nueva vida, un hermoso mundo de bondad y pureza y no de odios y de venganzas. Se acabaron los odios, venganzas y traiciones. Te juro que podremos vencer.

(Lali se desprende de su hermana y baja rápidamente, mientras ésta lo llama a gritos: "Lali," "Lali," "Lali." Rosario sube y dice.)

ROSARIO "LA MITINERA". — ¡Escúchame! *(Lali se detiene en el portón.)* Viviremos lo que tu hermana dice, si es que nos dejan vivir los figurantes y ladrones que se llaman amantes de lo social. Y los campos se secan. Y los jornaleros quieren expropiar las fincas y trabajarlas. Y los niños de las escuelas saben, como el Paulico, quién es Blas Infante y nos han enseñado a todos sus doctrinas. A por ellas vamos las andaluzas. Y mientras a los niños, como el Paulico, que nos enseñan lo que digo, se los llevan en ambulancias. Aprender todos. Ésa es la juventud andaluza que quiere existir y no la dejan. Y aquí, no más sangre. *(Haciendo la señal de la cruz.)* Por éstas. No queremos sangre, sino vida. Y todos, todos los que hemos nacido entre estas cañas, lucharemos por la justicia y por el respeto humano. *(Llorando a lágrima viva.)* Perdonarme. Perdonarme. Ya sé que me llaman Rosario "La Mitinera"; pero es que no puedo más. Bendita sea La Amparo que fue, donde yo voy ahora mismo, a quitarle la maroma que dijo, a buscar a su hijo, a gritarles canallas a los que no saben gobernar. Y no quiero, no quiero, Dios mío, volverme asesina, porque si al Paulico le ocurre algo, tendré que asesinar. *(Se hinca de rodillas, mirando al cielo con los brazos en cruz mientras sigue llorando.)* Dame fortaleza, Señor del cielo. Dame razón si es que no veo la verdad. Dame luz, si es que me estoy volviendo loca. Dame paciencia para esperar este futuro que dicen. Pero si al Paulico lo han matado, tendré que matar, matar, porque es lo mismo que si lo hubiera parió yo. Dios mío, que no se derrame más sangre en esta tierra andaluza.

(Los rayos del faro invaden la casa, casi cegando a unos y a otros. Lali abrió el portón y los gritos y músicas suenan ahora con más fuerza mientras Rosario, arrodillada, sigue diciendo a gritos:)

¡No más sangre! ¡Quiero saber la verdad! ¡La verdad, Señor, la verdad, la verdad, la verdad! *(Se levanta rápidamente y sale en busca de La Amparo y del Paulico cerrando brúscamente el portón.)*

(Baja rápidamente el telón.)

FIN PRIMERA PARTE

SEGUNDA PARTE

*La misma noche aquella. La música rock sigue y sigue. Al levantarse el telón
vemos pasar por la escena los rayos del faro. La familia Borja, vestida como al
principio la vimos entrar, ha organizado en la casa todo lo que les quedaba por
hacer y está nerviosa, esperando, alerta. Ninfi, contenida, está en el corredor de
lo alto de la escalera y piensa, acurrucada, con las manos en la cara, vigilando la
lejanía tras una de aquellas ventanas. El ruido de correrías entre las cañas se
oye de vez en cuando y todos se solivia ntan, aunque saben contenerse. Borja lee,
sentado en un sillón, pero no está en la lectura. Lali, de pie, vigila tras otra
ventana desde donde puede verse el pueblo lejano. Se oye la canción rock "No te
destroces," que se enlaza con otra titulada "Haz por saber vivir." El Paco
coloca sus libros en una estantería y Patricia le ayuda. Cati está encerrada en su
cuarto.*

EL PACO. — ¿Cuánto tiempo durará ese infierno de música y aullidos?
LALI. — *(Que sigue vigilando.)* En los programas de mano que hay
    tirados por todas partes, dice que el concurso dura veinticuatro
    horas.
EL PACO. — *(Con cierto asombro.)* Programas tirados por todas partes . . .
LALI. — ¿De qué te asombras?
EL PACO. — De nada. Ya veo el dinero que existe para las fiestas.
NINFI. — Millones. Dicen que millones. Qué buen gobierno. Tienen
    dinero para todo.
BORJA. — Paco, tú llevas muchos años fuera. Pero todo ha cambiado.
    No sé con qué misterio o talento. Tal vez los Ayuntamientos de
    antes robaban y éstos no. Estos atienden las necesidades del pueblo.
    No solamente hacen grandes fiestas, sino que tengo entendido que
    hay casas y avenidas nuevas. Y hasta hospitales en pueblos no muy
    grandes. Ya nadie se muere de lepra ni de tifus como antes. Pienso
    que el dinero se reparte muy bien, tanto en le Seguridad Social
    como en los del paro.
EL PACO. — *(Asombrado.)* Pero si esto es como los Estados Unidos. Sí
    que la democracia va por buenos caminos. Qué pena que llegara
    aquí tan tarde y que tanta gente tuviera que emigrar a exiliarse.
CATI. — *(Saliendo.)* ¿Qué haces, hijo mío?
EL PACO. — Preparo los libros que leeré este verano. Tengo la manía
    de leer y escribir mucho. Tengo, eso: ambición por investigar. En
    Estados Unidos tengo muy poco tiempo para diversiones, en

cambio tengo mucho tiempo para ser "máquina." Si no publicara
este año más de siete ensayos sobre mi materia, creerían en la
universidad que he fracasado, y la depresión vendría a mí.
Depresión muy difícil de combatir. Pero me voy acostumbrando a
todo. No me importa pasar el día investigando y acostarme
cansado. Tengo a Patricia a mi lado y lo mismo que tú, madre,
cuando era niño, me dabas la mano para que me durmiera. Patricia
me la da igual y, entonces, me quedo dormido. No hay nada más
hermoso que quedarse dormido cogiendo una mano que quieres.
Pero todo no es un suplicio. También viajamos en vacaciones.
Hemos visto atardecer en el Gran Cañón. Hemos pasado por encima
de él en avioneta. Es un paraíso terrenal donde las rocas amarillas,
celestes y rosas y el río Colorado al fondo, parecen creadas, más que
nunca, por la gracia de Dios. Yo me arrodillé la primera vez que vi
el Gran Cañón. Me entraron ganas de rezar y lo hice. Patricia no.
Patricia cree más en el dolor de los seres humanos, y ante este dolor
puede arrodillarse. *(Patricia sonríe y le sigue alargando libros con su
habitual timidez.)* No podía imaginar que las tierras norteamericanas
me iban a hacer amar tanto todo lo creado. Si por ahora supiera que
en España me voy a quedar para siempre, me moriría.

CATI. — Hijo mío.

(Silencio.)

EL PACO. — Sí, me moriría. Me da pena que la Rosario haya llamado
   esclava a Patricia. Yo que no he sabido lo que es un ser humano
   hasta conocer a Patricia.
NINFI. — No ofendes, Paco.
EL PACO. — No ofendo, Ninfi. Digo lo que siento. Cuando vivíamos
   en la Puerta de Hierro de Madrid, yo iba a la universidad y vosotros
   al instituto. Apenas nos veíamos. Pocas veces cenábamos todos
   juntos. Alguna vez sentía el calor de la familia, pero . . .
LALI. — Pero, ¿qué?
EL PACO. — Tuve después que emigrar. Alejarme mucho más de
   vosotros. Irse a un país donde no sabes qué pasará con tu vida y
   encontrarte cosas y cosas a las que deseas cada día más y cuanto
   más deseas . . .
LALI. — Más compras y más te fían. Sé esto porque todo el mundo que
   ha trabajado allí, me lo ha dicho. Esto te obliga a trabajar más.

EL PACO. — Sí. Trabajo más y ambiciono más y quiero ser o verme entre los mejores. Por eso adoro al país que a tantos emigrantes y exiliados acogió. Y se nacionalizaron. Yo haré igual.

CATI. — Hijo, ¿nacionalizarte? ¿Acaso te veré ya muy poco en la vida?

EL PACO. — Me verás siempre que quieras. Tengo un chalecito donde hay un rincón para ti. Cuántas veces, cuántas, me decía a mí mismo, "Si mis padres y mis hermanos estuvieran viviendo conmigo." Pronto Patricia tendrá un hijo. ¿Sabéis lo primero que le enseñaré a mi hijo?. . . a que se acostumbre a la soledad. A que se busque la vida por sí solo y no quiera demasiado ni a sus padres, ni a los que nazcan de él.

CATI. — Paco, me apena lo que dices.

EL PACO. — Madre, es tan hermoso acostumbrarse a estar solo, a investigar, a hacer algo por los seres humanos, a evitar violencias, guerras, traiciones, odios. Qué importa sacrificar la vida por la paz y el alivio de la humanidad.

BORJA. — Tienes un concepto casi religioso de la existencia.

EL PACO. — Eso es, casi religioso. Muchas veces bendigo los ánimos que tuve para coger el avión en Barajas y ver a Madrid y España quedarse muy lejos. Cuánto me alegro hoy.

CATI. — ¿Y esos libros de qué tratan?

EL PACO. — Estos libros contienen mucha sabiduría. Están escritos por sabios de la física. Los sabios de esta ciencia no puedes imaginar lo que están haciendo por la humanidad. *(Dejando de colocar libros y pensando con un recuerdo inesperado.)* Hay en el estado de Nevada un desierto de millas y millas . . .

CATI. — ¿Y qué?

EL PACO. — Allí. *(Se tapa la cara con las manos.)* No quiero seguir hablando, madre. No me vais a comprender. Os veo a todos con los ánimos muy crispados. Esa música y esos gritos os crispan más. Se necesitaría estar en un recinto religioso para hablar de lo que se guarda en ese desierto del estado de Nevada.

LALI. — *(Rápido.)* ¿Quieres que te lo diga yo?

EL PACO. — Qué cosas dices, tú menos que nadie. Todo lo que puedas decirme es de oídas. No sé cómo eres, Lali, ni cómo sois todos porque he pasado muchos años sin estar a vuestro lado. Tengo un pésimo concepto de la universidad española de donde hace poco saliste tú y Ninfi y necesito saber de vosotros. Saber mucho. Saber casi con el silencio que las miradas dan cuando no son engañosas. Saber como el que reza ante un altar y confía su verdad a Dios.

Quisiera conoceros mejor para ver si es posible que todos nos hiciéramos mejores.

NINFI. — *(Levantándose con violencia.)* ¿Acaso nosotros te conocemos a ti? ¿Acaso sabemos si lo que estás diciendo es verdad o es mentira?

EL PACO. — Ninfi, soy el mayor de tus hermanos y detesto la violencia. Esa violencia propia de una sociedad española como la que acabo de vislumbrar al venir aquí. Y sé muy bien de esa universidad de donde habéis salido que muere sin solución. No sé quién tendrá la culpa. Lo que sí sé cierto, porque lo dicen todos los periódicos que leo, es que hay miles de universitarios en paro.

NINFI. — *(Plantando cara y violentándose más.)* ¿Y qué?

EL PACO. — Sé lo que un ser humano en paro es capaz de hacer.

NINFI. — *(En el mismo estado.)* ¿Dudas de tus hermanos?

EL PACO. — Dudo de todo en este mundo, pero quiero comprender lo bueno de este mundo. Cuando os escribí, nunca recibí carta vuestra. ¿Qué hacíais entonces? ¿Por qué no le escribisteis a vuestro hermano que tanto os necesitaba?

NINFI. — *(Más violenta aún.)* Porque no supieras los horrores que es saber lo que hace una juventud universitaria en paro que no sabe dónde ir. Una juventud universitaria que tuvo miles de ilusiones mientras estudiaba en la universidad. Porque no supieras de nuestras muchas luchas, de nuestras muchas depresiones y de nuestras muchas caídas.

EL PACO. — Ninfi, por Dios, he dicho que violencia no. Quiero dialogar como dialogan los seres humanos que tienen dignidad y equilibrio.

LALI. — *(Violentándose inesperadamente y dejando salir su rebelión.)* Nosotros no lo tenemos. No lo podremos tener jamás.

(Borja deja el libro y se levanta.)

BORJA. — Si los ánimos se alteran, si no tenéis dominio para dialogar, me iré de aquí.

NINFI. — *(Con gran desprecio.)* Vete donde quieras.

BORJA. — Ninfi, jamás te ofendí.

CATI. — Jamás te ofendió. Todos aceptasteis pasar el verano aquí y no quiero acordarme de lo pasado. Aquí, en la tierra donde nacisteis, vosotros mismos lo sabéis y lo habéis dicho, encontraréis la mejor vida.

NINFI. — *(Plantando cara con gran ira contenida.)* ¿Pero qué vida? ¿Llegar aquí y ver a un pueblo amarrado, como toda la juventud que conocemos? ¿Ver a un pobre muchacho que llega pisoteado y herido sin ser culpable de nada? ¿Saber que su hermano menor ha desaparecido porque ha dicho "Nadie sabe quién es Blas Infante?" Que quiere decir, nadie sabe los derechos de una Andalucía, como esa que aulla llena de represiones, de drogas y de alcohol. Juventud andaluza que otros llevan al asesinato y hasta la ruina peor de los humanos.

CATI. — *(Imponiéndose.)* Pues es aquí, aquí, Ninfi y Lali, donde tenemos que vivir. Vivir para siempre. Vivir dando todo el amor y toda la bondad que tengamos. Como vi ya en tu mirada, amor y bondad cuando quisiste curar las heridas de Antoñico. Y como te vi a ti, Lali, querer ir con La Rosario y con La Amparo. Y como sé que estás ahora mismo, bramando en tu interior, a la espera de lo que pasará en tu pueblo. Como estoy yo. Que he querido irme como una loca con ellas. La sangre arde en mis venas y estoy deseando de hablar, no con el alcalde y el Pleno Municipal, sino con los que manejan a unos pobres seres, predicándoles un socialismo falso. Y tú lo sabes muy bien Paco. La democracia que te deja investigar tanto en esa hermosa América de que hablas, la manejan los grandes capitales. Y todas las autoridades de este pueblo son pobres inocentes manejados.

LALI. — *(En otra gran rebelión.)* Sí. Los grandes capitales. *(Baja rápido y abre, como un loco, los libros de Paco.)* Libros. Libros. Libros escritos en todos los idiomas. *(Los va tirando contra el suelo.)* ¡Desierto de Nevada! ¡Profesor célebre de física y de electrónica! *(Amenazando a su hermano.)* ¡Estos son los peores profesores de la humanidad! Hasta aquí has llegado tú. ¿Por qué y cómo? Si te lo dijera, me odiarías para siempre. Qué de hundimientos has tenido que tener por las calles, los bares, los colegios, las universidades y las prostituciones norteamericanas. ¿Sabes por qué no te escribía? Porque sé muy bien tu vida, pero que muy bien.

EL PACO. — *(Estallando en desesperación.)* ¿Y cuál es mi vida?

LALI. — La de un hombre que después de pedir limosna en muchos sitios del hermoso país donde vives, aceptaste la vida de un profesor infame.

EL PACO. — *(En el mismo estado.)* ¡Nada sabes de este mundo!

LALI. — Todo. Todo. Tengo las manos manchadas de sangre. Sé muy bien qué hiciste. Sé muy bien quién es Patricia. Y sé muy bien qué hay enterrado en ese desierto de Nevada.

EL PACO. — *(Casi da voces.)* ¿Dime qué? ¿Dime qué?

LALI. — ¡Bombas atómicas! Los profesores privilegiados, en un país capitalista, son los únicos que no se resisten al cruel oficio de esas investigaciones para obtener el poder que puede condenar a todos los países. Y tú no eres un profesor privilegiado. Tú sólo eres un pobre profesor.

EL PACO. — No sabes ni lo que hablas. Pero, ¿qué puedes saber de mis muchos sacrificios, de mis muchos estudios, si ni siquiera sabes quién es tu hermano?

LALI. — Tu hermano lo sabe todo. Todo. Todo. Todo. No en balde manché mis manos en sangre y esta sangre me persigue, me remuerde, día a día, la conciencia, y aquí he venido a encontrar mi redención y mi paz. Aquí. Mira. Aquí. *(Abre el portón. La música suena con más fuerza. Señalando.)* Donde en aquellas paredes pueden verse agujeros de metralla que hay que olvidar para siempre, porque nunca sabremos el por qué. Aquí, General Borja, fusilaron a muchos en tu guerra civil. ¡Y tú lo sabías! Ydejabas que, como en los caminos o en los paredones, cayeran cerca de la tierra de tu casa. Casi junto a estas paredes. ¿Por qué? ¿Por qué? ¿Por qué nunca nos hablaste de esto? No más recuerdos. No podemos pensar que hemos venido a expiar nuestros pecados. No quiero saber más nada, pero tampoco quiero tener remordimientos. *(Se acerca al padre, desafiante, y le habla masculante y con odio.)* Quiero mi purificación en la tierra donde me parieron. Habla tú ahora y dinos cuáles son tus intenciones al habernos traído aquí, donde no quisiste que viniéramos en tanto tiempo.

BORJA. — Las que me callo hasta que llegue el momento de decirlas. Pero ten la seguridad que mis intenciones son las mejores que un padre puede tener para sus hijos.

LALI. — ¡Habla! Habla de los que cayeron fusilados en esta tierra. Habla porque tengo que liberarme para emprender una lucha pura, para emprender un nuevo camino en esta España de corrupciones, donde todos tenemos que callar, porque todos, absolutamente todos, llevamos el pecado de la corrupción.

CATI. — *(Interponiéndose rápida.)* Yo te hablaré. Te hablaré cuando tenga que hablarte. Te hablaré cuando la violencia y el odio se vayan alejando de ti. Pero piensa que primero vamos a buscar a Paulico, que es un muchacho del pueblo que hay que saber dónde está. Esto es de urgencia. Esto es el presente. Yo, La Catalina de Joseíco Benávides, quiero antes saber de un presente que de un pasado. Yo, que voy también a dónde ellas fueron. Con ellas. Con las mías. Maldita sea este vientre que te tuvo dentro. Todo lo que has hecho es porque tú has querido. Eres libre y tienes voluntad. Y maldita sea tu madre que no se degolló y siguió los pasos que diste. Y si tienes las manos manchadas de sangre, me vas a decir ahora mismo, ¿por qué? Y si fue con razón, sígueme. Vamos en busca de ese niño y vuélvetelas a manchar si es preciso.

EL PACO. — *(Con desesperación.)* Patricia, vámonos de aquí. *(Va a prisa por las maletas.)*

CATI. — *(Interponiéndose de nuevo.)* Nadie tiene que irse antes de decir quién es, porque aquí, mi marido, mis hijos y yo, hemos venido a buscar esperanza para salvarnos de nuestras posibles corrupciones, y dar, de nuestra sangre, y de nuestra alma todo lo que podamos. *(A Lali.)* Habla ahora mismo.

LALI. — ¿Queréis que hable?

CATI. — Te lo exijo. Porque si tú eres como dices, no merece la pena nada. Nada. A un hijo que eché de mi vientre para ser asesino.

LALI. — *(Enfrenándose a la madre.)* ¡Me llevaron a hacerlo!

CATI. — ¿Quién?

LALI. — Ése que ves allí . . . el amor de tu vida. El que te escribía y recibías sus cartas de puerto en puerto, mientras tú seguías bailando en aquellos barcos.

BORJA. — ¡Lali!

LALI. — ¡Tú!

BORJA. — Quise tu bien.

LALI. — ¿Y cuál fue mi bien?

BORJA. — No tenías salida. No querías irte a Estados Unidos con tu hermano a donde se fueron tantos y tantos que en aquella España de esplendor mía, se tuvieron que ir. Y escúchame bien, tan de esplendor mía fue aquella España, como es la de ahora. No existe más que el hombre que sabe tener concepto de dignidad y voluntad para escoger su camino cierto. Camino que no haga jamás daño al semejante.

LALI. — *(En gran rebelión.)* ¿Y cuál fue mi camino? Yo, el hijo señorito del General Borja, podría haber ingresado en el ejército. ¡En una época en que ya se veía su decadencia!

BORJA. — ¡Lali!

LALI. — ¡Sí, decadencia! Haber ingresado como militar jurista para aprender lo que otros hicieron, como vi con mis propios ojos. Y vi . . . ¿sabéis lo que vi? Durante los primeros años de la transición, querer seguir los militares en el poder y para ello, los jueces amigos, *(Fuerte)* no condenaban a los que delinquían robando o matando, como no lo hicieron con los amigos míos de la organización a que pertenecí.

BORJA. — *(Avasallador y con ira.)* ¿Qué organización?

LALI. — Aquella donde intervino tu hijo Lali, recién salido de la universidad, viendo a miles de universitarios sin saber dónde ir y aceptando, con rabia, como esclavos, todos los caminos que se les ofrecían . . . como el que se me ofreció a mí, a mí, que tenía elevados pensamientos de aquella España tuya que se fue para siempre. Yo, que entonces tenía unos deseos grandes de saber dónde estaba la verdad, el trabajao y la justicia. Aquella España que tú me enseñaste a adorar. Aquella España que yo no vi hasta que en mis años mozos me fui enterando de sus miles de mentiras y de traiciones.

CATI. — Pero habla de esa sangre en tus manos.

LALI. — Que me persigue de día y de noche. El remordimiento de culpabilidad es peor que un ser rabiando de dolor, porque ni aún en la iglesia, arrodillado delante del Sagrario, me consolaban mis súplicas. Y ahora vengo aquí a no acordarme más de aquel que fui. El único trabajo que me encontró mi padre fue el de colocarme con un juez de aquellos que ponían en libertad a los asesinos. Pero, ¿así pueden ser los hombres? Los hombres en derrota pueden llegar a dónde aquel juez llegó?

BORJA. — Quise lo mejor para ti y te coloqué con mi mejor amigo. Jamás sé como son los hombres. Jamás supe si con el que trato me iba a traicionar o iba a ser mi amigo. ¿Quién puede saber de este misterio?

LALI. — Tú lo sabías muy bien porque fue uno de los que ganaron la guerra contigo y ya, en el declive de un poderío, no supo ser hombre. Si así son todos los hombres del mundo, si el ser humano nos plantea las dudas que tú dices, no quiero seguir viviendo. Os juro que durante los años universitarios, luché por tener equilibrio, y me desequilibré a la salida de la universidad. Tenía dos opciones: las drogas, el alcohol, la aventura y el ocio, o el trabajar con aquel jurídico que me enseñó a saber lo cobarde que es un hombre cuando se quiere resignar al presente de la realidad en que vive. ¿Qué hacer entonces? ¿Decir que me iba al extranjero en busca de trabajo? ¿Dónde encontraría trabajo un abogado recién salido de la universidad? ¿En una cafetería, de mozo de hotel? ¿En la

111

construcción, dando lecciones particulares y diciendo que hacía algo por superar mi vida?

EL PACO. — *(Atacándole.)* ¡Así podías haberlo hecho! Como hice yo. Como hicieron tantos.

LALI. — No me aventuré a hacer lo que bien sé de ti. Sólo te recordaré algo, hermanito . . . tus grandes rebeliones en Norteamérica: los Panteras Negras, la Ángela Davis . . . ¿Recuerdas por dónde voy? ¿Recuerdas el camino que empezaste? *(Con mayor violencia.)* Pero eso no fue nada al lado de alguien que te dice, como me dijeron a mí, "Te taparemos los ojos y vendrás con nosotros a salvar y a salvarnos." Y con los ojos tapados fui a lugares escondidos de los alrededores de Madrid. Primero manejé la pistola, luego la metralleta, además de la navaja y las artes marciales para luchar frente a frente con quien fuera. *(En tono sarcástico.)* Me iba al extranjero de "Cataluña," del "país Vasco." Y algunas veces de esos "brillantes viajes" necesitábamos dinero para armas y organización que dábamos a todos los que aquel juez ponía en libertad, y con los ojos ciegos por la rabia y la cólera, me enviaron a un Banco catalán. Me puse delante del cajero del Banco y disparé a la cabeza de aquel hombre para llevarme todo el dinero que pude. *(En tono expiatorio.)* Cómo veo su última mirada. Esa mirada que me persigue por donde voy. Y que ni mirando al cielo. Ni delante del Crucificado se va de mi cabeza. A veces creo que la locura me va llegando. *(Va cayendo de rodillas al suelo y golpeándolo.)* Despreciarme. Despreciarme todos. No he sabido ser hombre. No he sabido tener voluntad. No he sabido tener el deber para conmigo mismo que un universitario pueda tener. *(Llorando.)* Tal vez, padre mío, tú no tuviste la culpa. Fui yo quien elegí, pero ya hombre, con unos años más, quiero ser otro. ¿Verdad, madre, que podré ser otro?

CATI. — Mi niño. Quiero besar tus manos.

LALI. — *(Escondiéndolas tras la espalda.)* Nunca. Nunca. Nunca. Ni estas manos acariciarán a mujer alguna. Ni el amor podrá liberarme de aquel asesinato. *(Se levanta con más vehemencia.)* Que nadie me toque. Que nadie tenga remordimientos por mi confesión. Me sabré liberar. Me sabré liberar, como me liberé de aquella organización que persigue mis pasos. Y no darán con ellos, porque en esta tierra me refugiaré para aprender a trabajar entre las cañas. Trabajo de todos mis antepasados, tan nobles, tan dignos. Sólo el cielo, la tierra, las cañas y el mar serán mis amigos. Y ahora, necesito, como Antoñico, irme solo a llorar de rodillas en una playa solitaria y mirar al cielo con los brazos en cruz. Solo. Dejadme solo. Me aborreceréis. Desconfiaréis de mí y yo me humillaré. *(Saludando militarmente.)* A sus órdenes, mi General Borja. A sus órdenes que ya no obedeceré nunca. Tú tampoco fuiste culpable. Lo sé. Pensé mucho en ti. En la profundidad abismal que todos llevamos dentro. Aquí estoy para defender lo que me queda: los míos. Mi pueblo. Mi pueblo que ya empiezo a adorar. A la playa. Al mar. Mirar . . . está saliendo la luna. A arrodillarme voy delante de la luna.

(Tiroteo. Sirenas de ambulancias. Silencio de música.)

CATI. — *(Asustada.)* ¿Qué fue eso?

NINFI. — Algo pasa. Desde aquí lo veo. Por allí, por donde está el concurso de música. Veo a una mujer. Una mujer defendiéndose a dentelladas. Es La Amparo.

LALI. — *(En arrebato de pasión.)* Dejarme salir. Nadie mejor que yo podrá defenderla.

NINFI. — Se defiende a dentelladas con un cordel en las manos mientras otros la sujetan.

(Lali rápido abre una maleta, saca una metralleta y con la fuerza de un animal, se abre paso ante el afán de todos por contenerlo. La madre y la hermana gritan, "Lali." Borja sube a prisa y coge un arma que coloca en su correa.)

CATI. — *(Deteniéndolo.)* ¿Dónde vas?

BORJA. — *(Desasiéndose.)* A donde nadie debe saber.

CATI. — *(Poniéndosele delante.)* Tú nunca más.

BORJA. — Ahora más que nunca. *(Sale a prisa detrás de su hijo.)*

CATI. — *(Desesperada.)* Y haber vuelto aquí. Aquí. Aquí. Aquí. Ni terminan las guerras. Ni terminan las desesperaciones de los míos. *(Asomándose al portón.)* ¡Tierras de cañas de los Borjas, no más sangre ni más guerra entre vosotras! ¡Dejad que las olas acaricien las cañas y los pájaros pasen con su inocencia! ¡Y que nadie pregunte de qué son los agujeros de las paredes! ¡Dios mío, te lo dije tantas veces! ¡Tierras mías! ¡Pueblo mío! *(Implorante con los brazos en cruz.)* ¡Dios del cielo, dadnos paz y resignación para seguir viviendo! ¡Haz que si vamos a seguir viviendo en estas tierras, sea como siempre! ¡Estas tierras que el sol dora y el mar acaricia!

113

¡Tierras de los Borja, que a vosotras no vuelva más el crimen y la traición!

(La crispación de los que quedan es grande. Nadie sabe bien qué hacer. Las voces de La Amparo llegan hasta allí. De pronto, Ninfi estalla sin poderse contener.)

NINFI. — Dios mío, y como siempre. Nunca sabiendo quién volverá. Aquí y allí. Tanto engaño. Y lo único, Doña Catalina de Borja, es que ya, desde hace mucho tiempo, esta familia no existe. No existió nunca. Desuniones, academias militares, cuarteles, acuartelamientos, recepciones diplomáticas ridículas, universidades desquiciadas, país que quiere ponerse a la altura de las democracias del mundo, mientras analfabetos siguen viviendo por todas partes, y más en esta Andalucía que vivimos y todos, todos, aunque quieran unirse, se desunen. Y ahora, a esperar, como siempre. ¿Quién será el que volverá? ¿Pero por qué esos impulsos bestiales de todos? No puedo soportar estas esperas. Llevo años soportándolas. Malditos y benditos sean mis viajes a Londres, donde no me acordaba de nada de esta tierra, y al volver hice lo que tenía que hacer.

EL PACO. — *(Amenazante.)* ¡Calla, Ninfi! Iban los dos desencajados. Los tendones del cuello parecían saltárseles . . . Y las intenciones . . . , madre mía.

CATI. — *(Paseándose como un animal enjaulado.)* Dios mío, que vuelvan pronto. Que callen de una vez esos tiroteos. Esa voz de La Amparo . . . Arranques me dan de meterme entre las cañas y buscarlos. Qué horror de instinto. *(Se tapa la cara con las manos mientras sigue paseando.)* Madre mía, oigo la voz de La Amparo llamando a su Paulico.

NINFI. — *(Subiendo rápidamente la escalera y mirando por una ventana.)* Se llevan a una mujer amarrada. Juraría que es La Amparo. *(Paco se abraza a Patricia.)* La gente huye desperdigada por todos los cañaverales.

CATI. — *(Angustiada.)* Cómo encontrarlos, Dios mío. Cómo saber por qué veredas se fueron. Pero no puedo resistir, ahora mismo me voy.

EL PACO. — *(Deteniéndola.)* Madre.

CATI. — Déjame.

EL PACO. — No puedo dejarte salir en estas condiciones.

(Cesa el tiroteo. La música vuelve a sonar. Silencio. Unos se miran a otros.)

NINFI. — *(Extrañada.)* Todo quedó en calma. Y se oyen pasos por entre las cañas. Pasos como de gente que viene hacia aquí. *(Baja rápidamente y abre el portón.)* Se mueven las cañas. Y no es por el aire. El mar se levanta. Pronto tendremos un poniente. Madre, aguanta el poniente, que tu crispación no sea mayor. Ten paciencia en la espera. Todo ha vuelto a tranquilizarse y ellos no pudieron llegar al recinto rockero.

CATI. — *(Que sigue paseando.)* Pero esa mujer que llamaba a Paulico. Esos dos hombres que se han ido con armas.

NINFI. — Ellos lo han querido, madre. Uno se fue por una vereda y otro por otra. Sin embargo, las cañas se vuelven a mover y el poniente no empezó todavía.

CATI. — *(En un arranque que vuelve a frenar su hijo Paco.)* Me voy ahora mismo.

EL PACO. — Madre, he vuelto a veros después de muchos años. He venido y necesito vuestro cariño. Desde que llegué a aquí todo ha sido un desorden que no esperaba. Nada les pasará a ellos. Estoy seguro. Si te vas, cogeré mi maleta y nos iremos de aquí. Veo que poco podemos hacer por vosotros. Me he convencido que cada cual tenemos que seguir por un camino.

CATI. — ¡Déjame!

EL PACO. — Pues te dejo, pero ten en cuenta que no me verás más. Recogeré ahora mismo mis libros. Patricia, ve metiéndolos en la maleta. Seguiremos viajando hasta encontrar un sitio tranquilo. Patricia mía, no esperaba a encontrarme con un país que se destruye vivo y una familia que ya no existe para mí. *(Coge la camisa que dejó tirada y se la pone.)* Volveremos al país que me dio trabajo. Y enteraos bien, es verdad lo que dijo Lali. Me encontré sin oficio ni beneficio por las calles de San Francisco. Intenté encontrar empleos. Al final pude entrar a la universidad. Ganaba muy poco, pero alguien me dijo, "Aquí quién más debe, más le fían." Y empecé a deber para que me fiaran. La casa que tenía alquilada se me hacía pequeña, el auto viejo cada año. Me fiaban más y más. Comprendí que el capitalismo me devoraba, pero quise luchar con él. Intenté unirme a grupos revolucionarios. Odiaba con toda mi alma a aquellos que me "fiaban" para ir comprando mi sangre. Llegué a encontrar a Patricia *(Patricia baja la mirada)*, quien supo aguantar mis rebeliones, mis

115

desconciertos, mis borracheras, cuando llegaba a caer en la lujosa cama de mi casa. Me soportó como nadie. Llegué a maltratarla con la soberbia del Borja que llevo dentro, como el Borja que se fue tras su hijo como una alimaña en busca de otra, porque los dos, ante todo, se han descubierto. Mis deudas siguen siendo grandes y pagarlas quiero.

NINFI. — ¿Cómo?

EL PACO. — Tengo dos soluciones: seguir trabajando como un esclavo en un país extranjero o que se vendan esta casa y estas plantaciones, y que me den mi parte.

NINFI. — ¿Es posible que después de tanto trabajar tengas tanta deuda? ¿Es posible que ese país te haya hecho una fiera cegada por la riqueza?

EL PACO. — Y tú, ¿que has hecho? ¿Ir a Londres? ¿Acaso has trabajado en los hospitales de Londres? *(Con gran furia y a gritos.)* ¡Dinos la verdad!

NINFI. — *(Más exaltada aún.)* ¡La verdad se queda para mí!

(Rosario "La Mitinera" está en el umbral del portón sin apenas fuerza. El vestido hecho jirones. El pelo le cae por la cara. Amoratada. Herida brazos y piernas. Apenas puede hablar. Cati va enseguida en su ayuda.)

CATI. — Rosario, ¿qué pasó? *(Silencio.)* Apóyate en mí. Entra. Siéntate aquí. Dime qué pasó y si los has visto. Viene muy herida. Ninfi, cúrala.

(Ninfi rápidamente va por su maletín. Cati, Patricia y Paco están ayudando a Rosario. Patricia, con una valentía inusitada, como la que ha vivido sucesos semejantes, se arranca un pedazo de vestido y lo ata fuertemente en el brazo de Rosario que más sangra.)

PATRICIA. — Habrá que llevarla a un hospital.

NINFI. — Bajo vendas.

PATRICIA. — Un hospital. Se sangrará.

CATI. — Háblanos, Rosario de mi alma. Háblanos.

NINFI. — *(Con su botiquín en la mano e hicándose de rodillas delante de Rosario.)* Apartarse todos. Dejadme con ella.

(Rosario, lentamente, rechaza las manos de Ninfi. Ninfi se horroriza y mira sus manos. En su extrañeza, dice:)

NINFI. — Rosario, soy médico. Éstas son las manos que tú tanto cogiste cuando yo era niña. (*Rosario vuelve a rechazar las manos. Ninfi se le abraza a la cintura, llorando.*) Te curaré quieras o no. (*Deslía vendas, pero Rosasio, con los dientes encajados, tiene fuerzas para coger las manos de Ninfi y casi retorcerlas con dolor.*) Rosario, por Dios, déjame que corte la sangre de tus heridas. (*Ante la imposibilidad, Patricia se impone.*)

PATRICIA. — Yo seguiré haciéndolo.

(*Ninfi la mira. Está llorando silenciosamente y humillada. Se va a una pared y da un golpe con sus puños, como despreciándose. Con una violencia inesperada sigue dando golpes en la pared.*)

NINFI. — Así. Así. Así. Que salte la sangre de unas manos que no sirven para nada. (*Cati va a prisa y la abraza. Ninfi sigue dando golpes.*) Así. Así. Así. Si se muere, no me llaméis. No sirvo para médico. Ni para nada de este mundo. Ni me quieren los que me querían. Me encerraré en mi cuarto hasta que se la hayan llevado de aquí. (*Brúscamente sube arriba y se encierra en su cuarto dando un portazo. Cati, con mucho cariño, se arrodilla delante de Rosario, mientras Patricia sigue cortándole la sangre con las vendas que dejó Ninfi en el suelo.*)

CATI. — (*Con mucho cariño.*) Rosario, Rosario, ¿cómo puedes despreciar las manos de mi hija? Esas manos que son tuyas. Esas manos que Antoñico también despreció. ¿Qué tenéis todos en contra de Ninfi? Habla, Rosario. No desprecies nada mío. Por Dios te lo pido, porque entonces, tendremos que irnos del pueblo para siempre. Quizá no nos quiera nadie y no sé bien por qué. Pero hayamos sido las criaturas, como hayamos sido, ¿no tenemos derecho a que nadie nos perdone? Rosario, ¿por qué desprecias a mi hija que es despreciarme a mí? ¿Por qué desprecias a mis hijos que los criaste tú? ¿Por qué te fuiste de aquella manera de esta casa a dónde ahora vuelves, en momentos en que ni vivo porque no sé dónde está Borja ni su hijo? Dime, por Dios, lo que ha pasado. Dime. Dime.

ROSARIO "LA MITINERA". — Quisiera . . . (*Casi desfallece.*)

PATRICIA. — No la fuerce.

EL PACO. — ¿Qué quieres que te diga una mujer? Que ella sabrá lo que hizo y por qué lo hizo, así como se deja cuidar por Patricia y no por la niña que ella crió en esta casa. El tiempo ha hecho con los cáracteres, ruinas humanas. Quizá el tiempo lleve razón. Quizá todos quedemos convertidos en eso. (*Exigiéndole a Patricia.*)

117

Vámonos, Patricia. Salgamos de esta casa. De este mundo que cada vez veo y veo más claro. Este mundo donde no quiero vivir ni unas horas más.

CATI. — Paco, hijo mío, esta mujer está grave. Es mi amiga. Sé que nos quiere. Sé que es capaz de despreciar por el mucho cariño que le tenga a alguien, si esos que ella quiere, hicieron algún daño.

EL PACO. — *(Más exigente aún.)* ¡Vamos, Patricia! *(Patricia lo mira con un mirar manso y luego pasa la mano por la frente de Rosario. Rosario coge y besa la mano de Patricia.)* Vámonos, Patricia. No quiero ver más a nadie de esta casa, ni a esta mujer, ni a la que se encerró en su cuarto. Ni menos volver a ver entrar, si es que entran, al general Borja y a su hijo.

(Rosario intenta incorporarse y dice casi susurrante a Cati.)

ROSARIO "LA MITINERA". — Se perseguían entre . . . los cañaverales. Llevaban armas. Luchaba padre e hijo.

CATI. — Madre mía.

ROSARIO "LA MITINERA". — Yo venía para esta casa. Los vi luchar. Padre e hijo en la arena. Después escapó cada uno por un camino.

CATI. — *(Con gran solivianto.)* ¿Qué caminos?

ROSARIO "LA MITINERA". — No sé decirte bien. Yo venía como me ves.

CATI. — ¿Y de qué te veo así?

ROSARIO "LA MITINERA". — Estuve golpeando las puertas del cuartelillo.

CATI. — ¿Por qué?

ROSARIO "LA MITINERA". — Para que saliera La Amparo.

CATI. — ¿Dónde está?

ROSARIO "LA MITINERA". — Quizá no lo sepamos nunca más.

CATI. — ¿Por qué?

ROSARIO "LA MITINERA". — Se la llevaron como se llevan a las locas al manicomio o a los asesinos a la cárcel. En una camioneta enrejada. Sólo veía su cara diciéndome: "Rosario, no me olvides. Ya ves lo que hacen conmigo." Me tiré a la camioneta y me arrastró hasta que creí que mis huesos se descoyuntaban.

CATI. — Pero, ¿por qué?

ROSARIO "LA MITINERA". — La Amparo se abrió paso entre todos los que inundan, como animales, las cercanías de los rockeros. Pudo abrirse paso con las fuerzas de la hembra que es. La cogieron del

118

pelo y la arrastraron. Ella se defendió dando maromazos a un lado y a otro, gritando e hiriendo a quien se le pusiera delante. Tenía los ojos desencajados y los dientes apretados capaz de llevarse pedazos de carne entre ellos. Pudo llegar hasta donde estaba uno del Ayuntamiento. No sé bien quién era. Le echó la maroma al cuello y con fuerzas como no he visto nunca, lo arrastró. Arrastró a la justicia, Cati. A quien creemos que puede ser la justicia de este pueblo. Tuvieron que encadenarla y volverla a arrastrar mientras ella preguntaba por Paulico. Ni una noticia de nadie. Yo pregunté también y en ninguna ambulancia se lo habían llevado, pero alguien me dijo que la última vez que lo vio, gritó, "Viva Andalucía libre," "Viva Blas Infante, el libertador de Andalucía." No se oyeron más palabras. La Amparo pensaba como yo y me lo decía a gritos, "Tienen que haberlo aplastado, tiene que estar entre peñones, aplastado todo su cuerpo y pisoteado." Hay quien dice que lo vio machacarlo. La Amparo logró soltarse de las cadenas. Se tiró para el del Ayuntamiento y con la soga puesta en el cuello le dijo: "Tú no eres socialista. Tú eres un ladrón más de los que han vivido siempre de los caciques." Después siguió diciéndole, "Pero, ¿qué cambio es éste? ¿Y esto es lo que quieres a tu pueblo? ¿Envenenar a la juventud que no sabe dónde va para que no os pida cuentas de vuestras acciones?" "¡Inocente!" le dijo mientras lo arrastraba y lloraba al mismo tiempo, porque al fin, era un hijo de este pueblo al que arrastraba. Un inocente. Inocentes todos. Inocentes y no culpables. *(Rabiando y llorando.)* Pero Paulico quizá esté reventado entre un montón de piedras. Se ha cundido por todo el pueblo, porque ha desaparecido y nadie sabe dónde está. Pobre Amparo. Golpeada por todos. Buscando a su Paulico y encadenada como una loca hasta que la ingresaron en el cuartelillo y después en aquella camioneta de las rejas. Pero el Antoñico será mi hijo desde ahora. Amparo, si pudieras oírme te diría, "Me has dejado a tu hijo y yo lo cuidaré y velaré somo su propia madre." Amparo, ¿dónde te han llevado? ¿Te volveremos a ver? *(Cogiendo a Cati de la ropa.)* Sé de gente que desaparece por el mundo. Sus madres, esposas e hijos los buscan por todas partres. No los encuentran. *(Gritando desesperadamente.)* ¿Llegaremos a hacer lo mismo aquí? ¿Qué poder hacer? Si somos pueblo soberano como dicen, levantemos nuestras voces hasta que lleguen a la justicia, pero antes, vigilaremos a la misma justicia, porque ni en la justicia creemos. Y mira, la música sigue sonando, y

la gente canta. ¡Pues a luchar contra todos! A luchar. A luchar.
luchar.
CATI. — Tu brazo, Rosario.
ROSARIO "LA MITINERA". — Que sangre. Tenía que venir a casa de
mi Cati a refugiarme y a contar todo este dolor.
CATI. — ¡Tu brazo!
ROSARIO "LA MITINERA". — Déjalo. Déjalo. Déjalo.

*(Va cayendo casi sin fuerzas. En el portón están Borja y su hijo. Borja trae
la metralleta que se llevó Lali. Lali está humillado. No se atreve a mirar a
nadie. Han luchado. Se ve en todo detalle y actitud de los dos. Las ropas
las traen jironadas como si hubieran estado en una batalla. Entraron en al
mayor de los silencios. Ninfi abrió la puerta de su cuarto. Se cruzó de
brazos y se echó cínica sobre el umbral. Todos están expectantes. Borja dejó
la metralleta y la pistola que cogió encima de un mesa del centro del salón.)*

BORJA. — Rosario. *(Silencio. Rosario mira de una manera mansa.)*
ROSARIO "LA MITINERA". — *(Casi desfallecida.)* Borja, di.
BORJA. — Lo viste todo y te veo mal de aspecto. Tus luchas y voces
llegaban a nuestros oídos, así como las de La Amparo, cuando esta
metralleta estaba tirada entre las cañas, porque mi hijo Lali no sabía
la fuerza que aún tiene su padre. Rosario.
ROSARIO "LA MITINERA". — Di, Borja.
BORJA. — Quisiera pedirte mi último favor. Quizá mi último favor. De
ti es la única que me fío.
ROSARIO "LA MITINERA". — ¿De mí, Borja? *(Mira a Cati. Cati baja la
mirada.)*
BORJA. — De ti. Muchas veces fuiste a pescar en tu barca.
ROSARIO "LA MITINERA". — Fui cuando él ya no podía porque se le
hundía el pecho cada día más.
BORJA. — ¿Y fuiste lejos?
ROSARIO "LA MITINERA". — A veces me alejé mucho. A veces ni
quería volver.
BORJA. — He visto en la playa tu barca.
ROSARIO "LA MITINERA" . — Sí. En la playa.
BORJA. — Quisiera, y éste es el favor que te pido, que estas armas las
llevaras en tu barca, lo más lejos posible, y que cayeran para
siempre en el fondo del mar. Pero, antes, Lali, a ti y a todos os
pido que en mi casa no quiero ver más armas por ninguna parte.

Lali, responde, ¿guardas todavía armas? *(Lali dice que no con la cabeza.)* No estarás engañando a tu padre.

LALI. — No.

BORJA. — Ninfi.

NINFI. — ¿Qué?

BORJA. — Dame tu maletín.

NINFI. — ¿Para qué?

BORJA. — Porque no queiro verlo más. Dáselo también a Rosario.

NINFI. — Está bien. *(Coge el maletín y lo pone encima de la mesa donde Borja ha puesto las armas.)*

BORJA. — Tu maletín de médico. El que trajiste de Londres. Rosario, llévate todo esto y arrójalo al fondo del mar. Y vuelve. Vuelve porque tienes que oír todo lo que tengo que hablar.

CATI. — Pero Borja, no está bien. Se tambalea. No tiene apenas fuerzas.

ROSARIO "LA MITINERA". — Para esto las tendré. *(Se sobrepone. Recoge todo y sale, arrastrando, casi sin poder, haciendo un gran sacrificio. Todos la ven salir en silencio. Lali, cabizbajo, intenta, avergonzado, humillado, subir la escalera.)*

BORJA. — Lali. *(Lali se detiene sin mirar a su padre.)* Perdono tus arranques, tu violencia, el no tener miedo a la muerte y hasta haber luchado con tu padre, cuando fui a quitarte la metralleta. Luchaste, lo vi bien, como si tu padre hubiese sido un extraño para ti. Como dos guerrilleros de ideales opuestos que se encuentran en caminos desconocidos.

LALI. — *(Sin mirar a su padre.)* Así es, padre. Es lo que estoy acostumbrado a ser: una persona solitaria a quien han enseñado el camino de la soledad.

BORJA. — Y yo, en la lucha con mi hijo, te he querido enseñar el camino del amor.

LALI. — No sé, padre, si podré alcanzar ya ese camino. No sé qué es eso. Así como no sé que es eso que llaman la fuerza de la sangre. No sé quién fuiste, padre. Ni siquiera sé quién eres ahora.

BORJA. — Te contesto, Lali. Ahora soy un hombre que ha luchado con su hijo para que nadie pueda sospechar que este hijo es capaz de asesinar.

LALI. — ¡Padre! ¡Así me lo habéis enseñado!

BORJA. — *(Dominando.)* ¡Cállate! Si un día fuiste asesino, ya no lo serás más.

LALI. — Tú no sabes el dolor que llevo en mis entrañas.

BORJA. — El dolor se olvida.

LALI. — ¿Tú crees? Tú que has estado hoy a punto de asesinar a tu hijo. *(En reacción brusca.)* Mírate en aquel cuadro. Mirad todos. Él, luchando como un loco, con los ojos desorbitados, cuando las fuerzas de Franco tomaron Madrid. Y hay más, tú ejecutaste sentencias de muerte a justos e injustos. Te lo mandaban y lo hacías sin saber ni qué delito tenían los que eran condenados. Miles y miles de hombres que no se sabe el por qué de su muerte.

BORJA. — Ejecutaba, sí. Quizá como un inocente. Cumplía un deber.

LALI. — ¡Asesino!

BORJA. — Sí, asesino. Cumplía con los mandatos de los que para mí podría llegar a ser una España mejor.

LALI. — Creo, padre, que los españoles no tenemos solución. Heredé de ti ese dolor de no saber a quién yo maté, pensando también en una España mejor y sacrificando a inocentres. Si queremos seguir viviendo, la soledad es nuestro único camino. He nacido de ti. El que se creyó triunfalista. El idealista. El que soñó en una España mejor. El hijo de aquel cacique que se adueñó por medio de la sangre de este palacio y estas plantaciones. Plantaciones a las que nunca has querido ver más que ahora y no sé bien por qué. ¿Estará escrita así la Historia de España? Una traición engendra a otra, y un crimen engendra otro y resulta que casi todos en este mundo somos hijos de criminales, conscientes o inconscientes, pero criminales. Nunca hablaste a tus hijos, cómo fue la vida, General Borja. Y eso es lo que quiero saber.

CATI. — No tienes derecho, Lali, a desconfiar como desconfías de todo.

LALI. — Eso quiero, no desconfiar.

BORJA. — Cati, calla tú. *(Silencio.)* Lali, tu padre te pide comprensión.

LALI. — Ya es tarde. Muy tarde. Llevo dentro de mí una fiera, no un ser humano. *(Intenta subir la escalera.)*

BORJA. — Lali, te suplico que escuches a tu padre.

LALI. — *(Lali se detiene.)* ¿No querrás convencerme de lo que ya no tiene solución?

BORJA. — No quiero convencerte de nada. El por qué hacemos las cosas, ni los propios hombres lo sabemos. Pero cada hombre, dentro de sí mismo, lleva esa fiera que tú dices y al mismo tiempo el dolor que da el remordimiento y la expiación de nuestras culpas.

LALI. — Vamos, mi padre un sacerdote ahora.

BORJA. — Tu padre, un hombre como todos, con sus debilidades, sus flaquezas, sus envidias, sus traiciones, sus odios, sus orgullos, sus vanidades; pero con un deseo inimaginable de hacer a sus hijos, a ti,

Lali, unos seres distintos que puedan liberarse por medio de la paz. Y con mucho amor. Debemos aceptar que podemos.

LALI. — ¿Qué quieres decrime?

BORJA. — Que una España nueva quiere este general dejar en tus manos. A ti te corresponde poner toda tu esperenza en lo que tu padre te va a decir . . .

LALI. — No lo consiento. No me fío de ti. Te he dicho antes que no me fío de nadie.

BORJA. — Te fiarás porque, al llegar aquí, has venido con la esperanza de volverte otro, de encontrar tus raíces, raíces que puede dar un pueblo bueno, donde todavía hay gente sobrecogedora de bondad.

LALI. — Y mira mi pueblo. Mírate en el espejo de la Rosario, La Amparo y el Paulico. Mira mi pueblo dominado, como todos los pueblos de la tierra, por farsantes, ambiciosos, ladrones, gente que promete y no cumple. Mira mi pueblo. Cogí la metralleta el primer día de mi llegada para defender a una mujer que se la han llevado loca de dolor a la cárcel y un hijo de dieciséis años ha desaparecido.

BORJA. — Es el pueblo joven que se rebela. Y tú, Lali, te has rebelado también. Sabes que esa España que has vivido desde que saliste de la universidad es una mentira. Ha sido una mentira hasta ahora. Defendida por unos pocos hombres verdaderos e inocentes que esperan el cambio deseado. A esos hombre tienes que unirte. Te estás uniendo ya. Y yo no quise, no quise, Lali, que en tus manos hubiera más armas. Si en las mías las hubo, hay que tenerme piedad. No quiero lo mismo para las manos de mi hijo. No más violencia, sino razón y amor.

LALI. — ¿Acaso tienes tú razón y amor?

BORJA. —Tanta, que mira lo que hago. *(Va rápido al baúl de los ángeles y saca unas carpetas. Las tira contra el suelo y se abren. Salen documentos.)* ¿Sabéis qué es esto? *(Silencio.)* ¿Pregunto que si sabéis qué es esto? Son los documentos de esta casa. Este papel es una opción de compra con los poderes que conocéis, con mi firma y la de una princesa árabe, a falta de legalizar ante notario. *(Coge un documento.)* En este documento podéis leer cómo el General Borja vende esta casa y sus tierras, para ser repartidas entre sus hijos que quedaron sin nada al salir de la universidad, pero que ahora podrán vivir, si es que tienen algo de seres humanos y queren hacer bien para si mismos. También se dice que el General Borja no quiere dinero de esta venta y se irá a vivir en soledad con el retiro que le queda de aquel destino que tuvo. Viví en un tiempo que creía que en mis manos y en las de mis compañeros estaba el orden de una España que se hundía. Y en busca de ese orden fui.

(La Rosario ya entró y permanece en silencio junto al portón.)

Si me equivoqué, qué hombre no se equivoca en este mundo. Qué difícil todo. Todo se nos va cuando más creemos que lo tenemos en las manos.

LALI. — Guárdate esos papeles y haz lo que querías hacer. Es lo de siempre: todos obedecen y se esclavizan ante el dinero. Yo, desde luego, no.

NINFI. — Ni yo.

(Silencio.)

BORJA. — Responder todos. Responder.

(Los demás vuelven la cara o bajan la mirada.)

NINFI. — Lo sabemos todo, padre. Sabemos la vida del abuelo casi mejor que tú. Sabemos cómo el abuelo se hizo de esta plantaciones. Más dinero de manos infames, nunca. Mira, padre, tenemos un nuevo concepto de la vida. ¿Ves estas manos que ni Antoñico ni Rosario quisieron que les tocaran? Estas manos sabrán defenderse solas, sin la universidad donde tanto escribieron y sin la sociedad en que tanto daño me hicieron.

BORJA. — ¡Ninfi!

NINFI. — Sí. Sé que todo lo sabéis. Es nuestra condenación eterna, pero de la que nos salvaremos. Nos salvaremos los que tantos errores hemos cometido y tantos horrores hemos vivido. ¿Por qué callas, Paco? ¿Te crees que aunque hemos vivido como ratas, como la canción que cantan los rockeros, no sabíamos que venías a por tu parte, porque a pesar de tus gloriosos méritos de profesor, tu ambición es mucha y sigues endeudado en ese país tan hermoso del que hablas?

EL PACO. — Sí, endeudado. Mi padre me había rogado que viniera y vine. Aquí estoy. Con Patricia vine y con Patricia me volveré para no regresar más. No quiero ningún dinero. Sabía por las cartas de mi padre que erais vosotros los que les preocupaba a todos. A mí mucho. Y vine a convenceros de que aceptarais esas intenciones del

General Borja. Yo no necesito dinero a pesar de mis deudas. Tengo miles y miles de riquezas que mi trabajo me fue dando.

NINFI. — Eso quiero. Y creo que Lali también . . . enriquecernos con el trabajo que podamos encontrar. Y el mío lo sueño ya.

LALI. — Y el mío.

EL PACO. — Pues a por ello. Cuánto me gustaría veros como gente sencilla. Gente sencilla en el pueblo que nacisteis y no veros retratados en las páginas de los diarios con imágenes que no quiero ni pensar. Padre, tu hijo mayor te quiere hacer un ruego. (*Silencio.*) Un ruego a todos . . . romper estos papeles y que la pobre y vieja casa en que nacimos siga siendo de los que nacieron en ella, y desde ella, emprender nuevos caminos. (*Coge los papeles.*) Aquí están los papeles. Decidir. (*Todos callan.*) Callar es decidir. Por mi parte, mirar lo que hago. (*Hace pedazos los papeles. El aire poniente que ya empezó se los llevó fuera hacia la playa.*)

CATI. — (*Enfrentándose a todos.*) Sólo me queda deciros sobre esa orden de que vuestro padre hablaba. Aquí. Aquí. Muy cerca de este salón, junto a sus muros, el pueblo entero se levantó y acribilló a balazos a Francisco Borja, vuestro abuelo paterno. Con él murieron muchos. ¿Razones? Cientos y cientos de razones. ¿Sabéis que cuando cayó Cuba en manos de los yanquis, la industria azucarera española subió en estos pueblos? Fue cuando Francisco Borja prestó dinero a gabela para que otros muchos tuvieran también plantaciones de caña de azúcar. Lo haría con el mejor fin, no lo dudo. Él decía que por sacar a este pueblo adelante. Llegó un momento en que nadie tenía para pagar los préstamos. Francisco Borja los exigió. Lo acorralaron entre los muros de esta casa y le dieron muerte. Entonces, yo, Catalina la de Joseíco Benávides, enamorada desde muy niña del General Borja, le dije, "No serías hombre si no ayudaras a poner orden en este pueblo y en esta España." Y como un idealista, que fue siempre, se fue en busca de ese orden. Con torturas interiores, lo sé. ¿Pero sabe nadie en este mundo qué puede ser el orden, quién puede encontrarlo, qué puede pasar por buscarlo, qué puede hacer el hombre que lo busca y hasta dónde puede llegar? ¿Se habrá engañado el que lo busque, por muy buena fe que tenga? ¿Engañado? ¿Sabe alguien cómo llegamos las criaturas a engañarnos? ¿Sabría alguien las razones que tiene un criminal para llegar al crimen? Después de profundizar en estas razones, ¿se podría tener piedad de un criminal? ¿Hay alguien culpable en este mundo? Que los papeles vuelen. Que vuelen. Que se los lleve el mar. Rosario y yo nos quedamos otra vez juntas. *(Reaccionando con cierta alegría.)* Otra vez juntas. Y La Amparo volverá. Y Paulico también. Mirad. *(Va al baúl de los ángeles y lo abre.)* Tantos vestidos. Todos quisiera besarlos porque todos me dieron la vida que no esperaba. La vida que Lali y Ninfi quieren encontrar. Esa vida ya supo encontrarla su madre. *(Cogiendo varios vestidos y besándolos.)* Mis tesoros. Os beso porque me salvasteis, porque me hicisteis mujer, porque me enriquecisteis, como al Paco, en mi trabajo. Ahora ser fieras, locos, ladrones, criminales, trabajadoras, puros, lo que queráis, vuestro padre ha puesto el destino en vuestras manos y vosotros habéis elegido. ¿A ver? Esas miradas, esas caras, que nadie tenga ningún remordimiento nunca. Que todas las caídas de este mundo se pueden remediar. ¿No veis qué preciosidad de trajes? *(Sonriendo mientras le bajan unas lágrimas.)* Éste me lo puse en mi primera travesía, la de Marsella. Cuántas rosas me ofrecían después de cantar, y yo, con los ojos llenos de lágrimas, saludando y pensando en mi Borja. Mi Borja. Mi amor. Mi amor siempre. Ni nosotros pasamos, ni la vida se va de nosotros. *(A Paco y a Patricia.)* Amores míos, quedaros. Quedaros este verano que va a ser tan feliz para todos y, quizá, el último que nos veamos. *(Más contenta aún, mientras se seca las lágrimas.)* Mirad, os voy a cantar la canción de Marsella. Mi vestido. Ahora mismo me lo pongo, y la canción, amores míos. La primera canción de vuestra madre para vosotros. Ahí va.

(Se oye lejana la canción "Seguiré tus pasos siempre," mientras se va yendo la luz. Rosario cogió una escoba y se fue a barrer fuera de la casa. Empieza a amanecer. Vemos la casa sin nadie. El portón abierto. En el palco escénico, que simula ser la playa, Antoñico barre. Hay carteles rotos por todas partes, cascos de botellas, ropa jironada. Todos los despojos de la fiesta que Antoñico va barriendo hacia el público. En una esquina de la casa está Ninfi. Tiene la mirada fija en el cielo. Mira y mira.)

NINFI. — Está el cielo sin una nube.
ANTOÑICO. — *(Mientras sigue barriendo sin mararla.)* Sí.
NINFI. — Vine a ver salir el sol. Ya sale. Qué resplandor. Qué hermosura.
ANTOÑICO. — Sí.
NINFI. — *(Sin dejar de mirar a la lejanía.)* ¿Siempre te levantas tan temprano?

ANTOÑICO. — De madrugada. Algunas veces con las estrellas.

NINFI. — ¿Y así siempre?

ANTOÑICO. — Siempre. Es mejor recoger la basura antes de que empiece a verse gente por las calles.

NINFI. — ¿Cómo barres por aquí?

ANTOÑICO. — Me lo mandaron.

NINFI. — ¿Quiénes?

ANTOÑICO. — Los de la fiesta. Al final todos se vienen a la playa y mire.

NINFI. — *(Se acerca.)* Sí, cascos de botellas, trozos de vestido y muchos, muchísimos papeles rotos. *(Se hinca de rodillas y coge dos pedazos de carteles.)* Si pudiera unirlos unos con otros, sabría quiénes son.

ANTOÑICO. — Imposible, señorita. Nunca se sabe quiénes son.

NINFI. — ¿Y esto?

ANTOÑICO. — Periódicos.

NINFI. — ¿Qué dicen?

ANTOÑICO. — No sé.

NINFI. — ¿No sabes leer?

ANTOÑICO. — No, señorita. Si me deja pasar, podré ahorrar tiempo. Tengo que barrer dos kilómetros de playa y dejar todo muy limpio, antes de que la gente venga a bañarse y digan que hasta las playas están sucias. A que aquí no hay buenos trabajadores de la limpieza. Luego uno es el culpable. *(Sigue barriendo.)*

NINFI. — ¿Siempre tuviste este oficio?

ANTOÑICO. — Siempre. Me quitaron de la escuela cuando casi usted se fue del pueblo. Después de mucho esperar, me pude colocar en el Ayuntamiento.

NINFI. — Sí, que llevas tiempo.

ANTOÑICO. — Sí, señorita. *(Sigue barriendo con la intención de no seguir hablando.)*

NINFI. — Antoñico . . .

ANTOÑICO. — ¿Qué?

NINFI. — Quisiera hacerte varias preguntas y hasta una confesión.

ANTOÑICO. — *(Extañado.)* ¿A mí, señorita?

NINFI. — A ti. Y me hincaré de rodillas en la playa hasta hablar lo que quiero contigo. *(Se hinca de rodillas.)*

ANTOÑICO. — Hay muchos vidrios, señorita. Se los puede hincar.

NINFI. — Mejor, resistiendo el dolor de los vidrios, saldrán mejor mis preguntas y mi confesión.

127

ANTOÑICO. — Dígame, señorita, pero . . . si no barro todo, yo seré el culpable, como tantas veces lo fui.

NINFI. — Antoñico . . .

ANTOÑICO. — ¿Qué?

NINFI. — ¿Por qué huiste de mí el día que quise curar tus heridas?

ANTOÑICO. — *(Avergonzado.)* No lo sé bien.

NINFI. — Lo sabes. Dicen que en el pueblo todo se sabe.

ANTOÑICO. — Yo no sé nada.

NINFI. — ¿No te acuerdas de estas manos, Antoñico? *(Las muestra.)*

ANTOÑICO. — No.

NINFI. — Estas manos, hace muchos años, cuando los dos estábamos juntos en la escuela, cortaban flores para ti. Flores que tú tirabas al suelo, desconfiando de la inocencia de una niña.

ANTOÑICO. — Siempre desconfié de todo. La gente dice que soy huraño, como un ser que ha nacido para no ser querido por nadie, por desconfiar de todos. Y así seguiré hasta el final de mi vida.

NINFI. — ¿Por qué me engañas, Antoñico? Recuerdas lo que te digo, y me quieres hacer creer lo contrario.

ANTOÑICO. — No la engaño, señorita. Digo lo que sé. Y tengo un dolor profundo dentro de mí que casi ni veo el mar. Me acuerdo de mi Paulico que desapareció y no ha sido encontrado, y tengo hasta temblor en las manos. Podría encontrarlo cadáver por entre esta corroña. Mi Paulico sabía tanto . . . .

NINFI. — Pues deja la escoba e híncate de rodillas conmigo y dame tus manos.

ANTOÑICO. — No me pida lo que no puedo hacer.

NINFI. — ¿Por qué? Es algo tan sencillo. Yo, sin coger unas manos en estos momentos, no podría hablar.

ANTOÑICO. — No lo puedo hacer, señorita, no lo puedo hacer.

NINFI. — Te lo pido en la mayor necesidad y humildad. *(Tiene lágrimas en los ojos.)*

ANTOÑICO. — Si es así. *(Se hinca de rodillas pero al querer darle las manos, tiembla y cae golpeando la arena.)* No puedo. No puedo. El odio del pueblo sería mayor en contra de mí.

NINFI. — ¿El odio? ¿A un ser como tú se puede odiar?

ANTOÑICO. — No soy nadie, señorita. Otro alcalde me colocó en el Ayuntamiento y desde entonces creen que estoy al servicio del otro, que rompo banderas andaluzas y pinto las paredes pidiendo que asesinen a los que mandan ahora. Y yo no sé escribir, señorita.

NINFI. — Dame tus manos.

ANTOÑICO. — Nunca.

NINFI. — ¿Por qué?

ANTOÑICO. — No se lo puedo decir.

NINFI. — ¿Por qué?

ANTOÑICO. — Porque sería traicionar a muchos que saben lo que sus manos hicieron.

NINFI. — ¿Y qué hicieron mis manos?

ANTOÑICO. — Lo que usted bien sabe.

NINFI. — *(Ninfi lo coge de la camisa llena de ansiedad.)* ¿Qué saben, Antoñico?

ANTOÑICO. — Suéltame. No me haga usted hablar.

NINFI. — Antoñico, por Dios, sin tus manos en las mías no podré hacerte mi confesión.

ANTOÑICO. — No quiero saber nada de nadie. Estoy acostumbrado a huir de todos. Temo a todos. A todos. Me golpearon. Me maltrataron. Me quieren quitar mi trabajo y lo único que llena me persona es hincarme de rodillas y mirar al mar y al cielo, después de haber visto muy limpio mi pueblo. Limpios quisiera que fueran todos. Y limpias sus manos, las que cuando niña me cortaban flores.

NINFI. — Te acuerdas, ¿verdad?

ANTOÑICO. — Sí. Sí. Sí. Sí.

NINFI. — Entonces, ¿por qué rehuyes a unas manos que te dieron un día flores? Dame tus manos, Antoñico. Te lo pido por caridad.

ANTOÑICO. — *(Poco a poco, casi temblando, se las va dando.)* Sé que esto será mi mayor crimen para todos los que me vean.

NINFI. — Y para mí, mi salvación. *(Con las manos cogidas.)* ¿Tiemblas?

ANTOÑICO. — Sí. Tiemblo. Este remordimiento me perseguirá siempre.

NINFI. — *(Con gran cariño.)* Antoñico, amigo mío, quiero contarte, a modo de confesión, la historia de una amiga que se fue para siempre y ya no veré más, aunque me pida ayuda, aunque la gente sea tan perversa con ella, como es contigo. Mi amiga se llamaba Carmen Borja. No. No tenía relación familiar conmigo. Ni eso siquiera. Es una desconocida ya. Casi fue una desconocida siempre, aunque le tuve compasión. Y se la tengo.

ANTOÑICO. — *(Con gran miedo.)* ¿Qué le pasó a su amiga?

NINFI. — Que estaba enamorada. Que estudiaba en la universidad conmigo. Que otro estudiante era el gran amor de su vida. Vivían juntos. Soñaban juntos. Se querían tanto, que ella le pidió querer tener un hijo. Y el hijo iba a venir cuando los dos, recién salidos de la universidad, no encontraban trabajo. Él dijo, "No podremos mantener al que nacerá." Le dio por el alcohol. Y ella llegó a golpearse el vientre y, desesperada, fue a un hostpital de Londres a que le quitaran al hijo que llevaba en sus entrañas, dándole patadas ya en el vientre. Y se lo quitaron en contra de su voluntad. Lo sé bien. Pero ella se sentía partícipe de un crimen. Pasaban los días y se iba a los parques a ver a otros niños jugar y se repetía en su intimidad, "Has consentido que maten a tu hijo." Iba a la casa y no sabía lo que hacer. Sentía una soledad que muy pocos comprenderían. Como era médico, pedía trabajo en hospitales y no lo encontraba. El amor del estudiante con el que vivió y soñó se le fue para siempre. Y Carmen Borja se encontró así a muchas amigas en Madrid, Barcelona, Londres. Sufría con ellas, como si hubiera sido ella misma. Había momentos en que las amigas le pedían a Carmen la muerte. Y la del hijo que llevaba en el vientre y Carmen les ayudaba a abortar. Hasta que llegó la tortura y el remordimiento, día tras día, de la conciencia de Carmen. Cuando al andar veía su sombra en el suelo, se decía para sí misma, "Ahí va la criminal. Criminal. Criminal." Se decía una y mil veces. Intentó quitarse la vida. No pudo volverse a enamorar. Ni a pensar siquiera que ningún hombre del mundo la querría, porque tarde o temprano, ella le descubriría, en la intimidad del amor, a la persona que llevaba dentro. Y en los parques, donde jugaban los niños, yo la veía un día y otro, hasta que no llegué a verla nunca más. Alguien me dijo, "Se ha ido aborreciendo el mundo impuro en que vivió para su expiación de pecados." Alguien me dijo que Carmen hubiese querido perder la razón y que la encerraran en un manicomio, gritanto siempre, "Maldita vida española," "Malditos los que llevaron a una juventud española a hundirse." Como lo grito yo en nombre de mi amiga. *(Contenida y llena de odio.)* Malditos. Malditos los que no saben gobernar, ni enseñar, ni amparar, ni tener piedad por nadie. Maldita la humanidad entera. Malditos aquellos que no saben llevar al amor y a la la piedad. Malditos mil veces.

ANTOÑICO. — *(Con gran pánico.)* Señorita, está usted llorando. Tiemblan sus manos mientras las mías se serenan.

NINFI. — Tiembla, Antoñico, hasta mi corazón.

ANTOÑICO. — Señorita, quisiera confesarle que su amiga tendría algún día el amparo de Antoñico, si llegara a encontrarla en mi camino.

NINFI. — *(Entre lágrimas.)* ¿Nadie te dijo nunca que tus ojos tiene el color celeste del mar?

ANTOÑICO. — Nadie.
NINFI. — Te lo digo yo, Ninfi. *(Reaccionando y levantándose.)* Piedad para Carmen Borja. Piedad. Piedad. Ahora, Antoñico, mi amigo, Ninfi venderá flores en el pueblo. No me iré de aquí jamás. Lucharé en mi pueblo hasta mi muerte. Sé que no me casaré nunca con nadie, pero venderé flores. Venderé flores para todos aquellos que necesiten adornar la intimidad de su hogar, la iglesia para sus bodas, los bautizos, la casa entera. Flores. Flores. Flores.

(Ninfi llora ocultando la cara con las manos. Antoñico se levanta. Quisiera acariciarla, pero su timidez se lo impide. Coge la escoba y sigue barriendo mientras con piedad mira a Ninfi llorar y diciendo "Flores.")

Los carteles rotos van llegando al mar del público. Se abre la cúpula del teatro y caen y caen carteles rotos de políticos, rockeros, cupletistas de la España del año 1983, carteles con caras conocidas o no, pero que el público tiene que pisar al salir del teatro. Va cayendo el telón muy lentamente. Oscuro.

FIN

José Martín Recuerda
Salobreña, 1983

LA CICATRIZ
(1985)

A Martha Halsey y a todos los
hispanistas norteamericanos

PERSONAJES

Hermano Blas
Hermano Pablo
Hermano Aníbal
Hermano Santiago
Fray Juan
Francisco
Padre Prior
Hombre Mongólico
Frailes

ACCIÓN: En un convento de Castilla. Año 1973

PRIMERA PARTE

Vemos el portón de entrada a la iglesia cerrado. Un riquísimo portón de madera labrada. A los lados, unas paredes con medallones en lo alto donde podemos adivinar, tallados, las caras y medio cuerpo de profetas evangélicos en actitud de visionarios, revoloteando sus cabellos, como los que están ante multitudes, cerca del mar o entre un viento huracanado. El brazo de uno, nos habla como si estuviera diciendo una profecía ante los que no saben entenderlo. Parece que se sale del medallón. Los ojos diríamos que arrojan fuego. El otro medallón tiene la figura de un hombre con un libro en la mano, como el que dejó escritas sus visiones en dicho libro y quiere lanzarlas a todos los que le rodean. Estas dos partes adláteres al portón, quedarán siempre fijas a los dos lados del escenario que no tendrá ni embocadura ni telón.

El portentoso portón de la iglesia irá subiendo, lentamente, mientras oímos cantar un gregoriano. No vemos, en principio, el interior de la iglesia, aunque puede quedar siempre en el fondo, tallada y con toda su riqueza, sino una sencilla sala capitular, en cuyo suelo se pueden apreciar lápidas de tumbas de teólogos.

Dos frailes arrodillados parecen estar celebrando la oración privada. Arrodillados en un pequeño escalón. Frente al público. Las capuchas de los hábitos cubren cabezas y parte de caras impidiendo ver a los dos frailes. La sala capitular es como un solitario sepulcro. A un lado y otro están las puertas de entrada a las tumbas. Puertas no labradas que contrastan con la primera que subió. Los cantos gregorianos se van alejando sin desaparecer del todo, mientras los frailes, sin mirarse, hablan.

HERMANO PABLO. — ¿Y será pronto?
HERMANO BLAS. — Pronto.
HERMANO PABLO. —¿Cuándo?
HERMANO BLAS. — Ni lo diré.
HERMANO PABLO. — Haces bien. ¿Y dónde irás?
HERMANO BLAS. — Fui elegido para ir a las misiones.
HERMANO PABLO. — *(Avergonzándose.)* Yo también.

(Silencio.)

HERMANO BLAS. — ¿Tan callado lo tenías?

HERMANO PABLO. — Tan callado. Silencio. Hace tiempo que terminó nuestra amistad.
HERMANO BLAS. — Sí. Mucho tiempo.
HERMANO PABLO. — No volviste a mi celda.
HERMANO BLAS. — Ni tú llamaste a la puerta de la mía.
HERMANO PABLO. — Comprendí que todo había terminado.
HERMANO BLAS. — Y yo. Ha sido como un castigo.

(Silencio.)

HERMANO PABLO. — Sin embargo ... Qué buenos recuerdos tengo al pasar por los claustros. Sobre todo por el claustro de los Reyes, donde te vi por primera vez.
HERMANO BLAS. — Y yo también. Cuando subo al monte San Vincent, donde alejados uno del otro, hemos visto tantos atardeceres, me acuerdo much de ti. Si me preguntara, no sabría qué decir de esos momentos.
HERMANO PABLO. — Inolvidables atardeceres, ¿verdad?
HERMANO BLAS. — Sí. Inolvidables.

(Silencio.)

HERMANO PABLO. — ¿Cuándo te vas?
HERMANO BLAS. — En el otoño.
HERMANO PABLO. — Yo me voy antes.
HERMANO BLAS. — ¿Cuándo?
HERMANO PABLO. — En primavera.

(Silencio.)

Están al venir.
HERMANO BLAS. — Sí. Lo están.
HERMANO PABLO. — *(En inesperada reacción de ternura y sin mirar.)* ¿Me quieres alargar tu mano?
HERMANO BLAS. — ¿Para qué?
HERMANO PABLO. — Para despedirnos sin mirarnos. Pocas veces nos encontraremos como ahora.
HERMANO BLAS. — *(Dudando.)* No sé.
HERMANO PABLO. — ¿Por qué?
HERMANO BLAS. — No sé.

HERMANO PABLO. — Dame tu mano.

(Vemos alargar, lentamente, la mano. Poco a poco las manos se unen, se acarician y se aprietan.)

Dios, suelta.
HERMANO BLAS. — Suelto.
HERMANO PABLO. — Oigo pasos.
HERMANO BLAS. — Serán los que vienen, como nosotros, a juzgar. ¿Quién será el que vamos a juzgar?
HERMANO PABLO. — Poco sé. Dicen que vino huyendo desde las Hurdes a Castilla. Dios mío, ¿quién será?
HERMANO BLAS. — Eso digo yo, ¿quién será? Espero que nos dejen verlo. Que nos aclaren por qué lo vamos a juzgar.

(En una de aquellas puertas está el Hermano Aníbal, sereno. Es rubio y rebosante de vida. No sabríamos decir si es de Castilla o de las costas sureñas de España. Tiene ojos verdes como el mar en calma.)

HERMANO ANÍBAL. — ¿Sólo estáis los dos?
HERMANO PABLO. — *(Sin mirar.)* Los dos.
HERMANO ANÍBAL. — ¿Cómo podremos juzgar tan pocos?
HERMANO BLAS. — Quizá vengan más. *(Se levanta. Se descubre la cabeza. Vemos por primera vez al Hermano Blas, joven, arrogante, hermoso, sexual.)*
HERMANO PABLO. — Sí. Otros vendrán. *(Se levanta también. Descubre la cabeza. Su arrogancia es sobrecogedora.)*
HERMANO BLAS. — *(Con cierto recelo, vuelto de espalda, al Hermano Aníbal.)* ¿No vas hoy a las clases?
HERMANO ANÍBAL. — Iré, pero las lenguas que quiero aprender, no acabarán de enseñármelas. Quisiera aprender otras que aquí no enseñan.
HERMANO PABLO. — Pero, Hermano Aníbal . . .
HERMANO ANÍBAL. — Qué.
HERMANO PABLO. — ¿Cómo cambias tanto de pensamiento?[1]
HERMANO ANÍBAL. — Se llega con mucha ilusión al estudio, después

[1]The original manuscript extended the scene from this point until the appearance of Hermano Santiago. See Variation to *La Cicatriz* at the end of Part I, 154-160.

uno se desilusiona. Comprendo que tengo más deseo de saber lo que aquí, tal vez, no puedan enseñarme. Mi inquietud es grande por vivir en otros lugares de la tierra.

HERMANO BLAS. — ¿No te eligieron para las misiones?

HERMANO ANÍBAL. — No. *(Silencio.)*

(Se puede hacer el bien en cualquier parte del mundo. Por todas partes hay necesitados.)

(Se hinca de rodillas en el escaloncillo y se santigua. Los otros dos frailes, mientras el Hermano Aníbal reza, se vuelven de espalda, como los que no quieren interrumpir la oración del arrodillado. Entra el Hermano Santiago. El canto gregoriano continúa alejado. Cada hermano parece meditar. El Hermano Santiago interrumpe las silenciocias meditaciones. Los otros tres hermanos parecen desear mirar de reojo al Hermano Santiago. Silenciosos. Parece que el Hermano Santiago les merece gran respeto. Es mayor que los demás.)[2]

HERMANO SANTIAGO. — *(Obsesionado como el que quiere llevar consuelo.)* Está floreciendo el jardín del claustro de los Reyes. Las nubes se abrieron y empezó a salir el sol. Pronto habrá también flores en el monte de San Vicente y veremos, como siempre, esas interminables llanuras de Castilla, donde parece unirse el cielo con la tierra. Qué atardeceres, Dios mío. Hermanos, he tenido la penosa misión de entrar también en este Capítulo. Obedezco el mandato y antes quiero orar. Oremos.

(El Hermano Aníbal se levanta y se va hacia un rincón con cierta timidez. El Hermano Santiago se arrodilla en el escaloncillo. Los cuatro hermanos se santiguan y se vuelven a arrodillar. Balbucean una oración. Cuando han terminado, el primero que se levanta en actitud transida de espiritualidad en el Hermano Pablo. Después se levanta el Hermano Santiago. Los otros dos siguen arrodillados.)

Acabo de celebrar la misa mayor de las soledades. Pero qué hermosa soledad. Los claustros estaban solitarios. Yo iba por ellos pensando que acababa de tener entre mis manos el Cuerpo de Cristo. Fue entonces cuando me dijeron al oído que tenía que venir aquí.

[2]See Variation to *La Cicatriz* at the end of Part I, 154-160.

(Silencio. Los hermanos arrodillados se levantan con un gran sentido de timidez y obedencia, esperando que alguien les aclare sus, al parecer, torturantes dudas.)

Nunca quise ser juez de nadie. Pero obedezco y aquí estoy. Ya sé de vuestras luchas. Las mías son otras. Mi amor por este convento, de donde no quiero salir, es grande. Sin su soledad entre las paredes de mi celda, de los confesionarios de abajo, de la piedras frías de la iglesia, no sabría vivir ya. Y aquí estoy. Hablemos. "Sólo nosotros cuatro," me dijeron al oído. Aunque aquí venga un único testigo del hecho que vamos a juzgar. Si nuestras votaciones son dispares, podrán tomar parte todos los hermanos del convento. El caso es grave.

(Silencio. Los cuatro hermanos quedan sin poder hablar, como los que piensan en su dolorosa misión.)

¿Ninguno sabe nada?

HERMANO ANÍBAL. — Ninguno.

HERMANO SANTIAGO. — El que tiene que salir de este convento, si es que decidimos, lo hará a la anochecida.

HERMANO BLAS. — ¿Y dónde irá?

HERMANO SANTIAGO. — Lo mismo que supo venir, sabrá donde ir.

HERMANO BLAS. — ¿De qué se le acusa?

HERMANO SANTIAGO. — Es muy difícil acusar.

HERMANO BLAS. — Repito, ¿de qué se le acusa?

HERMANO SANTIAGO. — De asesino.

LOS TRES. — ¿Asesino?

HERMANO BLAS. — ¿Qué edad tiene?

HERMANO SANTIAGO. — No sé bien. Dicen que es muy joven.

HERMANO PABLO. — ¿Dónde está?

HERMANO ANÍBAL. — ¿Dónde duerme?

HERMANO BLAS. — ¿No podríamos verlo? ¿Preguntarle?

HERMANO SANTIAGO. — Quizá sea peligroso. Al oído me dijeron que la única solución es que se lo lleven los loqueros del hospital más cercano.

HERMANO ANÍBAL. — ¿Y por qué no la justicia, si es asesino?

HERMANO SANTIAGO. — Porque no se sabe nada cierto de él.

HERMANO BLAS. — ¿Cómo juzgarlo entonces?

HERMANO SANTIAGO. — Los hermanos de este convento están pesarosos y hasta tienen miedo. Parece que sienten caridad por él. Se fue al corral y allí está como el que muere. Dicen que si tiene sed, bebe en la pileta de los animales, y si duerme, lo hace entre la paja y el estiércol. Hasta los animales parecen temerle.

HERMANO ANÍBAL. — ¿Le han registrado?

HERMANO SANTIAGO. — No se deja. Es como si quisiera morder a los demás. Sólo tiene una manta que nadie puede quitarle. Una manta que siempre abraza.

HERMANO ANÍBAL. — ¿Cuántos días hace de su entrada?

HERMANO SANTIAGO. — Tres.

HERMANO ANÍBAL. — Y sin enterarnos.

HERMANO SANTIAGO. — Por eso estáis aquí los tres convocados antes que yo.

HERMANO BLAS. — Debemos verle.

HERMANO ANÍBAL. — Creo que debemos esperar unos días antes de decidir.

HERMANO PABLO. — Debemos observar sus reacciones.

HERMANO ANÍBAL. — ¿Cómo dejaron entrar a un hombre así?

HERMANO SANTIAGO. — Porque llamó a la puerta de este convento.

HERMANO ANÍBAL. — ¿Hay tanta obligación de amparar al que llama?

HERMANO SANTIAGO. — Toda la obligación.

HERMANO BLAS. — *(De repente.)* Yo no puedo juzgar.

HERMANO PABLO. — Ni yo.

HERMANO ANÍBAL. — Ni yo.

HERMANO SANTIAGO. — El Padre Prior dice que obedezcamos y que la luz del cielo estará, más que en mí, en vosotros.

HERMANO BLAS. — ¿En nosotros?

HERMANO SANTIAGO. — Sí, en vosotros. Los que pronto os iréis del convento a las misiones. Los que habéis sido elegidos para pruebas mayores.

HERMANO ANÍBAL. — *(Sin levantar la mirada.)* Yo no fui elegido. No sé por qué estoy aquí.

HERMANO SANTIAGO. — Debemos obedecer.

HERMANO BLAS. — ¿Cuáles son esas pruebas mayores?

HERMANO SANTIAGO. — Muchos misioneros que llegaron de otras partes el mismo día que yo llegué, los vi morir en púlpitos o en altares, mientras con sus humildes palabras, querían hacer comprender a los indígenas el fin último de lo que pueda ser la libertad, la justicia y el amor de Dios.

HERMANO PABLO. — ¿Morir?

HERMANO SANTIAGO. — Sí. Asesinados.

HERMANO BLAS. — ¿Por quién?

HERMANO SANTIAGO. — Sabemos de los crímenes más simples de este mundo, pero no de los crímenes más profundos. ¿Quiénes eran los asesinos de mis hermanos misioneros? Ni lo sé. Y ni mucho menos los que mandaban asesinarlos. Eran otras razones ocultas. Otros mandatos que alguien daba a los asesinos.

HERMANO BLAS. — *(Intentando contener una reacción violenta.)* Las mismas órdenes religiosas que cobija el Santo Padre en Roma, queines tienen en sus manos todos los patrimonios más ricos de la tierra.

HERMANO SANTIAGO. — Hermano, por amor de Dios.

HERMANO BLAS. — Quiero descubrir, por mí mismo, la realidad de mi misión.

HERMANO PABLO. — Pasarán siglos y nadie los discrubrirá. Sin embargo, una voz interior me dice que tenemos que ir.

HERMANO SANTIAGO. — Estamos aquí para juzgar a alguien que vino a refugiarse a este convento.

HERMANO BLAS. — Necesitamos ver para juzgar. Un joven descaminado llama a la puerta de este convento, se le da amparo y se le quiere encerrar en un manicomio porque dicen de él lo que nadie sabe cierto . . . que es un asesino. Ya lo he dicho. No puedo juzgar mientras no lo vea y hable con él.

HERMANO SANTIAGO. — Bien lo sé. Pero, sí, podéis obedecer.

HERMANO BLAS. — No acepto esa obediencia.

HERMANO PABLO. — Ni yo.

HERMANO ANÍBAL. — Ni yo. Hay que verlo por muy peligroso que sea.

(Silencio.)

HERMANO BLAS. — No quiero enloquecer más que el que llegó de las Hurdes. Quiero ir a verlo.

HERMANO SANTIAGO. — Dicen que no se deja ver. Tendrán que llevárselo del corral amarrado. Fueron a darle comida y se abalanzó al hermano que se la llevaba. Todos le temen.

HERMANO BLAS. — ¿Soluciones entonces?

HRMANO SANTIAGO. — Acabo de tomar la Sagrada Comunión, como

os dije. Tengo dentro de mí una serenidad y una paz que algo me dice...

HERMANO BLAS. — Qué

HERMANO SANTIAGO. — Que debemos esperar más.

HERMANO BLAS. — En el estado que dicen que está, durará poco su vida.

HERMANO SANTIAGO. — He mirado y mirado el cuadro de San Bernardo y le he pedido luz.

HERMANO BLAS. — Luego el padre también duda.

HERMANO SANTIAGO. — Dudo, pero obedezco. Fuerzas mayores que las de mi espíritu, me lo dicen con claridad.

HERMANO PABLO. — ¿Se sabe cuál es su nombre?

HERMNAO SANTIAGO. — Ya lo dije, dicen que nada habla. Mira. Solamente mira. Pero alguien mejor que yo podrá explicar. Alguien que cuando estaba en el portón, oyó su mano llamar a estas puertas. Ya parece subir. Le rogué que viniera porque es el único que podrá darnos una visión clara de los hechos.

(*Entra Fray Juan, encapuchado y con los brazos metidos entre las mangas del hábito. Es joven, torpe y tímido.*)

FRAY JUAN. — Tenía la mano ensangrentada.

HERMANO BLAS. — ¡Dios!

FRAY JUAN. — Ensangrentada. Tenía heridas en el cuerpo. Estaba descalzo y harapienta su ropa. Al abrirle la puerta, parece que se quería abrazar a mí y cayó de rodillas.

HERMANO BLAS. — Quise darle agua y no quería beber. Rechazaba el cazo de agua. Intenté curarle las heridas y no se dejaba. Quise llamar a los hermanos y huyó por los claustros. Era la hora del alba y no pude distinguirlo bien, ni saber dónde iba. Sé que bajó al corral y dio un alarido salvaje. Se escondió entre los animales y allí sigue, en el mismo rincón en donde se acurrucó sin querer ver ni la luz. Ni come ni bebe. Sólo muere. He pedido verlo al echar a los animales al campo y al encerrarlos. El Padre Prior no ha podido llevarle su consuelo. Lleva días sin apenas salir de su celda. Sólo sale a la iglesia, como un enfermo, reza y se vuelve a encerrar.

HERMANO BLAS. — ¡Qué dolor, Dios mío!

HERMANO SANTIAGO. — ¿Qué podremos decir?

HERMANO BLAS. — *(Conteniendo una rebelión.)* ¡Y hemos tenido que ser nosotros los elegidos!

HERMANO SANTIAGO. — Nosotros, hermanos. Sin embargo, mi misión en este Capítulo, no puedo comprenderla todavía.

HERMANO BLAS. — *(Se va violentando más.)* ¿Sabéis qué os digo? . . . , ¡que basta de obedecer y hasta de prudencias! Quiero que este Capítulo termine y voy enseguida a ver al que llegó. Haremos las votaciones después de conocer unos hechos ciertos.

HERMANO SANTIAGO. — Calma, hermano.

HERMANO BLAS. — No puedo. Estoy harto de faslas obedencias. Estoy llegando a dudar de todo. No sé hasta qué punto las personas creen en Dios para su bien particular o para el bien de otros. No me haga, Hermano Santiago, dudar más de lo que dudo. Apenas voy creyendo en los libros de los santos padres. Sólo me torturan las epístolas de San Pablo cuando las leo . . . esas epístolas que siempre me consolaron. Busco, hermano, la verdadera fe y la salvación de los demás. Necesito dar cariño a raudales, y la gracia que llega a mí, si es que está llegando, me dice que ese pobre ser de las Hurdes, necesita todo mi amparo. ¿Podré llevárselo? Dios, llévame a él.

HERMANO SANTIAGO. — Hermano Blas, le pido paciencia y humildad. Esperemos los consejos del Prior.

FRAY JUAN. — *(Muy humilde.)* Hay más.

(Silencio.)

Sé que llegó de las Hurdes después de haber dejado arruinadas a muchas familias.

HERMANO BLAS. — ¿Cómo sabes eso?

FRAY JUAN. — Un hombre lo siguió.

(Todos se miran. Silencio.)

A la mañana siguiente llegó el hombre al convento. Había seguido a Francisco, que así se llama el de las Hurdes, días y días. Había luchado con él para quitarle una navaja. No lo logró. Francisco es fuerte. No he visto cuerpo con más fortaleza.

HERMANO ANÍBAL. — ¿Y ese hombre que llegó en busca de Francisco, no había dado parte a la justicia?

FRAY JUAN. — Venía dislocado. No le pregunté nada. Le cerré la puerta porque lo vi con intención de matar, diciendo a voces, "Habéis dado asilo a una asesino." ¿Asesino?, pregunté. Me contestó con una furia que jamás vi, "Asesino." *(Muy tímido.)* Llevo aquí poco tiempo, pero sé que quien a la casa de Dios llama, hay que ampararlo. Me preguntaba, ¿Por qué un asesino llegará a serlo? Mi conciencia se turbó de remordimiento y lo amparé. Si hace mal, pido perdón. Cuando quise darle el cazo de agua, cayó entre mis brazos, mientras pude cerrar el portón. El hombre que lo seguía, golpeaba y decía a gritos, "Quiero asesinarte yo." "Dejó a familias arruinadas." "¿Sabéis cómo las dejó arruinadas: matando a los animales con los que se ganaban la vida." "Han matado a cerdos." "A todos los cerdos de los corrales del pueblo." "Y como un cerdo más tiene que morir él." "Familiar arruinadas." "Cómo lloran su miseria." "Más miseria aún de la que tenían." "¿De qué vivirán ahora, de qué?" "Asesino, óyeme: el pueblo, a donde tendrás que volver, te espera para apuñalarte como tú apuñalaste quitándoles el pan." No volví a oír más palabras porque me tapé los oídos. Yo no quiero ser culpable. Creo que alguien pudo oírlas como yo. Padres míos, creo que es un loco. Creo que Francisco es un loco, pero me causa piedad. Es como un loco pidiendo consuelo sin hablar.

HERMANO BLAS. — *(Sin poder contener la violencia.)* ¿Y queréis juzgar por obedencia y sin saber de un desamparado? Dejarme salir. Dejarme ir a salvar a quien, desde estos momentos, tiene todo mi defensa. Apartaos.

(Los cantos gregorianos suenan con más fuerza, mientras el Hermano Blas salió. Hay un oscuro. Sin dejar de sonar, la luz va volviendo potentísima, mientras las paredes de la sala capitular desaparecen para ver ahora el deslumbrante y riquísimo altar mayor de la iglesia del convento. Con sus columnas barrocas, capiteles corintios. Los cuadros de San Francisco, Santo Domingo de Guzmán y Santo Tomás de Aquino. La lamparilla del Santísimo está encendida. La misa termina oficiada por el Hermano Blas. Los frailes encapuchados y con las manos entre los mangos de los hábitos, van saliendo a un lado y otro de la nave, sin dejar el canto gregoriano.)

(En los escalones que suben al altar mayor vemos de espalda a una figura de camisa jironada, descalza, pantalones igualmente jironados. Parece que está mirando con fijeza a uno de aquellos cuadros. Una figura sensual, de cabellos rizados y vigorosos, rubios, como los de una raza no española. Se diría que tiene la arrogancia de un príncipe a punto de coronarse. Tiene

firmemente cogida una manta vieja y rota. Cogida como una prenda querida, como única riqueza que la vida le dio.)

(Al ir saliendo los frailes vemos también sombras enquistadas, escondidas, de tal manera que no sabemos bien si son luces que bajan de entre las claraboyas o frailes al acecho.)

(Al portón llaman golpeando con violencia. El Hermano Blas echa el enorme cerrojo del portón y cierra todas las puertas que dan acceso al altar mayor, empezando por la de la sacristía. Después, desconfiando, mira al coro. Parece no ver a nadie. Sube la escalinata y se coloca delante del de la manta.)

HERMANO BLAS. — ¿Diste alguna vez misa? *(Silencio.)* ¿Sabes lo que es esto? *(Señala al Santus Santorum.)* Ya veo que no tienes lengua. Ni has querido decirme tu nombre, ni de dónde vienes, ni quién eres. Sin embargo, te alargué la mano en el corral donde te encerraste sin querer comer ni beber, sin dormir siquiera . . . . Qué fuerzas las tuyas. Cuánto sabes resistir. Herido y sin dolor. Juraría que has pasado noches andando, escapado como de una cárcel, y sin saber donde llegaste.

(Golpes más violentos. El de la manta no se inmuta.)

¿No oíste esos golpes? *(Silencio.)* Te buscan. Pudieran ser loqueros. Loqueros que ha traído el hombre que vino persiguiéndote. O tal vez pueda ser la justicia. Aunque hayas salido de una casa pequeña, o de un pueblo sin ley, tienes que saber qué es la justicia. *(Silencio.)* Quien sea, quiere sacarte de aquí. Puede que el Padre Prior así lo haya decidido. Puede que quieran llevarte a donde sólo hay hombres tirados en largos corredores, encima de una manta como la tuya, o atados con maromas en camastros. Gente que ha perdido la razón. *(Silencio.)* ¿Por qué miras tanto a esos cuadros?

(Golpes más fuertes.)

Todo está cerrado. No quiero recados en mis oídos. Recados que son órdenes. Quizá me haya puesto en contra de todo el convento porque te necesito a ti. Quiero saber quién eres y, cuando me has visto beber la Sangre de Cristo y tomar su Cuerpo, una lucha

144

interior en mi alma me ha dicho que desobedezca a todos y que te salve. *(Siguen los golpes.)* Vienen por ti. Afirmaría que el convento entero aconsejó que salieras de aquí. Te temen. Yo no.

(Dando vueltas alrededor del de la manta.)

¿Sabes qué dicen de ti? *(Silencio.)* Dicen que eres un criminal. Que has arruinado a familias enteras, apuñalado a las piaras de cerdos con los que se mantenían.

(El de la manta se cubre rápidamente la cara.)

Ya veo. Es cierto lo que dicen. Sé que llevas navaja encima. Dámela. *(Francisco saca la navaja que tenía escondida y se la da. El Hermano Blas queda maravillado.)* Al menos oyes. ¿Me quieres dar la manta?

(Francisco, asustado, se levanta y va junto al sagrario.)

¿Por qué no me das la manta?

(Más golpes aún. Francisco, rápidamente, se dirige a abrir, como el que tiene graves remordimientos y queire entregarse a quien sea. El Hermano Blas se interpone.)

No sabrás abrir. ¿Qué quieres hacer? ¿Entregarte a los que te persiguen? *(Lo zarandea, exigiéndole.)* Dime quién eres. Dime lo que quieras. Quiero ayudarte y tú, desconfías. Quiero ser tu amigo. Sin ser tu amigo no saldré de aquí. Capaz sería de desobedecer y no ir a las misiones. Este es el reto más grande de mi vida y puede que tu navaja la hinque en mis entrañas.

FRANCISCO. — *(Desesperadamente, como el que se siente morir.)* ¡Nooo!
HERMANO BLAS. — *(Liberándose.)* Gracias, Dios mío. *(A Francisco.)* Ahora comprendo que tienes piedad para tus semejantes. No eres la bestia que creía. *(Lo sienta en los escalones. El Hermano Blas se sienta también. Se miran fijamente. El Hermano Blas se serena.)* ¿De dónde vienes?
FRANCISCO. — De donde no quiero recordar.
HERMANO BLAS. — ¿Cómo te llamas?
FRANCISCO. — Creo que Francisco.

HERMANO BLAS. — ¿Crees? ¿No tienes familia que te dijera tu nombre?

FRANCISCO. — No.

HERMANO BLAS. — ¿Y en dónde has vivido?

FRANCISCO. — En las montañas.

HERMANO BLAS. — ¿Qué montañas?

FRANCISCO. — Las que bajan al pueblo.

HERMANO BLAS. — ¿Qué pueblo?

FRANCISCO. — Tampoco quiero recordar.

HERMANO BLAS. — ¿Tienes miedo?

FRANCISCO. — Ninguno desde que entré aquí.

HERMANO BLAS. —¿Entonces por qué huyes de todos?

FRANCISCO. — *(Bajando humildemente la mirada.)* No puedo decirlo.

HERMANO BLAS. — ¿Sabes que yo soy hermano de esta iglesia y puedo confesar a quien lo desee?

FRANCISCO. — A mí, nunca.

HERMANO BLAS. — ¿Luego sabes qué es confesión?

FRANCISCO. — Se lo oí hablar a todos.

HERMANO BLAS. —¿Quiénes son todos?

FRANCISCO. — Los que vivían en el pueblo antes de irme a la montaña.

HERMANO BLAS. — ¿Quiénes eran?

FRANCISCO. — Los muchachos que iban a bañarse al río. Las muchachas que se paseaban por las alamedas. *(Desesperadamente.)* ¡Todos! ¡Todos! ¡Todos!

HERMANO BLAS. — ¿Sabes leer y escribir?

FRANCISCO. — No.

HERMANO BLAS. — ¿No fuiste a la escuela?

FRANCISCO. — No. No me haga más preguntas. *(Como una especie de loco se tapa los oídos y exclama.)* ¡No! ¡No!

HERMANO BLAS. — *(Apartándole las manos de los oídos.)* ¡Escúchame! *(Se vuelven a mirar.)* Tú no estás enfermo. Mírame bien a los ojos. *(Francisco le obedece.)* No. No estás. Mira, Francisco.

FRANCISCO. — Qué.

HERMANO BLAS. — ¿Quieres que yo te enseñe a leer y escribir?

FRANCISCO. — Yo . . . creo que . . . no podré aprender.

HERMANO BLAS. — ¿Sabes lo que he pensado mientras decía la misa? *(Francisco se encoge de hombros. Silencio.)* Pensaba en que voy dudan menos. Y empecé a creer más en la gracia divina, en la bondad de Dios, en la providencia. Todo esto porque, me parece, que tú no eres un asesino, como dicen, que tú has venido a este convento para que yo, que me llamo Blas, Hermano Blas, pueda hacer algo por ti. *(Se levanta jubiloso.)* ¿Sabes qué? *(Besa la puerta del Sagrario.)* Quisiera hacer de ti un fraile más. Tú sabes del dolor como nadie. Y a más dolor, más sabiduría para alcanzar lo inalcanzable. Entonces, Francisco, hermano mío, por ti estoy dispuesto a pedir perdón a la comunidad y a renunciar mi ida de misionero. Bendita sea la tierra de Castilla que da hombres como tú, sin libertad, sin saber leer ni escribir, sin creencias, huyendo siempre de todos. Por todas estas razones, me asombra tu dignidad y tu pureza. ¿Por qué huiste, Hermano Francisco?

(Silencio.)

Bueno. Te enseñaré a leer y a escribir, y el día más glorioso de mi vida será . . . fíjate que hermoso sueño, cuando te vea de hermano en este convento. ¿No podré conseguir lo que digo? *(Feliz.)* Sí. La vida puede ser muy hermosa. Y tú puedes ser la primera causa de mis más firmes creencias.

(Va a Francisco y lo abraza. Francisco, bruscamente, huye de los brazos de Blas.)

¡Francisco! No me importa quien seas. He visto que razonas y en ningún momento puedo pensar en que asesinaste como asesina un loco. Mira, me has dado tu navaja. Es señal de que nada malo quieres volver a hacer.

(Blas saca la navaja y se la enseña. Francisco, al ver la navaja, sufre un cambio bestial, extraño. Respira jadeante. Jadeante más y más hasta que con una desconfianza inesperada se lanza a Blas y lucha por quitarle la navaja, hasta que los consigue. En la lucha Blas grita, "Francisco, Francisco." De Francisco se apoderó un leve temblor que se fue haciendo intensísimo hasta caer al suelo rabiando y echando espumarajos por la boca, mientras dice, casi ininteligiblemente:)

"Mi navaja. Mi navaja."

(Al Hermano Blas no le cabe duda de que Francisco tiene un ataque de epilepsia e intenta socorrerlo, atándole, como puede, las manos y los pies, y sosteniéndole la cabeza junto a los escalones del altar mayor. Intenta qui-

tarle la manta y Francisco se le abalanza, deseando morderle como un perro rabioso. El Hermano Blas, ante el estado de rabia de Francisco, le da patadas por todo el cuerpo. Francisco, rápidamente, se echa mano a los órganos genitales, mientras sigue como un loco rabioso.)

(Los corredores de arriba de la nave se han llenado de frailes, quienes observan la lucha, fríamente, serenamente. Vemos al Padre Prior entre ellos quien exige:)

PADRE PRIOR. — Hermano Blas.

(Blas deja a Francisco y se da cuenta de que ha sido espiado por la comunidad. Francisco sigue en su ataque.)

Abra las puertas que cerró y deje que se lleve la justicia al asesino.
HERMANO BLAS. — *(Haciéndole frente.)* No asesinó a nadie.
PADRE PRIOR. — Es el mandato de esta Comunidad.
HERMANO BLAS. — *(Más desafiante aún.)* Pruebas de sus asesinatos.
PADRE PRIOR. — Aquí están.

(Un hombre huraño, casi mongólico, que parece ser el que persiguió a Francisco y dio las voces que oyó Fray Juan, exclama con ira:)

EL HOMBRE. — Es. Ése es. Familias enteras arruinadas. Y una muchacha se ahorcó en las ramas de un árbol por causa de él. *(Señalando con furia a Francisco.)* Tú lo sabes, ladrón. Asesino. Has apuñalado todo el ganado de Roque, ganado que tú cuidabas. ¿Por qué? ¿Quieres que te lo diga?

(El ataque de Francisco es ahora más violento y se tapa los oídos. Al Hombre Mongólico lo tienen cogido entre varios frailes, quienes al ver al estado de gran violencia, le ponen, las mano en la boca y se lo llevan de allí arrastrando.)

PADRE PRIOR. — *(Muy sereno.)* Que el Hermano Blas abra la puerta que cerró y que se lleven a su destino al que parece rabiar por sus muchas culpas.
HERMANO BLAS. — *(Yendo rápidamente a la puerta y volviéndose de*

espalda a ella, amenaza al Prior.) Nunca. Quedará aquí con nosotros.

PADRE PRIOR. — Abra, hermano.

HERMANO BLAS. — No se lo llevarán de aquí. Estará unido a este convento para siempre. ¿Quiere el Padre Prior que no encuentre un desamparado consuelo? ¿Es que el Prior de este convento no tiene piedad para con un ser indefenso? Ay, Hermano Francisco, cuánto debes saber que los demás ignoran.

PADRE PRIOR. — Abra he dicho.

HERMANO BLAS. — *(Desafiando aún más.)* Aquí. Con nosotros. Liberación, ahora. *(Golpes más violentos en la puerta, mientras el ataque de Francisco se intensifica.)* Estoy viendo a Dios en el dolor de Francisco. Lo veo. Lo estoy viendo.

(Va con la misma rapidez hacia Francisco y lo acaricia sin temor a las patadas y a los bocados de Francisco. De repente, el Padre Prior ha sufrido una reacción inesperada. Se santigua y se hinca de rodillas. Toda la comunidad también. Ya arrodillados, suavement, como si hubieran creído en las palabras de Blas y que el Padre Prior ha sido tocado por la gracia divina, susurran el gregoriano "Hodie Nobis de Caelo Pax" mientras hay un oscuro.)

(Han pasado unos meses. La primavera casi termina. Estamos en la humilde celda de Francisco. Está amaneciendo. Por la ventana de la celda se ven los campos de Castilla. La ventana da al jardín de los cipreses. Todo es serenidad. Todo paz. Se diría que hasta el olor de las rosas llega a la celda de Francisco quien se encuentra, en estos momentos, arrodillado, mirando las últimas estrellas que se van apagando para dar paso a la luz del día. ¿Reza Francisco? ¿Sabe ya rezar? ¿Pide a Dios? ¿Sabe ya pedir? ¿Sabrá ya leer y escribir? Mira hacia la lejanía. Parece que no ha dormido aquella noche. Un tímido golpecito de mano llama a la puerta de la celda.)

VOZ. — El desvelo, hermano. *(Silencio.)* El despertar. Abre la puerta, hermano. *(Silencio.)* Vamos a lavar nuestros cuerpos para despertar mejor.

(Francisco se asusta. Coge la manta y la abraza.)

Me oyes, hermano. *(Silencio.)* Siempre igual.

OTRA VOZ. — ¿Está dentro?

VOZ. — Estará

149

OTRA VOZ. — Otra vez vino la justicia preguntando por él.

VOZ. — Otra vez.

OTRA VOZ. — No tendrá solución.

VOZ. — Pero el Padre Prior confía.

OTRA VOZ. — Y el hermano Blas insiste en darle lecciones.

VOZ. — Ya pasaron meses. ¿Habrá aprendido a leer?

OTRA VOZ. — No sé. Pero el hábito, al fin, se lo puso.

VOZ. — Algo es.

VOZ III. — Hermanos, vamos.

VOCES I Y II. — Sí, sí. Vamos.

VOZ DEL HERMANO BLAS. — ¿Me dejas entrar, Francisco? *(No contesta. Sigue abrazado a la manta.)* Entonces abro la puerta con la llave que tengo. *(Entra el Hermano Blas, quien al ver a Francisco, abrazado a la manta le dice:)* ¿Otra vez, Francisco? *(Silencio.)* Los médicos te encuentran sano. Te doy las clases privándome de mis lecturas, de mis predicaciones. Jamás, ahora, iría a predicar lejos. Jamás lo haría hasta verte como debes estar. Todos esperamos de ti mucho. Ya ves . . . me dejaron para que velara por ti. Han pasado ya algunos meses. Hemos visto juntos una primavera como pocas se ve en Castilla. Has aprendido a leer. Pronto leerás a San Pablo y bajarás a la sala de lecturas. Pero así, Francisco, como te veo, cogido siempre a tu manta, créeme que me das miedo. Es como si tuvieras momentos de cordura y de locura. *(Se sienta.)* Francisco, por amor de Dios, no puedes martirizarte con esos pensamientos reales o no, que llevas dentro de ti. Olvida todo. Ni yo ni nadie de este convento queremos saber quién fuiste. Tu vida empieza ahora. Ahora, Francisco, y si no me haces caso . . . , habré fracasado y me iré a las misiones más pronto que pensaba. ¿Por qué ese temor que te veo hoy, Francisco? ¿En qué piensas?

FRANCISCO. — *(Como para sí mismo.)* Rosa . . .

HERMANO BLAS. — ¿Rosa? ¿Quién es Rosa?

FRANCISCO. — Quiero pensar en Rosa. Déjeme.

HERMANO BLAS. — Bien. Te dejo. *(Se levanta.)* ¿No quieres tomar hoy mis lecciones?

FRANCISCO. — Rosa . . .

HERMANO BLAS. — Francisco, por Dios, no me hagas pensar en lo que muchos creen. No me hagas fracasar. *(Como el que tiene una idea luminosa.)* ¿Serías capaz de venir conmigo para tranquilzarlos bajo el agua? Desnudos los dos. Como los novicios. Es tan consolador

150

verlos jugar mientras se echan agua unos a otros. Cuánta inocencia
. . . Si esto hicieras . . .

FRANCISCO. — *(Con mucho miedo.)* Qué

HERMANO BLAS. — Pero, ¿por qué me preguntas con ese miedo?

(Francisco da un golpe con los puños en el suelo, que extraña al Hermano Blas.)

Francisco, todos hemos hecho lo mismo y hemos aprendido a convivir y a saber que los cuerpos serán tierra. Por eso hay que gozar sin sentir el menor pudor cuando se juega con el agua.

(Francisco se levanta más asustado y se abraza a la manta.)

¿Me quieres decir qué representa esa manta para ti? *(Francisco se vuelve de espalda.)* Te he preguntado que si me quieres decir qué representa para ti esa manta.

FRANCISCO. — Dormí muchas noches al cielo raso con ella, mientras guardaba . . .

HERMANO BLAS. — Qué

FRANCISCO. — Piaras de cerdos. Ya no me atrevía a entrar en los corrales, como cuando era niño, sino que dormía fuera de ellos, mientras guardaba los cerdos.

HERMANO BLAS. — Qué extraño. Nunca quise saber nada de ti y menos preguntarte por tu oficio, pero ahora quisiera . . .

FRANCISCO. — Qué.

HERMANO BLAS. — Saber el oficio que tuviste.

FRANCISCO. — Guardé cerdos. Les daba de comer y de beber.

HERMANO BLAS. — Dame esa manta, Francisco. Dame que la guarde donde tú quieras, pero dámela. Olvídate de ella. Esa actitud revela como . . . una especie de demencia. Eso es. Es un caso demencial el tuyo y yo estoy dispuesto a dar mi vida por la tuya. ¿Y de quiénes eran los cerdos? ¿De los ricos del pueblo?

FRANCISCO. — Allí no hay ricos.

HERMANO BLAS. — Ah.

FRANCISCO. — Sólo pobres. Cuando nací y tuve uso de razón, empezaron a enseñarme este oficio, oficio que me hizo vivir siempre en los corrales y casi comer en los pesebres.

HERMANO BLAS. — ¿Y por qué no fuiste a la escuela?

FRANCISCO. — *(Avergonzado.)* Los niños se reían de mí.

151

HERMANO BLAS. — ¿Por qué?

FRANCISCO. — Déjeme, hermano. No me haga hablar más.

HERMANO BLAS. — ¿Por qué te avergüenzas?

FRANCISCO. — No lo sé.

HERMANO BLAS. — Y no ibas a la iglesia.

FRANCISCO. — No.

HERMANO BLAS. — Ni a ermitas.

FRANCISCO. — No.

HERMANO BLAS. — Madre mía. ¿Y cómo quería irme de aquí? ¿Cómo pensar en esas tierras a donde quería ir de misionero, teniendo tanto que hacer en la mía? Le diré a su Reverencia que le diga al Santo Padre . . .

FRANCISCO. — Qué.

HERMANO BLAS. — Que tengo mucho que hacer todavía en esta tierra. Que somos pueblos tan perdidos como aquéllos a los que quiero ir.

FRANCISCO. — ¿Pueblos perdidos? . . .

HERMANO BLAS. — Perdidos aquí y allí. Acaso no tenga nunca remedio la perdición. (*Reaccionando feliz.*) Sí. Me confortas. Siéntate aquí, junto a mí. (*Se sientan en el camastro de la celda.*) Mira, Francisco, al llegar tú he aprendido mucho que no sabía. Tenemos que hacer tanto por nosotros . . .

FRANCISCO. — ¿Por nosotros?

HERMANO BLAS. — (*Feliz.*) Sí. Por nosotros.

FRANCISCO. — (*Tirándose en el camastro llora como un niño, llamando.*) Rosa. Rosa.

HERMANO BLAS. — (*Acariciándolo.*) ¿Pero quién es Rosa?

FRANCISCO. — No me preguntes.

HERMANO BLAS. — Bueno. No te pregunto. ¿Sabes que el Hermano Pablo y el Hermano Aníbal parecen no querer irse ya de este convento? Yo creo que tú has traído una gran luz a todos. Te quieren. A todos ha venido un razonamiento que yo diría que es casi divino. Piensan que, como tú, existen muchas personas en Castilla a las que hay que llevar la paz y el deseo de salvación.

FRANCISCO. — No. No se fueron . . . Los veo por los pasillos de los claustros. Me miran. Me sonríen.

HERMANO BLAS. — ¿Lo ves? Todo el mundo te quiere. Y eres tú, tú, quien ha venido a salvar a muchos. (*Le lacaricia la cabeza. Francisco rehuye.*) Pero . . . , la caricia, Francisco, es lo mejor que pueda ofrecérsele a alguien. ¿Por qué me rehuyes? Anda, vamos al agua antes de empezar las clases. Allí nos desnudaremos los dos y será como casi una purificación. Así todo ese pudor quedará convertido en gloria esplendorosa para ti. Serás más amigo de todos. No derrames más lágrimas y dame esa manta de una vez. *(Rápidamente Francisco huye a un ricón, abrazado a la manta. Blas queda muy extrañado.)* Francisco. *(Levantándose.)* No está bien lo que haces. Ya sé que cuando tú solo has ido a lavarte, has llevado contigo esa manta y te has secado con ella. Vamos, quiero ir hoy contigo y secarte yo. *(Francisco parece temblar.)* Me das miedo, Francisco. Mucho miedo.

FRANCISCO. — Rosa . . .

HERMANO BLAS. — *(Violentándose.)* ¿Pero quién es Rosa?

FRFANCISCO. — Ella me llevaba a las charcas del río. Me pedía la manta para verme nadar. No se la di.

HERMANO BLAS. — Pero, ¿por qué ese pudor? Qué inocencia tan grande la tuya y cómo me enamora. Todo en ti me enamora: cuando callas, cuando piensas, cuando tiemblas, cuando lloras, cuando hablas. Tus palabras me suenan casi como si fueras un rey abandonado que sabe todo lo de este mundo, un rey que comprende a los demás. *(Extendiéndole la mano.)* Une tu mano a la mía que quiero sentir el calor de tu sangre. Jamás me enamoró un ser tanto como tú. Pasaré la vida a tu lado sin decirte palabra, sólo mirándote, casi adorándote. Y para que veas que el cuerpo no es nada, sino tierra, mira lo que hago. *(Se quita el hábito y queda desnudo. Francisco se tapa la cara. Blas va hacia él y le coge las manos para que lo vea desnudo.)* Mírame, Francisco. *(Francisco siente sensación de ahogo y cae la manta al suelo.)* Quiero ver tu cuerpo.

(Francisco queda yerto, silencioso, encarcelado, sin apenas respiración. Blas le va quitando, poco a poco, el hábito. Francisco queda desnudo. Blas va dando hacia atrás unos pasos de terror. Francisco inclina la cabeza como un mártir aprisionado. Francisco no tiene sexo. Francisco sólo tiene una cicatriz en su hermoso cuerpo de varón. Blas se cubre la cara.)

Una cicatriz. Santo Dios. Una cicatriz en el cuerpo más hermoso que he visto.

FRANCISCO. — Huye tú también de mí, como yo huí de todos, como Rosa se fue de mí para siempre. Por eso la navaja que llevo encima. Con ella maté a las piaras de cerdos. Ellos, ellos, cuando ninõ, mientras los guardaba y dormía en los corrales, mordieron lo mejor de mi carne. Qué dolor sintió aquel niño cuando lo despedazaban.

153

Por eso, cuando Rosa se fue, fui matando. Matándolos a todos. Sí. Soy un asesino. He arruinado a familias enteras. No merezco vivir. Anda y pregónalo por todo el convento. ¿Quién me querrá ya en este mundo? No tengo a nadie. Ni tendré hijos que besar y darles de beber agua en el río. Anda y denúnciame. Que me lleven de una vez de aquí. Por eso mi manta, mía, en mí. En ella quedó la sangre de aquellas mordeduras. Y si pregonas lo que ves y lo que oyes, te mataré. Si aquí no encuentro amparo, lo buscaré como las fieras. Peor que las fieras. Sal de aquí, Hermano Blas. *(Coge la navaja y apuñala la manta.)* Con estos jirones me ahorcaré. Aquí, en los barrotes de este camastro, me ahorcaré. Tarde o temprano tenía que hacerlo. Soy un criminal. Huye de mí porque te mato.

(El Hermano Blas, con una bestialidad incontenible, desnudo, coge a Francisco y lo arroja sobre el camastro con un deseo sexual apasionante. Francisco logra escapar. Va de unos rincones a otros de la celda, como una fiera acorralada. El Hermano Blas, en feroz lucha, consigue volverlo a arrojar sobre el camastro, cayendo encima de él. En esta feroz lucha, lo besa, lo abraza apasionadamente diciéndole:)

HERMANO BLAS. — Ahora más que nunca serás mío. Sangre de mi sangre. Seguiré tus pasos por donde vayas. Te beso, como jamás besé a nadie. Como no besé jamás los pies de un Cristo.

(Lo besa y besa, mientras la lucha se va haciendo cada vez más feroz. Francisco le clava las uñas en la carne como el que quere asesinar. Grita desesperadamente mientras Blas lo sigue besando. Empezó el coro a cantar los laudes, los laudes de aquella hermosa mañana de primavera.)

OSCURO

[1]Variation to *La Cicatriz*

Martín Recuerda's original manuscript included the following lines, which were cut from from the scene in revised versions. In his own words, this entry has historical significance ". . . porque se habla de la rebelión de los frailes ante el asesinato del Almirante Carrero Blanco, que era quien iba a suceder a Franco." (Letter by Martín Recuerda, 1993.)

...

HERMANO ANÍBAL. — Sí, ya sabéis que mi inquietud es grande por ver y vivir, lo más que pueda, el mundo.

HERMANO BLAS. — *(Sin dejar el cinismo.)* ¿Ya no te vas al Patronazgo de Suramérica?

HERMANO ANÍBAL. — Nunca.

HERMANO BLAS. — Entonces, ¿dónde?

HERMANO ANÍBAL. — Quisiera vivir en los países escandinavos. Tal vez en Suecia . . .

HERMANO BLAS. — *(Que no deja el cinismo.)* ¿Allí, qué misiones hay?

HERMANO ANÍBAL. — No me importa seguir la tradición. Se puede hacer el bien en cualquier parte del mundo. Por todas partes hay necesitados, y yo no creo en las ideas ni en la teología de esos obispos que fundaron en Colombia un Patronazgo para llevar allí a nuevos misioneros.

HERMANO BLAS. — Ni yo.

HERMANO ANÍBAL. — ¿Entonces?

HERMANO BLAS. — Haré el viaje solo. Sin amparo de nadie.

HERMANO ANÍBAL. — Qué valiente.

HERMANO BLAS. — A eso tenemos que aprender. ¿Acaso no se les cierran las puertas del mundo a tanto emigrante como se fue? ¿En qué año crees que vives? ¿No sabes que muy poco tendremos que hacer en Europa? Sólo los países iberoamericanos, dominados por dictadores, son los que vivirán una batalla larga . . . , tal vez sin fin. Ahora, ahora que estalló la crisis del petróleo en todo en mundo, tienen que vivir peor que nunca. Uno más de ellos quisiera yo ser. ¡Fuera Patronazgos unidos al Estado! Qué bonito es decir que "la iglesia devuelve la voz a los sin voz" sin vivir con ellos noche y día. Desconfío de todo, Aníbal.

HERMANO ANÍBAL. — Es para desconfiar. Para pensar que hermanos y obispos han muerto asesinados por querer que tengan voz los que nunca tuvieron.

HERMANO BLAS. — *(Sentándose en el escaloncillo.)* Mi tortura es grande cuando pienso en todo lo que hablas. Por eso, como he dicho, quiero ser uno más. Uno más. Quiero vivir con ellos hasta el fin de mis días. Quiero saber bien qué es la humanidad. Necesito salir de aquí. Me considero

155

traicionado viviendo entre estos claustros, y quisiera quemar todos los libros de teología que sólo me hablan de cosas dudosas. Quisiera tener fe. No puedo verla en los libros. ¿Dónde encontrar la fe?

HERMANO PABLO. — Hermano Blas, cálmate. Quizá esas dudas las llevamos todos dentro. Ninguno creemos. Ninguno que, al menos, tengamos inquietud.

HERMANO ANÍBAL. — ¿Y dónde irás tú?

HERMANO PABLO. — A Nicaragua.

HERMANO ANÍBAL. — Pienso que . . . , ¿qué podremos hacer tres hombres solos sin pactos con la iglesia, no con los ricos, ni con el estado?

HERMANO BLAS. — Luchar buscando la verdad.

HERMANO ANÍBAL. — Se dice eso muy pronto.

HERMANO BLAS. — ¿Por qué no hacemos un pacto?

HERMANO ANÍBAL. — ¿Cuál?

HERMANO BLAS. — Salir los tres para las misiones sin aceptar nada de nadie. Sin despedirnos para no sentir la piedad de las despedidas.

HERMANO PABLO. — *(Con humildad y mirando al suelo.)* ¿Ni hasta la piedad del amor?

HERMANO BLAS. — ¿Amor? ¿Hubo entre nosotros alguna vez amor? ¿Hay alguien en este convento que sienta amor por alguien? Sólo sé salir por un portón a la calle sin llevarme el recuerdo de nadie.

HERMANO PABLO. — *(Con mucha humildad.)* Llevamos cinco años viéndonos . . . Cinco años entrando al mismo coro . . . Cinco años comiendo en los mismos comedores . . . Cinco años durmiendo bajo los mismos techos . . .

HERMANO BLAS. — *(Violentándose y levantándose del escaloncillo.)* Pero sabiendo que nadie quiere a nadie. *(Se pasea por la sala.)* Necesito amor. Amor. Necesito amar algo que ahora no tengo y que presiento amaré: esas casas hacinadas llenas de miseria, de enfermedad y muerte. Esas casas de indígenas salvadoreños, nicaragüenses o brasileños que ahora más que nunca les expropian las tierras y el caciquismo los hunde. Cómo me enamoraría vivir entre ellos. ¿Sabéis qué estoy aprendiendo estos días? *(Silencio.)* A manejar armas. Estoy leyendo todo lo que he podido encontrar sobre el manejo de armamentos.

HERMANO ANÍBAL. — ¿Por eso te pierdes horas del convento?

HERMANO BLAS. — Por eso. Y no me importa que vaya a Roma mi decisión. Está empezando una nueva vida para todos. Ya nadie cree en el dictador de España, moribundo, desde que en una calle madrileña fue asesinado el Almirante, sucesor, decían, del dictador que ni quiero pronunciar su nombre. Todo está cambiando mucho, hermanos, y no podemos como imbéciles seguir los dictámenes de una iglesia tradicional y conservadora que tanto robó.

HERMANO ANÍBAL. —¡Hermanos!

HERMANO BLAS. — ¿Qué?

HERMANO ANÍBAL. — ¿Acaso no estás en ella?

HERMANO BLAS. — Nunca estuve en ella.

HERMANO ANÍBAL. — ¿Bajo qué techo te amparas, entonces? ¿Quién te da el pan que comes?

HERMANO BLAS. — ¡Nada me importa! Desde que llegué, tuve la libertad que quise y no creí en nadie.

HERMANO ANÍBAL. — Te traicionaste, entonces.

HERMANO BLAS. — Me traicioné esperando hasta que llegara mi hora.

HERMANO ANÍBAL. — *(Mascullante.)* Qué despreciables los seres como tú.

HERMANO BLAS. — Y como tú. Y nunca, que sepas, creeré en nadie.

HERMANO ANÍBAL. — *(Violentándose.)* Eres como esos seres que se cuentan por millones que han perdido la razón. Esos seres de las favelas del Brasil.

HERMANO BLAS. — ¿Y un español, qué es? ¿Habéis hablado con algún campesino de esos pueblos hambrientos y perdidos de Castilla? ¿Sabéis cómo está España y cómo estará cuando pase el tiempo? Miseria, hambre y más hambre, paro y más paro nos espera. Miseria y locura. Somos un país vendido que hemos soñado demasiado, y ahora tendremos que pagar nuestras deudas. Y a medida que pasen los años, más. Esta crisis se agudizará.

HERMANO ANÍBAL. — Jamás oí hablar así a una persona en una sala capitular.

HERMANO BLAS. — No hablé nunca. Me flagelé por no hablar en esta sala capitular.

HERMANO ANÍBAL. — *(Ante la actitud, casi de locura, que ve en Blas, va a él y lo abraza con cariño.)* ¡Blas!

HERMANO BLAS. — *(Deshaciéndose de Pablo, despreciándolo.)* Como estoy a punto de salir del convento, no me importa decir ya todo lo que sufrí en él.

HERMANO ANÍBAL. — ¡Pues vete de una vez! ¿Por qué aceptas la obediencia de venir a votar sobre la estancia en este convento de ése que ha venido de las Hurdes? ¿Por qué obedeces? Di. ¿Por qué obedeces? ¿Dónde podrá ir un ser como tú que no traicione a los que con él estén?

HERMANO BLAS. — He nacido para luchar, no para creer. Y si aquí estoy, es porque tengo la necesidad de saber de ese animal que dicen que ha llegado de un pueblo de las Hurdes. Pueblo que ni sé de qué vive. Y si ése de las Hurdes es un ignorante y un necesitado que todavía se cree descendiente de los reyes godos derrotados y refugiados en esos pueblos de retrasados mentales, le abriré los ojos.

HERMANO ANÍBAL. — Si sabe abrirlos.

HERMANO PABLO. — Y si sabe hablar.

HERMANO ANÍBAL. — No sabe ni por qué la gente se arrodilla.

HERMANO PABLO. — Huye de todo.

HERMANO ANÍBAL. — ¡Un manicomio para él! Allí acabará, en un manicomio.

HERMANO BLAS. — *(Violento.)* ¿Quién le dio entonces entrada?

HERMANO ANÍBAL. — ¿Sabemos algo alguna vez aquí?

HERMANO PABLO. — Estamos manejados y fanatizados por una fe que hay que seguir sin saber cómo es nadie, ni por qué obedeces los mandatos que te dan.

HERMANO BLAS. — ¿Y queréis que yo siga viviendo en caminos tan inciertos? ¿Pisando estos suelos?

HERMANO ANÍBAL. — Te sometiste y aceptaste todos los votos. ¿Por qué lo hiciste, entonces? ¿Acaso como tantos que tenían hambre o porque creímos que el convento es un paso para nuestras conveniencias? ¿Por qué te abandonó tu familia en esta posguerra que afortunadamente termina?

HERMANO BLAS. — Santo Dios, cuando echen tierra encima al dictador que muere, cuántas cosas se sabrán.

HERMANO ANÍBAL. — Las sabemos ya. No hace falta que entierren a nadie para saber los destinos inútiles e inciertos en que vivimos. Tanta gente como cayó en los paredones. Tantos como emigraron. Tantas familias abandonadas. Tanta sangre española a países europeos. ¿Y qué queréis? ¿Que no llegue mi momento de rebelión para luchar frente a todos? Es uno solo quien tiene que salvarse. Uno, sin esperar nada de nadie. Éste es lema de toda la razón humana: la soledad y el desamparo viviendo entre los hombres.

HERMANO PABLO. — *(Baja la mirada.)* Tú nunca estuviste solo. Nos dejaste solos a los demás.

HERMANO BLAS. — No quiero sentimentalismos ni ver lágrimas asomar en los ojos de nadie.

HERMANO PABLO. — *(Con mucha humildad.)* Nadie sabe llorar ya.

HERMANO BLAS. — Nadie sabe . . . , por eso. Tú te vas a Nicaragua, yo al Brasil y éste a los países nórdicos, donde la noche y el día se funden más pronto que un atardecer. Pero es en esos países donde la riqueza y la libertad dominan. *(Intentando humillar a Aníbal y haciéndole frente.)* Ya lo sabrás muy bien. Pero que muy bien, qué riqueza de amor y de petróleo hay en esos países donde quieres ir. Más que en los países del Medio Oriente, ¿verdad?

HERMANO ANÍBAL. — Lo que yo haga, no tiene por qué importarle a nadie. El por qué de mis decisiones, se queda en mí. Mi razón, serena siempre, me dicta lo que tengo que hacer. Como comprenderás, no tengo que compartir mis decisiones en un lugar como este convento tan traicionero.

HERMANO BLAS. — ¡Pues amparo para los tres desconocidos!

HERMANO ANÍBAL. — Amparo para ti. Yo no lo necesito. Ni le temo a la vida, ni a la muerte.

HERMANO PABLO. — *(Intentando poner paz.)* Somos jóvenes. Nos falta experiencia para saber lo que pueda ser cada uno.

HERMANO ANÍBAL. — Mi camino está claro.

HERMANO BLAS. — Y el mío.

HERMANO ANÍBAL. — Pues abre las puertas de par en par y sal cuanto antes de aquí.

HERMANO BLAS. — Yo también quiero juzgar y ver lo que pasará con el que llegó de las Hurdes.

HERMANO ANÍBAL. — Tú no tienes piedad para nadie.
HERMANO BLAS. — Ni tú. Sé muy bien quién eres. Pero que muy bien.

(Blas intenta abalanzarse al cuello de Aníbal. Entra el Hermano Santiago. Es mayor que los otros tres. Es muy sereno, muy tranquilo.)

HERMANO SANTIAGO. — Jamás pensé que una sala como ésta serviría para tanta rebelión. Subiendo la escalera ya escuché vuestro desafío. Hermanos, esos hábitos que lleváis puestos, no los manchéis, os lo pido en nombre de Dios. *(Silencio. Los tres hermanos se apaciguan. Ya que los ve tranquilos, continúa el Hermano Santiago.)*

(Silencio. Cada hermano se vuelve de espalda. El canto gregoriano continúa lejano. Cada hermano parece meditar. El Hermano Santiago se santigua. Con voz humilde y serena dice:)

...

SEGUNDA PARTE

Momentos después del mismo día aquel. En la celda de Francisco, el Hermano Blas está sentado. Mira hacia el suelo, como el que siente terribles remordimientos. Los dos tienen los hábitos puestos. Francisco está transido. Mira al techo con los ojos fijos, sin parpadear. Parece muerto. Ni apenas su respiración se escucha. Es como el trance de un santo cuando vio algo distinto a este mundo. Los novicios juegan en la huerta y su algarabía, feliz, entra por la ventana de la celda. La luz de aquella mañana de primavera entra también.

Rodeando el camastro de Francisco están los Hermanos Pablo, Aníbal y Santiago. Lo miran y miran porque creen que Francisco muere. Los tres hermanos están arrodillados alrededor del camastro.

HERMANO PABLO. — Ni respira.
HERMANO ANÍBAL. — Ni respira.
HERMANO SANTIAGO. — ¿Y fue?

(*Silencio.*)

HERMANO PABLO. — ¡Ese silencio del Hermano Blas, madre mía!
HERMANO ANÍBAL. — Por más golpes que dimos en la puerta nadie nos abría. Parecía que la puerta estaba encallada.
HERMANO PABLO. — Por Dios, Blas, ¿qué fue? Sus lamentos eran los de un moribundo.
HERMANO SANTIAGO. — Y así está.
HERMANO ANÍBAL. — Parece que muere.
HERMANO SANTIAGO. — ¿Qué dijo el Prior?
HERMANO ANÍBAL. — Que si hay que sacar del convento su cadáver, que ni lo vean los novicios.
HERMANO SANTIAGO. — ¿Entonces?
HERMANO ANÍBAL. — (*Acariciándolo y pasándole la mano por la frente.*) Pobre Francisco.
HERMANO PABLO. — Ni nos mira.
HERMANO SANTIAGO. — Ni nos oye.
HERMANO PABLO. — ¿Vendrá el médico?
HERMANO SANTIAGO. — Esperemos.
HERMANO ANÍBAL. — ¿Fue otro ataque, Hermano Blas?
HERMANO BLAS. — (*Sin dejar de mirar al suelo y con humillación.*) Eso creo.

161

HERMANO PABLO. — Hacía tanto tiempo que parecía que estaba tan bien. Si pasaba por el claustro de los Reyes. . .

HERMANO ANÍBAL. — Y salía al monte a ver el atardecer.

HERMANO PABLO. — Y entraba a la iglesia.

HERMANO ANÍBAL. — Y un día casi lo vi asomar por la puerta del coro.

HERMANO SANTIAGO. — ¿Y qué fue, Hermano Blas?

HERMANO BLAS. — Vine a darle mis lecciones como todos los días. Quería hablarle de San Pablo . . .

HERMANO SANTIAGO. — Y . . .

HERMANO BLAS. — No sé más. Por Dios, no sé más.

HERMANO PABLO. — Mirad.

HERMANO ANÍBAL. — Qué.

HERMANO PABLO. — La manta aquí tirada. *(La coge.)* Dios, está hecha trizas, como si la hubieran apuñalado.

HERMANO ANÍBAL. — ¿Y la navaja?

HERMANO BLAS. — Ni lo sé.

HERMANO PABLO. — Qué hermoso está. No ha perdido el color y, sin embargo, esos ataques . . .

HERMANOR SANTIAGO. — Ataques donde parece que el Padre Prior vio la luz de la gracia divina.

HERMANO PABLO. — ¡La gracia divina!

HERMANO ANIBLA. — Quizá también para todos los que nos arrodillamos en aquellos momentos.

HERMANO PABLO. — A mí me sobrecogió una emoción como pocas veces en mi vida.

HERMANO ANÍBAL. — Y a mí llegó la piedad. Jamás sentí piedad por nadie, como la que sentí por él.

HERMANO PABLO. — No debieran sacarlo de esta celda. Podemos entre todos cuidarlo. Podemos turnarnos. Yo creo que nadie le dio consuelo.

HERMANO ANÍBAL. — Ni cariño.

HERMANO PABLO. — No sabrá lo que es pasarle una mano por la frente y secarle el sudor. Como yo lo hago ahora.

HERMANO SANTIAGO. — ¿Suda?

HERMANO PABLO. — Está encharcado en sudor. ¿Qué pensará con esos ojos tan abiertos, que ni parpadean?

HERMANO SANTIAGO. — Si sudor tiene, está viviendo.

HERMANO PABLO. — Vive. Oigo palpitar su corazón. Pobre Francisco. *(Se acerca más a él, como el que quiere hablarle al oído.)* Mira,

Francisco, sé que nos oyes. Te cuidaremos entre todos. Te daremos las medicinas que haya que darte y esos ataques no volverán.

HERMANO ANÍBAL. — Mirad, tiene mordiscos en el pecho. Y en la cara.

HERMANO SANTIAGO. — Y yo diría que hasta señales de uñas clavadas. Está herido.

HERMANO ANÍBAL. — Herido, es verdad.

HERMANO PABLO. — Dios mío. He pensado que debemos echarle la manta por el cuerpo para que cuando vuelva en sí, coja lo que es suyo.

HERMANO ANÍBAL. — La navaja está aquí tirada.

HERMANO BLAS. — *(Levantándose.)* Dámela. Quiero guardársela.

HERMANO ANÍBAL. — *(Dándosela.)* Toma. ¿Dónde vas?

HERMANO BLAS. — A cualquier rincón del claustro. Necesito oración.

HERMANO PABLO. — ¿Ahora? Los novicios no te dejarán con sus jolgorios.

HERMANO BLAS. — Sin embargo, iré.

HERMANO PABLO. — Mira, Blas, podremos entre todos, si se pone bien, enseñarle a leer y a escribir.

HERMANO BLAS. — Ya sabe.

HERMANO PABLO. — Creo que se va a poner bien.

HERMANO ANÍBAL. — Y yo también. Se ve mejorar.

HERMANO SANTIAGO. — Oigo los pasos del Prior.

HERMANO FRANCISCO. — *(Balbuciente, como entre sueños.)* El río . . .

HERMANO PABLO. — ¿Qué dice?

HERMANO ANÍBAL. — Parece que vuelve en sí.

HERMANO FRANCISCO. — El río . . .

HERMANO PABLO. — Ha dicho, "El río." Hermano nuestro. Estamos contigo. ¿De qué río hablas? ¿Podrías levantarte y decirnos qué río es ése.

HERMANO SANTIAGO. — El Prior.

El Prior abrió la puerta y entró. Todos se ponen en pie. El Prior los mira. Blas no se fue.

HERMANO PABLO. — *(Con humildad.)* Padre, no queremos que se lo lleven del convento.

HERMANO ANÍBAL. — Padre, creo que sabrá trabajar la tierra del huerto. Y cuidar los animales.

HERMANO PABLO. — Padre, y si pudiera, algún día, tomar los sagrados hábitos, llegaría a ser un gran misionero. Tiene que saber de la opresión.

163

HERMANO ANÍBAL. — Juraría que sí.

HERMANO PABLO. — *(Que sigue en su ilusión.)* Francisco ha venido a la Orden para hacer mucho bien. Lo presiento. En todas mis oraciones lo pido y hay un convencimiento tan dentro de mí, que sé que no me equivoco. Pero su Reverencia no habla, sólo parece juzgar.

PADRE PRIOR. — Juzgo.

HERMANO PABLO. — Díganos, Reverencia, lo que juzga. *(Silencio. Ante la negativa, el Hermano Pablo mira con humildad al suelo.)* Si no puede ser, pido perdón a su Reverencia. Y si quiere, saldremos de aquí.

PADRE PRIOR. — Salgan.

(Hacen una inclinación de obedencia e intentan salir.)

Tú no, Blas. *(Blas queda yerto. Los demás salen.)* ¿Podrá venir conmigo a hacer confesión?

(Silencio.)

HERMANO BLAS. — *(Sin mirar al Prior.)* Francisco respira y pide el amparo de una mano.

PADRE PRIOR. — ¿Se la darás tú?

HERMANO BLAS. — *(Cubriéndose la cara con las manos.)* No. No. No.

PADRE PRIOR. — ¿Por qué ese temor?

HERMANO BLAS. — No tengo ningún temor. Sólo creo que no necesita amparo de nadie y que, desde que se pisan las puertas del convento, debemos pensar y saber, bien lo sabe su Reverencia, que estamos en soledad. Francisco debe acostumbrarse a no tener ayuda de nadie. Si ya pasó el ataque, que se levante por sí solo.

PADRE PRIOR. — ¿No le tiene miedo, hermano?

HERMANO BLAS. — No.

PADRE PRIOR. — Observo que tiene miedo.

HERMANO BLAS. — Ninguno.

PADRE PRIOR. — ¿Se quedaría con él?

HERMANO BLAS. — Sí. Así lleve meses. Lo rogué a todos, bien lo sabe su Reverencia.

(Francisco vuelve a alzar un brazo, como el que desea que le den una mano.)

164

PADRE PRIOR. — Otra vez levanta la mano. Pide amparo.
HERMANO BLAS. — Se lo daré.

*(Le da la manta. Francisco acaricia la manta jironada y parece estar
más seguro, más sereno. Su respiración es menos intensa. En reacción
inesperada, Blas se arrodilla en el camastro de Francisco y llora,
acariciando el camastro.)*

PADRE PRIOR. — Hermano . . .
HERMANO BLAS. — Déjeme, Padre, necesito llorar. Necesito hacer
aquí mi oración de soledad. Necesito saber de esta persona que
acaricia lo único que parece tener en el mundo: esa manta que trajo.
Por piedad, déjeme su Reverencia a solas con él.

*(El Padre Prior deja al Hermano Blas con Francisco. Hay un silencio
mientras Blas acaricia a Francisco. Francisco va volviendo en sí.)*

Si alguna vez necesité pedir perdón, es ahora, Francisco. Te juro que
no volverá a ocurrir lo de hoy. Déjame, hermano mío, que siga
enseñándote todo lo que me propuse y que tenga la dicha de la
ilusión que me persigue día y noche: saber que vas a leer a San
Pablo, saber que labrarás la tierra . . . Me maldigo. Soy un ser débil.
Muy débil, Francisco. Cuando tú me puedas comprender, te podré
contar la historia de una vida despreciable como es la mía y que tú
purificas.

(Francisco vuelve a alzar la mano.)

Francisco, hermano, ¿cuáles serán tus pensamientos ahora? ¿Habré
herido tu castidad y no llegará a mí el consuelo de tu perdón? Si es
así, buscaré la muerte, después de haberte dado a ti la vida. ¿Qué
piensas? Di. Di "te perdono." Nada más.
FRANCISCO. — *(En su estado inconsciente.)* ¿Perdonar?
HERMANO BLAS. — Hablaste al fin. *(Le coge la cabeza y le mira fijament
a los ojos.)* Si quieres, te doy la navaja y apuñala mi cuerpo como
hiciste con los cerdos. *(Silencio.)* ¿Me escuchas, Francisco? ¿Quieres
que salga de esta celda para siempre? ¿Quieres no verme pasar más
por los pasillos del claustro, ni entrar en la iglesia, ni salir al huerto?
Háblame. ¿O será muy pronto para hablar? Qué daño te he tenido

165

que hacer que no puedes hablar. ¿Qué estarás pensando? Dame un poco cabida junto a ti para ver si puedo ayudarte.

FRANCISCO. — *(En el mismo estado de inconsciencia.)* El río . . . Lo mismo sentí . . . en el río . . .

HERMANO BLAS. — ¿Y qué sentiste, Francisco? *(Silencio.)* No me contestas. ¿Qué representará ese río para ti? ¿Qué será, Dios mío, qué será?

FRANCISCO. — *(En el mismo estado.)* Me fui del río para asesinar . . .

HERMANO BLAS. — ¿Por qué?

FRANCISCO. — Rosa se ahorcó en la rama de un árbol del río.

HERMANO BLAS. — ¿Por qué?

FRANCISCO. — Me quería mucho . . . Quizá la única persona que me haya querido, pero yo no la besaba. Ni le cogía una mano. Le rehuía. Desconfiando de mí, quiso bañarse desnuda en la charca.

HERMANO BLAS. — *(Ansioso.)* ¿Y qué?

FRANCISCO. — Me pidió que yo también lo hiciera. Desnudo . . . Me tiré al agua sin poderme desnudar y salí huyendo después de haberla tenido abrazada. Ay *(Cogiéndose la cabeza)*, mi cabeza . . .

HERMANO BLAS. — ¿Qué pasa en tu cabeza, Francisco?

FRANCISCO. — No sé decir. Me estoy volviendo loco. El día del río temblaba todo mi cuerpo. Después de abrazar a Rosa, mi cabeza estallaba. Pensaba que no podría darle lo que ella me pedía. Por este mismo saber, ni llegué a besarla. Ella se quedó desnuda en la charca. Me dijo . . . *(Echándose mano otra vez a la cabeza)* qué dolor que no lo puedo ni decir . . . Rosa me dijo que no era hombre. Sentí mi primer ataque, como aquel de la iglesia, y la saqué desnuda de la charca. Me arrojé sobre ella y . . . *(En voz baja.)* Mi cabeza . . .

HERMANO BLAS. — Francisco, ¿qué quieres decir con eso? Déjame que acaricie tu cabeza.

FRANCISCO. — *(Dando un alarido de animal, cogiéndose la cabeza.)* ¡Aaaaah!

HERMANO BLAS. — Francisco, por Dios.

FRANCISCO. — *(Levantándose como un loco. Aterrorizado.)* Déjame que huya. He nacido para huir de todos. *(Llegando a un estado consciente y desafiando a Blas.)* Sí, has herido todo mi ser de hombre. No te lo perdonaré. Te odiaré hasta mi muerte.

HERMANO BLAS. — Y yo te amaré hasta la mía.

FRANCISCO. — *(En el mismo estado.)* No te pongas delante de mí. Fuera de aquí. Y si en este convento me quedara, porque soy un ser débil, te podría hasta matar. No quiero verte nunca. No perdonaré, en

166

toda mi vida, el martirio que he sufrido en este camastro, y si lo vuelves a intentar, morderé tu carne, como mordieron la mía las bestias. Y te asesinaré. Y si oigo que hablan de mí, o me miran con compasión los demás, sé que será por tu culpa, porque tú les habrás dicho lo que has visto en mi cuerpo. Me quedaré en este convento hasta que me echen, porque mi desprecio será grande para todos, y cuando se den cuenta de que no puedo creer ni en Dios ni en los hombres, me echarán y me iré solo. ¡Esas tierras sin nadie! ¡Esas tierras donde anidan las águilas que bajan a la matanza de los rebaños! Si no tengo valor para darme muerte, o si alguien no me da la muerte, seré peor que el lobo o el buitre. (*Volviéndose a coger la cabeza.*) Mi cabeza. No sé lo que ha podido sentir mi cuerpo. ¿Qué es lo que siento por mi cuerpo? Yo quisiera saber. Ay, qué siente mi cuerpo. Es algo que no puede salir de mí. Por eso, ni abrazaré a nadie, ni besaré a nadie, ni acariciaré a nadie.

HERMANO BLAS. — (*Da unos pasos hacia atrás dudando del estado anímico de Francisco.*) Te tendré cada día más cariño. Tu cuerpo no me importa. Me importa todo lo que llevas dentro de tu alma.

FRANCISCO. — No entres a mi celda nunca más. Nunca más. (*Cae arrodillado repitiendo, "Nunca más."*)

(*El canto gregoriano suena mientras hay un oscuro. Va apareciendo la sala capitular que vimos al principio. Mientras siguen los cantos, oímos fuertes golpes flagelantes que alguien se da. Va viniendo la luz y vemos en la sala capitular del principio al Hermano Blas, arrodillado, vuelto de espalda y flagelándose. Suda por todo el cuerpo y la sangre le baja de las heridas que se hizo. Parece faltarle aliento, vida; y cae, como un animal vencido, al suelo, apoyado en el escalón que se une al solitario altar. Después, de espalda aún, vuelve a flagelarse ya casi sin vida, hasta volver a caer. En la puerta de la sala está el Hermano Pablo. Silencioso. Sereno.*)

HERMANO PABLO. — Tienes sed. (*Silencio.*) Te traigo un cazo de agua. (*Silencio.*) No lo ha visto nadie.

HERMANO BLAS. — (*Como un lobo moribundo.*) ¿Qué haces ahí?

HERMANO PABLO. — Escuché las flagelaciones y supe que eras tú.

HERMANO BLAS. — Vete de aquí.

HERMANO PABLO. — No me iré. No puedo dejarte morir.

HERMANO BLAS. — No es obediencia quitar la voluntad a nadie.

HERMANO PABLO. — Lo tuyo no es voluntad, es deseo de muerte.

HERMANO BLAS. — Si así fuera, nadie tiene derecho a interponerse en mis deseos. No quiero consuelo de nadie, y menos si el consuelo no se necesita.

HERMANO PABLO. — Tú lo necesitas.

HERMANO BLAS. — Te equivocas.

HERMANO PABLO. — Casi mueres. No tienes fuerzas para hablar.

HERMANO BLAS. — Ojalá quedara sin habla para siempre.

HERMANO PABLO. — Me apenas, Blas.

HERMANO BLAS. — Ya sabes que aquí vinimos para estar en profunda soledad y no para apenarnos nadie de nadie. Para mí todo ha muerto. Ha muerto la vida. Ha muerto la luz. Ha muerto la fe. Ha muerto la iglesia.

HERMANO PABLO. — Necesitas que esa sangre no siga derramándose. Me apena que el salvador y defensor de indígenas que decías ibas a ser, se convierta, antes de serlo, en escoria humana y, sobre todo, nunca te creí tan débil. Estabas siempre por encima de todo lo de este mundo. Y ahora . . . ni hablas, ni miras, ni andas en libertad, porque ni tus pasos suenan, como el que no sabe por donde va. Y todos saben que ni dices oración alguna, ni tus laudes de gracias. Y lo peor, si oficias misa, tus manos son débiles al dar el Cuerpo de Cristo a los novicios. ¿Qué gracia celestial pudo ser la que hirió el corazón del Padre Prior y los Hermanos?

HERMANO BLAS. — *(Mirándole de reojo y con desprecio.)* ¿Y tú? ¿Por qué no te fuiste ya a esas tierras?

HERMANO PABLO. — No sientes ni caer la sangre por tu espalda.

HERMANO BLAS. — Te pregunto y no me respondes.

HERMANO PABLO. — Porque quisiera ayudarte. Mi razón fue más serena que la tuya. Vi siempre en tus ojos, los sentimientos de tu alma. Ahora los sigo viendo en tus silencios y sé que necesitas a alguien que te aliente, te acaricie y te salve de esas flagelaciones que te llevan al mayor dolor. Quiero proponerte un empezar para esa salvación que presiento.

HERMANO BLAS. — No necesito nada de nadie. Estás infringiendo leyes con tu presencia, si es que en esas leyes crees.

HERMANO PABLO. — Creo.

HERMANO BLAS. — Entonces, sal de aquí.

HERMANO PABLO. — No saldré. ¿Piensas que no soy de carne y hueso? ¿Piensas que no hay providencia en mí que me aconseje tu cuidado?

HERMANO BLAS. — Sal te digo.

HERMANO PABLO. — Sería igual. Te vería pasar por los claustros con esos silencios sobrecogedores y la providencia volvería a mí.

HERMANO BLAS. — No me hagas hablar y vete.

HERMANO PABLO. — No me iré.

HERMANO BLAS. — ¿Qué esperas de mí?

HERMANO PABLO. — Nada.

HERMANO BLAS. — ¿Entonces?

HERMANO PABLO. — Quiero ayudarte a morir o a salvarte. Mi cuerpo está lleno de tus caricias y de tus besos. Estás tan en mí, que tu destino será el mío.

HERMANO BLAS. — Ya dijimos que todo acabó.

HERMANO PABLO. — Para mí no. Ahora . . .

HERMANO BLAS. — Qué.

HERMANO PABLO. — Quisiera decirte que fui al huerto cuando atardecía . . .

HERMANO BLAS. — ¿Al huerto?

HERMANO PABLO. — Cuando atardecía . . . y el Hermano Francisco dejaba la tierra que cava y que siembra. Quiso coger el arado para seguir su trabajo. Le detuve y le pregunté, ¿sabes ya leer? Me dijo que sí. Ya no necesita de ti. Entonces le dije, ve a las clases y estudia. Pero . . .

HERMANO BLAS. — Qué.

HERMANO PABLO. — Me volvió la espalda y no contestó. Ni me miraba. Francisco no quiere a nadie. Me pregunto que si sabrá quién es Dios. Me puse delante de la yunta, detuve el arado y le señalé el atardecer. Mira, le dije, "¿No te dice nada la luz de la tarde que se va?" No miró. Siguió su trabajo sin hablar. Yo le intentaba convencer de que no se sintiera en desemparo, de que podría ser mucho más de lo que es. Comprendí que nada desea de este mundo . . . (*Con intención.*) Ni a ti, que diste todo por él.

HERMANO BLAS. — Vete de aquí, Pablo.

HERMANO PABLO. — Ya veo que estás tan abatido que no tienes fuerzas ni para rebelarte, como siempre las tuviste. ¿Acaso es una pasión lo que te martiriza? A mí no puedes engañarme. Hemos soñado juntos y nos hemos despertado juntos mirando las estrellas que se iban, mientras nuestros brazos se unían sin querer separarse. ¿Habrá sido esto amor? Y si amor ha sido, piensa que te puede ocurrir igual con . . .

HERMANO BLAS. — Te prohibo . . .

169

HERMANO PABLO. — *(Bajando la mirada.)* Lo sé bien, pero pensaba que un ser humano no puede encarcelar tanto a otro.

HERMANO BLAS. — *(Se va levantando para afirmar con ira.)* Encarcelar y matar.

HERMANO PABLO. — ¿Acaso Francisco . . . ?

HERMANO BLAS. — No sigas hablando.

HERMANO PABLO. — ¿Por qué.

HERMANO BLAS. — Porque te equivocarías.

HERMANO PABLO. — No puedo equivocarme.

HERMANO BLAS. — Pues sal de aquí. Tengo que seguir como empecé. Necesito más mortificación, porque quisiera, si es posible, Dios, si es que existes, terminar de una vez esta condena. *(Volviendo la espalda al Hermano Pablo.)* Dios, has puesto en mi camino lo inesperado.

HERMANO PABLO. — ¿Luego estás enamorado de Francisco?

HERMANO BLAS. — Enamorado, si enamorado. *(Desesperadamente se flagela con más desprecio y horror de sí mismo.)*

HERMANO PABLO. — ¡Blas!

HERMANO BLAS. — *(En el mismo estado desesperante.)* Sí, enamorado. Enamorado como muy pocos saben. Como muy pocos comprenderán. Sé que el mundo entero me despreciaría si supiera quién soy. Y quisiera que este amor, que va tan unido a mi carne, se fuera para siempre de mí, porque enloqueceré.

HERMANO PABLO. — *(Intentando llevarle consuelo y calmarlo.)* Vámonos de aquí, Blas. Vámonos y miremos en este atardecer labrar la tierra a Francisco. No diremos nada. Sólo ver. ¡Sólo ver! No puedo seguir viendo brotar tu sangre, que es la mía. Blas, no enloquezcas. Nada de este mundo tiene importancia. *(Quiere quitarle los flagelos.)*

HERMANO BLAS. — *(Se vuelve a flagelar desesperadamente mientras dice:)* Ya te lo dije. Infringes la ley de mi condena cierta.

HERMANO PABLO. — Deja esos golpes que hieren todo mi ser. Quisiera dármelos en mi cuerpo.

HERMANO BLAS. — *(Rápidamente lo empuña del hábito.)* ¿Dime por qué?

HERMANO PABLO. — Suelta mi hábito. Estás hiriendo mi pecho.

HERMANO BLAS. — ¿Dime por qué?

HERMANO PABLO. — *(Casi humillado.)* Francisco enamora a aquel que lo ve, aunque no diga palabras a nadie. Tiene la arrogancia de un rey que nadie mira. Es como un rey que ha llegado al convento para enamorarnos a todos, al mismo tiempo que ara la tierra y se sienta en el trono de la soledad. ¿Quién consiente todo esto? ¿Será una prueba mortificante que Dios nos envía? ¿Quién es responsable de

170

todas la humillaciones que este rey nos hace sentir a tantos? Suelta mi hábito que lo desgarras.

HERMANO BLAS. — ¡Pues desgarrado sea! (*A desgarrones le quita el hábito. Logra dejarlo desnudo. Blas se desnuda también.*) La pasión de la carne me devora. La represión de mis años mozos fue mucha. Por eso mis flagelaciones. Y tú, tú, tan enamorado y tan noble siempre me haces sentir que has venido aquí mintiéndome. (*Una vez desnudos, Blas cae de rodillas acariciando el cuerpo de Pablo.*) Cuerpo que tantas veces fuiste mío. Locura por la carne es lo que siento. Esa locura que quise expulsar de mí y no pude desde niño. Si estoy ciego, Señor, perdóname. Pero Tú, Tú, Dios del cielo, desde que nací, me hiciste ser como soy. ¿Qué culpa tuve yo? Vine a este convento a olvidar a aquel que fui y me encuentro con el mismo por mucho tiempo que pase y por mucho que abra la puerta del Sagrario para tomar el cuerpo de Cristo. Mi refugio en este convento fue inútil. Dios, dentro y fuera del convento seré siempre el mismo. Si ando, si río, si miro, si canto los Santos Oficios, por todas partes me persigue un cuerpo que quisiera besar. Como estoy besando ahora a éste. ¿Qué te hice yo, Dios? ¿Qué te hice? No cumplo lo que debiera: ni castidad ni obedencia. Estoy harto de confesar mi pecado y el pecado vuelve a mí. Hasta cuando está entre mis labios el Cuerpo de Cristo, pienso en un cuerpo humano. ¿Qué hago yo? ¿Cómo salvarme? ¿Dónde ir? ¿Qué hacer?

(*Sigue besando el cuerpo de Pablo, quien permanece en trance dolorosamente sexual y dispuesto a que hagan con su cuerpo lo que quieran. En la puerta está el Hermano Aníbal, quien, en arrebato de cólera, echa bruscamente la llave de la puerta. Coge de los cabellos a Blas y dándole patadas, lo revuelca por el suelo.*)

HERMANO ANÍBAL. — (*En la mayor violencia.*) Vamos a hablar. Así. como estáis.

(*Cada uno de los otros se van a un rincón de la sala capitular. Los ojos pareren arrojar fuego. La respiración es jadeante. Se oyen, lejanamente, los cantos gregorianos.*)

Ninguno podéis hablar. (*Silencio.*) Ninguno. Sólo ese jadear como los que mueren.

(Intentan coger los hábitos y cubrirse. Rápidamente Aníbal habla.)

Así, como estáis. Así podréis hablar mejor y no mentir. ¿Por qué queréis recoger los hábitos? ¿Qué miedo es el vuestro? *(A Blas.)* ¿Por qué me miras así?

HERMANO BLAS. — *(Desafiante.)* No te tengo ningún miedo. Has llegado espiándonos como siempre. Cuánto podría hablar de ti.

HERMANO ANÍBAL. — Nunca espié a nadie.

HERMANO BLAS. — Qué grande fue tu represión.

HERMANO ANÍBAL. — Cuida tus palabras.

HERMANO BLAS. — Nos saliste, cuando menos se esperaba, por los pasillos del claustro, deseando encontrarnos en las noches calurosas. Miras de reojo a todo aquel que pasa por tu lado. Quisieras echar fuera de ti todo lo que encadena tu alma. ¿Por qué no fuiste elegido para las misiones? Todo el mundo sabe quién eres.

HERMANO ANÍBAL. — Eres un cobarde que no has tenido nunca valor de salir de este convento. No mereces estar en él.

HERMANO BLAS. — Como no la mereces tú. ¿Tú crees que no hemos visto tus noches en vela? ¿Tus deseos de entrar a celdas de novicios y despertarlos del sueño para meterte con ellos entre las sábanas?

HERMANO ANÍBAL. — Qué crueldad encierran las palabras de un degenerado descubierto.

HERMANO BLAS. — Los novicios y nosotros supimos siempre adivinar tu mirada. Cómo deseas el cuerpo de todos. Los novicios te han temido siempre. Sólo con mirarte se sabe quién eres.

HERMANO PABLO. — Como miras al pasar por la celda de Francisco.

HERMANO ANÍBAL. — Nunca pasé.

HERMANO PABLO. — Pasaste. Y te paraste junto a la puerta como el que quería entrar.

HERMANO ANÍBAL. — Mientes.

HERMANO BLAS. — Canalla. *(Intenta abalanzarse a Aníbal. Éste le coge el brazo y lucha hasta vencer. Se separan mirándose fijamente.)* Estoy seguro que si te dijera vente a mi celda, te vendrías. Pero me repugnaste siempre. Y sé. Lo sé bien, que acechas a Francisco y le hablas de esas tierras a donde tú quieres ir. Se las haces ver mejores que son, porque quisieras llevártelo a esos países que seuñas. Eso es lo que buscas: un novicio puro para ti. Pero Francisco no te pone atención, ni te pondrá. Tira de su yunta y no oye tus palabras.

HERMANO ANÍBAL. — *(Violentándose.)* Intento hablar con él como con todos.

172

HERMANO BLAS. — Mientes.

HERMANO ANÍBAL. — Mientes tú. Son tus ojos los que vigilan y espían a Francisco. Son tus pasos los que le siguen. Te he visto, en la oscuridad de la noche, golpear las piedras del claustro, cuando has intendado entrar a la celda de Francisco. Te torturan grandes remordimientos.

HERMANO BLAS. — Sigues mintiendo. He pasado noches apoyado en las piedras del claustro, junto a la celda de Francisco, porque me lo confiaron. Lo guardo de los lobos que hay a su alrededor. Sé quiénes sois todos y podríais llevarlo a la degeneración.

HERMANO ANÍBAL. — ¿Y por eso veo también tu carne ensangrentada por causa de esas continuas flagelaciones?

HERMANO BLAS. — Por eso. Estoy enamorado de Francisco y no quiero que nadie lo lleve a la perversidad.

HERMANO ANÍBAL. — ¿Y llenas de besos el cuerpo del Hermano Pablo? La locura está llegando a ti. La lujuria puede contigo. Vete de este convento de una vez. No intentes irte a las misiones. Allí te traicionarías más. ¿Quiéres que te diga el por qué de tu querer ir a las misiones?

HERMANO BLAS. — No lo necesito.

HERMANO ANÍBAL. — *(Con gran ira y violencia.)* A los dos os lo digo, porque entre la ignorancia de los indígenas, tendréis más hombres para vuestros camastros.

HERMNAO BLAS. — Canalla.

HERMANO ANÍBAL. — ¡Más hombres! Vuestra vida está perdida.

HERMANO PABLO. — Como la tuya.

HERMANO BLAS. — *(Acercándose lentamente a Aníbal y mirándole a los ojos.)* Si tanto sabes de nosotros, queremos saber más de ti. *(Silencio.)* ¿Te desnudarías y dejarías rozar mi carne con la tuya?

HERMANO ANÍBAL. — Me desnudo. *(Se quita rápidamente el hábito y lo tira al suelo.)* Anda. Roza tu carne con la mía.

(Poco a poco Blas va rozando su cuerpo con el de Aníbal. Blas queda detrás. Pablo se vuelve de espalda. Blas va deseando suavemente a Aníbal. Le besa muy lentamente el cuello, la espalda, los brazos. Aníbal está yerto hasta que los besos de Blas lo van estremeciendo, como si le llegara un deseo inesperado de ansiedad, de sexualidad. Rápidamente se tapa los genitales con las manos. Va cayendo de rodillas con un gesto de profunda angustia. Blas, sin la menor compasión, lo golpea brutalmente.)

173

HERMANO BLAS. — No sé cómo has podido vivir encarcelado dentro de ti mismo, enamorándote día tras día sin realizar tus deseos. Me repugnaste siempre. Me perseguiste siempre. Yo nunca sentí por ti el menor deseo. Esos pasos tuyos en busca de Francisco . . . Ese querer llevarte al hombre que no siente deseo por ningún otro . . . Ese querer llevarte a Francisco de mí . . . Ese echar la llave a esta sala para ver lo que siempre quisiste . . . Para ver nuestros cuerpos, pero ninguno de los dos te quisimos.

(Sigue dándole patadas, mientras Aníbal puede decir en el mayor dolor:)

HERMANO ANÍBAL. — Te descrubrí. Pobre Francisco que enseñaste a leer. Estoy seguro que tus besos estarán ya en él, en ese animal que llevaste a tu redil, para hacerle caer en lo imposible. Y éste *(Señalando a Pablo),* le ayuda a labrar y mientras tanto, Francisco, estoy seguro, que está llegando a la perversión. *(Levantándose y yéndose a un rincón.)* Alguien os asesinará algún día. Yo me contuve pero vosotros habéis llenado de corrupción a todo el convento. Y allá donde vayáis, la corrupción irá con vosotros. No habrá misiones para vosotros, sino corrupciones para los demás, como la que ahora estáis causando en Francisco. Yo no hubiera sido nunca capaz de pervertirlo como lo habéis pervertido vosotros.

(Pablo, rápidamente, se vuelve de espalda. Blas saca la navaja de Francisco que tenía en su hábito y amenaza a Aníbal.)

HERMANO BLAS. — Sal ahora mismo de aquí.
HERMANO ANÍBAL. — ¿Quién sería capaz de ser el primero en morir?

(Blas se abalanza a Aníbal e intenta apuñalarlo. Luchan. Son como fieras. Blas, al intentar apuñalar a Aníbal, que lo tiene acorralado en la pared, da un grito de animal, mientras Aníbal escapa y Blas da con la navaja en las piedras de la sala.)

HERMANO ANÍBAL. — Se enterarrán todos de quién eres. Sois dos en contra de uno. Deja la navaja en el suelo y lucha conmigo como un valiente. Los dos lucharemos por Francisco.

(Blas, sin la navaja, se vuelve a abalanzar a Aníbal. Pablo cogió la navaja. Aníbal dio una patada tan brusca a Blas que éste cayó al cuelo. Aníbal

intenta quitarle la navaja a Pablo. Lucha con él, mientras Blas se retuerce de dolor. La lucha se va haciendo feroz. Aníbal puede desasirse de Pablo y abalanzarse al cuello de Blas, pero Pablo lo apuñala sin compasión. El cuerpo de Aníbal va cayendo al suelo, mientras puede decir . . .)

Huir de aquí. Huir de aquí, hermanos . . .

(Pablo está sin saber lo que ha hecho. Cayó arrodillado junto a Aníbal, llorando como un niño. Coge su hábito y a dentelladas lo va despedazando sobre la sange del Hermano Aníbal. Suenan golpes en la puerta cerrada. Como Blas ve que Pablo quiere contener la sange de Aníbal, va a la puerta pone sus brazos en cruz como el que no quisiera que entrara nadie. Los golpes se hacen más violentos. Blas cae arrodillado, tapándose la cara, sin querer ver brotar la sangre de Aníbal y esperando el milagro de que no muera. Los laudes comienzan. La música del órgano suena. Se va yendo la luz hasta llegar al oscuro.)

(La escena se inunda de luz y hermosura y volvemos a ver la nave del altar mayor, donde entre el sol radiante que entra por las claraboyas y la música del órgano, todo adquiere una visión deslumbradora. En un sillón está sentado el Padre Prior. A un lado y a otro, los hábitos de los que lucharon. De rodillas y vueltos de espalda, los hermanos Blas y Pablo, encapuchados. El Prior mira fijamente hacia el coro. La mirada parece una indicación, una señal esperada y secreta. La música termina y oímos, sin ver, los pasos de todos los hermanos que salieron del coro. Después escuchamos cerrar todas las puertas, las de arriba y las de abajo. Cuando El Prior está cerciorado de que todas las puertas están cerradas, se levanta y enciende la lamparilla del Santísimo y deja abierta la puerta del Sagrario, donde podemos ver el cáliz brillar. Después se sienta de nuevo y coge del suelo un pedazo del hábito.)

PADRE PRIOR. — Un pedazo de hábito jironado y manchado de sangre seca. Aquí en este lado, otro limpio y sin manchas. *(Silencio.)* Esto es lo que puede juzgar vuestro Padre Prior. *(Silencio.)* Y nadie podrá juzgar si nada vio. ¿Qué puedo deciros? Sois vosotros los que tenéis que hablar. El caso es grave. Jamás ocurrió nada semejante durante mis largos años en este convento. *(Silencio.)* Hablar sin piedad delante del Cuerpo de Cristo, o con mentira piadosa, sería un gran remordimiento de conciencia para aquellos que infringieron leyes humanas; y lo que es peor: leyes divinas que aceptaron libremente. Libremente estuvisteis tirados en el suelo de esta nave el día que os ordenasteis y oficiasteis vuestra primera misa. (*Silencio.*) Si no queréis decir palabra, no digáis. La respuesta del silencio, a veces, es más elocuente y más piadosa y revela un deseo que incita a la caridad. Ahora que en la mayor soledad estamos, yo me atrevería a preguntar, ¿por qué un hábito sin mancha y otro con sangre? El de la sangre, ¿cómo sería destrozado o para qué? Los jirones que le faltan los tenía envueltos por todo el cuerpo el Hermano Aníbal. El Hermano Aníbal no quiso que lo llevaran al hospital. El secreto que le consume quiere que se quede en la cama de su celda donde . . . ha pedido que lo cuide una persona, el Hermano Francisco. El nombre de Francisco está constantemente en los labios del Hermano Aníbal. (*Silencio.*) Ni el menor estremecimiento acusa vuestro cuerpo ni vuestro ojos. Hermanos míos, mis oraciones han sido muchas hasta que os hice venir aquí, donde os veo mudos. Mudos. (*Silencio.*) ¿Sabéis que casi a la misma hora que pudiera haber sucedido la muerte del Hermano Aníbal, llegó un huésped ilustre que se hospedó en la sala de los Reyes? (*Silencio.*) Qué extraño todo. Casi una muerte y una vida entrando a este convento.

HERMANO BLAS. — ¿Y es?

PADRE PRIOR. — Habló el rebelde Hermano Blas. Pero no contestó a mis insinuaciones anteriores.

HERMANO BLAS. — Fui a la sala Capitular a flagelar mi cuerpo.

PADRE PRIOR. — Bien lo sé, pero nunca vino el Hermano Blas a mí. Ni pidió amparo de nadie. Qué fortaleza. Y aunque no lo crea, Hermano Blas, es potente fortaleza, para mí, divina, que me hace reflexionar y estar en vilo y en oración, porque, quizá, no ya este convento, sino la iglesia entera está conmocionada. Una inquietud grande casi subleva a los teólogos. Se soliviantan los ánimos. Se habla de las misiones y de los posibles misioneros. Ahora se va sabiendo quién tuvo y quién no tuvo vocación.

HERMANO BLAS. — Quizá nosotros no la tuvimos.

PADRE PRIOR. — A nadie señalo. ¿Sé yo acaso como es nadie? ¿Acaso sabe alguien con certeza de sus propios sentimientos? Pero este hábito está apuñalado.

HERMANO PABLO. — Lo apuñalé yo.

PADRE PRIOR. — ¿Por qué?

HERMANO PABLO. — Para salvar a quién apuñalé.

PADRE PRIOR. — Qué desaliento. Casi pienso que la corrupción cunde en esta comunidad.

HERMANO PABLO. — No hay corrupción cuando hay amor.

PADRE PRIOR. — ¿Amor?

HERMANO PABLO. — Amor entre hombres.

PADRE PRIOR. — ¿Por amor fue todo?

HERMANO PABLO. — Por amor. Un amor que ni los grandes teólogos podrán comprender.

HERMANO BLAS. — Reverencia, estoy convencido que de nunca debiera haber hecho los votos.

PADRE PRIOR. — ¿Sabéis que nuestro huésped ha traído noticias que no quiere decir aún? Sé que va de convento en convento, pero lo que ocurre aquí le ha hecho quedarse por más tiempo. El pequeño mundo de nuestro convento lo obsesiona.

HERMANO BLAS. — Nuestro mundo es muy pequeño.

PADRE PRIOR. — Estoy viejo, hermanos, y mis creencias me las dio toda la tradición de una vida que fui viviendo. Vida ya casi acabada. Por eso, con esa juventud rebelde de personas como vosotros, quizá yo no me pueda entender. Pero decirme, por amor de Dios, el misterio que encierran, para mí, estos hábitos que hay en el suelo. ¿Por qué apuñalaste al Hermano Aníbal?

(Silencio.)

HERMANO PABLO. — Vuestra Reverencia no podría comprender. Ni yo mismo puedo comprender. ¿Podría su Reverencia aceptar una confesión sin que su espíritu se hiera?

PADRE PRIOR. — Podría.

HERMANO BLAS. — *(Intentando que no hable Pablo.)* No, Pablo.

HERMANO PABLO. — Hermano mío, tengo que salir del convento y ponerme a la orden de la justicia. Quise asesinar a un hermano y no me arrepiento.

PADRE PRIOR. — ¿Por qué?

HERMANO PABLO. — Porque vi al Hermano Blas en la agonía de la muerte.

HERMANO BLAS. — Si todo se sabe en la iglesia, como en la vida, ¿por qué nos trajo aquí, si tenemos razones que nunca podrá comprender?

PADRE PRIOR. — No sé bien. Quizá os traje por caridad; pero si creéis que vais a decir lo que suponéis que yo sé, cosa que no podría saber, callemos.

HERMANO BLAS. — Callemos.

(Silencio.)

HERMANO PABLO. — ¿Cómo entiende su Reverencia el amor?

PADRE PRIOR. — No sabría decir.

HERMANO PABLO. — ¿No puede comprender su Reverencia que cuando nos entregamos a los demás, hay que hacerlo en cuerpo y en alma?

PADRE PRIOR. — Así será.

HERMANO PABLO. — Así es. Desde que nací deseé a mi semejante. El amor que un hombre pueda sentir por otro es una de las mayores liberaciones que llevan a la piedad, a la fe, al conocimiento de uno mismo en Dios. Se cree entonces más en nuestros semejantes. Se cree más en Dios. No sé si lo que digo será herejía o blasfemia, pero me siento más libre y con más fe, cuando mis ojos miran los ojos de otro hombre. Cuando en mis oraciones, aunque pido por todos los que padecen, veo la mirada del hombre que amo, sé amar mejor a todos los que sufren. Apuñalé al Hermano Aníbal sin saber lo que hacía; pero lo apuñalé cuando vi que quiso asesinar al Hermano Blas, mi único amor en este convento. No debo seguir viviendo aquí.

HERMANO BLAS. — No podemos seguir viviendo aquí.

HERMANO PABLO. — Ni el que casi muere en su celda, tampoco.

PADRE PRIOR. — ¿Ni Francisco que labra la tierra y cada día tiene más esperanzas de seguir tirando del arado? ¿Cuál será su verdad o su mentira? ¿Por qué ese rehuir de todos? ¿Qué amparo busca el que llegó mientras otros lo acusaban de criminal? ¿Es que acaso por todas partes, dentro y fuera del convento, sólo existe el interés, la mentira y la traición?

HERMANO BLAS. — Francisco no traiciona a nadie.

HERMANO PABLO. — A nadie.

PADRE PRIOR. — *(Con cierto asombro.)* Tres hombres de este convento con ansia de morir en la sala Capitular. Tres hermanos que derraman la sangre por el suelo de la sala.

HERMANO PABLO. — Tres hermanos, Padre.

PADRE PRIOR. — *(Con humildad.)* No necesito saber más. Mis mayores me enseñaron que en el convento no debe existir odio, ni soberbia, ni querer ser nadie más que nadie, ni intereses, ni traiciones. Hay que tener muy claro que aquí hemos venido para estar en soledad. No me queda más que deciros, como bien sé que os iréis del convento, yo velaré por Francisco. Francisco soporta muy bien la soledad; soledad que es el único tesoro que la misericordia divina concede al que dedica su vida a Dios dentro de las paredes de un convento. El huésped que llegó anoche, que ha oído muchos rumores de lo que ha pasado aquí, me ha dicho, con un gran dolor de confesión, "Necesitamos ahora más misioneros que nunca. En el nombre de Dios se están cometiendo ahora toda clase de injusticias: robos, cabañas quemadas, crímenes . . . El hambre y la miseria están llevando a muchos pueblos al hundimiento y a la mayor desgracia. Los frailes más jóvenes y valientes están decididos a ayudar a nuestros hermanos indígenas. Los elegidos para la misiones, deben seguir su camino evangélico, sean como sean sus luchas interiores. La realidad de su fe redentora les dará su propia salvación." La voz de quien esto dice, a mí, humildemente, me sorprende, aunque está más autorizada que la mía para tomar decisiones. Mi sentimiento verdadero es que, todavía, tengo esperanza en vosotros, seáis como seáis, encontraréis el camino de la fe. Es más, creo que los tres, luchando en tierras de indígenas, llegaréis a la reconciliación con vosotros mismos y con Dios. Quizá todo lo sucedido haya sido provechoso para vosotros. Decidid lo que queráis. En vosotros mismos dejo la decisión. Ni la voz autorizada ni la mía quiero que os influya. *(Levantándose.)* El Sagrario está abierto. Sólo os ruego que meditéis ante Él. *(Sale.)*

HERMANO BLAS. — *(Levantándose.)* Mi iré.

HERMANO PABLO. — *(Levantándose.)* No podrás.

HERMANO BLAS. — ¿Por qué?

HERMANO PABLO. — No podrás abandonar a Francisco. Por él me has hecho estar a punto de ser asesino. No puedo creer ya en tus impulsos. *(Sufre un arrebato de cólera.)* No puedo. No puedo. *(Rápidamente va a una de aquellas puertas y golpea.)* Anda, sal, que yo te vea salir. Abre la puerta. Hazlo de una vez. Hazlo, hazlo, hazlo. *(Con la misma rapidez va ante el Sagrario, se apoya en el altar y llora.)* Hazlo te digo, porque pasarán los días y no te podrás ir. *(Volviéndose imperativamente y desafiante.)* ¡Hazlo! Si no lo haces, seré yo el que tendrá que empuñar del hábito a Francisco para decirle, ¿por qué te has quedado en este convento? ¿Qué pasó contigo y con el Hermano Blas? ¿Por qué rehuyes de todos menos del hermano Blas? ¿Qué tienes en tu cuerpo que no vienes a lavarte con todos? *(Acusando a Blas.)* Tú tienes que saberlo.

(En un arranque inesperado, Blas le da con el puño un golpe en la boca. La sangre de Pablo se ve entre sus labios. A pesar de todo, le dice con cariño:)

Has entrado muchos días a la celda. Yo he sufrido mucho en la mía mientras tú estabas con Francisco. No me ha hecho daño tu golpe, aunque veas bajar la sangre por mis labios. Tú, mi Hermano Blas, de quien recibí mis primeros besos. Tú, que me despertaste a la vida. Te has vuelto a enamorar. Mi dolor es tan grande que yo seré otro más en irse, pero estaré muy cerca de ti, aunque tú ni lo sepas. *(Lo mira con gran humildad, mientras le bajan unas lágrimas.)* ¿No puedes hablarme? ¿No puedes decirme ni una palabra de consuelo?

HERMANO BLAS. — *(Volviéndole la espalda.)* Ni ahora ni nunca. Cuidaré a Francisco siempre, esté donde esté, y si cuando me fuera, me enterara de que alguien quiso rozar su hábito, volvería para matarlo . . . Pero sé . . . que si alguien lo intentara, sufriría la gran tortura del humillante desprecio de Francisco.
HERMANO PABLO. — Como lo sufres tú.
HERMANO BLAS. — No tengo qué contestarte. Te repito que cuidaré a Francisco hasta mi muerte. Velaré por él, ya en estas tierras o en otras. Por todas partes donde vaya, Francisco estará en mí y, desde lejos o desde cerca, le llevaré lo que nadie supo llevarme a mí: consuelo para seguir viviendo. Francisco es tan mío, que lo será siempre. En él veo la fe y por él empiezo a creer en Dios. Qué poco puede comprenderme nadie, bien lo sé. No creo ya en teologías, ni en trances místicos, ni en las Sagradas Escrituras que no se hable de amor. Sólo voy creyendo en mí mismo y en el amor que siento. Si soy hereje, hereje seré. Qué hermosura de serlo. Crearé mi propio mundo. Adoro a un hombre y eso es todo. En este hombre tiene que estar Dios. Ábreme esa puerta y no intentes llorar, ni despedirte de mí. No quiero despedirme de nadie y menos de Francisco.
HERMANO PABLO. — *(En un arrebato de cólera abre la puerta de par en par.)* ¡Pues salir!

(El Hermano Pablo queda yerto mientras Blas sale sin mirar. Pablo, con la misma brusquedad, vuelve a cerrar la puerta, cayendo de rodillas y golpeándola con los puños al mismo tiempo que llora como un niño.)

(Hay un oscuro mientras suena el canto gregoriano.)

(Volvemos a ver la celda de Francisco. Por la ventana entran los rayos luminosos del sol radiante. Un airecillo en el huerto parece orear y mover los árboles. Ha pasado algún tiempo. Francisco está arrodillado a un lado del camastro, como el que está en oración. La puerta de la celda está entornada. Una jubilosa algarabía de novicios que juegan en el huerto, entra también por la ventana de la celda. Oímos unos pasos y vemos que en la puerta se ha detenido Fray Juan con un montón de cartas entre las manos.)

FRAY JUAN. — Así siempre.

(Silencio.)

FRANCISCO. — *(Sin mirarlo.)* Así.

FRAY JUAN. — En el huerto juegan los novicios con el arao. Lo saben ya manejar.

(Silencio.)

Este año el Hermano Francisco sembró las hortalizas antes de tiempo.

(Silencio.)

Por eso no hubo cosecha buena. No crecieron las hortalizas como debían. En cambio hay novicios que saben ya tirar de la yunta.

(Silencio.)

Ay, la yunta y el arao están olvidados. Y hasta los pesebres está olvidando el Hermano Francisco.

(Silencio.)

Y los animales enflaquecen.

(Silencio.)

¿Te sientes mal, hermano?

FRANCISCO. — No.

FRAY JUAN. — ¿Entonces?

FRANCISCO. — Rezo.

FRAY JUAN. — A la iglesia no se te ve entrar.

FRANCISCO. — No.

FRAY JUAN. — Algún día . . . entraste al coro. Te vieron todos y se comentó.

FRANCISCO. — Buscaba.

FRAY JUAN. — ¿A quién, hermano?

FRANCISCO. — A quien no he vuelto a ver desde hace tiempo. Al que tanto entraba a mi celda para enseñarme a leer. Cuando me he atrevido a preguntarle a alguien, nadie me responde. Pienso que si la muerte llega al convento, ¿nadie sabría que llegó? ¿Por qué ese silencio que tanto hiere? ¿Acaso a él le llegó la muerte?

(Silencio.)

FRAY JUAN. — ¿Y ese libro que tienes abierto?

FRANCISCO. — Es el libro donde me enseñó a leer.

FRAY JUAN. — ¿Y el otro que también hay abierto?

FRANCISCO. — Son las epístolas de San Pablo.

FRAY JUAN. — Dichoso tú que aprendiste a leer. Yo nunca pude. Cuando veo esos libros encima de la mesa, me acuerdo del hermano Blas. Qué lejos estará ya.

FRANCISCO. — ¿Lejos? . . . ¿Vivo o muerto?

FRAY JUAN. — ¿Por qué te preocupas tanto por él? Sé que el agradecimiento debe existir siempre, pero todo el convento sabe que el Hermano Blas se fue de misionero. Se fue solo y sin despedirse de nadie.

FRANCISCO. — *(Conteniendo un dolor.)* ¿Es posible?

FRAY JUAN. — Sí hermano, aquí estamos de tránsito. Lo oí decir muchas veces. Ni las entradas ni las salidas nos deben ser dolorosas . . . Debemos aprender a estar solos. Hay quien dice que la soledad es el mejor consuelo para un fraile . . . .

(Silencio.)

Todos los frailes de este convento también saben que tú has dejado de cumplir tus deberes. Que no cuidas ni las bestias ni la huerta. Y se sabe que te equivocas en todo lo que haces, como si no existieras, o no supieras hacer lo que debes. Sigues yendo por corredores de los claustros como el que tiene miedo a encontrarse con alguien, como si temieras a todos, como si no quisieras hablar con nadie. Entras al jardín del claustro de los Reyes cuando no hay nadie. Los frailes dicen que no hiciste ni un solo día confesión, no porque no la necesitas, sino porque desconfías de todos, como el que tiene miedo, como el que no sabe hablar, como el que no cree que la confesión puede llevarnos a Dios.

FRANCISCO. — El que me enseñó a leer, me enseñó también a desconfiar del convento.

FRAY JUAN. — ¿Sabes que los Hermanos Pablo y Aníbal se fueron a las mismas tierras donde está el Hermano Blas? Dicen que, en esas tierras, las revoluciones son constantes y los indígenas mueren por defender su pedacico de pan, tierra y agua.

FRANCISCO. — *(Muy pensativo y con cierto dolor.)* ¿Los tres se fueron?

FRAY JUAN. — Los tres. Los tres te querían mucho, aunque . . .

FRANCISCO. — Qué.

FRAY JUAN. — Tuviste la misión de cuidar a Aníbal mientras estuvo herido. ¿No te contaba nada?

FRANCISCO. — Nada. Sólo me pedía agua cuando tenía sed. También me pedía que secara el sudor de su frente.

FRAY JUAN. — ¿Nada más?

FRANCISCO. — Y me hablaba de esos países a donde quería ir.

FRAY JUAN. — Pues ya ves el cambio de las personas. Los tres están padeciendo en las mismas tierras. Dicen que . . . *(Baja la mirada.)*

(Silencio.)

FRANCISCO. — Qué.

FRAY JUAN. — No puedo hablar de lo que dicen porque no estoy cierto.

FRANCISCO. — *(Levantándose inquieto, con un temor apoderado de él.)* Qué. ¿Qué dicen?

FRAY JUAN. — Dicen . . . que uno de ellos . . . predicando a los indígenas fue asesinado por los mismos indígenas.

FRANCISCO. — No puedo comprender . . .

FRAY JUAN. — Como te aislas, como no quieres enterarte de lo que pasa, no sabes que los propios indígenas, pagados por caciques, asesinan a aquellos que, con palabras de Dios, dicen la verdad de la libertad que no tienen los de aquellas tierras.

FRANCISCO. — *(Ansioso y obsesionante.)* ¿Cómo sabes eso?

183

FRAY JUAN. — Soy el hermano portero. Oigo todo. Mira. *(Muestra las cartass.)* Son cartas que llevo al Prior y algunos las comentan. Otras veces el Prior se queda con ellas y no se las da a nadie. Lo que digan estas cartas sólo lo sabe Prior.

FRANCISCO. — *(Con mucho temor.)* ¿Hubo alguna para mí?

FRAY JUAN. — Como no sé leer, no sé decirte. Yo sólo le llevo las cartas al Prior. Pero haces bien. Olvidemos todo y no nos enteremos de nada. Es mejor. Voy a llevar las cartras y sigue como estabas.

FRANCISCO. — Espera.

FRAY JUAN. — ¿Para qué?

FRANCISCO. — Quisiera saber . . . ¿Qué hermano fue al que asesinaron?

(Silencio.)

FRAY JUAN. — Sosiégate. Me das miedo. Parece que no pasó el tiempo por ti y sigues siendo aquel que llegó . . .

FRANCISCO. — *(En arrebato inesperado empuña del hábito a Fray Juan.)* Dime el nombre del hermano que asesinaron.

FRAY JUAN. — *(Bajando la mirada con humildad.)* Lo olvidé.

FRANCISCO. — *(Empuñándolo con más violencia.)* No olvidaste. Tienes mucho miedo en dicirlo. Dime, por caridad.

FRAY JUAN. — Fuel el Hermano Pablo.

FRANCISCO. — *(Como en otro mundo, transido de un gran dolor.)* ¿Pablo?

FRAY JUAN. — Sí. Dicen que fue él quien quiso morir la mañana que el Hermano Blas iba a las predicaciones y todo estaba dispuesto para asesinarlo. Dicen que el Hermano Blas siguió siendo el más rebelde, desde que llegó a esas tierras. Tenía que irse de parroquia en parroquia, de pueblo en pueblo. Los indígenas lo seguían y lo amparaban. Le daban pan, techo y agua. Dicen que aquella mañana . . .

FRANCISCO. — Qué.

FRAY JUAN. — Pablo le pidió a Blas ir a la parroquia donde le tocaba predicar a Blas. Fue tal la sublevación de aquel día, que Pablo fue asesinado y estuvo días tirado en el campo, comido de hormigas. Nadie se atrevía a enterrarlo y . . .

FRANCISCO. — *(Empuñándolo más aún.)* ¿Y . . . ?

FRAY JUAN. — Nadie quiso coger su cuerpo. Sólo lo cogió el Hermano Blas. Fue quien lo enterró en tierra de nadie, con una cruz hecha con dos ramas. Pablo, como ves, murió por defender al Hermano

184

Blas, que era la persona que más quería en esta vida.

FRANCISCO. — *(Soltándolo.)* Dios. Dios.

FRAY JUAN. — ¿Qué tienes, hermano? En el convento, hacen bien. No debemos enterarnos de nada.

FRANCISCO. — *(Paseando por la celda con una cólera contenida que parece que lo va a llevar al delirio.)* Dios. Dios. Dios.

FRAY JUAN. — Hermano Francisco, me das miedo.

FRANCISCO. — Aparta. Quiero salir.

FRAY JUAN. — ¿Adónde irás?

FRANCISCO. — *(Desalentado.)* No lo sé . . . a la fuente. Tengo los labios secos. Secos. Secos.

FRAY JUAN. — Hermano, cálmate.

FRANCISCO. — Aparta.

FRAY JUAN. — No puedo dejarte salir así. Vas como un ser que no vive y ahora te veo mirar como el que está perdiendo la razón.

FRANCISCO. — ¡Aparta de aquí!

FRAY JUAN. — No hermano. Creerán que ya no eres el Hermano Francisco, sino aquel que llegó.

FRANCISCO. — *(Conteniendo su rabia.)* Pero ahora estoy solo. Solo. Mis labios se secan. Necesito ir a la fuente. Necesito pasar por la celda del Hermano Blas. Necesito . . . *(Va de prisa y lo hace)* desbozar las sábanas de este camastro y despedazarlas a bocados. *(Lo hace mientras dice.)* Y romper esta cruz de la cabecera y pisotearla. *(Lo hace.)* Y cerrar esta ventana para que no entre el sol. *(Lo hace.)* No sé labrar la tierra. No sé llevar la mancera del arado. No sé cantar en el coro. No quiero hacer confesión ni tomar el Cuerpo de Cristo. No sé quién es nadie. No sé quién te miente o quién no. Sólo quiero morir, morir encerrado entre estas paredes donde el Hermano Blas me enseñó a leer. Donde él me despertó a la vida. Mucho tiempo esperé, Hermano Blas. No supiste decirme ni que te ibas. Hubiera soportado, como un hombre que soy, tu dolor al despedirte. *(Se echa mano a la cabeza.)* Esta cabeza que tanto te esperó, que tanto pensó en ti. Estos labios que se secan porque no saben besar los pies de un Crucificado; pero, sí, hubieran besado tus propios pies. Me enseñaste lo que pueda ser amor en la vida. Me enseñaste que la soledad no sería para mí. Y ahora, nada tengo tuyo. Nada tuyo. *(Llora como un niño, echándose sobre el camastro.)* Esperando días y días sin que nadie me dijera dónde estabas. *(Golpea el camastro.)* Qué sabes tú de lo que ha sido tener el único consuelo de mi vida, que fuiste tú, y lo serás. *(Vuelve, enloquecido, a abrir la ventana.)* Sol, cielo, nubes, aire, llevarle mi cariño y decirle que lo espero, que muera en esas tierras porque lo necesito. Pero, de una vez y cuanto antes, porque aquí veo un trozo de lienzo, que puede quedar cogido a mi cuello y a un palo de este camastro . . .

FRAY JUAN. — Hermano . . .

FRANCISCO. — Huye. Huye porque te mato.

(Fray Juan sale con mucho miedo. Una carta de las que traía vuela hasta llegar a los pies de Francisco. Francisco queda inmóvil. Después coge la carta con mucho miedo. Viene a su nombre y la remite el Hermano Blas.)

Viene a mi nombre. Enviada por el Hermano Blas.

(Besa la carta. La aprisiona contra el pecho. La abre y lee. Mientras lee, se va arrodillando.)

"Querido Francisco. Ésta es la carta número . . . , me olvidé del número de tantas como te he escrito. ¿No llegaron a tus manos? Créete que espero las tuyas con impaciencia. Sé que sigues en el convento. Sé lo solo que estarás sin mi amparo, pero tú lo quisiste así. Yo no te hubiera abandonado, porque quererte a ti, es encontrar, aunque algunos me crean hereje, la fe divina. Ya no la tengo. Sólo el amor por ti me hubiera salvado, aunque sólo hubiera sido para verte pasar por los pasillos del claustro, sin haber vuelto a entrar más a tu celda. Me hubiera conformado con sólo verte a lo lejos, pero ya es muy tarde. Mira, estoy harto de explicarte en todas mis cartas la hermosura de estas tierras, los ríos, las montañas, los lagos, los atardeceres en el mar que, a veces, Francisco se llena de cadáveres, cadáveres de gentes buenas. Buenas como tú. Recuerdo cuando llegaste. Cuando te vi por primera vez . . . qué ojos tenías de príncipe derrotado, qué bondad en ellos. Piensa, Francisco, si esta carta llega a tus manos, que soy ya quien quería ser, un defensor de desamparados que lucha día y noche por salvarlos. Si en su lucha este defensor muere, moriré con tu nombre en mis labios."

(Francisco fue derramando lágrimas mientras leía la carta, hasta volverla a besar con el mayor cariño. Con la carta abrazada a su pecho, alza la cabeza y dice:)

¿Qué hacer, Dios mío? ¿Qué hacer? ¿Qué hacer?

(Llora desconsoladamente mientras con ímpetu de enorme fuerza suenan el órgano y los cantos gregorianos, inundando todo el teatro. Suavemente va cayendo el portón labrado hasta que el oscuro se hace total.)

FIN

José Martín Recuerda
Salobreña, 1985

AMADÍS DE GAULA

INTRODUCCIÓN

El Misterioso Nacimiento de
La Novela de Autor Desconocido, *Amadís de Gaula*

Objeto de enorme erudición ha sido saber sobre el nacimiento y el autor desconocido de la novela titulada *Amadís de Gaula*. Nacimiento y autor siguen siendo desconocidos. A. Rodríguez Moñino nos dice en *El Primer Manuscrito de Amadís de Gaula* que conocemos el ejemplar de la primera edición (Zaragoza, 1508). El nombre del autor que figura en esta edición es el Regidor de Medina del Campo, Garci Rodríguez de Montalvo. Esta edición existe en el Museo Británico. Sigue deciéndonos Rodríguez Moñino que se han recogido referencias que patentizan la existencia de *Amadís* antes del 1508, ya que en el siglo XVI y en el *Cancionero de Baena* se llega a precisar que *Amadís* consta de tres libros. Pero será el mismo Garci Rodríguez de Montalvo quien nos dirá que los tres primeros libros no le pertenecen y que él añadió un cuarto y un quinto libro. Así es que el autor de los tres primeros libros del *Amadís*, se ignora. Toda la crítica está de acuerdo en reconocer que Garci Rodríguez de Montalvo "corrigió los tres primeros libros que circulaban en su tiempo y añadió los dos siguientes." Será Rodríguez Moñino quien nos da a conocer cuatro fragmentos del *Amadís* primitivo encontrados en un manuscrito castellano cien años anterior a la edición de Zaragoza. El libro tercero de *Amadís* está fechado en 1420.

D. Marcelino Menéndez y Pelayo en *Los Orígenes de la Novela* nos asegura que el primer libro se conserva más fiel a sus orígenes. Tiene más acción y menos razonamientos que los otros. El libro tercero carece de acción y se agranda en escenarios: Alemania, Grecia, Constantinopla, etc.

Agustín Millares Carlo en *Nota Paleográfica sobre el Manuscrito de Amadís* nos afirma que los fragmentos castellanos descubiertoso por Rodríguez Moñino pertenecen, por su letra, a "la cursiva" que desde el siglo XIV había sido adaptada para la transcripción de libros, y por último, entre los muchísimos datos que podríamos citar tenemos *El Lenguaje de Amadís,* manuscrito de Rafael Lapesa, quien nos dice que no es aventurado localizar el lenguaje de los fragmentos de *Amadís* en zonas castellanas próximas a León.

Por supuesto, hay eruditos que afirman que *Amadís* se escribió en lenguaje portugués y hasta en lengua francesa picarda.

La creación del hijo de Amadís, Esplandián, que yo recojo en mi obra teatral —pero insinúo— hay quien dice, como María Rosa de Lida en un artículo titulado "El desenlace de Amadís primitivo" (*Romance Philology,* 1953) que no cabe duda que la presencia de Esplandián está en el *Amadís* primitivo.

Mi obra teatral, Amadís de Gaula

Desde que estudiaba en la Universidad de Granada, yo estaba enamorado de la figura de Amadís de Gaula y de la atracción de sus aventuras. Sabiendo que estas aventuras del caballero insatisfecho y soñador Amadís de Gaula habían influenciado aventuras tan esplendorosas, hispánicas y universales, como la de una Santa Teresa o de un Carlos V, y si se me apura de un Antonio Machado y de toda una generación inolvidable como fue la del '98, donde uno de sus componentes nos dijo algo que yo no puedo olvidar: "los grandes pensamientos se hacen andando." Quien lo dijo, como muchos saben, fue Ramiro de Maeztu. Yo también, queriendo o sin querer, he ido evolucionando en la trayectoria de mi obra hacia "este andar." No sé si para bien o para mal. El teatro y la vida son misterios inexplicables.

Pasando el tiempo y sin dejar de salir de mí ese Amadís de Gaula, pensé, vi, que no sólo era el antecedente de todo lo citado, sino que también, además de *El Quijote,* de Lope de Vega y su escuela y de Calderón y la suya. Todo lo que queramos ver de nuestros clásicos está en *Amadís.*

Tenía, desde hace mucho tiempo, trazada una sinopsis de *Amadís de Gaula.* Esta sinopsis ha sido el cañamazo de mi obra teatral. Pero, ay, escribo ya desde Castilla. Una Castilla que se ha apoderado de mí: sus rincones, sus ríos, su cielo, sus lejanías, sus prados, sus bosques, su gente de pueblos casi desiertos, donde siempre que paso por ellos recuerdo aquellos versos de Machado: "Castilla miseráble / ayer dominadora." Fue una gran alegría recordar al Regidor de Medina del Campo, Garci Rodríguez de Montalvo. ¡También castellana! ¿Cómo no había de estar Castilla en los retoques que él diera a los tres primeros libros de *Amadís*? Me uní mucho más a mis inquietudes y le comuniqué a mi admirado amigo Adolfo Marsillach el deseo de escribir *Amadís de Gaula*. Adolfo me alentó y ahí está: con un lenguaje coloquial, sencillo, pensando en todos, en que todos me entiendan y, ay, con una amarga filosofía que me va dando la vida.

Nada mejor para el teatro español de los años ochenta que huir de la realidad en que vivimos. Hay que volver a la esencia de nuestros clásicos que nos harán conocer la eternidad, grandeza y universalidad de nuestra España.

Gracias a todo aquel que lea estas líneas.

José Martín Recuerda
Salobreña, 1986

AMADÍS DE GAULA
(1986)

Reparto
(Por orden de aparición)

El Pescador Gandeles
Blanquidela, Su Mujer
Amadís de Gaula
La Reina Triste
La Sin-par Oriana
El Rey Perión de Gaula
La Reina Elisena, "la Perdida Santa"
Urganda la Desconocida
El Gigante Señor de la Peña de Galtares
Galaor
El Enano Ardián
El Mago Arcalaus
La Reina Grendalaya
El Rey Languines
Doncellas, Mancebos, Reinas Cautivas . . .

EL RÍO

El pescador Gandeles y su mujer Blanquidela van en una barca. Blanquidela acuna un niño enre los brazos.

BLANQUIDELA. — Para la barca, Gandeles. Se arremolina el agua.

GANDELES. — Pasaremos los remolinos entes de que anochezca.

BLANQUIDELA. — No llegaremos a esa tierra.

GANDELES. — Llegaremos.

BLANQUIDELA. — Ya no importa que los peces de eso mares a donde vamos sean más plateados que los de los mares nuestros. Ya no me importa que en esa tierra a la que vamos haya palacios y reyes mejores que en la nuestra. Detén la barca, Gandeles, que el niño llora.

GANDELES. — Hay que seguir.

BLANQUIDELA. — No huímos de nada, Gandeles.

GANDELES. — ¿Quién dice que huímos?

BLANQUIDELA. — Lo sé bien. Las redes de los otros pescadores alcanzaban más que la tuya.

GANDELES. — Pero aquellos pescadores no tenían más fuerzas que las que tienen mis brazos. Mira cómo manejo el remo.

BLANQUIDELA. — No saldremos de este remolino y el niño llora.

GANDELES. — Ya lo oí. Tendrá frío.

BLANQUIDELA. — Y hambre. Ni tú ni yo hemos podido casi comer desde que nevegamos. Mis pechos no tienen nada para alimentar al que amamanto.

GANDELES. — Será fuerte como su padre y sabrá vencer los torbellinos de las aguas.

BLANQUIDELA. — Tú no vences ningún torbellino. El torbellino te vence a ti. Lo dice el llanto de mi hijo. Además, nadie, nadie se ve por este río solitario. Volvamos, Gandeles. No busques la ambición de otras tierras mejores. No hay mejores mares en la Gran Bretaña.

GANDELES. — A ella vamos. Casi la veo lejana. Allí hay guerra y habrá más ganancias.

BLANQUIDELA. — No puedes ver con los remolinos. El agua te salpica a los ojos. Me quieres tranquilizar para que sigamos. Ay, el agua moja mi ropa.

GANDELES. — Nada pasará. Hemos de vencer al río.

BLANQUIDELA. — Y aunque lo venzas. No quiero vivir en la Gran Bretaña. No encontraremos otra cabaña como la que hemos dejado.

GANDELES. — Cabaña que volveremos a tener. Cortaré árboles de los bosques, por muy gruesos que estos árboles sean.

BLANQUIDELA. — Pero como la que hemos dejado, no encontraremos otra. Allí nació nuestro hijo Gandelín que llevo entre mis brazos.

GANDELES. — Y que deja de llorar porque el agua se amansa. Mira, pasamos los remolinos. La mano traicionera que los movió no me ha sabido vencer.

BLANQUIDELA. — *(Como encantada.)* Pues es verdad.

GANDELES. — Una luz que vi en el cielo me lo dijo: "Ve al la Gran Bretaña." Y ya estaremos llegando.

BLANQUIDELA. — No veo tierra lejana, sino agua de este río por donde nuestra barca va desde hace dos días y dos noches. Ay, Dios.

GANDELES. — ¿Qué pasa Blanquidela? ¿Por qué te asustas tanto?

BLANQUIDELA. — Porque veo allá . . .

GANDELES. — ¿Qué ves?

BLANQUIDELA. — Será una aparición, Gandeles, pero veo gigantes esperando en aquella orilla que tú no ves.

GANDELES. — *(Poniéndose una mano en la frente para divisar bien.)* No son gigantes, sino árboles gigantescos.

(Van apareciendo tras el río, gigantescos árboles.)

BLANQUIDELA. — Aquel gigante alza sus brazos y se quiere meter en el río.

GANDELES. — No son brazos, sino ramas que cubren la tierra y ensombrecen todo. Es un inmenso bosque lo que allí se ve.

BLANQUIDELA. — *(Más asustada. El niño vuelve a llorar.)* Vienen por nosotros y el niño llora. Te digo que son gigantes.

GANDELES. — Aunque lo fueran, aquí los espero, y con el remo de esta barca, lucharé con ellos. Un gigante no sabe luchar con un pescador que conoce los ríos y los mares.

BLANQUIDELA. — Ay.

GANDELES. — ¿Qué volvió a pasarte? ¿Por qué no quieres mirar?

BLANQUIDELA. — Veo una aparición detrás de los gigantes. Mírala. Es como si la bajaran ángeles del cielo y trajeran, entre muchos, un palacio celeste.

(Vemos, tras los árboles, un castillo celeste, precioso, como una aparición que baja del cielo.)

195

GANDELES. — No veo nada.

BLANQUIDELA. — Yo sí. Súbete en esta tabla y tendrás más altura para ver.

GANDELES. — *(Sube y mira.)* Pues es verdad. ¿Habremos llegado a la Gran Bretaña?

BLANQUIDELA. — Tú lo debes saber, porque eres caminante de ríos y de mares. Da la vuelta al río. Regresemos a la tierra donde nació Gandelín, aunque allí haya hombres que no te dejen vivir. Vayamos donde vayamos, los hombres no nos dejarán vivir en ninguna parte.

GANDELES. — Volver, nunca.

BLANQUIDELA. — Te arrepentirás de haber dejado tu rincón.

GANDELES. — Seguiré siempre, y ésto se lo haré aprender a mi hijo: volver la cabeza hacia atrás, nunca. Seguir. Encuentres lo que encuentres tienes que seguir venciendo.

BLANQUIDELA. — Ay, Gandeles, mira el arca que veo venir por el río.

GANDELES. — Yo también la veo.

BLANQUIDELA. — Ay, Gandeles.

GANDELES. — Calla.

BLANQUIDELA. — Oigo en el arca a un niño llorar.

GANDELES. — Y es verdad. Llora. Un niño en un arca por el río. Le daré con el remo hasta acariciar madera con madera y traer el arca hasta aquí.

(Se oye llorar al niño que viene dentro del arca. Gandeles, como ha dicho, con el remo va atrayendo el arca hacia la barca.)

BLANQUIDELA. — No quiero mirar, Gandeles. Puede ser una aparición de lo que no se espera. Puede que el arca haya sido encantado por alguien.

GANDELES. — *(Asombrado.)* Mira. Mira. Hay un niño dentro y llora de verdad. Alza sus brazos como para que alguien los coja. Lo cogeremos.

BLANQUIDELA. — No. Puede estar encantado. Podrías quedarte sin manos al cogerlo.

GANDELES. — Si tanto temes, deja a Gandelín, arrebujado en la manta y cógelo tú, y desengáñate de tantas desconfianzas.

BLANQUIDELA. — Sí. Yo lo haré. *(Deja a Gandelín arrebujado en la manta y coge al niño del arca, sacándolo, quedando enamorada del encanto del niño que llega.)* Qué hermoso. Qué ricos pañales en los que viene envuelto. Tienen ribetes de oro. Y veo en el arca algo más.

GANDELES. — ¿Qué ves?
BLANQUIDELA. — Una espada.
GANDELES. — Cógela.
BLANQUIDELA. — Me da miedo. Cógela tú.
GANDELES. — *(La coge asombrado y dice.)* Es la espada de un rey. Y, además, hay una tablilla. *(La coge también.)* En la tablilla encerada dice . . . *(Volviendo la cabeza, preso de un miedo.)* No quiero leer. Podríamos convertirnos en culpables del abandono de este niño.
BLANQUIDELA. — Pero lee y dime.
GANDELES. — *(Lee con miedo.)* "Este niño es Amadís Sin Tiempo, hijo de un rey."
BLANQUIDELA. — Dejémoslo ir. No quiero que seamos culpables de nada. Sigamos.
GANDELES. — Lo defenderé y cuidaré de él como de nuestro hijo Gandelín. Y es verdad que será hijo de un rey, porque en la cadenilla que trae enroscada al cuello, hay un anillo imperial.
BLANQUIDELA. — Déjalo, Gandeles, que el agua del río lo lleve a otras manos.
GANDELES. — No lo dejo. Criaremos al niño y le pondremos por nombre "El Doncel del Mar." Al mar iba. Seremos sus padres. Y mira, allí, allí. Cortaré ramas de aquellos árboles. Así haremos otra cabaña. Salta de la barca, Blanquidela, mientras yo la amarro. Mira. Mira, las orillas del río. Salta con el Doncel del Mar, que yo llevaré ahora a nuestro hijo Gandelín, y serán como dos hermanos. Aprenderán a jugar juntos. Y Dios me iluminará para enseñarles a luchar y a vencer. A vencer, mis hijos. El hacha, Blanquidela, que empiezo a cortar troncos. *(Corta loco de contento.)* Mira, anochece. Veo una estrella por allí. Y otra allí. Y otra. Y otra. Salieron las estrellas.

(Se ilumina una ventana del aquel palacio y vemos la silueta de una mujer. No sabemos si lleva corona o velo, o cabellos sedosos y sueltos, o una gran guirnalda en la cabeza. Sorprendido, Gandeles abraza a su mujer y a los niños. Guardan silencio y hablan con sigilo.)

BLANQUIDELA. — ¿Quién será?
GANDELES. — Oí hablar de ella. Sé que vivía por aquí. No hemos salido aún de la Pequeña Bretaña.
BLANQUIDELA. — ¿Quién será?
GANDELES. — Está abriendo la ventana.

(Vemos abrirse la ventana y aparece la silueta un poco más visible con guirnalda en la cabeza, cabellos sedosos y largos, mirando, al parecer, la lejanía.)

BLANQUIDELA. — ¿La conoces?
GANDELES. — Sí.
BLANQUIDELA. — ¿Quién es?
GANDELES. — *(Con mucho respeto y misterio.)* La Reina Triste, mujer del viejo rey Languines.
BLANQUIDELA. — ¿Por qué estará triste?
GANDELES. — Nunca lo supo.
BLANQUIDELA. — Vayámonos de aquí.
GANDELES. — Ahora no. Gandeles nació para pescador, pero también pienso que pudiera llevar consuelo a los demás y a los que padecen de una tristeza que no saben decir a nadie. Estos mismos pensamiento quisieran que tuvieran mis hijos. Quisiera enseñarles que no miren hacia atrás y caminen siguiendo los instintos de lo que ellos crean que es la liabertad. Calla. Duerme con el Gandelín y con el Dondel del Mar. Mira la orilla. Qué suave arena. Duerme. Velaré por nuestros hijos y por ti.

(Blanquidela se acurruca en la tierra con los niños entre sus brazos, mientras Gandeles vela. La Reina Triste sigue mirando las estrellas. Se va haciendo el oscuro, mientras oímos el blandir feroz de una espada.)

EL BOSQUE

(Va volviendo la luz. El Doncel del Mar tiene ya quince años. Es fuerte y hermoso. Parece un príncipe. Pelea con la enorme espada. Solitario. Pelea con los gigantescos árboles hecho un huracán de furia.)

AMADÍS. — *(Mientras pelea habla con los árboles.)* Te desafío, Guardiancelestial. Lucha conmigo. Cuánto tiempo estuve en el quehacer de vencerte. Nunca te mueves. Ni tú, Abrebrilla. Ni tú, Mata-Infantes. Ni tú, el Marchito. Ni tu, el Estrellero. Sé bien que sois gigantes. ¿Qué esperáis para luchar?
VOZ DE BLANQUIDELA. — Amadís.
AMADÍS. — Tengo que seguir luchando, madre.

198

VOZ DE BLANQUIDELA. — Escondí la espada y otra vez diste con ella.

AMADÍS. — Lucha, Estrellero, que el Guardiancelestial no tiene fuerzas para luchar. ¿Quiénes de vosotros sabrá vencer a Amadís?

VOZ DE BLANQUIDELA. — Desvarias. No son gigantes con los que luchas, sino árboles. Eso creía yo al llegar, pero son árboles.

AMADÍS. — *(Sin dejar de luchar.)* Son nuestros enemigos. Frente a la cabaña esperan siempre para darnos la muerte. Mira a aquel con los brazos alzados hacia el cielo. Nos quita el sol y nos impide ver las estrellas. He de veros vencidos.

VOZ DE GANDELES. — Blanquidela.

BLANQUIDELA. — *(Saliendo.)* Salgo a quitarle la espada. Ya no la verá más. La arrojaré al río.

GANDELES. — *(Saliendo.)* Ni lo intentes.

BLANQUIDELA. — Que coja la red y se vaya lejos a pescar.

GANDELES. — No sirve para pescador.

BLANQUIDELA. — Tú le enseñaste el manejo de la espada. Tú le enseñaste esas ideas de sueños y de libertad que tiene. Tú le enseñaste a saber de esos caballeros que no quieren ni hacer frente a la vida ni a la guerra porque buscan lo que nadie sabe.

GANDELES. — Quiero que sea mejor que yo.

BLANQUIDELA. — Malditos sean los sueños que le enseñaste a tener. *(A Amadís, que no deja de luchar.)* Fiera. Fiera. Deja la espada. Que la espada puede arremeter en contra de ti y tu herida podría ser mortal.

AMADÍS. — No arremeterá.

BLANQUIDELA. — *(Intentando quitarle la espada.)* Lucharías mejor cogiendo la red y yéndote en la barca para traerla llena de peces.

AMADÍS. — Quiero que los peces tengan su libertad en las aguas.

BLANQUIDELA. — ¿De qué viviremos entonces? Trae la espada. Trae.

AMADÍS. — *(Intentando huir y abrazando la espada.)* Padre mío, tú me diste la espada y me enseñaste todos los secretos que la espada puede tener al manejarla. Día llegará en que saldré del bosque y de la cabaña en que vivimos. Día llegará en que deje de mirar las altas paredes de aquel castillo cerrado, donde sólo se abre una ventana una vez al día y se enciende una luz en la noche. Y se ve una sombra que no deja de mirarme.

(Se sienten ruidos estruendosos de cadenas y grandes portones que se abren. Amadís y Blanquidela se asombran.)

GANDELES. — Las puertas del castillo que se están abriendo.

BLANQUIDELA. — ¿Qué es aquella visión que ven mis ojos?

GANDELES. — Juraría que es la Reina Triste. Mira sus velos y su guirnalda. Y sus cabellos que nadie peina.

BLANQUIDELA. — ¿Y las que vienen con ella?

GANDELES. — Ni lo sé. Parecen doncellas. Traen coronas de rosas en la cabeza.

(Llega la Reina Triste, muy serena, sin que podamos ver la cara. Los velos reales la encubren. Amadís se arrodilla. Gandeles y Blanquidela se arrodillan también.)

LA REINA TRISTE. — Levanta, Doncel del Mar.

AMADÍS. — Me llamo Amadís.

LA REINA TRISTE. — Levanta, Amadís.

AMADÍS. — Sigo arrodillado hasta ver tu cara.

LA REINA TRISTE. — Mi cara no la verás.

AMADÍS. — ¿Por qué?

LA REINA TRISTE. — Porque mis sufrimientos fueron tantos que envejecí de tal forma que he llegado a no conocerme.

AMADÍS. — ¿Tú eres la que abre una sola vez la ventana más alta de la torre y la que enciende la luz cuando anochece?

LA REINA TRISTE. — Sí, Amadís.

AMADÍS. — ¿Por qué lo haces?

LA REINA TRISTE. — Para verte.

AMADÍS. — ¿Por qué?

LA REINA TRISTE. — Porque recuerdo a mi hijo cuando tenía tu edad.

AMADÍS. — ¿Y quiénes son las que te acompañan?

LA REINA TRISTE. — Doncellas que sus padres me encomendaron antes de irse a la guerra.

AMADÍS. — ¿En tu reino hay guerras?

LA REINA TRISTE. — Mi reino está muy lejano.

AMADÍS. — Quisiera saber dónde está.

LA REINA TRISTE. — En la Gran Bretaña, donde las guerras no terminan. Vine a encerrarme a este palacio porque no quiero saber del mundo. Este palacio fue siempre mi refugio y mi convento.

AMADÍS. — ¿Aquí no llegará la guerra?

LA REINA TRISTE. — Puede. Todos los reinos de la Pequeña Bretaña y de la Gran Bretaña están divididos y luchando por una ambición y codicia que no comprendí.

AMADÍS. — ¿Cómo te llamas?

LA REINA TRISTE. — No sé mi nombre. Lo olvidé. Sólo sé que soy la Reina Triste.

AMADÍS. — ¿Tienes esposo?

LA REINA TRISTE. — Sí.

AMADÍS. — ¿Cómo se llama?

LA REINA TRISTE. — Dicen que Languines.

AMADÍS. — ¿Por qué dices, "dicen" . . . ?

LA REINA TRISTE. — Porque cuando pasa el tiempo nadie nos conocemos.

AMADÍS. — ¿Por qué?

LA REINA TRISTE. — Porque la vida nos lleva a que nadie nos conzcamos. Nos lleva hasta despreciar lo que es nuestro.

AMADÍS. — No puedo creerlo. Ay, Reina Triste, yo conozco muy bien a mi espada. Mírala. La quiero tanto que no te sabría decir.

LA REINA TRISTE. — Es la espada de un rey.

AMADÍS. —¿Por qué lo sabes?

LA REINA TRISTE. — La conozco bien.

AMADÍS. — (*Abrazando la espad*a.) Qué orgullo, la espada de un rey conmigo. Yo, Reina, necesitaría ser . . .

LA REINA TRISTE. — ¿Qué?

AMADÍS. — Caballero como los que veo pasar por la lejanía . . . Llevan espada, caballo y armas, pero yo, reina . . . (*Inclina la cabeza*) nada de eso tengo. Sólo mi espada. Dime, ¿quién es aquella doncella que se esconde entre las demás?

LA REINA TRISTE. — Se llama la Sin-Par.

AMADÍS. — (*En su ingenuidad.*) ¿Por qué?

LA REINA TRISTE. — Porque no tiene semejanza con ninguna otra.

AMADÍS. — (*Anhelante.*) Sé que quiere mirarme y no puede. Sé que quisiera hablarme y no habla. Quiero ir hacia ella para . . . (*Intenta levantarse y la Reina Triste se impide.*)

LA REINA TRISTE. — Aún no.

AMADÍS. — ¿Por qué?

LA REINA TRISTE. — Porque quiero preguntarte si quieres ser servidor de estas doncellas.

AMADÍS. — (*Con humildad.*) ¿Yo, reina? . . . ¿Qué hacer para ello?

LA REINA TRISTE. — Venirte a mi palacio, donde estuvo tu hermano Gandelín y ya se fue.

BLANQUIDELA. — (*Levantándose, asustada, lo mismo que Gandeles.*) Gandeles, ¿por qué no me dijiste dónde estaba? ¿Por qué me dijiste

que había desaparecido por el bosque? *(Gandeles inclina la cabeza.*
Blanquidela se dirige a la reina.) ¿Dónde está, reina? ¿Dónde está?
LA REINA TRISTE. — Se fue a otras tierras.
BLANQUIDELA. — ¿Por qué?
LA REINA TRISTE. — No llegué a saberlo. Cuando alguien se va, es
mejor no preguntar.
BLANQUIDELA. — ¿Y por qué estuvo encerrado en este palacio sin yo
saber tanto tiempo de mi hijo?
LA REINA TRISTE. — Porque él lo quiso. Quería otra vida mejor. Y su
padre le dio lo que él deseaba.
BLANQUIDELA. — Ay, Gandeles, los libros que les leías tienen la culpa.
Por eso quise quemar todos los libros. ¿Qué quieres ahora?
¿Llevarte a mi hijo Amadís? *(Rápidamente abraza a Amadís.)* No te
irás, Amadís. No hay más verdad en este mundo que algo que ni
conoce esta reina—tener humildad y vivir amando el rincón donde
se nace. ¿Por qué consentiste esto, Gandeles? Ya te conozco bien,
reina. No supiste qué es la humildad y aseguraría que ni el amor.
Por eso envejeciste sin querer conocerte a ti misma. ¿Y la que no
quiere conocerse ni a sí misma, se quiere llevar a mi hijo Amadís?
LA REINA TRISTE. — *(Conteniendo una desesperación.)* Dios del cielo,
¿por qué me hiciste salir de palacio? ¿Por qué has hecho que hable
con un ser humano, cosa que aborrecía? ¿Quién puede saber de mí
lo que yo ni sé? A mi soledad vuelvo. Que entre al palacio tu hijo,
si es su deseo. Las puertas quedarán abiertas. *(Volviéndose y dando*
órdenes.) Que las cadenas queden como están. Que los portones no
cierren. Que Amadís decida.

(Amadís, abrazado a su espada, como el que sueña, se adelanta a todos y
entra por aquellos portones, con la mirada fija, perdida, ausente, con un
impulso arrebatador imposible de controlar nadie. Mientras Amadís entra
escuchamnos una música celestial que parece bajar de los cielos. La Reina
Triste, junto con La doncella Sin-Par y las otras que salieron, siguen a
Amadís. De nuevo, el ruido estremecedor de las cadenas vuelve a
escucharse, envuelto en la música celestial, mientras el portón se cierra y
Blanquidela cae arrodillada, llorando amargamente y llamando a Amadís.
Gandeles lo está viendo entrar. Los lamentos de Blanquidela se van
haciendo cada vez más intensos. Va llegando el oscuro. La escena queda
iluminada solamente por la luz de la ventana de la Reina Triste. Mientras
Blanquidela sigue en su desesperación lorando, oímos cantos que van
involviendo sala y escena. Cantos gloriosos. Al volver la luz vemos la

202

capilla del palacio de la Reina Triste. Capilla con su altar y sus velas encendidas. Allí está arrodillado Amadís, velando sus armas.)

LA CAPILLA

(Oriana se acerca. Así se llama la doncella que la Reina Triste dijo que era La Sin-Par. Oriana, muy tímida, llega hasta la puerta. Oriana tendrá unos trece años. Llama a Amadís con el pudor de la que no quiere interrumpirlo.)

ORIANA. — Amadís. *(Silencio. Amadís está en una especie de tránsito místico.)* Amadís.

AMADÍS. — *(Sin mirarla.)* Qué.

ORIANA. — ¿Qué haces tantas horas dentro de esta capilla y arrodillado como te veo?

AMADÍS. — Velar.

ORIANA. — Ni has bebido agua del río, ni has venido al jardín, ni has luchado con tu espada. Mírame.

AMADÍS. — Velo.

ORIANA. — ¿Pero no puedes mirarme?

AMADÍS. — Velo mis armas. Son las que están en el altar.

ORIANA. — ¿Quién te las dio?

AMADÍS. — Las dejó mi hermano Gandelín encima de este altar.

ORIANA. — ¿Cómo lo sabes?

AMADÍS. — Lo dejó escrito antes de irse. También dejó escrito que había un caballo blanco esperándome en el prado.

ORIANA. — ¿Y quién te armará caballero, Amadís?

AMADÍS. — Un rey que espero.

ORIANA. — ¿Esperas?

AMADÍS. — Sí. Mis armas resplandecen más y más. La luz de Dios está en ellas. El rey que espero estará llegando. ¿Escuchaste cuando amanecía un trotar de caballos?

ORIANA. — Lo escuché. Desde entonces estoy desvelada.

AMADÍS. — Unos reyes han venido pidiendo auxilio para la guerra. No dejaré de velar mis armas hasta que esos reyes vengan a esta capilla. *(Oriana, dando unos pasos hacia atrás, intenta alejarse de Amadís.)* ¿Dónde vas? ¿Por qué esos pasos tan silenciosos?

ORIANA. — Voy a donde nadie puede descubrir mis pasos. Te dejo solo. No quiero interrumpir más tus sueños. Sé que te irás, pero yo

203

te esperaré. Vayas donde vayas, te esperaré, y cuando ya no nos volvamos a ver, piensa en lo que Oriana te va a decir—no razones, porque razonar es morir. Busca. Busca por todos los caminos inciertos que vas a andar. Oigo pasos y mantos reales que arrastran cerca de aquí.

AMADÍS. — Yo también. (*Oriana salió en silencio, dando unos suaves pasos hacia atrás y siempre mirando a Amadís.*)

(*Por una parte vemos aparecer al Rey Perión de Gaula. Por otra, a la Reina Elisena, llamada también "La Perdida Santa." Ambos son los que arrastran los ricos mantos. Traen coronas respladecientes. Los dos se detienen mirando a Amadís. Amadís sigue valando las armas y no los mira.*)

¿Sois los reyes que llegasteis pidiendo auxilio para la guerra?

EL REY PERIÓN. — Sí.

AMADÍS. — ¿Cuál es tu nombre?

EL REY PERIÓN. — Soy el rey Perión de Gaula. Ella es la reina Elisena, llamada desde su niñez "La Perdida Santa."

AMADÍS. — No puedo dejar de velar mis armas. Pero sé que la reina Elisena necesita orar. Podéis hacerlo.

EL REY PERIÓN. — Queremos conocerte, Amadís.

AMADÍS. — ¿Cómo sabéis mi nombre?

EL REY PERIÓN. — Tu nombre está en los labios de todos los que viven en este palacio.

AMADÍS. — (*Levantándose.*) Si conocerme queréis, me levanto y os miro.

(*Hay un silencio mientras empieza a llegar la música que parece bajar del cielo. El rey Perión, mirando la cadena que Amadís lleva enroscada al cuello, con el anillo imperial, va cayendo arrodillado.*)

¿Por qué te arrodillas, rey?

EL REY PERIÓN. — Necesito oración.

(*"La Perdida Santa" se arrodilla también. Amadís, vuelto de espalda al altar, extiende los brazos y deja descansar sus manos en las armas.*)

AMADÍS. — Reyes, no quiero interrumpir vuestras oraciones, pero sí quisiera confesaros el desasosiego que no me deja vivir.

EL REY PERIÓN. — Queremos rezar.

(Vuelve el silencio. Una luz ilumina al Rey Perión. Los demás quedan entre sombras. Oímos, ahora, la voz del Rey Perión, como si la trajera el aire.)

VOZ DEL REY PERIÓN. — El anillo que lleva en la cadena del cuello es de la mismo forma que el que llevo en mi dedo. Se lo puse yo antes de meterlo en el arca y dejarla en el río. ¿Cómo decirle lo que siento?

AMADÍS. — Rey, veo lágrimas en tus ojos.

VOZ DEL REY PERIÓN. — Acaso vea lágrimas, pero, a mis años, ni las lágrimas pueden brotar.

(Se ilumina ahora la Perdida Santa. Oímos su voz. Los demás quedan entre sombras.)

VOZ DE LA PERDIDA SANTA. — Te reconocí enseguida, doncel mío. Pero, ¿cómo podré decirte lo que tu madre piensa? ¿Cómo decirte que naciste de mi vientre cuando aún no me había casado con este rey? Para ocultar mi vergüenza, te envolvimos en aquellos pañales . . . llevaban mis lágrimas y mis besos. Te abandonamos en aquella arca que dejamos que arrastrara el río.

(La luz vuelve al Rey Perión. Los demás quedan ahora, otra vez, entre sombras.)

VOZ DEL REY PERIÓN. — No quiso tener más hijos, pero éstos vinieron por un irremediable amor. Se ha pasado casi toda su vida como la que vive en contínua perdición. Le llaman la Perdida Santa por eso. Hijo mío, ella ha vivido como perdida en este mundo, desde que te abandonamos. Rezando en la capillas e iglesias a donde nuestros destinos nos llevaron. Odio las guerras, doncel mío. Odio los tronos. Odio la codicia y la ambición de reinar. Tal vez, cuando despiertes a la vida, creerás que tu padre alejó de su lado a todos sus hijos, por temor a que éstos se volvieran enemigos y quisieran ocupar mi trono. Pero no es así, doncel mío. Cómo te quisiera hablar si pudiera . . . Soy un rey vencido. Necesito tu piedad.

AMADÍS. — Si ya vuestras oraciones terminaron, quisiera confesaros este sinvivir que siento.

(Los reyes se van levantando. Amadís va confesando su secreto con una emoción contenida y con gran humildad.)

Tengo quince años. Me enseñaron a manejar la espada. Sé que hay caballeros que buscan lo que yo quisiera saber. Me han hablado de que en la Gran Bretaña las guerras se emprenden más y más. Yo quisiera olvidar los palacios, los tronos y las guerras y seguir . . . los caminos que siguen esos caballeros. Sabéis muy bien, reyes míos, por qué los caballeros van solitarios. Sabéis que así van porque olvidan las guerras para buscar el amor por todos. ¿No es hermoso, reyes? Mi sangre arde. Por eso quisiera, rey . . .
EL REY PERIÓN. — ¿Qué?
AMADÍS. — Que me armaras caballero andante. No me desamparéis. Mirarme aquí, arrodillado, suplicándoos.

(Una música suave empieza a sonar. Se diría que es una música celestial. El Rey Perión de Gaula abre una Biblia que había en el altar y poniendo una mano sobre ella dice:)

EL REY PERIÓN. — Desde hoy, Amadís, serás caballero andante. Tu nombre será, Amadís de Gaula, porque en el país de Gaula naciste.
AMADÍS. — *(Asombrado.)* Señor . . .

(La música sube de tono. Se oyen cantos. El Rey Perión de Gaula coloca en el pie derecho del doncel una espuela, diciendo:)

En nombre de Dios, coloco la espuela en tu diestro pie.

(La música se hace más conmovedora. Amadís coge la espada y la ciñe a su cintura. El Rey Perión le coloca el yelmo y le da la adarga, la coraza y la lanza. Vamos viendo, lentamente, aparecer a Oriana. Ya armado caballero, Amadís va a ella y sacando una tablilla encerada que escondía en la coraza, se arrodilla y lee:)

AMADÍS. — "Te da esta tablilla, Amadís Sin Tiempo, hijo de un rey y caballero de Oriana hasta la muerte." *(Se la da.)*

(Suena un redoble de tambores, mezclado con la música y los cantos que se hacen ahora más vigorosos. Oriana abraza la tablilla y Amadís se levanta diciendo:)

Mi caballo. Haré lo que nadie pudo hacer.

(Se enaltecen los redobles de tambores igualmente que la música y los cantos gloriosos y triunfales, mientras cae un telón, al parecer de lienzo blanco, como un hermoso tapiz, donde vemos pintadas escenas medievales de batallas con caballeros de lanza en ristre, con caballos desbocados. En el telón, podemos leer, escrito en letras góticas, lo siguiente:)

"Empiezan las aventuras de Amadís de Gaula"

(Va subiendo el telón, entre la misma música, cantos y redobles de tambores. Vemos al mancebo de los quince años dormido bajo un árbol. La escena se llena de luz resplandeciente. Van bajando los efectos acústicos y escuchamos el silbido extraño y el aletear de unas alas grandiosas, que van despertando, sorprendido, al mancebo. Vemos llegar volando a Urganda la Desconocida, hermosa dama, que cubre su rostro con unos velos y guía a una gigantesca serpiente alada, que es la que causa el silbido y mueve las fastuosas alas, brillantes como la luz del sol naciente. El doncel se levanta y desafía con la espada. Urganda la Desconocida se detiene, por un breve instant, ante el mancebo. No deja las maromas plateadas y brillantes con las que domina y guía a la serpiente.)

AMADÍS. — ¿Quién eres?
URGANDA LA DESCONOCIDA. — *(Su voz es tan suave que parece venir de otro mundo.)* La que nunca conocerás.
AMADÍS. — ¿No puedo ver tu cara?
URGANDA LA DESCONOCIDA. — No.
AMADÍS. — ¿Ni saber tu nombre?
URGANDA LA DESCONOCIDA. — Conténtate con saber que soy Urganda la Desconocida.
AMADÍS. — ¿Y no podré conocerte ya que llegaste?
URGANDA LA DESCONOCIDA. — Vine sólo un instante. Piensa de mí lo que quieras. No quiero quitarle a nadie el poder de pensar. Sólo te diré que vendré a ti cuando menos lo esperes y más me necesites.
AMADÍS. — ¿Por qué?

URGANDA LA DESCONOCIDA. — No preguntes.
AMADÍS. — Deseo saber.
URGANDA LA DESCONOCIDA. — De nada te valdrá.
AMADÍS. — Emprendo mi camino para saber.
URGANDA LA DESCONOCIDA. — ¿Por qué los seres humanos os empañáis en saber lo que nunca conoceréis?
AMADÍS. — Es mi misión. Soy caballero andante.
URGANDA LA DESCONOCIDA. — Pobre doncel.
AMADÍS. — No quiero que nadie se apiade de mí. Llevo conmigo la bendición de un rey. Llevo conmigo muchos dones celestiales.
URGANDA LA DESCONOCIDA. — Yo me apiado de ti y por eso he venido a traerte esta lanza. *(Se la arroja dulcemente a los pies.)*
AMADÍS. — *(Asombrado, mientras mira la lanza.)* Dios.
URGANDA LA DESCONOCIDA. — No te asombres. Cámbiala por la tuya. Y si empiezan tus asombros, tus dudas y tus desconfianzas, regresa por los caminos que viniste hacia aquí.
AMADÍS. — No regresaré. Seguiré.
URGANDA LA DESCONOCIDA. — Cuando más necesitado estás, utiliza la lanza.
AMADÍS. — No la cogeré.
URGANDA LA DESCONOCIDA. — Regreso, entonces, a mi lugar. *(Tira de los cordeles de la serpiente alada para emprender de nuevo el vuelo.)* No olvides los consejos que te da Urganda la Desconocida. La lanza y yo seremos tus mejores amigos.

(La serpiente silba de nuevo y las gigantescas alas parecen quiere herir los aires. Los velos y la hermosura de la arrogante dama empiezan a mover los vientos. Urganda la Desconocida intenta volar con su serpiente, cuando Amadís deja la espada, coge la lanza y le pregunta:)

AMADÍS. — No puedo comprender por qué dejas aquí la lanza. No puedo comprender el por qué la voy a necesitar.
URGANDA LA DESCONOCIDA. — Ya te lo dije. En los mayores peligros, recurre a ella. Esta lanza es el mayor poder que se les da a los enamorados. ¿Sabes a quién tienes que agradecer esta ofrenda?
AMADÍS. — No.
URGANDA LA DESCONOCIDA. — *(Mientras inicia el vuelo.)* A la Sin-Par Oriana.
AMADÍS. — *(Asustado.)* ¿Cómo conoces ese nombre?

URGANDA LA DESCONOCIDA. — Conozco los nombres de todos los enamorados.

(Amadís coge y besa la lanza, acordándose de Oriana, mientras Urganda la Desconocida, con gran arrogancia, emprendió el vuelo hasta desaparecer. La música y las voces celestiales inundan, otra vez, sala y escena.)

(Escuchamos, de pronto, desesperantes gritos de una doncella. Amadís, mira a unos lados y a otros, cogiendo de nuevo la espada. Vemos aparecer a la doncella que grita desesperada. Trae los cabellos desordenados por el viento. Llega descalza, con la túnica jironada, los pechos semidesnudos, huyendo no sabemos de qué. Al llegar junto a Amadís, se le arroja a los pies y se le abraza.)

AMADÍS. — ¿Qué te ocurre?

(La doncella grita y grita como una almaña. Parece que va a morir. Amadís se le arrodilla y la coge entre los brazos.)

Traes la boca sedienta. ¿Quieres agua? *(La doncella, en su desesperación, sigue presa en dolorosas convulsiones y dice que no con la cabeza.)* Nunca vi a nadie en el estado en que te veo. Sangras. Tus cabellos no me dejan ver tu cara. Traes arañazos en tu cuerpo y tu túnica jironada. ¿Hay fieras en estas tierras?
LA DONCELLA. — *(En su desesperación.)* Más que fieras, señor.
AMADÍS. — Dime qué te pasó. Dime en qué puedo aliviarte.
LA DONCELLA. — Ya no me podrás aliviar, señor.
AMADÍS. — ¿Tan grande es tu desconsuelo? ¿Mueres o vives?
LA DONCELLA. — Muero, señor.
AMADÍS. — ¿Qué puedo hacer para que no mueras?
LA DONCELLA. — Nada, señor. Déjeme morir en sus pies. Quiero sentir el calor de un cuerpo junto al mío a la hora de morir.
AMADÍS. — ¿Te mordieron las fieras? Traes bocados por tus brazos y tus pechos.
LA DONCELLA. — Peor que las fieras.
AMADÍS. — Dime.
LA DONCELLA. — No. Mi mal ya no tiene remedio. Quiero morir. Morir.
AMADÍS. — Allá abajo hay un río donde dejé a mi caballo. Te llevaré y con el agua curaré tus heridas.

LA DONCELLA. — Estas heridas no se curarán.

AMADÍS. — Vamos al río.

LA DONCELLA. — No señor, déjame morir en sus pies.

AMADÍS. — Levanta.

LA DONCELLA. — No. Mi honra ha muerto y yo quiero morir con mi honra.

AMADÍS. — ¿Tu honra?

LA DONCELLA. — Mi honra, señor. Soy campesina. Ayudo a mis padres a sembrar los campos. Allá lejos. En aquel pueblo lejano. Preparo la harina para amasar el pan. Cuando el pan está hecho, lo llevo en mi asno a todas las casas del pueblo. Todos me conocen. Pero ya no los veré más. Huyo sin saber donde ir. Ni veré más a mis padres, ni sembraré la tierra, ni amasaré el pan, ni lo llevaré a las casas de los vecinos que me vieron nacer y que me quieren.

AMADÍS. — Quiero ser tu servidor. Quiero remediar tu mal, por muy irremediable que sea.

LA DONCELLA. — *(Desesperada aún más.)* No. No. No. Mi mal no tiene salvación.

AMADÍS. — Todos los males del mundo la tienen.

LA DONCELLA. — El mío no. No. Sólo quiero una maroma para colgarla en el árbol que veo y enroscarla a mi cuello. Al pueblo no volveré más. No volveré. No volveré. Señor, quien quiera que seas, dame la muerte con tu espada. *(Golpeando la tierra con los puños.)* Me aborrezco para siempre. Me aborrezco.

AMADÍS. — *(Hincándose de rodillas y congiéndole las manos.)* Deja de golpear la tierra y dime, en nomber de Dios, qué puedo hacer por ti.

(Silencio.)

LA DONCELLA. — *(Mascullante y con odio contenido.)* Traerme su cabeza. La cabeza de quien me quitó la honra. Me quitó la honra el mancebo que más quise y quiero. *(Narra ahora como la que ve lo que dice.)* Me persigue. Estará escondido en el bosque, pero saldrá a mi encuentro. Quizá esté cerca de aquí. Sí. Ha de estar cerca de aquí. Tiemblo, señor, porque he descubierto que no me quiere. Decía llevarme al altar a que nos bendijeran y lo que deseaba era mi cuerpo. Yo soñaba con ser su compañera. Junto al molino hicimos nuestra cabaña. Fui este amanecer por espigas. Me salió al encuentro como un desconocido. Me dijo que no quería bendiciones en el altar, sino mi cuerpo. Se arrojó sobre mí y me revolcó por la tierra.

210

Me rompía la túnica a bocados. Clavaba sus dientes en mi carne.
Me dejó desnuda. Era una fiera lo que descubrí en él.
Revolcándonos desnudos por la tierra, intenté gritar pidiendo salvación. Me tapó la boca. Sus fuerzas eran mayores que las mías. Me
llevó arrastrando de unos lugares a otros. Pude escapar y huir
perseguida. Y perseguida sigo por el mancebo que creí mi enamorado. Mátame, caballero, o tráeme la cabeza del mancebo que me
enamora. Quiero entrar con la cabeza en el pueblo. Es la única
forma de ir con los míos. *(En reacción de arrepentimiento dice con más
furia.)* Pero no. No. No. No. No le hagas daño al ladrón de mi
honra. Que viva. Que huya a otras tierras sin mí. Ése será su peor
castigo.

AMADÍS. — *(Levantándose conmovido, altanero, con la mirada fija hacia un
sitio perdido.)* He de buscar a tu ladrón. Y he de traerte su cabeza.

LA DONCELLA. — *(Abrazándose de nuevo a los pies de Amadís.)* No, mi
señor, no. Soy yo la que tiene que morir. No podrás encontrarlo,
porque no sabrás quién es, y yo no te lo diría.

AMADÍS. — Voy en su busca por el otero abajo.

LA DONCELLA. — *(Abrazando los pies aún más desesperada.)* No, mi
señor, no.

*(Aparece jadeante, sudoroso, con ropa también jironada, un mancebo que
trae una espada en la mano.)*

AMADÍS. — ¿Quién eres?

EL MANCEBO. — *(Conteniendo un rencor.)* Deja a la que busco.
Arrastrando me la llevaré de aquí. Es mía. Mía ya.

AMADÍS. — No. Mientras yo sea Amadís de Gaula.

EL MANCEBO. — Aparta.

AMADÍS. — No apartaré. Lucha. Lucha conmigo ya que llevas espada
en mano.

EL MANCEBO. — Lucho.

(La lucha se hace encarnizada.)

AMADÍS. — Que mi adarga vaya al río. *(La tira. La adarga cae rodando
por el otero.)* Tú con espada, yo con otra. Lucha ahora. Lucha.

EL MANCEBO. — Lucho.

(Son dos alimañas en lucha. Amadís logra cortarle la cabeza. La doncella da un grito en la mayor desesperación. Amadís coge la cabeza ensangrentada y se la da a la doncella.)

AMADÍS. — Lo que querías.

(La doncella está sin poder hablar, mirando y mirando la cabeza con infinito cariño.)

LA DONCELLA. — *(En el estado de asombro y enloquecimiento en que está.)* ¿Cómo has dicho que te llamás, gran señor?
AMADÍS. — Me llamo Amadís. Adiós, manceba. No nos veremos más. *(Amadís vuelve la espalda y sale.)*
LA DONCELLA. — *(Sin poder creer lo que ve, con la cabeza del amante entre sus manos, se arrodilla y dice, levantando la cabeza cortada.)* Ahora, ya te tendré siempre.
LA CABEZA. — *(Con mucho cariño contesta a la manceba.)* Siempre.

(La manceba, sorprendida, no puede creer lo que oye. Se cree que está delirando.)

LA DONCELLA. — ¿Oí tu voz o es mi delirio?
LA CABEZA. — Es mi voz. Mi voz que estaré hablándote y diciéndote todo el amor que por ti siento. Te quise desde el primer beso que te di. Beso que tú no supiste comprender. Ya me tendrás como querías.
LA DONCELLA. — *(Con gran pánico.)* Te dejo en el suelo.
LA CABEZA. — No podrás dejarme. Ahora soy yo el que lo pido. Llévame. Llévame contigo.

(La Doncella, hincada de rodillas, está presa de torturantes sentimientos.)

No padezcas. Ya me tienes a tu lado como querías.
LA DONCELLA. — *(Con mucho miedo lleva las manos a acariciar la cara.)* Como quería, mi amor. *(La besa.)* Siempre a mi lado. Siempre. Siempre. *(Se levanta con la cabeza entre las manos, sin dejar de mirarla a los ojos y hablándole.)* Un asesino cortó tu cabeza. Mira, ese que baja por el otero. *(Sufriendo una reacción violenta, con la cabeza entre las manos, dice.)* Asesino. Asesino. Cortaste la cabeza al amor de mi vida. A mí, favor. Mancebos que aráis los campos. Dejar la azada y

las yuntas y perseguir al asesino. No debe vivir. Mirarlo bajar. Míralo con su caballo intentando huir. Amadís fue el culpable de este crimen. Yo te acaricio y te beso, cabeza mía. Mancebos que labráis la tierra, coged al que dice llamarse Amadís. Buscarlo noche y día hasta que pague su crimen. (*Besando los labios de la cabeza y alzándola a los cielos.*) Dios. Dale la peor de las desdichas al que dice llamarse Amadís.

(*Música de tambores y ruidos infernales. Ha ido oscureciendo mientras la manceba tiene la cabeza alzada entre sus manos, clamando al cielo. Oscuro.*)

(*La música infernal continúa hasta que va volviendo la luz. Los rayos del sol se entrecruzan por las gigantescas ramas de los árboles de un bosque. Amadís está dormido. Van apareciendo varios mancebos por distintos lugares, armados con varas, garrotes y horcas. Se van acercando a Amadís.*)

UN MANCEBO. — ¿Será éste?
OTRO. — Tiene que ser.
OTRO. — Dijeron que tenía un caballo blanco.
OTRO. — El que vimos paciendo de la hierba del prado.
OTRO. — Sí. Estaba paciendo y no nos oyó.
OTRO. — Decían que tenía espada.
OTRO. — Y la tiene.
OTRO. — ¿Dónde está?
OTRO. — Tras el árbol.
OTRO. — Ya la veo.
OTRO. — Y yo.
OTRO. — Éste es.
OTRO. — Es.
OTRO. — Alzar varas, horcas y garrotes y démosle la muerte.

(*Todos alzan varas, horcas y garrotes. Uno de ellos impide la intención.*)

OTRO. — Seríamos unos cobardes, si matamos al que duerme. Hay que despertarlo.
OTRO. — Con el pie. Con patadas. Como se merece el asesino.
OTRO. — Sí. Pero que se defienda.

213

(Empiezan a darle patadas. Amadís despierta y al ver la emboscada que se prepara, echa mano a su espada.)

OTRO. — *(Con rencor y cinismo.)* No, con otra vara. ¿Quieres vara, horca o garrote? *(Le arroja todo lo que dice.)* Defiéndete, asesino. Defiéndete con las mismás armas que nosotros. Y si no las coges, lucha con la fuerza de nuestros brazos. *(Mostrándolos.)* Míralos. Son brazos de campesinos.

OTRO. — Hartos de tirar de araos.

OTRO. — Hartos de labrar la tierra.

OTRO. — Para que tú cortes la cabeza del mejor mozo de nuestras tierras.

OTRO. — El mejor enamorado.

OTRO. — Nuestro amigo.

OTRO. — *(Con furia y encajando los dientes.)* Nuestro. ¿Sabes lo que es una amistad?

OTRO. — Lucha, asesino.

OTRO. — Ven a mis puños.

OTRO. — Quieto. A los míos. Yo sólo con él. Anda, lucha.

(Luchan ferozmente. Amadís llega a vencer, acorralando al desafiante contra el grueso árbol donde dormía. Cuando los demás ven vencido al que primero se lanzó a Amadís, se arrojan sobre el Doncel y lo golpean sin compasión, hasta que Amadís, sin fuerzas, va cayendo desafallecido en la tierra. Cuando los mancebos lo ven moribundo y creen que la muerte llega, uno clama triunfante: "Huyamos." Todos huyen. Amadís, con un contenido gemido va soportando su dolor y así cae junto al árbol, mientras vuelve la música infernal y los ruidos de tambores. Oscuro.)

(Al volver la luz, Amadís va despertando. Intenta sobreponerse al dolor, cuando oye como si hombres blandieran las espadas. Blandir que se va acercando más y más. Amadís echa mano a su espada. Poco a poco, los que luchan van entrando en escena. Amadís se esconde tras el árbol mientras oye las palabras de los luchadores. Observa que un gigante lucha con un mancebo fuerte y valiente.)

EL GIGANTE DE LA PEÑA DE GALTARES. — *(En la lucha.)* Nadie se atrevió jamás a desobedecer al gran gigante, señor de la Peña de Galtares, que soy yo. Yo. Tu amo.

GALAOR. — Yo soy Galaor, hijo de un rey, y no tengo amo. Sigo los impulsos de mi propia libertad.

EL GIGANTE DE LA PEÑA DE GALTARES. — Libertad que desaparecerá, porque te venceré, y tu cuerpo será devorado por las fieras.

GALAOR. — El tuyo, señor de la Peña de Galtares. Tu crueldad y soberbia son tan grandes que no puedes resistirte ni a ti mismo.

EL GIGANTE DE LA PEÑA DE GALTARES. — Te adiestré en el manejo de la espada. Te di todos los secretos de los nobles caballeros andantes y tú te has rebelado con el gran señor de la Peña de Galtares. ¿Quién te crees que eres?

GALAOR. — Uno que es más poderoso que tú. Mi inteligencia es mayor que la tuya. Ni podrás vencer mi inteligencia ni mi libertad.

EL GIGANTE DE LA PEÑA DE GALTARES. — Las venceré. Date por muerto, Galaor.

GALAOR. — Sé el manejo de la espada como pocos. Tú me enseñaste a no saber perder.

EL GIGANTE DE LA PEÑA DE GALTARES. — *(Triunfal.)* Ya. Ya te tengo en el suelo. No acabaste de aprender de mí. Partiré tu cabeza.

(Galaor intenta escapar del suelo donde el gigante lo tiene con un pie encima del cuerpo y la espada en alto para darle el golpe morta. Pero Galaor escapa.)

Qué bien. Supiste defenderte con una buena artimaña, pero no escaparás a una segunda derrota. Lo sé bien. Peleé con hombres muy poderosos que vinieron a esos lugares y a todos vencí.

GALAOR. — A Galaor no vencerás.

EL GIGANTE DE LA PEÑA DE GALTARES. — *(Encolerizado.)* Te venceré. *(Lucha con más ímpetu hasta rendir las fuerzas de Galaor. Galaor está acorralado entre dos árboles. La espada cayó al suelo. El gigante vuelve a exclamar triunfante.)* Venciste, señor de la Peña de Galtares.

GALAOR. — Aún no.

EL GIGANTE DE LA PEÑA DE GALTARES. — Mi espada abrirá tu cuerpo en dos pedazos. Muere de una vez. *(Va a darle la muerte cuando Amadís sale y le clava en la espalda la lanza de Urganda la Desconocida. El gigante deja escapar un lamento y va cayendo, poco a poco, sin vida, en la tierra. Los dos mancebos lo ven morir. Amadís arranca del cuerpo del gigante la lanza ensangrentada. Los dos mancebos se miran sorprendidos.)*

215

GALAOR. — ¿Quién eres?

AMADÍS. — Amadís.

GALAOR. — ¿Dónde estabas?

AMADÍS. — Oculto tras aquel árbol.

GALAOR. — ¿Sabes quién soy?

AMADÍS. — Sé que has dicho que te llamás Galaor. Oí blandir vuestras espadas y quise esperar hasta el último momento, porque confié en tu destreza y estaba seguro de que ibas a vencer.

GALAOR. — Fue muy dudosa mi suerte.

AMADÍS. — Lo fue.

GALAOR. — ¿Cómo viniste hasta aquí?

AMADÍS. — Voy cabalgando por todos los caminos. Necesito luz. Y no hay mayor luz que la que uno mismo encuentra, sin que nadie nos enseñe.

GALAOR. — ¿Eres caballero andante?

AMADÍS. — Lo soy.

GALAOR. — Yo pedía bendiciones para que me armaran caballero, pero el señor de la Peña de Galtares esquivaba mis deseos para que no alcanzara los dones tan preciados de la caballería. (*Amadís queda pensaivo, con la mirada fija y perdida.*) ¿Qué piensas, Amadís?

AMADÍS. — No pienso, sino sueño que la vida de los hombres debiera ser eterna para aprender tanto como nos falta por saber. (*Galaor, como abatido por las palabras de Amadís, se sienta en la tierra.*) ¿Por qué te sientas en al tierra como el que está desamparado?

GALAOR. — Pienso. Pienso en todo este sinvivir que llevo dentro.

AMADÍS. — ¿Sinvivir?

GALAOR. — Sinvivir, porque aunque el señor de la Peña de Galtares me enseñó todo lo que sé, no cabalgué por ningún camino. El señor de la Peña de Galtares no me habló de la verdad que debe sentir un caballero andante

AMADÍS. — Entonces, ¿para qué te educaba?

GALAOR. — Cuando me educó, quería ser mi amo. Me dijo, "ya que te eduqué, ahora tienes que servirme." Sentí la mayor humillación de mi vida y me rebelé contra mi maestro.

AMADÍS. — ¿Maestro puedes llamar a éste que quiso que murieras?

GALAOR. — Maestro, porque sé agradecer, pero no pensé que el maestro me educara para ser su esclavo.

AMADÍS. — ¡A que profunda sabiduría me llevas . . . !

GALAOR. — ¿Por qué?

AMADÍS. — Porque pienso en que, acaso, todos los hombres del mundo serán así. Todo un puro engaño. Si así fueran hasta los ideales y sentimientos de los reyes, qué pobreza, entonces, la de la vida humana; qué pobreza la de los reinos. ¿Quién querrá a alguien en este mundo? *(Se sienta pesaroso junto a Galaor.)*

GALAOR. — ¿Qué piensas, Amadís?

AMADÍS. — Pienso, por unos momentos, si la existencia merece vivirse en lucha por los demás.

GALAOR. — No desconfíes. Tu lucha es esa. Y la mía podría ser igual a la tuya. *(En reacción de felicidad inesperada.)* Sí, Amadís. Hemos de seguir. Me liberaste y es ahora cuando pienso que empezaré a saber. *(Se levanta feliz.)* Sí. Seguir. Seguir siempre. Yo luché por mi libertad. Tú me has traído la libertad. Bendito tu encuentro y bendita tu lanza que mató al que quería ser mi amo.

AMADÍS. — La lanza no es mía.

GALAOR. — ¿La robaste?

AMADÍS. — No sé robar.

GALAOR. — ¿Dónde encontraste una lanza tan poderosa?

AMADÍS. — Me la dio Urganda la Desconocida, que un día llegó volando en su serpiente alada.

GALAOR. — *(Admirado.)* ¡Urganda la Desconocida! ¿Por qué miras la lanza de esa forma?

AMADÍS. — Porque en ella veo a Oriana.

GALAOR. — ¿Quién es Oriana?

AMADÍS. — Quizá no lo sepa nunca.

GALAOR. — *(Repitiendo encantado, con los ojos soñadores.)* Quizá . . . no . . . lo sepa nunca . . . *(Vuelve a sentarse junto a Amadís, con gran felicidad.)* Amadís, no podré olvidar este encuentro. Me das unas fuerzas que no tuve. Lucharé con todo lo que haya que luchar. No me importa si estas luchas serán baldías. No me importa encontrar la desilusión. No pensemos en al esclavitud, ni en la guerra, ni en la vejez, ni en la muerte, sino en que hay que vivir el presente de cada día. Hay mucho por hacer. Mucho por vivir. Mucho por conocer. *(Más feliz aún.)* Sí. Lucharé como tú. No te aflijas, Amadís. Me has liberado del cautiverio del que quiso traicionarme. *(Señalando al gigante.)* Míralo ahí. ¿De qué le sirvieron sus codicias, sus mentiras y sus ambiciones?

AMADÍS. — ¿Quién eres que así me alientas? ¿Dónde naciste?

GALAOR. — No lo sé, Amadís. Sólo sé que quisiera bendecirte. Desde niño me dejaron en manos de éste que ya vemos ensombrecido por la muerte. Cojamos los caballos y cada uno de nosotros vayamos por un lugar de la tierra. Dame tu mano, Amadís.

(Amadís le va alargando la mano. Al verse las manos, los dos se extrañan.)

AMADÍS. — ¿Quién eres que tu mano es tan semejante a la mía? Diría que es mi mano misma.

GALAOR. — Ya lo oíste. Soy Galaor, hijo de un rey. El rey que me puso al servicio del señor que ves aquí.

AMADÍS. — ¿Dónde está ese rey y por qué hizo eso contigo?

GALAOR. — No volví a verlo. No sé si vivirá. Se llamaba Perión de Gaula. Era esposo de la reina Elisena, la llamada Perdida Santa. *(Amadís se va levantando poco a poco, mirando con asombro. Galaor se retira con el mismo asombro.)* Tienes lágrimas en los ojos. ¿Por qué esas lágrimas a punto de brotar?

(Amadís se vuelve de espalda. Se apoya en un árbol como el que tiene vergüenza de que Galaor vea sus lágrimas.)

AMADÍS. — No lloro. Es que me has hecho comprender cosas de mi destino que no sabía. *(De pronto, en reacción brusca, con sus puños golpea y golpea el árbol.)*

GALAOR. — ¡Amadís!

AMADÍS. — ¡El rey Perión de Gaula olvidándose de sus hijos y dándolos para la esclavitud!

GALAOR. — *(Asustado.)* Amadís, se hieren tus manos.

AMADÍS. — Que se hieran. Ay, reyes poderosos de la tierra, ¿de qué os sirven los tronos si abandonáis a vuestros propios hijos? ¿Quién os daría el don del poder? ¿Será el poder la ambición mayor que arrastra a los hombres a la corrupción? ¿Qué pretendes encontrar en este mundo, rey Perión? *(Golpeando con más fuerza.)* ¿Por qué me armaste caballero, rey Perión de Gaula? ¿Acaso sabías que era la manera de que tu hijo Amadís no te hiciera sombra en el trono, o fue porque tu bondad es tanta que no quieres ver a tus hijos luchando para encontrar las corupciones de los reinos? *(Más furioso aún.)* Pero, ¿por qué tus lágrimas querían brotar cuando te arrodillaste en la capilla? Ay, dolor de los dolores. No saber de mí mismo ni de nadie. ¿Acaso recibí tus dones y bendición porque sabes que los caballeros andantes se alejan de los reinos y su fin último es la conquista del vacío de este mundo?

GALAOR. — *(Intentando coger los puños de Amadís, que ya sangran de tanto golpear.)* Amadís. Amadís.

AMADÍS. — Deja que se hieran mis puños y que mis lamentos estremezcan los cielos. ¿Por qué, rey Perión, seguirá a tu lado la reina Elisena, la Perdida Santa? Ya sé bien de su tristeza. Será esto amor? ¿Será amor no poder separarse unos seres de otros, soportándose sean como sean cada uno? Reina, ¿el amor puede llegar hasta el perdón de esa manera? ¿Por amor perdonas y sigues toda la vida al lado de un hombre que no sabrás lo que piensa, lo que hace, lo que decide? Si el amor fuera así, es mucha la grandeza que tienes, reina mía, madre mía, para resistir tanto. ¡Cuánto desearía saber de una mujer enamorada como tú! Ay, Perión de Gaula, cuánto desearía saber de la intimidad de un rey como tú. ¿Por qué fuiste al palacio de la Reina Triste a pedir auxilio para la guerra? ¿Era para apoderarte de otro reino? ¿Era para desprenderte de otro hijo, que soy yo, Amadís?

GALAOR. — Te pido que dejes de golpear. Tus manos se hieren.

AMADÍS. — ¿Cómo no seguir, Galaor, enristrando la lanza por tanto camino desconocido en busca de la esperenza de conocer? ¡Árboles del bosque, tierras, ríos, montes, estrellas, cielo! ¿En qué puede confiar un caballero andante? ¡Pues en busca de la justicia voy! ¡La justicia tiene que existir! Adelante, Galaor.

GALAOR. — Contigo voy.

(Ruidos de tambores. Los aires parecen que se parten y vemos bajar volando a la figura de la reina Elisena quien, como una aparición sobrenatural, intercede entre los dos hermanos, apartando a uno de otro. Los hermanos, sorprendidos, van dando pasos hacia atrás y cada uno camina por un lado opuesto, mientras los aires revolotean los preciosos velos que encubren a la reina Elisena.)

(Suena una música lejana. Mientras los hermanos se alejan y la visión de la reina Elisena va desapareciendo, oímos, entonces, el llanto de una persona, que empezamos a ver vuelta de espalda, frente a un río que serpentea. Está amaneciendo. Amadís, cabalgando, oye el llanto y se detiene. Se apea del caballo y se acerca al que llora.)

AMADÍS. — ¿Quién eres?

EL ENANO ARDIÁN. — *(Sin dejar de llorar.)* Nadie.

AMADÍS. — ¿Nadie?

EL ENANO ARDIÁN. — Nadie. El río que vemos pasar y alejarse es alguien. Yo no soy nadie.

AMADÍS. — ¿Ni tienes nombre?

EL ENANO ARDIÁN. — Me llamo Ardián.

AMADÍS. — ¿Por qué no te levantas y me dices la causa de tu llanto?

EL ENANO ARDIÁN. — Sigue tu camino, buen caballero.

AMADÍS. — No puedo dejarte con esas lágrimas que derramás. Levanta. Mírame.

EL ENANO ARDIÁN. — No. No.

AMADÍS. — ¿Por qué ese temor?

EL ENANO ARDIÁN. — Porque no soy nadie. Si vieras mi cuerpo y mi cara, te asombrarías, como se asombran todos los que me ven. Y lo peor aún, tendrías, como todos tienen, misericordia de mí.

AMADÍS. — No puedo creer que haya una sola persona que asombre a las demás y que se llegue a sentir por ella misericordia.

EL ENANO ARDIÁN. — Y hasta compasión.

AMADÍS. — Mírame y levanta.

EL ENANO ARDIÁN. — *(Llorando con más pena.)* No. Te he dicho que no. Sigue tu camino. A mí no podrá nadie consolarme.

AMADÍS. — ¿Tan difícil es el consuelo que otros puedan darte?

EL ENANO ARDIÁN. — Nadie me lo dio. No sé lo que es consuelo de nadie.

AMADÍS. — Levanta. Déjame ver tu cara.

EL ENANO ARDIÁN. — *(Llorando más.)* No. Me senté de espalda al camino para ver el río, para hablar con los vientos, con los cielos, con la lejanía. Ellos no se asombran de mí.

AMADÍS. — ¿Y dónde vives?

EL ENANO ARDIÁN. — En una cabaña sin ventanas ni puertas. Entro a la cabaña, como los animales, por un agujero que hice para poder entrar, pero enseguida cierro el agujero.

AMADÍS. — ¿De qué vives?

EL ENANO ARDIÁN. — Bebo agua del río y como fruta. Como también hierbas de los bosques. No voy al pueblo más cercano. No quiero ver ni que me vean. Mi cabaña está llena de libros y leo, leo. Al leer, sueño. Yo podría haber sido tanto . . .

AMADÍS. — Levanta, mi amigo. Si no lo haces, daré la vuelta y te veré.

EL ENANO ARDIÁN. — *(Asustadísimo.)* Ni lo intentes. *(Se acurruca entre sus propios brazos.)* No me verás.

AMADÍS. — Te veré. No me hagas pensar que, oyéndote hablar, como te oigo, haya hombres tan cobardes que no se atrevan a encontrar la amistad del que se la ofrece.

EL ENANO ARDIÁN. — No soy cobarde.

AMADÍS. — ¿Y no confías ni el el consuelo, ni en la amistad del que te la ofrece?

EL ENANO ARDIÁN. — Mis desesperanzas fueron muchas. Mis desencantos fueron crueles. ¿Por qué viniste a interrumpir mi hora en la que puedo hablar con todo aquello que no tiene palabras?

AMADÍS. — Yo no vine a interrumpirte. Ni quiero quitarte tu paz. Ni quiero quitarte tus palabras para hablar con todo lo que dices. Palabras que tienen que tener una sabiduría que yo, quizá, no pueda comprender. Seguiré mi camino y me llevaré el recuerdo de un hombre que necesitaba consuelo y no pude consolar.

(Amadís intenta seguir su camino. Ardián levanta la cabeza y mira, poco a poco, con terrible miedo a Amadís. Así, con gran terror, se levanta. Vemos la figura deforme de un enano, quien se queda mirando fijamente a Amadís, espiando sus reacciones. Amadís queda sin sufrir reacción alguna, como el que ve a un amigo que conoció siempre.)

EL ENANO ARDIÁN. — Ni te espanta mi figura.

AMADÍS. — ¿Por qué ha de espantarme? Cada uno somos como nos hicieron. Y la mayor grandeza de los hombres es poder soportarnos como somos.

EL ENANO ARDIÁN. — Pero yo siento la burla de todos, la compasión de todos y hasta el apaidamiento de todos. Nadie hay en esta vida capaz de ser como dices. Huyo de las personas y, llorando en este mismo lugar, he mirado al cielo y he pedido haber nacido fiera. Así mordería y hasta mataría a tantos como han hecho burla de mí.

AMADÍS. — No es digno lo que dices de un hombre de tu sabiduría.

EL ENANO ARDIÁN. — Sin embargo, así lo siento y lo digo, señor. Cuántas veces soñé que las aguas del río arrastraran mi cuerpo sin vida y me dejaran a la orilla desconocida de un lugar solitario. Y hay algo más grave, señor. *(Se arrodilla, llorando de nuevo, y se cubre la cara con las manos.)*

AMADÍS. — ¿Y es?

EL ENANO ARDIÁN. — Que no tengo don, señor.

AMADÍS. — Pocos lo tienen con la dignidad que hay que tenerlo. Hay tantos seres que viven traicionando continuamente su don . . .

EL ENANO ARDIÁN. — Lo sé por los muchos libros que leo. Pero yo, al menos con mi don, sería algo . . . Lograría el respeto de todos.

AMADÍS. — Calma tu llanto y dime qué puedo hacer por ti.

EL ENANO ARDIÁN. — *(Llorando amargamente.)* Nada. Lo que no conseguí antes, no lo conseguiré después. Pero sí, algo hermoso todavía podría hacer por los demás y alcanzar el don.

AMADÍS. — ¿Y es?

EL ENANO ARDIÁN. — ¿Puedo confiar en ti?

AMADÍS. — No sé hasta dónde los hombres podemos confiar unos en otros. Sé que cambiamos tanto que hasta llegamos a hacernos enemigos de nosotros mismos. Hoy pensamos afirmando y confiando en lo que decimos y mañana lo negamos.

EL ENANO ARDIÁN. — *(Con terror contenido.)* Sí. Así son todos los que conozco.

AMADÍS. — Yo podría ser igual, pero desenvaino mi espada.

EL ENANO ARDIÁN. — ¿Qué hace, mi señor?

AMADÍS. — Jurar ante los cielos y por la honra de mi espada que no te traicionaré. Pido a Dios mi muerte, antes que traicione a un semejante.

EL ENANO ARDIÁN. — *(Con alegría contenida.)* ¿Me consideras tu semejante?

AMADÍS. — ¿Cómo no he de considerarte? *(Haciendo su ofrenda a los cielos.)* Juro que jamás traicionaré a Ardián.

EL ENANO ARDIÁN. — *(Arrojándose a los pies de Amadís y abrazándosele.)* ¿Sabes lo que es el dolor ajeno?

AMADÍS. — Quiero saberlo.

EL ENANO ARDIÁN. — ¿Sabes lo que sería poder salvar a muchas reinas enamoradas que mueren de amor, cautivas, en unas mazmorras?

AMADÍS. — *(Asombrado.)* Que mueren de amor en unas mazmorras . . .

EL ENANO ARDIÁN. — Así es, mi señor.

AMADÍS. — Cabalgaré contigo hasta llegar donde ellas estén y salvaré a todas esas reinas que mueren de amor.

EL ENANO ARDIÁN. — *(Conteniendo su felicidad.)* Entonces, habré conseguido algo tan poderoso que ganaré uno de los mejores dones que puedan ganarse. Los demás me respetarán. *(Soñador.)* Seré un gran señor.

AMADÍS. — *(Valeroso y con gran entusiasmo.)* ¿Dónde están las reinas que dices? ¿Dónde?

EL ENANO ARDIÁN. — Mire allá lejos. Mire. En la lejanía aquella donde el río se une con el cielo, hay un palacio.

AMADÍS. — Lo veo.

EL ENANO ARDIÁN. — Pero . . . es muy peligroso entrar.

AMADÍS. — ¿Por qué?

EL ENANO ARDIÁN. — *(Casi en secreto y con mucho miedo.)* Porque en él vive el mago Arcalaus que es quien tiene a las reinas muriendo de amor en las mazmorras.

AMADÍS. — ¿Y eso te acobarda?

EL ENANO ARDIÁN. — Yendo contigo, no. Sabrás vencer.

AMADÍS. — Ardián, sube a mi caballo.

EL ENANO ARDIÁN — *(Con más miedo aún.)* No sé subir.

AMADÍS — Una sola cosa te diré para que te venzas a ti mismo y subas en mi caballo.

EL ENANO ARDIÁN — ¿Cuál?

AMADÍS — La de que vas a conseguir el deseado don. Sube, Ardián. Sube solo.

EL ENANO ARDIÁN — *(Con ímpetu inesperado.)* Subo, mi señor. *(A duras penas, el enano sube al caballo. Ya en la grupa, exclama con alegría.)* Llegué.

AMADÍS — A todo lo que se aspira se llega. Llegaste, Ardián. Nadie vencerá nuestra valentía y nuestro deseo de justicia. *(Subiendo al caballo.)* Agárrate al cinto de mi espada. Desde hoy, Ardián, tienes para mí un don. El don de vencer el miedo de ti mismo subiendo a mi caballo. Venceremos al mago Arcalaus. Por muchos dones que el mago Arcalaus tenga para vencer a los demás, no serán comparables con el tuyo al confiarme tan honroso secreto. *(Subidos en el caballo, lanza en ristre, Amadís parece desafiar.)* Adelante caballo. Ves abriendo las puertas de tu castillo, Arcalaus. El poderoso caballero Amadís de Gaula llegará a tus puertas.

(Suenan golpes violentos por todas partes: en las paredes, en el suelo, en el techo. Va apareciendo el palacio del mago Arcalaus. Se están abriendo las puertas majestuosamente. Vemos un corredor con brazos humanos que alumbran el camino con antorchas. Al fondo, un portón cerrado. En el corredor Amadís y Ardián están mirando con asombro.)

EL ENANO ARDIÁN — Llegamos, mi señor.

AMADÍS — ¿Quién me hubiera dicho que habríamos encontrar tanto tesoro en la tierra?

EL ENANO ARDIÁN. — Mire, mi señor.

AMADÍS. — Miro, Ardián.

EL ENANO ARDIÁN. — Son brazos humanos los que sostienen las antorchas encendidas.

AMADÍS. — Hermosos brazos que quisiera besar porque alumbran nuestro camino.

EL ENANO ARDIÁN. — Y ninguno tiembla.

AMADÍS. — Nos esperaban. Parece que los brazos nos conocen.

EL ENANO ARDIÁN. — *(Asustado.)* Mi señor . . . La puerta del fondo se va abriendo sola.

AMADÍS. — Sí. Qué encanto. ¿Qué habrá dentro?

EL ENANO ARDIÁN. — Mire, mi señor . . . cientos y cientos de libros junto a las paredes.

(Vemos aparecer al mago Arcalaus. Lleva túnica negra con cordón de oro y un largo manto de terciopelo negro.)

EL MAGO ARCALAUS. — Sí. Son libros de amor. Toda esta biblioteca donde me paso el día y la noche leyendo está repleta de libros de amor. Esta biblioteca es mi única amiga. Amiga que guarda en estos libros las pasiones amorosas de todos los enamorados del mundo. ¿Quién sabe más del amor que yo, Amadís?

AMADÍS. — ¿Cómo sabes mi nombre?

EL MAGO ARCALAUS. — Todo lo sé, aunque no esté presente en los momentos que veo las visiones de este inexistente mundo, porque ni el mundo ni el amor existen. El amor nació para padecimiento de los seres humanos. El mundo inexistente nació para hacernos comprender que todo es efímero y que nada existe: ni el amor, ni la bondad, ni la justicia, ni la belleza . . . Nada existe. Pobres todos los que lucháis por lo que no existe. ¿Acaso tú ni nadie sabe qué es amor? *(Ríe con grandes carcajadas, mientras su negro manto revolotea.)* ¿Tú eres el enamorado que lucha por la justicia, la libertad . . . en busca de la gloria del amor? Aquí comprenderás que no tengo cautivas a las reinas que mueren de amor en las mazmorras. Al contrario, todas, todas leyeron, días y días, los libros que ves. Y son ellas, ellas, las que me piden la muerte. ¿Sabes por qué? Porque después de leer los libros se desenamoran. El amor es un gran desengaño, como todo lo de este mundo. ¿Quieres empezar a leer, Amadís?

AMADÍS. — *(Desenvainando la espada.)* Quiero luchar con el hombre más engañoso que encontré, con el pobre demente que encontré, que eres tú; y tus poderes no podrán vencer la fuerza de mi espada.

EL MAGO ARCALAUS. — *(Dando grandes risotadas.)* Lucha, Amadís. Lucha.

(Amadís intenta luchar y cae la espada de sus manos. Queda asombrado y se refugia contra una de aquellas paredes de los libros. Arcalaus sigue riendo. Su risa atronadora hace eco en todo el teatro. Parecen cientos de personas las que ríen.)

AMADÍS. — Mi espada. Iré por ti, espada mía. *(Empezando a perder fuerzas.)* Pero, ¿qué es ésto, Dios? *(Mira hacia arriba como el que quisiera hablar con Dios, hasta que consigue decir en una especie de agonía.)* Dios. ¿Me has quitado las fuerzas y la gloria de mi espada? ¿Me has quitado el don poderoso del caballero andante? Las bendiciones que Tú quisiste que recibiera en la capilla, se están alejando de mí? *(Desfalleciendo.)* No, Dios, que nadie venza a Amadís porque si la eternidad eres Tú, Dios, no hagas que nadie llegue a no creer que existes. ¿Qué podrán esperar los hombres si todo lo que nos das, nos lo quitas después? Morir me siento con mis manos vacías. *(Cayó arrodillado.)* No, Dios, no hagas que muera.

(Mientras Arcalaus ríe y ríe y las risas hieren oídos y rebelan al que las escucha, Amadís va muriendo, haciendo el esfuerzo de coger la espada, arrastrándose. Muy cerca de ella dice:)

Oriana . . . Oriana . . . no puedo coger mi espada.

EL ENANO ARDIÁN. — *(Arrodillándose y llorando amargamente.)* No mueras, Amadís. No mueras sin haberme dado mi don. ¿Qué haré sin mi don? Mi don. *(Repite la palabra "don" mientras sigue llorando.)*

EL MAGO ARCALAUS. — *(Triunfante.)* Murió el gran amador de Oriana. Cuánto me lo agradecerás. Que las doncellas más hermosas de mi palacio lo velen. Que lo cubran de rosas. Que nadie llore al amador. *(Las doncellas aparecen con guirnaldas de rosas. Cogen el cuerpo de Amadís y lo llevan al centro del salón, depositándolo sobre una pequeña mesa, alargada, cubierta por un terciopelo rojo y unos cojines también de terciopelo rojo, en los que, con gran cariño, dejan descansar la cabeza de Amadís, mientras cubren el cuerpo de rosas.)* Sólo velaréis su cuerpo hasta que el alma salga de él. Me diste luz, enano

Ardián, para encontrar a otra enamorada: a Oriana. Oriana también morirá en las mazmorras. Brazos que sostenéis las antorchas, apagar el fuego. Velar todas por el enamorado. Ardián, sigue buscando tu don. Persevera en la esperanza de encontrarlo. Ése es tu castigo. Anda y alcanza lo inalcanzable. Sigue buscando dones en otros lugares. Te encontrarás con la misma respuesta. *(Se van apagando las antorchas.)* Así. Que quede en penumbra su velamiento. Así descansará mejor el enamorado. Que solo aquel rayo de sol que entra por la vidriera ilumine su cara. Doncellas que lo veláis, no intentéis acariciar la cara de Amadís. Ni las manos. Ni el cuerpo. Y menos aún, los labios.

(Vuelven a sonar los redobles de los tambores, ahora mezclados con música de órgano, violenta y fuerte, mientras se va cerrando el portón del palacio de Arcalaus y el mago huye embozado en su negro manto. El Enano Ardián sigue gimiendo en los pies de Amadís, pidiéndole el don. Oímos la voz de Arcalaus.)

VOZ DEL MAGO ARCALAUS. — Huye Ardián. Miserables aquellos que la vanidad os ciega. Todos han de morir como tú, con las manos vacías y buscando su don siempre. Te llegará la locura después de no haber encontrado el don. Yo gozaré sabiendo que la locura llegó a ti. Soledad y locura son los únicos remedios con los que se encontrarán todos los hombres.

(La voz de Arcalaus fue perdiéndose entre el ruido de tambores y la música del órgano. El portón se cerró, no antes del que el Enano Ardián huyera.)

(Entre un gran silencio vemos aparecer el jardín del palacio de la Reina Triste y del Rey Languines. Hay un sol renaciente y luminoso. Las rosas del jardín parecen diamantes que lloran, dejando resbalar por sus pétalos las gotas del rocío de la mañana.)

(Oriana está arrodillada cortando rosas y dejándolas ir en el agua de un arroyo. Se le acerca la Reina Triste, con su manto, su corona y sus velos que le ocultan la cara.)

LA REINA TRISTE. — Doncella mía, empezó el sol a salir y tú a cortar las rosas con gotas del rocío de la mañana. ¿Te desvelaste?
ORIANA. — Me desvelo siempre.

LA REINA TRISTE. —¿Por qué, doncella mía?

ORIANA. — Porque ni los aires traen suspiros, ni palabras, ni lamentos, ni pasos de aquel que armado caballero se fue un día de este palacio. Ni las guerras terminan ni los caballeros vuelven. Y yo . . .

LA REINA TRISTE. — ¿Qué?

ORIANA. — Me miro en los espejos y casi no me conozco. La vida se me adelanta mientras siento que el amor se me aleja más y más. ¿Envejeceré esperando? Qué dudas tan crueles. Sueño pesadillas ardientes que me desazonan porque lo veo luchando con todo lo inimaginable: gigantes, encantadores, fieras del agua y de los bosques y hoy mi sueño fue . . .

LA REINA TRISTE. — ¿Cuál?

ORIANA. — Que ya no vive. Lo he visto en un lecho de rosas, velado por otras doncellas.

LA REINA TRISTE. — Volverá.

ORIANA. — Ha pasado mucho tiempo y no tengo la menor señal.

LA REINA TRISTE. — Volverá. Lo has de ver.

ORIANA. — ¿Cuándo y cómo? ¿Cómo tú viste a tu amado esposo y rey?

LA REINA TRISTE. — Oriana, te pido.

ORIANA. — Que no recuerde que los velos que echaste para tapar tu cara, cuando la tristeza te invadía, fue porque pensaste que yo no habría de volver. Y cuando volvió, ¿cómo lo viste?

LA REINA ATRISTE. — Calla.

ORIANA. — No puedo. Llegó a ti envejecido y sin poder ver la luz del día. Desde entonces fuiste la reina triste que se encerró a padecer entre los muros de su palacio, sin importarle para nada ni los hombres, ni el reino, ni la guerra. ¿Era el amor más poderoso para ti que todos los reinos que hubiérais podido conquistar?

LA REINA TRISTE. — Sí.

ORIANA. — Entonces, déjame, como si tuviera la razón perdida, que me desvelo pensando en él, que sueñe con él, al menos, entre sueños vivos, y . . .

LA REINA TRISTE. — ¿Qué?

ORIANA. — Déjame que siga arrojando estas rosas para que el agua de este arroyo las lleve donde él pueda estar. (*Levantándose y mirando a la reina.*) Sí. Pienso que tengo perdida la razón. No hay mal pero que la contínua espera de aquello que no llega. Cómo quisiera saber, pero ni los bosques, el sol, la luna, las estrellas o los vientos me traen el menor secreto. Necesito caricias y nadie me las da. Estoy muy sola, reina.

227

LA REINA TRISTE. — *(Abrazándola.)* Tienes mis caricias y las del rey, mi esposo, que volvió muy tarde. Muy tarde. Cuando ya ni lo esperaba.

ORIANA. — No sé qué es amor. Sólo tengo la esperanza de encontrarlo, porque amor tiene que ser besar los labios del hombre que se ama, acariciar su cara, saber de sus tristezas, animarlo en sus desalientos, tener hijos, ver los hijos crecer, jugar con ellos, educarlos, bendecir los . . . Y mis labios están secos de amor. No sé, ni creo que lo sabré, qué pueda ser el beso del que llamábais Doncel del Mar y luchaba con los gigantes de los bosques. ¿Dónde estará, mi reina?

LA REINA TRISTE. — *(Acariciándole los cabellos.)* Espera. Espera más. Él volverá. *(Se oyen ruidos de ramajes y de pasos.)*

ORIANA. — ¿Escuchas, reina?

LA REINA TRISTE. — Mis oídos ya no escuchan bien.

ORIANA. — Pon atención, reina mía.

LA REINA TRISTE. — La pongo.

ORIANA. — ¿No oyes pasos y ramajes que no son los aires quienes los mueven? Mira, alguien se encamina hacia aquí.

LA REINA TRISTE. — Sí.

ORIANA. — Es un rey. Un rey, al parecer, vencido.

LA REINA TRISTE. — Lo veo. Trae corona y el manto real arrastrando por la tierra.

VOZ. — Favor.

ORIANA. — Pide favor. Vayamos a socorrerlo.

LA REINA TRISTE. — *(Deteniéndola.)* Esperamos que llegue.

VOZ. — Favor.

(Entró un rey viejo, de largas barbas blancas, con la corona y el manto rasgado, como el que ha sufrido una derrota. Cae a tierra, arrodillado, casi en los pies de Oriana y señala a la lejanía.)

EL REY. — Por allí . . .

ORIANA. — ¿Qué, buen caminante?

EL REY. — Por allí, en aquella lejanía, están los míos guerreando, pero sólo quedan ya caballos que no saben donde ir, porque los guerreros yacen cadáveres en los campos perdidos. Todas las banderas enarboladas de mi reino están pisoteadas, jironadas, ensangrentadas. *(Con profundo amor.)* Mi reino, mis ejércitos, mis caballos que no sabrán dónde ir. Agua, mis señoras. Mi boca y mi garganta mueren de sed. *(Oriana se arrodilla y le da agua del arroyo entre las cuencas de sus manos. El rey, sediento, coge las manos de Oriana, intentando acariciarlas o bendecirlas.)* Benditas sean tus manos que saben darme el agua con tanta compasión.

ORIANA. — Nadie puede tener compasión de un rey como tú, porque envejeciendo, como te veo, sigues luchando por tu reino. *(Acariciándole la cara.)* Qué poderoso rey. ¿Qué podemos hacer por ti?

(Vemos aparecer al Rey Languines, apoyado en un báculo, con larguísimos cabellos y barbas blancas. Con su corona y su manto. Es ciego. Se diría que es más que centenario.)

EL REY LANGUINES. — Ayudarle a entrar y que descanse. Conozco su voz. Que descanse en la alcoba real.

EL REY. — *(Con un terror que no sabe contener.)* No. No.

ORIANA. — ¿Por qué, buen rey?

EL REY. — Porque tengo que seguir mi camino.

ORIANA. — ¿En el estado en que te vemos?

EL REY. — Tengo que seguir. Mi derrota ha sido tanta que no podré volver más a mi reina. *(Se levanta a duras penas, hasta llegar al Rey Languines.)* Mi amigo, mi señor. Mi buen guerrero. *(Descubre que está ciego. Se asombra y se sobrecoge.)* El gran vencedor. No puedo decirte ni mi nombre, porque casi muero.

EL REY LANGUINES. — Aunque no lo recuerde, conozco tu voz, como te dije. Descansa en mi palacio.

EL REY. — No. Tengo que seguir. Huyendo de tierra en tierra me pasé la vida, como tú, mi amigo. Luchando siempre. No quiero ni recordar mi nombre. Mi desconsuelo y mi derrota es tanta que no quiero saber más de mí.

EL REY LANGUINES. — ¿Qué harás entonces?

EL REY. — Morir en cualquier camino, pero antes de seguir, quisiera pedirte un favor que casi me humilla.

EL REY LANGUINES. — Si humillante es, sigue tu camino.

EL REY. — No puedo, aún con humillación y con la mayor soledad, quiero darte . . .

EL REY LANGUINES. — ¿Qué?

EL REY. — *(Cayendo desfallecido en al tierra y quitándose lo que dice.)* Mi corona y mi manto. Son los dones reales más poderosos que recibí y que hoy desprecio, pero . . .

EL REY LANGUINES. — ¿Qué?

EL REY. — Como caballero valeroso que aún, en la hora de mi muerte, me siento ser, tengo la esperanza de volver por esta corona y este manto algún día.

EL REY LANGUINES. — ¿Qué haré con tan nobles y poderosos dones?

EL REY. — Encerrarlos en el arca que mejor y más fuerte cerradura tenga, por si algún día vuelvo por ellos, porque, todavía, entre mi ruina de rey y mi agonía, espero reinar. Estoy muy cansado. *(Va cayendo, casi desfallecido, abranzado a las piernas del Rey Languines.)*

EL REY LANGUINES. — Que traigan la pesada arca de los siglos eternos. El arca vacía de más peso de este reino. La de las argollas y cerraduras de hierro.

(Entre varios mancebos traen el arca y la dejan en el jardín.)

EL REY. — Te di lo que mejor puede dar un rey a otro. Todas mis ambiciones, todos mis desvelos, todos mis deseos de justicia, todas mis luchas por conseguir un reino, han sido baldías.

EL REY LANGUINES. — Que el arca de los siglos eternos se abra.

(La abren con grandes esfuerzos. El Rey Languines mete en ella el manto y la corona. Vuelven a cerrar el arca.)

EL REY. — También para los derrotados hay encuentros tan inexplicables como éste . . . unas manos que colman mi sed y un rey sin poder ver la luz del día que encierra en el arca lo que le doy, con el mismo dolor que este rey, que se vuelve a ir, lo hubiera hecho. *(Se va levantando con gran esfuerzo.)* Me voy sin saber si me llegará la muerte o mi vida continuará.

(Todos, en silencio, ven salir al rey. Intentan llevarse el arca, cuando Oriana, se arroja al arca y ruega.)

ORIANA. — Dejadme con ella. Dejadla en el jardín. *(Acariciándola.)* Cuánto sabrás arca de los siglos eternos. Cuánto podrías contarnos de las manos que te abrieron y cerraron. Tu madera estará llena de lágrimas. Cómo quisiera saber de esas lágrimas. Dejadme. Dejadme sola con el arca. Que el arca quede, al menos un día, en este jardín. *(Todos se van yendo. Oriana, como la que ha perdido la razón, acaricia el arca, diciendo muy en voz baja.)* Que ni los pasos se oigan.

(Cuando todos se han ido, Oriana se levanta y se va retirando sin dejar de mirar el arca. Todo queda en silencio. La luz del sol radiante está llegando al arca, que, por unos momentos, permanece sola, mientras empieza a oírse una música suave y conmovedora. El arca se va abriendo, poco a poco, sola. Con la misma lentitud y encanto que se abre, van saliendo la corona y el manto y empiezan a volar hacia los cielos, alejándose más y más, hasta desaparecer. Después, muy lentamente, el arca vuelve a cerrarse.)

(Escuchamos los lamentos de un hombre. Entre estos lamentos se oye una voz.)

VOZ. — ¿Este es el palacio de la Reina Triste? Eh. Eh. *(Entró el Enano Ardián, quien sigue vociferando.)* Ah del palacio. *(De pronto.)* ¿Y si nadie hubiera? ¿Y si vieran mi figura deforme? ¿Me creerían? ¿Llorarían al verme? ¿Se reirán al ver al Enano Ardián? ¿Y si me hubiera equivocado de camino? *(Viendo el arca.)* Qué pesada arca. Qué argollas. Qué cerraduras. Si la burla aparece, me escondería tras ella, pero no. No. A mis voces acudió aquella doncella que ya veo venir.

ORIANA. — *(Saliendo asustada.)* ¿Quién eres?

EL ENANO ARDIÁN. — *(Tapándose la cara con las manos.)* No te asustes de mí. Ni te apiades. Yo he venido porque sé . . .

ORIANA. — ¿Qué sabes?

EL ENANO ARDIÁN. — Que tú eres Oriana.

ORIANA. — ¿Cómo lo supiste?

EL ENANO ARDIÁN. — Cabalgué a la grupa del caballo de tu caballero.

ORIANA. — ¿Sueño o vivo?

EL ENANO ARDIÁN. — Vives, Oriana.

ORIANA. — ¿Y dónde está mi caballero? *(Silencio.)* Dime, ¿dónde está? Seré más veloz que el viento para llegar a él.

EL ENANO ARDIÁN. — Ya no llegarás.

ORIANA. — *(Más asustada aún.)* ¿Por qué?

EL ENANO ARDIÁN. — Porque lo están velando cuatro doncellas en un lecho de rosas.

ORIANA. — ¿Velan su sueño?

EL ENANO ARDIÁN. — Velan su muerte.

ORIANA. — Mi caballero no puede morir.

EL ENANO ARDIÁN. — Lo velan. Pero te digo, Oriana, que murió con tu nombre entre sus labios, mientras quería coger su espada.

(Oriana se siente llena de dudas, de desesperaciones, de terrores, que le hacen tomar un aspecto demencial. No sabe qué hacer. Parece que ha perdido la razón. Intenta salir.)

EL ENANO ARDIÁN. — ¿Dónde vas?

ORIANA. — En su busca. Quiero verlo muerto. Quiero besarlo. Dime, dónde está. Llévame con él. Ya no viviré ni un instante, como él tampoco hubiera podido vivir, sabiendo mi muerte.

EL ENANO ARDIÁN. — *(Arrodillándose.)* No podrás llegar. Ya no existe. Tardé tres días y tres noches en llegar hasta aquí. El alma habrá salido de su cuerpo. Amadís estará bajo tierra. Este triste mensaje que te traigo, me hace merecedor de lo que, quizá, nadie me dará. No vayas, Oriana. No vayas. Piensa que, irremediablemente, hasta la muerte queda en el olvido. Olvido que será tu consolación, por mucho que sea tu amor. No puedes ir. No debes ir. No te diré dónde está. Yo te pido que este hombre deforme que ves arrodillado a tus pies sea merecedor de tener un don. *(Con tremendo dolor.)* Quiero tener un don. La burla de todos es muy grande hacia mí. Tú olvidarás, mientras yo, con mi don, seré respetado por todos.

ORIANA. — *(Desesperadamente.)* Quiero ir. Quiero ir. Quiero ir.

EL ENANO ARDIÁN. — *(En el mismo dolor.)* Quiero mi don. Quiero mi don.

(Sigue llorando amargamente y golpeando la tierra, pidiendo su don. Oriana ha caído en tal desesperación que no sabe lo que hacer ni con quién hablar. Levanta sus brazos y dice:)

ORIANA. — Cielo. Nubes. Sol. Dios que estás en el cielo, llévame donde él esté. Quiero verlo. Quiero besarlo. ¿Es que ni los cielos se estremecen ante mi dolor? Dolor, enloquece mi cabeza para siempre. Si mis ojos no lo vuelven a ver, déjame ciega y loca para siempre.

(Los tambores vuelven a sonar estruendosos, mezclados ahora con una música de muerte, de desesperación y de dolor, mientras hay un oscuro.)

(Al volver la luz, vemos a Amadís en su lecho de rosas, mientras lo siguen velando las cuatro doncellas, que esperan ver salir el alma del cuerpo. Escuchamos, al mismo tiempo, angustiosas lamentaciones de las reinas cautivas. Las cuatro doncellas hablan.)

DONCELLA I. — Así llevan días.

DONCELLA II. — Tres días y tres noches.

DONCELLA III. — Esas lamentaciones . . .

DONCELLA IV. — ¿Creerán que murió el doncel.

DONCELLA I. — Puede.

DONCELLA II. — Qué hermoso mancebo. Hasta las rosas siguen igual.

DONCELLA III. — No salió el alma del cuerpo.

DONCELLA IV. — Nadie vimos salir el alma del cuerpo.

DONCELLA III. — Ni respira.

DONCELLA II. — El que salió del palacio no volvió.

DONCELLA I. — Estará dentro del la biblioteca.

DONCELLA II. — No se oye un ruido.

DONCELLA III. — Ni sus pasos.

DONCELLA IV. — Ni el abrir ni el cerrar los libros.

DONCELLA I. — Sólo los quejidos de las que están abajo.

DONCELLA II. — ¿Por qué esos lamentos contínuos?

DONCELLA III. — No sé qué pensará cada una.

DONCELLA IV. — Habría que saber.

DONCELLA II. — ¿Por qué?

DONCELLA III. — Porque acaso alguna pudiera revelar el secreto del doncel que aún no hemos visto salir el alma del cuerpo.

DONCELLA I. — Quise coger una de sus manos, pero no me atreví. Está dormido.

DONCELLA IV. — Si la muerte estuviera en él, hubiera deformado su hermosura.

DONCELLA III. — Pongamos la espada entre sus manos.

DONCELLA II. — Sí. (*Intenta cogerla cuando los quejidos se hacen más intensos.*)

DONCELLA I. — Es como si las reinas cautivas lo supieran todo.

DONCELLA IV. — Callar.

DONCELLA II. — Qué.

DONCELLA I. — Las lamentaciones van llegando.

DONCELLA III. — Y los pasos. ¿No escucháis?

DONCELLA IV. — Sí. Nos rodean.

DONCELLA III. — ¿Qué hacer?

DONCERLLA II. — Finjamos dormir junto a los pies del mancebo.

DONCELLA I. — No. Que nos vean vivir. Que vean todo el sufrimiento que padecemos, porque es nuestra alma la que parece salir de nuestro cuerpo.

(Las lamentaciones se hacen más intensas y aparecen, descalzas, bellísimas, con los cabellos colgando tras la espalda, y manos de finos velos, las reinas cautivas. Traen antorchas encendidas. La escena toma aspecto de fascinación deslumbrante. Continúan los ayes matizados de angustia, mientras se van acercando al doncel. Entre las reinas se adelanta Grendalaya, que es la única que no trae antorcha, sino un libro cerrado.)

GRENDALAYA. — Hermoso doncel. *(Los lamentos se atenuan.)* Si cogiera tus manos, arderían, porque tu sangre arderá eternamente. Tú no morirás nunca. *(Abre el libro y lee.)* "Se hubieran estremecido los mares y los bosques. Hubieran aullado las fieras hambrientas. Se hubieran apagado para siempre las estrellas. Las aguas de los ríos se hubieran secado, si de este doncel que está en el lecho de las rosas, hubiera salido el alma de su cuerpo. Nuestros lamentos son peticiones a la muerte, para que no mueras."

(Se abre la cúpula de la sala y se oyen, entre los aires, nuevas voces misteriosas que dicen:)

VOCES. — "Tu muerte no llegará nunca."

GRENDALAYA. — Oh, cúpulas, que hemos conseguido con nuestros lamentos, que os abráis y poder ver los cielos tranquilos. ¿De quiénes son las voces que hemos oído? ¿Por qué te has abierto, cúpula, y nos dejas ver el cielo que desde hace años no vimos? ¿Quién concedió este poder a estas reinas cautivas?

VOCES. — "Rompe en cuatro partes el libro que lees y quémalo con las antorchas que todas traen encendidas."

GRENDALAYA. — ¿Quiénes nos hablan?

VOCES. — "No intentes saber, cumple el mandato."

DONCELLA I. — Yo no lo haría.

DONCELLA II. — Ni yo.

DONCELLA III. — Ni yo.

(Algunas reinas van cayendo atemorizadas al suelo mientras siguen las voces.)

VOCES. — "¿Por qué os acobardáis? ¿Cómo es vuestra esperanza que caéis con ese terror en el suelo?

GRENDALAYA. — La de poder, algún día, salir de aquí.

VOCES. — "Como estáis, seguiréis tiempos y tiempos. Habéis envejecido esperando a vuestros enamorados y éstos no llegaron. Ni
llegarán."

(Serenamente siguen los lamentos.)

VOCES. — "¿Qué esperas, Grendalaya, para cumplir el mandato?"
GRENDALAYA. — Saber primero, para consuelo de tantas, quiénes
sois.
VOCES. — "¿Desconfiáis después de saber que vuestro destino es morir
envejecidas sin que hayan llegado los hombres que os amaron?"
GRENDALAYA. — ¿Quiénes sois?
VOCES. — "Las que hemos padecido como vosotras, año tras año,
tiempo tras tiempo."
GRENDALAYA. — *(Asombrada.)* ¡Reinas cautivas . . . !
TODAS. — Ay. *(Las lamentaciones se hacen más dolorosas.)*
VOCES. — "Quema el libro, Grendalaya."
GRENDALAYA. — Quemo. *(Alzando el libro.)* Que todo el fuego que
traéis convierta en brasas las páginas del libro sagrado.
VOCES. — "Libro maldito por Arcalaus."

*(Los quejidos se hacen más angustiosos, hasta que el libro arde. La cúpula
empieza a cerrarse suavemente.)*

GRENDALAYA. — Cielo, que volvamos a ver tus estrellas. Hermosa
cúpula que nos dejaste, por un instante, ver el cielo. Hermanas
voces que nos disteis santo consejo. Que nada se vaya de nosotras:
ni el cielo, ni las estrellas, ni la luz, ni las voces hermanas.

*(Los lamentos se hacen ahora sobrecogedores. Los brazos alzados de las
reinas cautivas dan más resplandeciente y abrillantada luz con las antorchas. Amadís va, poco a poco, incorporándose. Las reinas están asombradas
de este encantamiento. Se arrodillan.)*

TODAS. — Ha despertado el hermoso doncel. *(Amadís busca y busca.)*
El hermoso doncel busca su espada. Señor, levanta, que un caballero
como tú, no debe morir.
AMADÍS. — ¿Quiénes sois?
TODAS. — Somos la que tanto esperabas. *(Se vuelven de espalda y vemos
en todas la cara de Oriana.)*

235

AMADÍS. — Oriana. *(Se arrodilla y cogiendo la espada, la levanta triunfante.)* Donde estés, Oriana, Amadís será tu caballero hasta el fin de la vida. *(Se levanta, desafiando con la espada.)* Éste es el palacio del mago Arcalaus. Donde estés, Arcalaus, te venceré. Tú, que en el mundo no quieres que exista el amor. Yo haré que lo que no exista en el mundo, seas tú. Que las puertas se abran. Que vuelva mi caballo. *(Las reinas se van volviendo, y vemos, otra vez, sus caras verdaderas.)* ¿Dónde están vuestros caballeros? ¿Dónde? *(Silencio.)* ¿Dónde está mi Oriana que antes vi? ¿Sueño, padezco, vivo, pierdo la razón? Pero no. Mi fuerza y mi poder llegaron a mí. Las puertas se están abriendo para que todos salgamos. Adelante, reinas. *(Las reinas se van retirando dando pasos hacia atrás.)* ¿Por qué ese miedo? Mi cólera vencerá a todos los traidores. ¿Qué puedo hacer por vosotras? *(Se van retirando más y más.)* Habladme. Decidme.

GRENDALAYA. — Sal tú solo. La luz que entra por esa puerta que se abre nos hace ver nuestro envejecimiento. Nuestras manos y cuerpos envejecidos. No queremos reconocer, con la luz, nuestra irremediable vejez.

AMADÍS. — *(En gran rebelión.)* ¿Qué puedo hacer por vosotras?*(Silencio.)* ¿Qué puedo hacer?

GRENDALAYA. — Algún día, quizá, nos encontremos en la Ínsula Firme, donde ya ni la tierra ni los cuerpos humanos se mueven. Allí nos estarán esperando.

AMADÍS. — ¿Quiénes?

GRENDALAYA. — Aquellos a los que nunca nos dejaron amar. Huye, Amadís. Escucha los consejos de aquellas que pudieron desencantarte. Tu caballo espera. El mundo te espera. Los desamparados te esperan. Confía en todo lo de este mundo. Confía, lucha y vence. *(A las demás.)* Volvamos a seguir leyendo los libros. Nos darán el poco de consuelo que nos dieron. *(Van dando pasos hacia atrás, temiendo a la luz del sol que entra por la puerta que se abrió.)* Sal, Amadís. Ahora que no está él, podremos empezar nuestra lectura.

AMADÍS. — *(Encolerizado.)* ¿Él?

GRENDALAYA. — Él, quien nos cautivó. El que salió galopando en un caballo negro y no ha vuelto aún. Busca a Oriana, Amadís. Tu tiempo es breve.

AMADÍS. — *(Jurando ante su espada.)* Valerosa espada, gozaré hasta mi muerte, cuando sepa que la sangre del mago Arcalaus quedó en ti.

(Un viento aremolinado entra, amenazante, y envuelve a Amadís, quien desafía al arremolinado viento con la espada. La puerte de la biblioteca se cerró.)

(Amadís dice al viento.) ¿Quién os envió a mí? ¿Quién os envió a mí, bramantes vientos que cegáis mis ojos, pero no mis fuerzas? Os venceré. Fuerzas. No puedo ver, pero mi espada arremete contra estos vientos que braman.

(Los vientos siguen bramando y arremetiendo contra Amadís, mientras las rosas del lecho, volando, parecen defender al doncel, abriendo, al mismo tiempo, su camino.)

(Vuelven a sonar tambores mezclados con el espanto de los briosos vientos. Oscuro.)

(Al volver la luz, vemos a Oriana sentada en el arca misteriosa. Parece que se le va yendo la vida. Por su cara bajan unas suaves lágrimas. Su depresión está cercana a la muerte. Parece que Oriana no quiere seguir viviendo. A su lado están la Reina Triste y el Rey Languines.)

LA REINA TRISTE. — Oriana. *(Silencio.)* Oriana.

ORIANA. — ¿Qué, reina?

LA REINA TRISTE. — Así, como estás, pasan los días y yo no sé cómo remediar tu pena. Parece que te has ido de este mundo. Mi aflicción es tanta que pensé llamar a tu padre, el Rey Lisuarte, quien todavía guerrea en campos de batalla.

ORIANA. — Madre . . .

LA REINA TRISTE. — Me llamas "madre," y las dos nos estamos mintiendo. Yo, cuando oigo esa palabra, no quisiera alejarte de mi lado. Has crecido junto a mí y veo, lo que pocos pueden ver, que tu cara se va entristeciendo. Tengo . . . un sentido de remordimiento grande, porque pienso que debieras haber vivido en otros lugares del reino. Así hubieras conocido otras vidas.

ORIANA. — No me hieras, madre.

LA REINA TRISTE. — No quiero herirte, pero jamás quiero verte convertida en otra reina triste como yo. Tarde o temprano tendremos que separarnos. Conforme el tiempo pase, nuestro cariño se convertirá en crueldad.

ORIANA. — Él dijo que vendría y yo todavía no puedo creer en su muerte. Vendrá al lugar donde me dejó, pase el tiempo que pase. Y si no vuelve . . . Sé de montañas solitarias donde no hay palacios, sino ermitas. Ermitas donde sólo se oyen los vientos, el piar de los pájaros, el rumor del agua de un arroyo. Ermitas donde sólo se ve salir el sol y llegar la noche.

LA REINA TRISTE. — Hija mía. *(La abraza.)* Te pido que regreses a tu reino, aunque tu padre siga en los campos de batalla. Vuelve a otras tierras. Vive. Goza. *(Silencio.)* Oigo pasos . . .

ORIANA. — *(Soñadora.)* Pasos . . .

LA REINA TRISTE. — Alguien viene hacia aquí.

ORIANA. — Son pasos de caminante cansado. Los pasos de Amadís, los conozco, como él conoce los míos.

LA REINA TRISTE. — Lo veo llegar. Dios. Es aquel rey derrotado que dejó en el arca su manto y su corona. Cómo ha envejecido.

EL REY. — *(Entrando.)* Otra vez agua. Agua. *(Rápidamente Oriana se la da a beber en las cuencas de las manos. El Rey anciano bebe sediento.)* Tus manos siguen como pétalos de azucena, mientras mi sed es mayor. Días llevo buscando los caminos hasta llegar a aquí. Mi garganta y mi boca siguen sedientas.

(Oriana le vuelve a dar de beber. El rey anciano coge las manos de Oriana, con ansiedad, y bebe otra vez.)

ORIANA. — Tus manos tiemblan, anciano rey.

EL REY. — Nadie me dio agua con unas manos como las tuyas. Tu caridad me dice que todo no es destrucción ni derrota *(Intenta irse.)*

ORIANA. — Ni descansa el buen rey.

EL REY. — Ni descanso. Una nueva vida comenzó en mi reino. Y voy en busca de esta nueva vida y de mis hijos que me esperan.

ORIANA. — Tus palabras me traen consuelo.

EL REY. — *(Volviéndose y deteniendo sus pasos.)* Con mi ancianidad olvidé a lo que vine.

ORIANA. — Qué, buen rey.

EL REY. — Vine por mi manto y mi corona. Sin ellos no podré volver a reinar, ni que mi hijo, el pequeño príncipe, contraiga nupcias.

ORIANA. — ¿Qué edad tiene?

EL REY. — Casi tu edad. No le he visto en much tiempo, hasta que mensajeros llegaron a decirme que mi derrota había terminado y vuelvo a mi reino y con mi hijo. Por favor, mi manto y mi corona.

ORIANA. — Madre, ayúdame, abriremos el arca para que este anciano rey se lleve lo que es suyo.
LA REINA TRISTE. — Sí, abramos.

(Las dos mujeres se arrodillan e intentan abrir el arca. Las cerraduras de hierro están tan encalladas que no pueden abrirlas.)

ORIANA. — Nos faltan fuerzas.

(Se acerca el Rey Languines y les da unas llaves que llevaba en el cinto.)

EL REY. — *(Cogiéndole con agradeciemiento las manos.)* Viejo amigo.
EL REY LANGUINES. — Estas llaves abrirán el arca. Camina después.
ORIANA. — Ay, padre mío. Ni con las llaves podemos abrir el arca.
EL REY LANGUINES. — Sigue, Oriana, tus fuerzas son mayores.

(Después de grandes esfuerzos, Oriana abre el arca y exclama:)

ORIANA. — ¡Vacía!
LA REINA TRISTE. — No puede ser.
ORIANA. — Sí, aquí no hay manto ni corona. Está vacía, anciano rey.
EL REY. — *(Apoderándosele un miedo.)* No. No puede ser.
ORIANA. — Mira tú, yo no tengo fuerzas para ver lo que no existe.
EL REY. — *(Viendo el interior del arca.)* ¡Vacía! *(Va cayendo de rodillas, llorando como un niño.)* Mi manto y mi corona. Ya no podré reinar. ¿Para qué tanta lucha? ¿Para qué tanto esfuerzo por vencer? *(Golpeando el arca.)* Mi manto y mi corona. *(Se arroja a la tierra como un ser indefenso que no quiere ni ver ni oír a nadie.)*
ORIANA. — Buen rey.
EL REY. — No quiero palabras ni consuelo de nadie. Ni volveré a mi reino. Ni veré al infante que me espera. Mi reino se ha perdido para siempre. *(Oriana intenta acariciarlo.)* Que tus manos no toquen ni mi cara ni mi cuerpo. Volveré al destierro. Quedará mi infante abandonado.
ORIANA. — ¿Qué puedo hacer por ti?
EL REY. — Nada sé. Déjame llorar junto al arca vacía. Los reinos son eso: vacíos somo el arca. A mi hijo ya nadie podrá llevarle consuelo. No habrá princesa en ningún reino que quiera contraer nupcias con un infante que sólo tiene de herencia la tierra que pisa y un caballo solitario.

239

ORIANA. — Mi rey.

EL REY. — No quiero oír palabras de nadie.

ORIANA. — Déjame ir contigo a tu reino. Quiero ver a tu hijo.

EL REY. — Nada podrías hacer. La esperanza que tenía ya no existe. Déjame morir. Déjame.

LA REINA TRISTE. — Anciano rey. *(Silencio.)* Éste es mi palacio. Cobijo te doy en él.

EL REY. — *(Golpeando el arca.)* No quiero caridad de nadie. No quiero.

ORIANA. — Dame tu mano. Quiero acompañarte, al menos, hasta la tierra vacía. Quiero ver al infante para decirle que Oriana . . .

EL REY. — *(Venciéndose.)* Qué.

ORIANA. — Está tan sola como él. Puede que tu infante haya conocido al que quiero. Puede que no convenza a tu infante para que venga a la capilla de este palacio . . . y, que sueñe, que viva, que si no tiene reino, vele sus armas y se haga caballero andante, porque, acaso, encuentre un reino mejor. Puede ser que tu infante encuentre aquí las mejores de las vidas, las mejores de las esperanzas. Padres míos, acompañaré al anciano.

LA REINA TRISTE. — Sí, Oriana. Ve con él. Al menos, ve hasta donde se pueda ver ese reino. Podría ser que el infante llegara en su caballo en busca de su padre y podríais hablar, consolarlos . . .

ORIANA. — ¿Lloras, madre?

LA REINA TRISTE. — No. Mis lágrimas son de alegría. Estás venciendo a tu soledad.

ORIANA. — Buen anciano, mírame, óyeme, calma tu llanto. Oriana irá contigo hasta donde pueda ir. Hablaré con tu hijo. Quizá, al volver haya aparecido tu manto y tu corona. Y yo iré a llevarte el manto y la corona a dónde tú me digas. Levanta. Dame tu mano.

(El anciano rey le va alargando la mano hasta que volvemos a oír los lamentos de las reinas cautivas. Se ha ido nublando todo con una luz celeste primero, negra después, hasta aparecer relumbrante la biblioteca de los libros de amor del mago Arcalaus. En ella vemos a Oriana, sentada y leyendo, mientras los lamentos de la cautivas reinas continúan. El anciano rey se va quitando su disfraz y descubrimos al mago Arcalaus.)

EL MAGO ARCALAUS. — Oriana. *(Silencio.)* Oriana. *(Silencio.)* ¿Ya no vives, verdad? *(Silencio.)* Los encantos de la lectura te hacen no poder vivir. *(Silencio.)* ¿Sabes dónde estás, Oriana? *(Silencio.)* Pronto conocerás a mi hijo, el infante, que no salió a esperarnos en su caballo, quizá humillado por mi derrota. Oriana. *(Oriana no mira.)* ¿Sabes dónde estás? *(Silencio.)* En el palacio del hombre más desgraciado de la tierra. El hombre que conoció tantos desengaños en el amor. El hombre que se retiró a estas habitaciones solitarias para leer, día y noche y, así, ir esperando a la muerte. El amor no llega nunca, Oriana. Lo has de ver por ti misma mientras lees. *(Descubre las rosas y queda extrañado.)* Rosas por todas partes. Has llegado a mi palacio cuando el suelo está cubierto de rosas. Míralas. *(Enfrentándose con las reinas de las lamentaciones.)* Reinas, ¿salió ya el alma del cuerpo del amador? *(Los lamentos se hacen más estremecedores.)* ¿Por qué está todo el suelo lleno de rosas? ¿Por qué está abierta la puerta que sale a los campos? Ay, qué dulce vuelo el de un alma que deja todo cubierto de rosas. Qué gran milagro, Oriana. Mira. *(Oriana sigue sin mirar.)* Rosas que dejó Amadís como ofrenda última. *(Coge las rosas.)* Nadie podrá agradecerme todo lo que hice por ti. ¿Quién sabe si Amadís podría haber llegado a traicionarme? Estás en la mejor vida que puedas tener no viviendo en ti, sino en otros, en esos libros. Así siempre, Oriana. No más sufrimientos. No más desengaños. No más esperenzas baldías. Ahora vives. Empiezas a vivir.

(Las lamentaciones se hacen más sobrecogedoras, mientras que el mago, que cogió las rosas del suelo, las va esparciendo. Sale.)

(Vemos aparecer sigilosamente entre las sombras a Amadís, seguido del Enano Ardián, temiendo que sus pasos y hasta su respiración sea descubierta. Oriana, como no viera a nadie, lee. Siguen escuchándose los lamentos de las reinas. De pronto dejan de escucharse, como si supieran, que Amadís llegó. Amadís se va acercando a Oriana. El Enano se acurruca en el suelo, como el que no quiere ver ni oír.)

AMADÍS. — *(Con suavidad y cariño.)* Oriana. *(Silencio.)* Oriana. *(Silencio.)* Ni oye, ni ve. ¿Es posible que no escuches mis llamadas, Oriana. *(Silencio.)* ¿Es posible que no veas mi dolorida presencia? ¿Y si le dijera quien soy? Oriana. Oriana, soy Amadís. *(Silencio. Amadís se arrodilla junto a Oriana.)* Mírame y escucha mi voz.

ORIANA. — *(Como despertando a algo que no entiende.)* Oigo una voz que llama. ¿A quién? ¿Quién puede llamarse ese nombre? *(Se va levantando poco a poco.)* Dejo esta lectura para ver si descubro quién llama a quién. *(Se vuelve de espalda y va acariciando los libros. De pronto señala uno.)* Tú. Tú eres quien me llama. *(Lo coge y lo abraza.)* Ya sé tu dolor, porque tu voz era de súplica. Volveré a leerte siempre que me llames. Volverás a estar en mí siempre que me lo ruegues con el cariño que esa voz trae y que en ti, libro, está encerrada.

AMADÍS. — *(Levantándose y poniéndose delante de ella.)* Oriana.

ORIANA. — ¿Saliste del libro para hablarme?

AMADÍS. — Oriana, soy Amadís.

ORIANA. — *(Sigue andando sin reconocer.)* Ahora, caballero del precioso libro, te pusiste otro nombre. Tu nombre era Beltenebros, pero no Amadís.

AMADÍS. — Soy Amadís, Oriana.

ORIANA. — No te conozco. Y no hagas, por piedad, que empiece a dudar de todos los caballeros de estos libros que leo. Si me quitas esta creencia, moriré. No quiero desconfiar de ti, caballero Beltenebros. ¿Por qué me engañas tú también?

AMADÍS. — No te engañé.

ORIANA. — Pues vuelve a las páginas de este libro y déjame seguir leyendo otros. No robes mis horas. Déjame seguir leyendo.

AMADÍS. — *(Con gran ternura.)* Oriana, soy Amadís.

ORIANA. — No te conocí nunca. Y no hagas que, a caballero tan piadoso como tú, tenga que llamar engañador.

AMADÍS. — Mis palabras no te engañan. ¿No conociste a quien se llamaba Amadís?

ORIANA. — No. Vuelve a las páginas del libro, caballero. Pero puede ser yo la que engañe . . . Tal vez las visiones que no quise ver, aunque anhelaba verlas. Me queda tanto por conocer, buen caballero . . .

AMADÍS. — *(Con cariño y compasión.)* Oriana, me esparaste siempre.

ORIANA. — *(Volviéndose de espalda y andando por el salón.)* Imposible.

AMADÍS. — ¿Por qué?

ORIANA. — Porque yo jamás esperé a nadie. Ni me llamo Oriana, ni conozco a ningún Amadís. En estos libros no encontré su nombre, aunque, como no pude leer todos todavía, pudiera que ese nombre esté entre ellos. Te vuelvo a repetir que no me robes el tiempo, voz que habla, visión que persigue mis pasos. Que se vaya de mí esa voz y esa visión. Que me siento desfallecer porque pienso . . .

AMADÍS. — ¿Qué?

ORIANA. — Que pudiera conocer a todos los buenos y nobles caballeros que hay encerrados en estos libros y, entonces, quedaría mi vida vacía. Vete, buena voz. No sigas hablándome. Vuelvo a tu libro

amado, que es éste que abrazo y dejo abierto en esta mesa, donde
apoyaré mis brazos para seguir leyendo y viéndote.

AMADÍS. — *(Interfiriéndole el paso con infinita ternura.)* Dame el libro que
me encierre entre sus páginas, pero vuelve a leer y leer este libro
que tus brazos abrazan, donde estará encerrada esa visión y esa voz
que dices. Dame, Oriana.

(Cuando va a dárselo, Amadís coge las manos de Oriana y las acaricia.)

ORIANA. — ¿Qué hacen tus manos?

AMADÍS. — Acariciar las tuyas.

ORIANA. — ¿Acariciar? No sé qué pueda ser la caricia.

AMADÍS. — Este roce de mis manos con las tuyas. Dame mi libro que
me voy a encerrar en él como te he dicho, pero antes de que me
encierre, quiero dejarlo en esta mesa y seguir acariciando tus manos.

ORIANA. — *(Retirándose de él.)* Vete. Vete pronto.

AMADÍS. — ¿Por qué?

ORIANA. — Porque te esperan.

AMADÍS. — ¿Y eso te agobia?

ORIANA. — Sí.

AMADÍS. — ¿Por qué?

ORIANA. — Porque estoy recordando que la espera fue mi mayor dolor.
Es torturante pasar la vida esperando. No quiero que hagas esperar
a tantos como en este libro te esperan.

AMADÍS. — Pero tú sabes que esperaste mucho.

ORIANA. — *(Muy asustada.)* No. No lo sé bien. No sé quién soy. Deja
mis manos que acaricias y no te traiciones, ni traiciones a tantos
como te esperan en el único lugar que vives: en las páginas de este
libro.

AMADÍS. — *(Abrazándola en arrebato de ternura.)* Oriana, parece que vas
comprendiendo.

ORIANA. — *(Deshaciéndose.)* ¿Por qué encadenas tus brazos a mi
cuerpo? Dios del cielo, no quiero ser prisionera.

AMADÍS. — Nadie te encadena con los brazos, ni de nadie eres
prisionera. Sólo veo que vas volviendo en ti.

ORIANA. — *(Retirándose de él.)* No pude pensar que una visón me
encadenara.

AMADÍS. — *(Yendo tras ella y acariciándole los largos cabellos.)* Oriana, mi
amor, por ti fui caballero andante, para obtener la gloria de
merecerte. Cuando velé mis armas en aquella capilla, sé que

seguías mis pasos, sé que aparecías ante mí, cuando ni lo esperaba. Vigilabas mis desvelos y mis sueños. Vuelve en ti, Oriana, vuelve.

ORIANA. — ¿Por qué me pides lo que ya no tendrá remedio?

AMADÍS. — ¿Luego sabes que no tendrá remedio?

ORIANA. — Suelta mis brazos y no acaricies más mi pelo.

AMADÍS. — *(Feliz.)* Sientes, Oriana, sientes. Sabes quién eres y quién soy.

ORIANA. — No puedo saberlo. No te he conocido vivo nunca.

AMADÍS. — Recuerda, mi amor, ¿no ves aquella capilla?, ¿aquel arroyo?, ¿aquel palacio donde de ventana en ventana me veías blandir mi espada con los árboles del bosque?

ORIANA. — No recuerdo nada de lo que dices. Aunque creo . . .

AMADÍS. — ¿Qué?

ORIANA. — Que sólo viví largas esperas en mi infancia y mocedad, pero me equivoco, porque todas las enamoradas que hay cautivas en esos libros vivieron su infancia y mocedad así. Me equivoco, noble visión. Y . . .

AMADÍS. — ¿Qué?

ORIANA. — Quizá fuera yo, u otra de estos libros, quien se hubiera pasado, casi todos los días de la vida, escribiendo cartas para el mancebo que amó. ¿No te llegaron a ti ninguna de las cartas que la enamorada que hay cautiva en estas páginas te escribió?

AMADÍS. — Benditas cartas de amor que no me llegaron. Oriana, no me causes la aflicción de saber que el que luchaba por llevar la justicia al necesitado no supo de esas cartas porque no llegaron a sus manos.

ORIANA. — Vete visión o caballero. Déjame sola. Casi empiezo a temblar.

(Un rumor de lamentos comienza a sonar suave.)

AMADÍS. — No puedo dejarte así. Tendrás que venir conmigo.

EL ENANO ARDIÁN. — No insista, señor. Estamos en un gran peligro. Que no se oigan tu voz ni tus pasos. La doncella está encantada y no te conoce.

AMADÍS. — ¿Y cómo poder liberar de este encantamiento a este ángel por el que luché y vencí?

ORIANA. — *(Con mucho miedo.)* Ya oigo los lamentos. Déjame ir a la mesa a seguir leyendo, porque si así no lo hiciera, me vería en el cautiverio del lamento, como las de abajo. Lamento eterno.

AMADÍS. — *(En reacción más feliz.)* Vives, Oriana, vives. Tus palabras delatan que estás viviendo.

ORIANA. — Déjame, te digo.

AMADÍS. — No antes sin besarte. *(En arrebato de pasión, la besa.)* Despierta. Que los labios de Amadís te hayan traído la libertad que esperaste.

ORIANA. — *(Volviendo su espalda y diciendo con contenida dulzura y cariño.)* ¿Qué es un beso, Amadís?

AMADÍS. — Ya dices mi nombre.

ORIANA. — Sí. Porque recordé que el caballero del libro de donde te escapaste se llamaba Amadís. *(Horrorizada.)* Vuelve a él. Vuelve al libro. Estás traicionando a la persona que te quiso y que te quiere. *(Cubriéndose la cara con las manos.)* No quiero ver más esta visión que me atormenta. Engañadora visión que no sabe de largas esperas, ni de cartas escritas con letras empapadas en lágrimas. Cuando lea todos estos libros, quizá escriba una sola carta donde se diga que una enamorada debe ser correspondida con el cariño que debiera, donde el caballero que la enamore, sepa dejar las armas y el caballo para no saber conquistar más que a la doncella que le escribe. Si caballero es esta visión, deja tus armas y todos tus dones y ve en socorro de la que te quiere. Vive por ella. Junto a ella. Vuélvete a las páginas del libro sin tus armas. Arrójalas a los vientos. ¿Qué caballero sabe de amor, diciendo lo que tú me dices? Ninguno de la tierra. Ninguno.

AMADÍS. — No arrojaré mis armas hasta darle muerte a quien te encantó. Y si me oyes, Arcalaus, que dices que sufriste tanto por los desengaños que el amor te dio, Amadís te espera sin armas entre sus manos para luchar un hombre contra otro hombre. Y si tu magia aparece, empezaré por liberar a todas las de abajo que sus lamentos hieren y entre todos te daremos la muerte. Magia que no puede ser mayor que la que yo poseo. Tu lanza, Urganda la Desconocida. *(Coge la lanza.)* Donde estés, Arcalaus, lucha ahora conmigo. *(Oriana se sentó a seguir leyendo. Amadís da un golpe con sus puños en el libro que Oriana lee, pero Oriana no se inmuta.)* ¿Dónde estás, Arcalaus? Ven a mí si has padecido tanto para que te dé la muerte que tanto esperas y consigas lo que nunca has podido conseguir. Ésa es tu condena: no poder conseguir tu muerte. Consigue la muerte y salvarás la vida de tantos a quienes quitaste el deseo de seguir viviendo.

245

EL ENANO ARDIÁN. — *(Arrodillándose ante Amadís.)* Señor, huyamos. *(Los lamentos de las reinas cautivas se encolerizan.)* Arcalaus es más poderoso que tú y que tu lanza. Arcalaus es aquello que no podemos descubrir. Y lo que no se descubre, se luche lo que se luche por encontrar, no se encontrará. *(Señalando a Oriana.)* Ésta, mi señor, no puede ser Oriana. Si aquí llegas, en todas las reinas que se lamenta, verás la cara de Oriana. Éste es el poder del que sabe encantar. *(Yendo a la mesa y amenazando a Oriana.)* Juraría que tú no eres Oriana, sino una reina cautiva como las de abajo. Bastaría abrir la puerta que sale a los campos para ver tu envejecimiento. *(A Amadís.)* ¿Viste su cara bien? Mírala, Amadís. Abriré la puerta por donde el sol entra y la verás tan anciana como las de abajo. Tú no eres Oriana. No, no, no.

(Los lamentos de las reinas se han hecho más intensos.)

AMADÍS. — Si pudieran hablar las que se lamentan . . . Algo quieren decirme. Bajo.
EL ENANO ARDIÁN. — *(Poniéndosele delante.)* No. No. No. Lo que puedan decirte ellas te lo diré yo.

(Silencio. Amadís y Ardián se miran profundamente.)

AMADÍS. — Algún secreto quieres revelarme; pero si ese secreto es para conseguir tu don, te mataré porque nunca hombre alguno vivió a mi lado más ambicioso que tú.
EL ENANO ARDIÁN. — *(Encolerizado.)* Mátame o haz lo que quieras conmigo. No quiero mi don. Sólo quiero que tú vivas. Sólo quiero decirte lo que bien sé. ¿Y sabes lo que bien sé? Que a Oriana no la verás más hasta que no llegues a la Ínsula Firme.
AMADÍS. — *(Asombrado y pensativo.)* ¿Ínsula Firme?
EL ENANO ARDIÁN. — *(En su desesperación.)* Nada te asombre. Te queda por aprender todo y Ardián sólo quiere salvarte para que seas eterno. Ardián sólo quiere tu gloria y tu honor.
AMADÍS. — *(Cogiéndolo encolerizado de los harapos.)* ¿Y esa Ínsula Firme está . . . ?
EL ENANO ARDIÁN. — En el lugar donde todo el que pone sus pies, quedará para siempre. Todas las reinas cautivas se lamentan por ir. ¿Sabes por qué? Porque allí están sus enamorados esperándolas.
AMADÍS. — ¿Qué camino hay que seguir?

246

EL ENANO ARDIÁN. — Lo sé. Pero deja de empuñar mi ropa y piensa en el amigo que te sigue. Que te seguirá siempre.

AMADÍS. — Dejo de empuñar la ropa del hombre que más ambición tiene. Tu ambición es tanta que ya no sé si creerte . . . (*Volviéndose desafiante.*) Pero, ¿dónde estás encantador? ¿Dónde estás Arcalaus? Sal y lucha con el hombre que te está esperando.

(*Oímos una voz desconocida que sorprende a Amadís.*)

VOZ. — La Ínsula Firme te espera. Ve a ella. Ve, Amadís.

AMADÍS. — Esa voz . . .

VOZ. — Me conociste un día y me volverás a ver. Soy Urganda la Desconocida.

AMADÍS. — ¡Urganda!

VOZ. — Ve a la Ínsula Firme.

AMADÍS. — Desconfío de todo y ya no sé quién me engaña o quién no. No puedo creer en tu voz mientras no te vea.

VOZ. — Me verás cuando te pida mi último deseo.

AMADÍS. — No puedo creer en tu voz. No puedo. De aquí no salgo mientras no lleve conmigo a Oriana. Quedaré en sus pies velándola, besando sus manos y acariando sus cabellos. Vete, Ardián. Ella es Oriana.

(*Suenan torturantes ruido de cadenas y música de órgano con ímpetu y fuerza arrolladora. Van apareciendo las cautivas reinas con las antorchas encendidas. Todas dicen: "Ve a la Ínsula Firme, Amadís." Amadís volviéndose rápido al ver el deslumbrante espectáculo de las reinas, dudando, atemorizado, dice:*)

¿No querréis engañarme también? Engaño tras engaño. Ya no sé cómo soy ni quién es nadie. Traición tras traición. Desamparo tras desamparo. (*Con infinito cariño.*) Dame tu mano, te lo vuelvo a rogar. (*Oriana sigue igual. Amadís se vuelve desamparado.*) Volveré a mis armas. (*Las va recogiendo.*) Volveré a mi caballo. Volveré a los caminos, pero juro, ante todos los reyes de la tierra, que los caminos inciertos me han de llevar a saber de secreto de desencantar a Oriana. Adiós, Oriana.

(Va saliendo sin querer volver la cara para mirar a Oriana. El Enano Ardián le sigue, con cierto miedo, pero como un compañero fiel. Los lamentos y músicas subieron de tono. Oscuro.)

(Vuelve la luz entre los mismo redobles de tambores y música de órgano. Vemos a Amadís con la lanza en ristre. Sus ojos mirando hacia la lejanía. Está en una enorme peña grisacea, casi negra, donde no se ve ni una hierba. Oímos llegar, conmovido y sin poder contener una gran alegría, al Enano Ardián, a quien le escuchamos decir: "Señor, Señor." Amadís sigue sin inmutarse. Sus armas están en el suelo. Sólo tiene, como dijimos, la lanza en ristre. Por el cielo vuelan aves. Parecen palomas.)

EL ENANO ARDIÁN. — *(Entrando.)* Señor. Señor mío. *(Amadís no lo mira. Sigue mirando el cielo. El Enano se pone delante de él como el que quiere adivinar los pensamientos.)* Señor. Señor. Mire con la alegría alborozada que vengo. Busqué a mi señor por todos los bosques y por todos los caminos. Esperé a mi señor en la puerta de la Ínsula Firme. Pasaron horas y no salía. Sentí blandir espadas con furia de leones.

AMADÍS. — *(Sin mirarlo.)* Y leones eran.

EL ENANO ARDIÁN. — Pero venció mi señor, porque lo vuelvo a encontrar.

AMADÍS. — *(Sigue sin mirarlo. Está obsesionado con algún pensamiento que no podemos comprender.)* Vencí.

EL ENANO ARDIÁN. — *(Con gran inquietud.)* ¿Cuántos eran?

AMADÍS. — Siete cuerpos de hombres con cabezas, dientes y garras de leones.

EL ENANO ARDIÁN. — ¿Y después?

AMADÍS. — Lanzas que salían por todas partes para atravesar mi corazón. Pero la voz de Urganda la Desconocida me volvió a advertir. Arrojé la lanza que ves en mi mano, y de repente, se partieron todas las lanzas que querían atravesar mi corazón.

EL ENANO ARDIÁN. — ¿Y después, mi señor?

AMADÍS. — Vi lo que no puedo decirte.

EL ENANO ARDIÁN. — ¿Por qué?

AMADÍS. — Porque no se puede creer que el amor y la vida queden en lo que vi.

EL ENANO ARDIÁN. — *(Ocultando la noticia de una alegría.)* ¿Qué piensas, mi señor?

AMADÍS. — Reflexiono sin saber, mirando al cielo. Mis dudas son muchas.

EL ENANO ARDIÁN. — ¿Dudas el caballero que venció? *(A Amadís le bajan unas lágrimas.)* ¿Llora, mi señor?

AMADÍS. — No.

EL ENANO ARDIÁN. — Ay señor, no lo quiero ver así. Alegría para el alma, señor. Su valentía es grande. ¿Por qué no me mira, señor?

AMADÍS. — No puedo, Ardián.

EL ENANO ARDIÁN. — ¿Por qué se vino a esta peña oscura, tan cerca del cielo? ¿Sabe mi señor qué peña es ésta donde está?

AMADÍS. — La llamada Peña Pobre. La que amparó a todos los enamorados y caballeros que, derrotados, vinieron a morir a aquí.

EL ENANO ARDIÁN. — ¿Morir? ¿Cómo es posible que piense, el más valeroso de los caballeros, en derrotas, en muertes, en dudas?

AMADÍS. — Ya no me llamo Amadís.

EL ENANO ARDIÁN. — Juro que tengo delante de mis ojos a mi señor Amadís.

AMADÍS. — Le he pedido al cielo saber mi nombre y me lo ha dado.

EL ENANO ARDIÁN. — *(Arrodillándose.)* No puede pensar así. Es mi señor, Amadís de Gaula.

AMADÍS. — *(Rápidamente se cubre la cara con las manos.)* Soy Beltenebros. El cielo dio ese nombre a un derrotado como yo. Ese nombre quiere decir "mancebo que vive sin amor y en tinieblas."

EL ENANO ARDIÁN. — *(Queriéndolo contagiar de alegría.)* No podrá ser Beltenebros. No podrá.

AMADÍS. — Pronto arrojaré mis armas a los vientos y me sentaré en esta Peña para ir muriendo.

EL ENANO ARDIÁN. — No haga eso. No lo haga.

AMADÍS. — La vida tiene un fin y éste es mi fin, Ardián. Vuélvete por donde llegaste y déjame morir en soledad y en derrota.

EL ENANO ARDIÁN. — Nunca. Dormiré junto a los pies de mi señor.

AMADÍS. — Arrojo mis armas a los vientos y a los ríos para que las lleven a los mares y no las encuentre nadie.

EL ENANO ARDIÁN. — *(En un grito desesperado.)* ¡No! *(Se abraza a los pies.)*

AMADÍS. — ¡Noche en vela en aquella capilla! Inútil noche de mi vida. Inútil vida mía por los caminos. Inútil darle al hombre consuelo, paz y justicias y, mucho menos, amor. Ahí lleváis, vientos, mis armas. *(Arroja las armas a los vientos y se convierten en palomas.)*

EL ENANO ARDIÁN. — Mire, señor. Se han convertido en palomas.
Mire cómo se arrullan de alegría o de amor. Mire.

*(Suenan los aletos y los silbidos de la serpiente alada que conduce Urganda
la Desconocida. Ardián se asusta y se esconde tras su señor. Amadís no
mira a Urganda la Desconocida. Sigue firme y mirando al cielo. Urganda
la Desconocida se detuvo en la Peña Pobre.)*

AMADÍS. — *(Sin mirarla.)* ¿Para qué viniste, Urganda?
URGANDA LA DESCONOCIDA. — Para llevarme la lanza que te di.
AMADÍS. — Puedes llevarte lo que es tuyo. De nada sirvió tu lanza. De
nada, cuando Amadís no conquistó lo más hermoso que podía
haber conquistado: la conquista de mí mismo y de todo lo que amé.
Fue una lucha inútil.
URGANDA LA DESCONOCIDA. — Te equivocas, Amadís. Has
conquistado y vencido más de lo que imaginas. Le llevaré la lanza a
otro caballero enamorado. Muy pocos son los que tienen este don, y
tú fuiste uno de ellos.
AMADÍS. — *(Enfrentándosele colérico.)* Romperé tu lanza en mil pedazos.
URGANDA LA DESCONOCIDA. — Bien sabes que no puedes.
AMADÍS. — *(En su enfrentamiento se la arroja a los pies.)* Tómala para
siempre.
URGANDA LA DESCONOCIDA. — No creas que te derrotaron, ni que
te has derrotado a ti mismo. Ahora, como estás, desarmado, sin
poderes ningunos, vuelve a donde debes esperar.
AMADÍS. — Esperar, nunca más. ¿Dónde quieres que espere? ¿En el
reino de los muertos que es esa Ínsula Firme donde entré y no
quiero volver a recordar?
URGANDA LA DESCONOCIDA. — Sabes que tienes que volver.
Ardián, que con tanto miedo, se esconde abrazado a tus pies te
leerá una carta.
AMADÍS. — Nada necesito saber.
URGANDA LA DESCONOCIDA. — Tu valentía, Amadís, empieza
ahora. Ahora, desarmado, tendrás que luchar sin apoyos ningunos.
Es el mayor grado a que puede ascender la existencia humana.
Ahora. Ahora. Ahora.

*(Urganda la Desconocida, llevándose la lanza, vuela en su serpiente alada.
Cuando desapareció, Ardián se levanta, saca de su ropa la carta que traía
escondida y lee. Amadís ni escucha ni mira. Su mirada está fija en el cielo.)*

EL ENANO ARDIÁN. — Escuche la lectura de esta carta, mi señor. (*Leyendo.*) "No te encontré. Me desencantaron, quizá, para que sufriera más. Me fui a una ermita porque te esperé en espera desesperada, Amadís. Cartas y cartas mías volaron por los aires pidiéndote que volvieras. Sólo en un lugar que sabes, podrás encontrarme, porque cuando llegues a la ermita, ya no estaré. Con tu nombre en mis labios quedo. El piar de los pájaros, el silbo de los aires y el brillo de las estrellas, me dan compañía. Te quiero, Amadís."

(*Amadís, poco a poco, va volviendo en sí, y casi invadido de una honda emoción, parece adivinar donde está Oriana. Empieza a caminar como el que no vive, como el que está fuera de sí.*)

EL ENANO ARDIÁN. — Mi señor. (*Ni mira ni se detiene.*) Mi señor. (*Como Amadís continúa el camino, Ardián se arrodilla delante de él, llorando, implorándole.*) El camino que emprendes, valeroso caballero, será tu verdadero y único camino. Ardián te dice adiós para siempre. A donde vas no puede seguirte Ardián.

(*Ardián llora como un niño, mientras Amadís va bajando por la Peña Pobre, desarmado, obsesionado, valiente, a encontrar, quizá, la más esplendorosa aventura de su vida.*)

(*En un silencio impresionante vemos aparecer la Ínsula Firme. Todo el gran salón de la Ínsula está lleno de pedestales con estatuas de mármol blancas y diamantinas. Las estatuas son de todos los que se amaron de verdad. Reyes, reinas, princesas, príncipes, se miran y miran con los labios entreabiertos como los que esperan un beso de amor. Oriana está frente al público y en primer lugar. Su belleza es conmovedora. Junto al pedestal de Oriana hay un pedestal vacío, donde se lee con letras de reluciente oro: "Aquí yace, Amadís de Gaula." Amadís va entrando en silencio, sin asombro alguno, esperando encontrar el pedestal de Oriana. Al fin lo ve. Va a ella. Llora arrodillado, abrazando el pedestal. La voz de Oriana dice con dulzura y serenidad:*)

ORIANA. — ¿Por qué lloras, caballero mío? ¿Por qué lloras cuando tanto tienes que alegrarte de verme donde me ves?
AMADÍS. — (*Acariciando el pedestal.*) Oriana.

ORIANA. — ¿No pensaste que tu lucha no fue baldía? Mírame. Aquí te llevo esperando no sé si una eternidad.

AMADÍS. — ¿Qué debo hacer, Oriana? ¿Cómo se puede morir?

ORIANA. — Tú estás vivo, Amadís, y seguirás viviendo.

AMADÍS. — ¿Qué poder tengo para pedir mi muerte? ¿Sólo subirme al pedestal vacío? ¿Es así como se puede morir? Vacío, pero mirándote siempre.

ORIANA. — No. No subas. Soy yo ahora la que quiere rogarte.

AMADÍS. — ¿Qué?

ORIANA. — Soñe con tener un hijo tuyo y éste no llegó. ¿Sabes a qué se debía este deseo? *(Silencio.)* ¿Lo sabes? *(Silencio.)* En todas mis cartas te lo dije. En todas mis llamadas a los solitarios vientos te lo dije, pero has llegado cuando es tiempo de confiarte y rogarte para que cumplas el deseo con el que soñé siempre. Sal de aquí, amado mío. Sal. Tiene que seguir en el mundo de los vivos la continuación de tu vida. Esta continuación está en el hijo que quise tener tuyo, para educarlo en los más nobles pensamientos, que son los tuyos, Amadís. Nadie te derrotó. Tienes que seguir hasta encontrar ese hijo que sea prolongación de tu misma vida. Tu vida grandiosa que se recordará siempre.

AMADÍS. — *(Abrazándose de nuevo a los pies de Oriana.)* Oriana.

ORIANA. — No te acobardes. Te lo pide tu amor. Te lo pide Oriana. Y cuando ese hijo se haga mancebo como el que yo conocí en los bosques, en el jardín de las rosas y del arroyo, que vele sus armas y luche. Luche. Luche, como tú luchaste, Amadís. Le has dado tanto a la humanidad . . . Benditas las tierras que pisaste. Bendita tu nobleza, tu valentía, tu vida entera. Deja de abrazar mis pies y sal. Sal, mi amor. No quiero ver lágrimas en tus ojos ni abrazos en mis pies. Sal. Aquí te esperaré. Aléjate de mí. Que vuelva la fuerza y la valentía, mi Dios, a este caballero que abraza mis pies. No intentes acariciarme más. Vete de la Ínsula Firme. Tienes tanto que hacer en esta vida . . . Aléjate de mí, te lo ruega Oriana.

(Amadís empieza a alejarse dando unos pasos hacia atrás y sin dejar de mirar a Oriana, quien alargó sus brazos al enamorado, mientras el enamorado alargó los suyos y sigue alejándose, obedeciendo a Oriana. La música celestial va llegando mientras Amadís se aleja. Muy suavemente parece que derraman lágrimas las estatuas de todos los amadores de la Ínsula Firme. Allí vemos, entre otros, a la Reina Triste, al Rey Languines, a la Perdida Santa, al Rey Perión de Gaula y a todas las Reinas Cautivas

de la mazmorras sin la menor de las lamentaciones. La música celestial fue subiendo de tono hasta inundar todo el teatro, mientras va llegando el oscuro muy lentamente.)

FIN

José Martín Recuerda
Salobreña, 3 de abril de 1986

LA DEUDA
(1988)

PERSONAJES

Patricia
Ignacio
Robert
Janet
Jim

ACCIÓN: Nevada (Estados Unidos).   Época actual.

La casa de Ignacio, profesor de física. Una casa deslumbrante de belleza. Todo el fondo encristalado. El suelo está alfombrado de azul oscuro. Por la cristalera vemos uno de los lagos de la ciudad, lejanamente rodeado de luces rojas, verdes, doradas, violetas. El lago está muy cercano a la cristalera. Observamos que hay un yate. Anuncios luminosos parecen rodear todo el lago: salas de fiesta, casinos . . . Estamos, sin duda, en un lugar no lejano de Las Vegas o de Reno. Los espectáculos que triunfan en Las Vegas se anuncian insistentes a trás de millares de luces que, a veces, forman la silueta de un cowboy; otras, enmarcan, al parecer, a cantantes de actualidad. Podemos distinguir el agua del lago sobre el reflejo de las luces.

A la casa del profesor se entra a la izquierda del espectador por una modernísima puerta de madera roja, pulida, brillante, que bate sobre unas escalinatas redondas, también de madera roja, haciendo juego con la brillantez y elegancia de la puerta. Hay un farol de visos dorados, imitadores de oro bruñido. Ese farol cuelga con un gusto que revela el capricho de un solitario millonario, que alguna vez adquiriría el farol en el Londres victorino.

Por toda la habitación o hall hay colgados cuadros de Cúcaro o del Dalí expresionista, pintor de ciudades norteamericanas. En algunos cuadros podemos apreciar las siluetas de diversas perspectivas del barrio chino de San Francisco con sus casas de tejados japoneses, sus dragones dorados y sus faroles rojos.

A la derecha del espectador vemos una biblioteca con estantes llenos de budas de madera negra de Hong-Kong, grotescos y con expresiones felices, o candelabros hechos en las tiendas de los alrededores de Sausalito, con falsa pedrería, imitadora del oriente asiático.

La gran cristalera del hall tiene cortinas de terciopelo azul marino, más claro que el color del suelo alfombrado.

Encontramos también, junto al farol, otros recuerdos del Londres victorino, como las luces de las paredes encristaladas. Luces que están ocultas por unas ingeniosas lámparas, imitadoras de finísimos landós. Los sillones, sofá y sillas son de terciopelo dorado que recuerdan el gusto de las casas soñoriales del sur. Todo el ambiente contrasta en diferentes estilos, desde el victorino al norteamericano. De este último estilo hay una chimenea de piedras a la izquierda del espectador, chimenea que tiene, a los lados, maderas grabadas de la misma madera roja de la puerta de entrada. En sus grabados, hay mascarones indios, con bocas de lamento. La mesa de trabajo del profesor, llena de libros y cartas, se encuentra encima de los escalones, a la derecha del espectador. Escalones que rodean todo el hall.

El telón sube muy lento, mientras vemos brillar incesantes las luces de alrededor del lago, que llaman robando la tranquilidad de los que viven cercanos. En estos momentos primeros, la luz de la escena es la que da. Solamente, las luces exteriores y una lámpara que está encima de la mesa del profesor .

Estamos en una noche final de año. Oímos suavemente la música de "Red Roses for a Blue Lady."

El profesor lee en su mesa de estudio. En la lámpara, el profesor, cogiendo algunas cartas, intenta trasparentarlas sin abrir. El profesor, por unos momentos, piensa. Vuelve a dejar las cartas en la mesa. Se levanta. Abre la cristalera que da al lago. Antes cogió varias cartas. Quiere tirarlas al agua. Se arrepiente y las vuelve a colocar en la mesa. Un suave aire mueve uno de los postigos de la cristalera. El profesor se acerca de nuevo y ve su yate cercano. El yate tiene los faros encendidos que brillan entre los cientos de luces que se ven alrededor del lago. Intenta llegar al yate con intención de subirse en él. De pronto, como el que recuerda algo inesperado, se detiene. Suena el timbre de la puerta de la calle. El profesor titubea. No sabe si abrir la puerta. El timbre insiste. El profesor recuerda lo que no esperaba. Al fin abre.

Entra Janet Davis, Robert y Jim. Janet es una muchacha de raza negra, muy africanada. Trae el pelo crispado y muy llamativo, pintado en rubio oro. Es muy elegante. Los labios pintados en un rojo vivo y los ojos en un azul celeste. El desorden del pelo africano es lo más llamativo. Parece como si llegara de una tribu. Robert viene vestido de indio de reservas. Jim, de vaquero. Traen unos cartuchos con botellas de wisky dentro. Todos dicen, con cariño, mientras se sientan a unos lados y a otros de los escalones, "Nuestra última noche." La alegría que traen es grande. Siguen diciendo, "Mañana todo el mundo dirá por las calles 'Happy New Year.'"

JANET. — Ay, veinticinco "Happy New Year" en mi vida.

ROBERT. — Veintidós en la mía.

IGNACIO. — *(Un poco extrañado por la vestidura de Robert.)* Pero, ¿Robert?

ROBERT. — ¿De qué se extraña, profesor? Vengo vestido de lo que sueño, porque, querido profesor, no hay nada que me dé tanto que pensar, como esos indios de los bares de noche que nadie sabe

dónde van ni de dónde vienen. Madre mía, saber que esta raza es
tan nuestra y no saber nunca ni cómo viven, ni dónde están.

JIM. — Yo sí lo sé. Soy del Sur. He vivido con muchos indios. ¿Sabéis
cómo viven todo el día? *(Saca el whisky de su cartucho. Se echa un
trago.)* Así. Así todo el día. O durmiendo tirados en tierras rojas,
cerca de pantanos, o borrachos de noche, sin hablar con nadie y
despreciando a todos. Nadie les da amparo.

ROBERT. — Quisiera que me desafiaran, que se creyeran que soy un
indio de los bares de noche. Esos indios que desprecian a todos.

IGNACIO. — Mal hecho.

ROBERT. — ¿Por qué?

IGNACIO. — Porque el desafío no debe existir. Todos somos lo mismo
en esta tierra.

ROBERT. — Eso no se lo cree ni usted, profesor. ¿Dónde vas, Janet?

JANET. — A la cocina a por vasos mientras vosotros os revolcáis por el
suelo. Parecéis indios de verdad. Algo habréis tenido que beber.

LOS DOS. — Vete ya, africana.

JANET. — Pero, ay, los faros del yate están encendidos. Nuestro
profesor se iba sin recordar que sus estudiantes iban a venir esta
noche.

ROBERT. — Bueno, trae los vasos. Yo apagaré los faros.

JANET. — Qué bonito, profesor, es no acordarse de una cita.

JIM. — Ah, quién pudiera ser como usted.

ROBERT. — Nos enseñaron que de las cosas más hermosas del mundo
es amar la soledad. Saber estar solos.

JIM. — Aún no lo aprendí yo.

ROBERT. — Ni yo.

JIM. — Los vasos, profesor. Queremos verlo por unos momentos ido de
sus ideas. Esas ideas que busca y no encuentra.

ROBERT. — Pero sí, por lo que intuimos en sus clases, sus ideas son casi
como una filosofía nueva que quisiéramos llegara a una conclusión,
si es que a conclusiones se puede llegar en este mundo.

IGNACIO. — ¿Acaso yo lo sé?

ROBERT. — Y qué importa, lo mejor es buscarse sin saber a dónde
podamos llegar.

JIM. — Y eso es lo que más nos cautiva de sus clases: los cientos y
cientos de preguntas que nos hacemos mientras le escuchamos.

ROBERT. — Yo le diría algunas, como muchos alumnos de usted.
¿Dónde vamos? ¿Qué queremos? ¿Qué podremos hacer en esta
vida?

JANET. — Bueno, las copas. Aquí no hemos venido a filosofar. Cualquiera que os oiga, dirá que no sabéis ni lo que queréis.

JIM. — Es interesante eso. No saber lo que se quiere. Mira, que si de pronto, encontráramos la salvación para nosotros mismos, para nuestro país y para tantos países.

ROBERT. — ¿Lo ve, profesor? Usted es el culpable de que hayamos llegado a su casa y dialoguemos como en las clases.

JIM. — Pero, profesor, está triste. Beba. *(Le da una copa. El profesor la coge, pero no bebe.)* No nos diga, profesor, que hoy también se queda estudiando hasta las tantas.

ROBERT. — El profesor no sabe a lo que hemos venido esta noche.

JIM. — No sabe cuál ha sido nuestra decisión.

IGNACIO. — ¿Por qué iba a saberlo? Ya sabéis que soy el que menos sabe. Os lo he dicho muchas veces.

JIM — Le vamos a llevar a donde no espera.

IGNACIO — ¿A donde no espero?

JIM. — Sí, a donde no espera. ¿Sabe dónde?

IGNACIO. — No.

JIM. — A conocer la vida de noche de una juventud que ni sabe usted que existe.

IGNACIO — ¿Y dónde está? ¿Y cómo se puede conocer?

JIM. — Primero, bebamos. *(Beben los dos muy felices. Ni Janet ni el profesor beben.)* Mira, la africana no se moja los labios con una copa. Pero, profesor tiene que beber para conocer bien, o al menos como se conocen otros caminos. Los libros no enseñan tanto como hay que saber.

ROBERT — ¿Sabe el profesor lo que es hablar con un ser desconocido, cansando, en un amanecer, a la orilla de un lago?

JIM. — O con muchos desconocidos a la orilla de un lago, mientras empieza a amanecer y brotan las confesiones de estos seres desconocidos que ya no volverá a ver más en su vida. Tal vez, la mayoría estén borrachos, tal vez no.

ROBERT. — ¿Quiere conocer la juventud de nuestro país?

IGNACIO. — Por lo que veo, habéis bebido demasiado.

JIM. — *(Muy feliz.)* Eso, beber para ser otros. No sé si mejores o peores.

ROBERT. — Beba una copa, profesor. *(El profesor no bebe.)* ¿Espera el profesor a más gente?

IGNACIO. — Puede que vengan más.

JIM. — Pero antes de que vengan otros, queremos, por una sola noche, darle nosotros nuevas lecciones al profesor.

IGNACIO. — Y yo quiero preguntaros.

JIM. — Qué.

ROBERT. — *(A Janet.)* .Eh, tú, ¿dónde vas?

JANET. — A ver lo que hay en la cocina.

ROBERT. — Bien hecho. Janet quiere siempre arreglar las casas. ¿Has sido alguna vez cocinera, Janet?

JANET. — He sido de todo.

ROBERT. — Qué bien.

JANET. — A la cocina voy. Puede que encuentre algo de comer.

(Los dos intentan levantarse.)

ROBERT. — Janet no quiere. Seguimos con nuestras copas. ¿Qué quería preguntarnos, profesor?

IGNACIO. — Nada. Lo olvidé.

ROBERT. — Pues yo voy a sentarme frente al lago. *(Coge la copa y va. Una vez sentado dice:)* Dios mío, qué derroche de luz.

JIM. — ¿De qué te asombras?

ROBERT. — De nada. Lo único que me preocupa es que todas las noches del año estén encendidas. Las aceras que dan paso a los casinos de juego, alfombradas. Y . . .

JIM. — ¿Y . . . ?

ROBERT. — Cientos y cientos de personas cada día dominadas, más y más, por la ambición del juego. Dios mío,¿ qué habrán sido estas personas antes? ¿En qué habrán pensado? ¿Cómo habrán vivido?

JIM. — Aburridas.

ROBERT. — No puedo comprender.

JIM. — Yo sí. Apuesto que el aburrimiento les ha conducido a tener deudas y más deudas. Por eso juegan esperanzadas. Creerán que algún día podrán pagarlas.

ROBERT. — Eso es querer saber mucho.

JIM. — Apostaría que todas las personas que están metidas en los casinos son las más ambiciosas de dinero: viejos, viejas, viudas, divorciados, prostitutas, hasta jóvenes con la carrera recién terminada.

ROBERT. — Yo no llegaría hasta ahí.

JANET. — *(Saliendo.)* Bueno, comida para todos. Ya lo sabía yo.

JIM. — ¿Habrás registrado bien la nevera?

JANET. — Y las alacenas. Comer y beber donde queráis.

JIM. — ¿Hasta encima de la mesa del profesor, con tanto libro y tanta carta?

IGNACIO. — Hasta encima de mi mesa.

ROBERT. — Apago esta luz y ésta y ésta. Así llegaremos a más conclusiones hermosas. Sólo viendo todas las luces lejanas y los faros de los yates que pasan y cruzan. Cuánto dinero hay que tener para comprar un yate.

JIM. — Ay, amigo, tú no quieres ver la realidad.

ROBERT. — ¿Por qué?

JIM. — Porque no quieres acordarte de Nueva York. Ni claro, de tus banqueros, de tu palacio colonial que ahora estará lleno de gente distinguida con la copa en la mano para brindar.

ROBERT. — Por mi, podéis encender todas las luces. Me he hecho a todo y a cosas peores que no diría nunca.

IGNACIO. — Quería preguntaros antes, cuando olvidé de pronto. ¿Por qué una noche como ésta no os fuisteis con vuestras familias?

ROBERT. — ¿Nuestras familias? ¿Quiénes son? Los que no podemos ni ver. Ni menos que nos envíen un cheque para continuar nuestros estudios.

IGNACIO. — ¿Por qué? Siempre falta dinero al final de mes.

ROBERT. — A mí, no. Yo sigo sus consejos. Quiero renovación. Trabajo de camarero y puedo pagar los gastos de la universidad y los míos. Pero dinero de millonarios ladrones, no quiero aceptar.

IGNACIO. — Pero, ¿qué quieres decir?

ROBERT. — No me haga hablar, profesor. Ya he dicho que no quiero dinero robado.

IGNACIO. — ¡Robert!

ROBERT. — Oh, profesor. Los padres de nosotros dos. Los del vaquero y los míos pertenecen a grandes empresas bancarias y roban como nadie. Así encarcelan mejor.

IGNACIO. — ¿Encarcelar?

ROBERT. — Vamos, profesor, déjese de ignorancias. Bien lo aclara usted en sus clases.

IGNACIO. — Pero es que un día como hoy, hay que enviar al menos una tarjeta a nuestros familiares.

ROBERT. — Yo vivo como si no los tuviera. Ya lo he dicho.

JIM. — Y yo.

ROBERT. — ¿Y tú, Janet?

JANET. — Yo tengo mucha familia que vive en donde vosotros no podréis comprender ni ver nunca. ¿Sabéis dónde está mi familia? ...

261

En miserables casas de Harlem, donde yo nací. Y me uní mucho a esas familias despreciadas y marginadas.

IGNACIO. — Por favor, Janet.

JANET. — ¿Tengo, acaso, profesor, dinero para enviar tarjetas a tantos como quiero? ¿Qué raro, no?

ROBERT. — ¿Lo ve, profesor? Dos maneras de pensar se intuyen en estos momentos: la que habla Janet y la de los millonarios, más amigos cada día, no sólo para vivir bien, sino para seguir hundiendo al país y a muchos países más.

IGNACIO. — Pero Robert, Jim, Janet, aquí habéis venido a pasarlo bien, a despedir al año. No me hagáis pensar después que yo soy el culpable de vuestras maneras de pensar.

ROBERT. — *(Levantándose.)* Ah, no, profesor, ni usted ni nadie. Pertenecemos a un mundo que buscamos. Quizá seamos pocos todavía, pero tengo fe en que pronto seremos muchos y destruiremos todo lo que hay que destruir. Parece un sueño lo que digo. Pero el sueño ha de cumplirse. Usted sabe muy bien que este país está llevando a la ruina a casi el mundo entero. Al mundo lo tenemos endeudado. Muchas veces detiene usted las explicaciones de física en sus clases, para hablar largamente de todos estos problemas. Me pregunto, muchas veces, si todo lo que estoy diciendo es una utopía, pero me rebelo con la utopía y pienso que, por algún camino, habrá que empezar a ser mejores. Estar con los brazos cruzados, de espalda a la universidad y a la situación de desidia social en que vivimos, nunca. Al menos yo, ni otros muchos que asistimos a sus clases. Hay con suavidad que ir destruyendo un pasado y un presente, y si nuestro intento fracasa, es que fracasaron siempre los hombres.

IGNACIO. — Vamos, Robert, toma algo de esta bandeja.

ROBERT. — Primero la copa. *(Bebe.)* Y ahora, mire. *(Abre de par en par la cristalera. Saca una carta que tenía en un bolsillo del pantalón y la destroza, tirándola al lago.)*

IGNACIO. — Por eso quisiste que apagáramos las luces. Sé que tendrás lágrimas en los ojos. Esa carta era para tus padres.

ROBERT. — Era. Pero, mire, flota en el agua, hecha pedazos. *(Se vuelve rápida y se exalta, como si no hubiera nadie delante.)* Alguna vez volveré a Nueva York para decirles ladrones.

IGNACIO. — Robert, por favor. Las grandes decisiones y los grandes pensamientos no empiezan ya con la violencia. Violencia ninguna para decidir. Suavidad en todo. Pensamientos que no extravíen la razón. Bueno, Janet, trae las bandejas. Tendrán que comer algo.

ROBERT. — Y beber.

IGNACIO. — ¡Pues todos a beber! *(Cuando el profesor está decidido a beber, Janet le quita la copa de la mano.)*

JANET. — Perdóneme, profesor, yo no tenía copa.

IGNACIO. — Pues en la cocina habrá. Y si no, mira, aquí hay una botella de *wisky*. Me voy a beber un trago.

JANET. — Deje, profesor, que quiero yo echárselo en una copa. *(Coge la botella.)*

IGNACIO. — Pero, bueno, Janet no quiere que me ponga contento.

ROBERT. — *(A Janet.)* Mira, si lo llegamos a saber no te traemos. Déjalo que se beba las copas que quiera.

JANET. — *(Echando wisky en una copa con cierto miedo contenido.)* Tome, profesor.

(Cuando el profesor se bebe la copa, Janet no puede negar su entristecimiento. Los otros dos ríen.)

ROBERT. — Me pregunto, ¿y si seguimos bebiendo, cómo vamos a aprender en serio de esa juventud que irá al lago al amanecer?

JANET. — Llevas razón. Cuanto más lucidos vayamos, más aprenderemos. ¿Sabe el profesor, a quiénes veremos en el lago, entre otros? *(Silencio. El profesor no contesta.)* Pues allí veremos a muchos jóvenes recién venido de España, que asqueados de la España en que viven, han venido hambrientos y sin cortratos a buscar trabajo aquí. Juraría que ni tienen pasaporte. Juraría que la policía los busca. *(Ignacio, como el que no quiere escuchar, guarda silencio. Janet, dándose cuenta, se pone delante de Ignacio.)* Profesor, tiene que oír a los españoles que han venido de su tierra sin saber dónde van. Tiene que oír a los que salieron de nuestras universidades que tampoco saben dónde van. Ya hay otra juventud que el profesor debe aprender de ella. Aunque el profesor, veo que no quiere venir, tenemos que ayudarles.

ROBERT. — Pero hay que esperar hasta al amanecer, porque, profesor, tienen primero que cerrar todos los bares y entonces los degenerados, las busconas, los travestís, ladrones, asesinos, hambrientos, e incluso esa gente recién venida, que ha de ser tímida y buena, se van primero a beber y a bailar a un salón de fiestas, casi secreto, que muy pocos saben dónde está, llamado "A Deshoras." Se ve allí, además de lo dicho, algo que ni se puede imaginar: gente distinguida que, un poco disfrazados, quieren ocultar su degeneración. Así se liberan de los que buscan dinero y vicio por las calles y pueden llegar a la amenaza de descubrirlos para que pierdan sus trabajos. Por eso el salón de "A Deshoras" es un refugio que oculta a muchos. Los que después, con grandes remordimientos de conciencia, se van al amanecer a los lagos y con las copas que llevan, intentan confesar lo que son, e intentan que alguien los pueda remedíar.

(El profesor calla y piensa, como el que sabe mucho de esa historia y quiere disimular delante de sus alumnos.)

JIM. — ¿Sabe el profesor, dónde está ese salón y cómo es?

(El profesor sigue en silencio. Janet al darse cuenta de que el profesor está cohibido y sufriendo dice:)

JANET. — Os ruego que no sigáis hablando. Vámonos nosotros si queréis.

JIM. — No, el profesor que nos enseña tiene que aprender mucho más. Bien se ve que no quiere venir con nosotros. Nosotros lo hacíamos por su bien, pero antes de irnos he de decirle que los salones "A Deshoras" están en lo alto de viejos rascacielos. Los abren cuando todo lo cierran. Son como buhardillas enormes que parecen hospitales de locos. *(El profesor se vuelve de espalda y va a mirar a la cristalera. Jim, que quiere seguir contando, va al profesor. El profesor no lo mira, pero Jim continúa.)* Tienen largas mesas de madera vieja. Bancos largos de madera vieja como las mesas. Ventanas enrejadas con hierros como cárceles. Así la degeneración o la desesperación puede ocultarse mejor.

JANET. — Por favor, Jim, deja al profesor y vámonos.

JIM. — No. No he terminado todavía. En un pequeño rincón hay una tarima con una orquestina de hambrientos, a quienes hay que tirar dinero al tablado para que sigan tocando hasta el amanecer. Aquella guarida de seres humanos se convierte en fieras. Unos consiguen lo que desean, otros no. Cuando ya va a empezar el amanecer, se van para no ser reconocidos o que no los vean nunca más. La pintura de la cara está unida al sudor del baile y de las copas. Temen mucho ser descubiertos. Entonces se van a los lagos, caen de rodillas en la tierra; y mientras amanece, intentan confesarse, decir sus verdades, con verdadera necesidad de encontrar amparo. Miran al cielo, a las últimas estrellas y, con la persona que por casualidad está a su lado, se confiesan rabiando y llorando.

ROBERT. — *(Yendo al profesor y poniéndose delante de él para continuar lo que desean decirle.)* La mayoría son personas frustradas en el trabajo, o ni siquiera lo tienen; otros, frustrados en el amor; otros frustrados porque nada ganaron aquella noche; otros, hijos de millonarios que odian a sus padres.

JIM. — Vamos a saber de unas vidas humanas verdaderas. Sentimos mucho que el profesor no venga. Janet, coge tu botella de *wisky* y guárdala en el cartucho. Nosotros cogemos las nuestras y las guardamos. *(Mientras lo hacen.)* Y volveremos, aunque al profesor le moleste, con aquellos que podamos y que hablen, aquí, aquí, a la orilla de este lago con ese precioso yate que vemos.

JANET. — Nos vamos, profesor. No hemos querido causarle daño, pero mírenos. *(El profesor no los mira. Janet se pone delante de él.)* ¿Lágrimas, el profesor?

IGNACIO. — *(Con ternura.)* No. No. Ir. Volver si queréis. Sentado en este escalón os espero. *(Se sienta.)* Venir con los que queráis.

(Jim y Robert salen con los cartuchos y las botellas de wisky, preocupados, vacilantes. Janet se retrasa. Quiere decir algo. No puede. Se preocupa en extremo. Coge su cartucho e indecisa quiere salir. El profesor, sentado en el escalón, le ruega.)

Janet . . . *(Vuelta de espalda no sabe qué hacer.)* Janet.

JANET. — Quiero irme sola por esas calles. Casi me siento culpable de haber venido con ellos.

IGNACIO. — ¿Culpable?

JANET. — Sí, mucho. Soy débil como los míos.

IGNACIO. — Pasaron ya tantos días, tantas noches, salieron tantas estrellas, tanta vida paso por nosotros, que no puedes sentirte culpable.

JANET. — Debo irme.

IGNACIO. — ¿Tan sola, Janet?

JANET. — Hay gente buena por la calle que pronto se hace una amiga de ellos. Puede que encuentre . . .

IGNACIO. — ¿A quién?

JANET. — A gente de Harlem. A alguno de los míos. No todas las personas son como las que van "A Deshoras." *(Silencio. El profesor pasea inquieto.)* ¿Por qué se inquieta?

IGNACIO. — No sé. De pronto estoy muy preocupado. Debieras haberte quedado en Harlem. Me siento un poco culpable de lo que pueda sucederte.

JANET. — Juré que nunca dejaría a mi profesor y que mis pasos irían donde fueran los suyos. Hoy estoy muy contenta de haberlo hecho. Trabajo en la misma universidad que usted, aunque con un pobre trabajo. Veo que usted va a llegar muy lejos dentro de la universidad. Yo estaré a su lado hasta que lo vea como pienso.

IGNACIO. — Janet, me falta mucho todavía para tener una plaza fija. Mi contrato terminará pronto.

JANET. — Pero sabe que vencerá. Que después de termirar el contrato, se lo renovarán y quedará aquí para siempre. Cuando así lo vea, me volveré a Nueva York. Volveré a Harlem. Encontraré empleo por allí. Me lo prometí así. Y así está saliendo todo.

IGNACIO. — Pero tú sabes, Janet . . .

JANET. — Sé lo que pueda decirme. Lo conozco muy bien, profesor. Sé que usted molesta no sólo al profesorado, sino al presidente de la universidad. Sé que han llegado comentarios a altos políticos del estado. Su nombre es bastante famoso.

IGNACIO. — A pesar de todo, lo más fácil sea que no me quede.

JANET. — Somos muchos los que saldremos en su defensa. Usted sabe muy bien la idea, de que todo aquel que ama, con verdadera vocación su trabajo, sobra en la sociedad en que vive. Usted no está en la "manada" universitaria, donde unos se dan coba a otros sin sentirlo. Usted está en el camino cierto de la búsqueda no ya solamente de la ciencia, sino de los caminos por los que debe andar una nueva juventud. Ya sé que esta manera de pensar molesta a todos, pero ha sabido crear en sus alumnos una inquietud tremendamente renovadora para el bien de nosotros mismos y de nuestro país.

IGNACIO. — No sé cómo agradecerte todo lo que dices.

JANET. — No tiene que agradecerme nada. ¿No puede estar el desinterés y la bondad por encima del canivalismo político del profesorado que pacta con las peores raíces del capitalismo que nos destruye no sólo a los que hemos nacido aquí, sino casi al mundo entero? Déjeme que me vaya. Necesito, en estos momentos que el año se nos va, ir pensando sola por las calles. Me invaden los recuerdos ahora y . . . quiero olvidar.

IGNACIO. — ¿Qué recuerdos pueden ser ya los tuyos cuando en la vida vamos olvidando todo?

JANET. — Muchos que me torturan, como siempre. Déjeme que me vaya.

IGNACIO. — Puedes hacer lo que quieras. Pero si te vas, las torturas me las dejarás a mí.

JANET. — Coja el yate. Ese yate que tanto le consuela. Pasé por el lago. Ay, ese yate, profesor. Va cayendo donde nunca quise que cayera. Se va encarcelando.

IGNACIO. — No, Janet. Sé hasta dónde puedo llegar. Tengo un sueldo que me permite ir pagando, poco a poco, lo que debo. Soñaba con el yate, como muy bien has dicho, para matar la soledad que me invade. Pago por meses lo que puedo, tanto de esta casa, como del yate, como todo lo que ves aquí que me enamora, que me da más fuerza para el trabajo, por el sólo hecho de tener todo lo que he podido ir comprando en este país que vivo. Todo esto será mi consuelo el día de mañana.

JANET. — Su mundo interior es como una roca que nadie puede derribar, desde que . . .

IGNACIO. — Qué . . .

JANET. — Desde que lo conocí de cargador en los muelles de Manhattan, desde que llegó de España y deambulaba sin saber dónde ir. Hasta que . . .

IGNACIO. — Qué . . .

JANET. — Un día lo encontré tirado en la puerta de mi humilde casa de Harlem. Tuvo, desde entonces, una casa, una amiga y un barrio de amigos. Fue encontrando paz y consuelo de muchos.

IGNACIO.— Sí. Es cierto. Ya todo pasó. Me sentía destrozado. Más destrozado aún que cuando estaba en España. Pero había que vencer. Había que seguir. Vete, Janet.

JANET. — Sí. Es mejor. (*Al intentar salir, se detiene.*) Perdóneme, profesor, por estos recuerdos que usted ha sido el culpable de que me vengan a la memoria.

IGNACIO. — Sí. Tal vez yo, aquel español universitario que llegó sin contrato a esta tierra y fue cargador de muelles por no irme de este país y no morirme de hambre. Pero a todo se llega o se consigue en este mundo. Ya me ves.

JANET. — Lo veo, sí, pero mal. Esas cartas que tiene encima de la mesa y que no ha abierto siquiera.

IGNACIO. — ¿Para qué? Iré afrontando todo. (*Se sienta, angustiado, en un sllión y dice como soñando:)* Soñaba con este país sin pensar en mi suerte. Me prometí morir aquí y no regresar a España.

JANET. — Con los suyos.

IGNACIO. — ¿Quiénes son los míos en España? Allí viví de traición en traición, de desprecio en desprecio, de humillación en humillación de búsqueda tras búsqueda por encontrar un trabajo honesto. No lo encontré. Hoy, para encontrar un trabajo honesto allí, tienes que pertenecer a lo que llaman "amiguismo" de algún partido político. No quiero limosnas de este tipo. Aprendí que quien tiene más talento y dice más verdades en la cara, lo protegen menos. Allí, como en cualquier parte, tal vez, al que sabe amar su oficio, su vida misma e incluso amar a otros, lo destruyen.

(Se oye el ruido de un avión y brúscamente el profesor se tapa los oídos.)

JANET. — ¿Qué le pasa, profesor?

IGNACIO. — Nada. Nada.

JANET. — Suda. Le deshago la corbata.

IGNACIO. — No. Yo. Yo. No me recuerdes otros tiempos, Janet.

JANET. — *(Yendo a él e hincándose de rodillas.)* Ya no existe aquel pasado.

IGNACIO. — No debiera vivir aquí tan cerca del aeropuerto. Cada avión que oigo salir o entrar me recuerda un mundo de dudas, de no saber dónde podré ir al final.

JANET. — No son dignos de usted esos pensamientos, pensamientos de aquel cargador de muelles que llegó a ser muy querido en Harlem y, que hoy, pase lo que pase, se va apoderando de la universidad norteamericana con muchos alumnos que le siguen y que tienen enorme fe en la vida, hasta el punto que las ideas que usted les da les está haciendo cambiar de costumbres. Quizá . . . *(Queda pensativa.)* No podamos con los poderosos, con esos senadores y políticos que nadie sabe por dónde caminan. Quizá terminemos en cárceles. Recuerdo ahora . . . tantas cosas . . .

IGNACIO. — Qué.

JANET. — De niña, yo amaba a Angela Davis y a las Panteras Negras. Recuerdo la muerte del juez de San Rafael, quien odiaba a las Panteras Negras, que son los de mi raza y buscaban su libertad. *(Como la que quiere cambiar de pensamiento.)* Qué pensamientos más lejanos, cuando los años en que vivimos los tenemos en nuestras manos y podemos vencer a todo y a todos. Y se vencerá.

IGNACIO. — Tengo más años que tú y, a veces, dudo mucho.

JANET. — ¿Dudar? Ni puedo consentirlo. Lo vi con hambre, profesor. Le tenía que quitar los zapatos rotos para echarlo encima de la cama cuando desesperado llegaba borracho y se avergonzaba de entrar a mi casa. Sequé el sudor de su frente. Lo cuidé cuando enfermaba y me juré no abandonarlo nunca. Era un ser humano tímido y casi con alma de niño que llegaba a mis brazos y sin el menor pensamiento adverso, empecé a quererle, como hubiera querido a un hermano de Harlem. Jamás ni usted ni yo hemos sentido un amor que nos hubiera llevado al asco encima de una cama desnudos. Ni usted sabe cómo es mi cuerpo, ni yo el de usted. Aquí empiezan en parte las ideas nuevas que aprendemos en sus clases. Todo lo que se haga ha de hacerse con amor, con pureza, sin el menor interés de ninguna clase, ni menos carnal. Ni el beso. Ni el beso siquiera, profesor. Libertad y pureza en todo. Éste es el camino que buscamos. Nadie nos comprenderá, lo sé. (*Se abraza a la cintura del profesor, con un cariño inmenso.*) Sabemos demasiado de este mundo y buscamos lo que nadie nos podrá creer: la pureza como salvación. La pureza para la destrucción de poderes que destruyen a todos. La pureza. Y la estamos encontrando los dos. (*El profesor acaricia la cara de Janet.*) Cuando mi profesor fue provocado por un hombre de color que trabajaba en el muelle con usted, pudiera haberlo matado y no lo hizo. Comprendí entonces.

IGNACIO. — Qué.

JANET. — Comprendí que Janet Davis empezó a saber de la bondad humana.

IGNACIO. — ¿Te enamoraste alguna vez?

JANET. — Sí.

IGNACIO. — ¿De quién?

JANET. — De un joven blanco que trabajaba en el mismo bar que yo y quería ser músico. Intentaba cambiar de vida. Superar su vida. Ahorré de mi trabajo cuanto pude y le compré el instrumento que más le gustaba: un trombón de varilla para que tocara jazz y blues. No llegó a aprender. No salió del mismo lugar. Era torpe. Lo alenté con toda mi alma, pero el tiempo pasaba y nada. Llegó a avergonzarse de mí y desapareció para siempre del bar. Ni sé dónde estará. Comprendí que no sentía el menor amor por mí, sino humillación. ¿Qué podría ser entonces el amor?

(*Ignacio queda pensativo y silencioso, como fuera de sí.*)

¿Qué piensa, profesor?

(Vuelve a sonar con más fuerza el ruido de los aviones que llegan al aeropuerto. Ignacio se tapa otra vez los oídos. Una carta que había en la mesa, vuela y cae junto a ellos.)

(Asombrada.) Una carta de España.

IGNACIO. — ¿De España?

JANET. — Sí. ¿No la ve, profesor? La remite Patricia.

IGNACIO. — *(Muy nervioso.)* Trae, trae.

JANET. — ¿Por qué se puso tan nervioso?

IGNACIO. — Porque quiero hacer mil pedazos esta carta. *(La rompe, abre la cristalera y la tira al agua.)*

JANET. — Pero, profesor, nunca lo vi como lo veo ahora. ¿Quién es Patricia? *(Silencio.)* ¿Quién es Patricia? *(Ignacio no contesta. Su silencio y sus preocupaciones interiores son grandes.)* ¿Quién es Patricia? ¿Qué diría la carta que ni pudo leer? *(Al dejar la cristalera abierta, volaron y cayeron al suelo más cartas. Janet las recoge y dice:)* Todas las remite Patricia. *(Rápidamente abre una.)* En ésta dice que viene. Que vaya al aeropuerto a esperarla. ¿Quién es Patricia, profesor? ¿Quién es? ¿Quién? *(Se levanta y parece querer enfrentarse con él.)* Usted está por encima de ese silencio que no lo deja vivir.

IGNACIO. — Calla, Janet. Sal a la calle como querías.

JANET. — Ahora menos quiero irme. Parece que cayó otra vez en la puerta de mi casa de Harlem. No puedo dejarlo. No puedo verlo débil. *(Se vuelve a hincar de rodillas y le dice como la que quiere consolarlo.)* ¿Qué importancia tiene ir al aeropuerto en busca de Patricia. Vamos, profesor. Reaccione. Usted es superior a todo. No me haga perder la fe en usted.

(El profesor, que se había sentado después de romper y tirar la carta, abre de par en par la cristalera y parece querer huir en su yate. Llaman a la puerta. El profesor se contiene. Janet quiere abrir. Mira al profesor esperando una respuesta. La llamada vuelve a sonar. En la puerta, con sus maletas, está Patricia. Deja las maletas y lee un papel que trae en la mano, preguntando:)

PATRICIA. — Estoy viendo que es la misma dirección: 2170 N.E. 52 Street.

270

JANET. — Sí.

PATRICIA. — Me he tenido que equivocar. ¿Aquí viven personas no de color?

JANET. — Sí.

PATRICIA. — ¿Entonces, usted . . . ?

JANET. — Me llamo Janet Davis y soy alumna de un profesor que vive aquí.

PATRICIA. —Me habré tenido que equivocar de dirección. Nadie fue a esperarme al aeropuerto. Aquí no tiene que vivir el profesor que busco.

(El profesor rápidamente se subió en el yate y huyó por el lago como un condenado. Janet disimula.)

¿Qué ruido es ese?

JANET. — Parece el de un yate. Por aquí suelen pasar muchos. ¿Se llama usted, Patricia?.

PATRICIA. — Sí.

JANET. — Entonces ésta es la casa del profesor que busca.

(Patricia va entrando y se sorprende de la belleza de la casa. Va mirando todo como la que no puede creer lo que está viendo. Janet le ayuda a entrar las maletas. Intenta cerrar la puerta, pero Patricia la detiene.)

PATRICIA. — Espere. No pagué al taxista. *(Sale un momento. La puerta de la calle queda abierta. Vuelve a entrar. Sigue mirando todo con verdadera admiración.)* ¿Su profesor se llama Ignacio?

JANET. — Sí.

PATRICIA. — ¿Es español?

JANET. — Sí.

PATRICIA. — ¿Explica física en la universidad de esta ciudad?

JANET. — Sí.

PATRICIA. — ¿Y dónde está?

JANET. — *(Sin saber bien qué decir.)* Como hoy es final de año . . . No sé dónde habrá podido ir.

PATRICIA. — Qué bonita casa. No me canso de mirarla. Cuanto más se mira, más gusta. Y qué bonita cristalera viéndose tantas luces brillando en la tierra y en el agua del lago.

JANET. — ¿Quiere tomar algo? ¿Una taza de café, té? Viene cansada.

PATRICIA. — Más que cansada, preocupada. Es un poco triste llegar a un aeropuerto y encontrárselo vacío.

JANET. — ¿Puso bien la dirección en sus cartas?

PATRICIA. — Ya lo ve. Estoy aquí. Siete años sin verlo. Supe por casualidad que ya encontró colocación en la universidad. Es una persona que nunca quiere decir nada, que tiene en su fondo un sentido grande de guardar silencio. De que nadie se entere de lo que hace. Que no le gusta hablar.

JANET. — Y, ¿es usted familia de él?

PATRICIA. — Soy su esposa.

(Gran silencio.)

JANET. — Qué alegría.

PATRICIA. — ¿Por qué?

JANET. — Porque el profesor es muy querido por mí. Lo creí siempre solo. Siéntese. Le hago un té.

PATRICIA. — *(Sentándose.)* ¿Dónde podrá estar?

JANET. — Ya le dije que el día final de año es muy complicado saber dónde puede estar una persona. *(Silencio.)* ¿Qué piensa?

PATRICIA. — *(Reaccionando.)* Nada. ¿Llegará al amanecer?

JANET. — Creo que sí.

PATRICIA. — Y usted, ¿cómo no se fue a festejar el final de año como todos?

JANET. — *(Con cierta cortedad.)* Yo . . . señorita . . . No sé cómo decirle . . . Me aburren estos festejos. Mi destino en la universidad es ya de pocos días, y . . . preferí venir a estudiar aquí. Necesito hacer grandes esfuerzos para poder continuar en la universidad.

PATRICIA. — Lo que dice, para mí, es asombroso.

JANET. — ¿Por qué?

PATRICIA. — Qué modo más inteligente de pensar. Ni es creíble.

JANET. — Ay, señorita, usted ha llegado a un mundo muy distinto. ¿Piensa vivir aquí mucho tiempo?

PATRICIA. — ¿Por qué?

JANET. — Porque irá observando cambios entre las personas que, tal vez, no pueda llegar a comprender.

PATRICIA. — Por eso estaba deseando de venir. No sabe lo que significa para mí este deseo. Es casi mi vida entera.

JANET. — ¿Podrá soportar lo que nunca vivió?

PATRICIA. — Lo estaba deseando.

JANET. — ¿Y cuánto tiempo se quedará aquí?

PATRICIA. — Toda la vida. Aunque Ignacio no lo desea, yo sí. Viviré . . .

JANET. — ¿Dónde?

PATRICIA. — Donde pueda alquilar una casa que me guste.

JANET. — ¿Qué complicado es todo lo de este mundo. Aquí tiene el té. ¿Cuántos azucarillos le echo?

PATRICIA. — Los que tú hubieras querido para ti.

JANET. — Entonces dos. Hice otro para mí. Tengo una alegría tan grande de estar a su lado.

PATRICIA. — Y yo. ¿Quién me iba a decir que, al llegar, no me encontraría sola? Entonces, ¿usted es profesora de física?

JANET. — Sí, principiante en la enseñanza.

PATRICIA. — *(Riendo con cariño.)* Una colega mía.

JANET. — *(Feliz.)* ¿De verdad?

PATRICIA. — Y tan de verdad. Yo quise seguir luchando por alcanzar un puesto en una universidad española, pero . . .

JANET. — Qué.

PATRICIA. — *(Se le saltan las lágrimas.)* ¿Cómo te llamas?

JANET. — Janet.

PATRICIA. — Qué bien, Janet. Empiezo a confesarte uno de los grandes secretos de mi vida.

JANET. — ¿Cuál?

PATRICIA. — Tutéame, Janet.

JANET. — ¿Cuál, Patricia?

PATRICIA. — Fui muy débil. Y quizá lo siga siendo, pero aquí vine a luchar conmigo misma y creo que sabré luchar como nunca supe.

JANET. — ¿Por qué?

(Silencio.)

PATRICIA. — *(Como la que sueña recordando.)* Ignacio y yo nos conocimos en la universidad. Los dos llegamos a comprender y a admirar a los grandes científicos de la humanidad. Éramos muy estudiosos, pero yo . . .

JANET. — Qué.

PATRICIA. —Te repito que fui muy débil. En lugar de seguir engrandeciendo mi vida con la ciencia, me fui enamorando de Ignacio más y más. Era muy esquivo conmigo. Me acobardaba mucho. No lo comprendía apenas, hasta terminar derrotada.

JANET. — ¿Por qué?

273

PATRICIA. — Por eso mismo, porque, por amor, acabó mi ambición por superarme en mi carrera. Fui una pobre mujer vulgar, de tantas como hay en España y pensaba . . .

JANET. — Qué.

PATRICIA. — Que había nacido para tener un hogar y cuidar a mis hijos. Y fracasé ante las ideas de Ignacio.

JANET. — ¿Existía amor de verdad entre vosotros?

PATRICIA. — Aquí he llegado sin saber si existe o no. Sólo sé decirte que por mi parte sí. No olvidé a Ignacio los siete años que llevó sin verlo y . . .

JANET. — Qué.

PATRICIA. — A lo mejor me equivoco. Después de irse Ignacio de España, me convencí de que yo tenía la necesidad de irme superando en mi carrera y, no sé por qué. Al mismo tiempo de este deseo de superación, puede que algún día le ayude a Ignacio. Y . . . además, quiero demostrarle muchas cosas que ignora. Estoy dispuesta a vencer o a fracasar. Venza o fracase, me acostumbraré a la soledad, como vosotros, y emprenderé una vida distinta. Vida que no será creída por Ignacio, pero esta vida llegará hasta mi muerte.

JANET. — No puedo creer lo que oigo.

PATRICIA. — Si podrás creerlo cuando sepas con el tiempo, que una mujer española es capaz de todo, cuando el amor se lleva tan dentro de una, como lo llevo yo.

JANET. — Me admiras cada vez más.

PATRICIA. — Ay, Janet, tú me das una confianza grande. Es como si te hubiera conocido toda la vida. ¿Quién me iba a decir que encuentro, al llegar, de ese aeropuerto, una amistad? Recuerdo ahora tantas cosas que sólo con Ignacio quisiera hablar. Casi sé de su vida más que lo que pueda imaginar él. Sé de ti también mucho, Janet. Desde que supe de ti, me dije . . . tengo una amiga para siempre.

JANET. — Me asombras, Patricia.

PATRICIA. — Fui indagando por todos los rincones donde pude. Una tiene amigos por todas partes. Al saber que eras Janet, me sentí con una felicidad que ni puedo explicarla, pero Ignacio y yo tenemos que hablar mucho y luchar cada uno por un lado. Le traigo dos sorpresas que no espera. Ya te enterarás. Por lo que me di cuenta al llegar, sabía que Ignacio nunca te había hablado de mí. Tal vez no me quiso nunca, por razones que hay que ir aclarando, o porque mi modo de pensar, después irse él de España, es muy distinto. Yo perdono su ida. Creo que en este mundo nadie es culpable de lo que hace. Él no tuvo la culpa de nacer de unos padres obreros de los Altos Hornos de Bilbao, mientras mis padres . . .

JANET. — ¿Qué, Patricia?

PATRICIA. — Eran unos de los dueños de los Altos Hornos. No querían que nos casáramos. Ignacio se sintió siempre humillado. La humillación que lleva tan dentro lo traiciona a veces. No sabe razonar, pero el mundo es otra cosa. Él quiso encontrar un mundo mejor y vino aquí. Quería encontrar una superación de sí mismo, de su pasado. Yo le comprendí hasta el punto de querer seguir su misma vida. Lo quise desde que nos encontrábamos por los pasillos y clases de aquella universidad. Él siempre me rehuía y fui yo, la primera, que, ocultamente, escuchando una clase, no le dejé tomar apuntes y le acaricié la mano. Estuvo casi un mes sin mirarme, pero algo había entre los dos que hizo que las miradas volvieran. Ay, Janet, qué camino tan penoso surgió desde entonces . . .

JANET. — Patricia, ¿quieres más té? ¿Quieres que te haga algo que te tranquilice?

PATRICIA. — Si estoy muy tranquila. Es que, además de la lucha que he venido a emprender, estoy un poco soliviantada y cohibida como siempre estuve cuando Ignacio estaba a mi lado. Pero venceré mi acobardimiento. Ya lo veras. ¿Sabes que en la puerta quedó más equipaje?

JANET. — Ni me di cuenta.

PATRICIA. — Las dos no podremos con él. Vamos a verlo. (*Van. Hay dos maletas más. El taxista no pudo entrarlas. Llegó a temerle. No podía con el peso.*)

JANET. — ¿Qué traen dentro?

PATRICIA. — ¿Qué pueden traer, Janet? Nuestros libros, nuestros apuntes de las primeras clases. Libros publicados recientes que me enamoran cada vez que los leo más y más.

JANET. — (*Intentando coger una maleta.*) Ni yo puedo con el peso.

PATRICIA. — Toma las llaves. Vamos a ir sacando libros y más libros. Y como sé que Ignacio no quiere que me quede aquí, ni yo tampoco quiero, le dejaremos a él unos pocos, que sé que no habrá leído. Yo me llevaré otros.

(*Las luces de los proyectores del yate violentan toda la escena, llenándola de luz. El yate suena con mucha fuerza.*)

¿Qué es esa luz que nos ciega?

JANET. — No te preocupes.

PATRICIA. — Es que no veo.

JANET. — Así es mejor.

(La cristalera se abre y entra Ignacio, intentando estar contento, feliz, jadeante. Mira a Patricia con la mirada de un niño.)

IGNACIO. — No podía hacerlo de otra manera, Patricia. Tuve que hacerlo así. En el fondo, después de siete años, sigo siendo el mismo.

PATRICIA. — ¿Creías que no iba a saber por dónde te habías ido y por dónde ibas a venir? ¿Crees que pude olvidar como eres?

IGNACIO. — Patricia. Patricia, perdóname todo.

PATRICIA. — No tengo nada que perdonar. Ni me extrañe de verme sola en el aeropuerto. Lo esperaba así.

IGNACIO. — ¿A qué viniste, Patricia?

PATRICIA. — A vivir en este país. A encontrarme a mí misma. Muchos años luché por encontrarme y espero que se cumplan mis deseos.

IGNACIO. — ¿Te puedo ayudar en algo?

PATRICIA. — No. En nada. He venido, como te he dicho, a vivir aquí y a traerte estos libros de regalo. Ya vi en el camino una casita que se alquilaba. Muy cercana. Vendré a verte, como dos amigos, cuando tú lo quieras.

IGNACIO. — *(Con cierta timidez.)* No tuve más remedio que coger el yate cuando oí tu llamada. Sabía que eras tú. El yate, sabes, me libera de depresiones, de soledades, de miedos, y sobre todo, me ayuda a huir de los demás. Es como un amigo. Dame tu mano, Patricia.

PATRICIA. — *(Sin emoción ninguna.)* Toma.

JANET. — Y perdona.

PATRICIA. — No tengo nada que perdonar.

JANET. — Debo irme.

PATRICIA. — No, Janet tú eres igual que yo. Te necesito Janet, amiga mía. *(A Ignacio.)* ¿Podemos seguir recogiendo los libros que traía?

IGNACIO. — Sí. *(Se sienta en el sillón de su mesa de trabajo, sin mirar ni a Patricia ni a Janet, volviendo a decir muy fríamente.)* Sí. *(Ellas van entrando los libros en el mayor silencio. La depresión de Ignacio parece grande. Se va haciendo lentamente un oscuro: primero las luces de la casa, luego las del lago. Al ir volviendo la luz, Ignacio está en la misma actitud. Janet no está. La puerta de la calle se encuentra entornada.)*

PATRICIA. — *(Que sigue con los libros.)* Le rogué que no se fuera.

IGNACIO. — Tuvo que irse.

PATRICIA. — ¿ A dónde y por qué?

IGNACIO. — Porque antes de que amanezca vendrán unos alumnos. Tal vez con otros. Tal vez con gente desconocida. *(Silencio.)* ¿Te extraña?

PATRICIA. — No. ¿Por qué?

IGNACIO. — Porque te observo extrañada.

PATRICIA. — ¿Extrañada, jamás? Nada de lo que ocurra ha de extrañarme. Además, tengo una gran alegría de lo que me dices. Qué misterio para mí, ver el amanecer desde tu casa con gente desconocida. ¿Qué podrán hablar?

IGNACIO. — Es la mejor manera de empezar a hablar . . . de . . . lo íntimo.

PATRICIA. — ¿Qué?

IGNACIO. — Sí. De hablar de la auténtica realidad de sus vidas.

PATRICIA. — *(Sentándose en un escalón, asombrada y con alegría.)* Ni puedo creer lo que me dices.

IGNACIO. — ¿Por qué? Es una costumbre muy de aquí.

PATRICIA. — *(Dudosa.)* Sí, no había oído hablar de ella.

IGNACIO. — Es cuando se hacen las mejores confesiones, como el que se arrodilla en una iglesia y quiere hablar con Dios. Pero creo que Janet salió para evitar todo lo que te digo.

PATRICIA. — *(Levantándose.)* No. No puede ser. Yo, como Janet y como tú, necesito oírlos hablar. He venido ansiando de conocer. Conocer todo lo que espero. Cada vez pienso más en hacerme a mí misma. En encontrar otra vida, otras personas, cada vez pienso más en luchar y vencer. No te deprimas, Ignacio, porque te haya traído todos esos libros. No me lo vayas a reprochar. El orgullo más grande para mí es que sigas progresando en tu carrera. *(Ignacio baja la mirada.)* Ignacio, de verdad, no puedo comprenderte. Creía que tenías otras ideas más libres de la vida.

IGNACIO. — Cuánto más se intuye, la depresión es mayor. Al menos para mí.

PATRICIA. — Pero es que no tienes derecho a decir lo que acabas de decir.

IGNACIO. — Sí, lo tengo, Patricia.

PATRICIA. — Por preocupación mía, no será. Ahora siento haber venido a tu casa. Ahora siento haberte traído esos libros porque, tal vez, mi presencia, te haga recordar un mundo que siempre despreciaste. Y yo lo comprendí, pero, aunque mucho sufría, comprendía que lo mejor era dejarte solo y que encontraras tu libertad. No necesité nunca tus palabras, sino las miradas de tus ojos y tus silenciosas acciones.

IGNACIO. — ¿A qué viniste, Patricia?.

PATRICIA. — Creo que me parece haberlo dicho: a salir del mundo en que he vivido, para encontrar otro. Vine . . . para hacerme a mí misma, buscando mi propia libertad, como la que tú buscas. Necesito mi libertad. La necesito con urgencia.

IGNACIO. — Estás cansada, Patricia.

PATRICIA. — ¿Cansada, por qué?.

IGNACIO. — El viaje fue muy largo . . .

PATRICIA. —Para mí, no. Dormí en el avión. Te traje todos esos libros y ahora, después de ese amanecer, si es que llega. Después de conocer todo lo que dices y yo presiento muy bien, me iré a un hotel cercano. Luego alquilaré la casita que he visto.

IGNACIO. — Pero, ¿Patricia?

PATRICIA. — No tengas la menor preocupación por mí.

IGNACIO. — Tengo que tenerla, Patricia.

PATRICIA. — Entonces se derrumbaría toda la fortaleza que siempre tuviste para mí, cosa que no quiero que suceda. Tú tienes que seguir viviendo tu vida y yo la mía. Cuando me vi sola en el aeropuerto y miré para todas partes, no se me saltaron las lágrimas. Era lo que esperaba. Las pocas cartas que fui recibiendo de ti, me lo decían. Me decían "ya no tengo a Ignacio, ni acaso lo tuve nunca." No he venido por encontrarte de nuevo, sino por el egoísmo de encontrarme a mí misma, aunque eso sí. Lo más próxima que pueda estar a tu lado, por si volvieras a necesitar mi ayuda alguna vez. Mi ayuda y . . . la de alguien más.

IGNACIO. — *(Extrañado.)* Patricia . . .

PATRICIA. — Alguien más que es tuyo y mío y que no he querido traer aquí conmigo .

IGNACIO. — *(Más extrañado aún.)* Patricia.

PATRICIA. — De las dos sorpresas que te traigo y que pensaba decirte más adelante, te adelanto una: la de nuestro hijo, Ignacio. Estaba en mi vientre cuando te viniste aquí, sin decirme que te venías, sin decirme "adios."

IGNACIO. — *(Más extrañado aún.)* ¿Cómo no me dijiste nada en tus cartas?

PATRICIA. — Porque sé bien como eres, Ignacio. Porque no quería que tuvieras otras preocupaciones más que las que habías venido buscando aquí. Qué bien. Encontraste el puesto en la universidad. Ahora pienso que no te lo dije, quizá, porque pensé que nada te importaría, o . . . no sé . . . miles de cosas. Entre ellas, que quiero formar a mi hijo yo. Formarlo para que sepa vencer la vida sin cariño de nadie.

IGNACIO. — *(Deseoso por saber.)* ¿Y qué hiciste con él? ¿Dónde está?

PATRICIA. — No debe importarte, Ignacio.

IGNACIO. — ¿Por qué?.

PATRICIA. — Quiero que nuestro hijo se acostumbre a vivir solo. Es así mi deseo después de tantas experiencias. Ahora, no lo abandonaré nunca. Velaré por él . . . Ya ves, ¿cómo no velar por mi hijo? ¿Y sabes quién me dio esta manera de pensar?

IGNACIO. — No, no.

PATRICIA. — Tú mismo, Ignacio. Quiero que mi hijo no se sienta humillado por nadie. Pero ni a él ni a ti os dejaré nunca. Me tendréis siempre.

IGNACIO. — *(Insistente.)* ¿Dónde está, Patricia?

PATRICIA. — En un colegio de Nueva York. Lo traje conmigo hasta Nueva York. Lo cuidan en el mejor colegio que puedas imaginar. Lo cuidarán hasta el día que él decida irse, para trabajar o estudíar en una universidad, o lo que quiera hacer. ¿Por qué no hacer a tu hijo igual que lo que tú siempre quisiste ser?

IGNACIO. — *(Desazonado.)* Podré verlo, Patricia?

PATRICIA. — Siempre que quieras. Toma su dirección. *(Coge su bolso, la saca y se la da.)* Y ojalá pueda quererte, o al menos sentir . . . no sé . . . Sentir nada. Él seguirá en el colegio hasta que decida.

IGNACIO. — ¿Y tú?

PATRICIA. — Iré a verlo siempre que pueda. Pienso que es muy doloroso esto: no tener a mi hijo entre los brazos siempre que lo desee. No sé si podré soportarlo. Pero, tampoco te tuve a ti.

IGNACIO. — ¿Qué harás mientras tanto?

PATRICIA. — Voy a trabajar en un *college* cercano.

IGNACIO. — ¡Patricia!

PATRICIA. — ¿De qué te extrañas? Los adinerados de los Altos Hornos de Bilbao tienen grandes amistades por todas partes. Están relacionados con todos los poderosos. Como el poder no hay nada.

Pienso, también, en que acaso yo pueda destruirme a mí misma. Como es natural estoy llena de dudas. Los míos han logrado que tenga un contrato firmado para dar un curso entero. Publiqué algo en estos años. Mi curriculum es bueno. ¿Sabes por qué publicaba? Porque aparte de tener las intenciones que tenía de venir a este país, quería olvidarme de todo y de todos. El contrato continuará, espero, hasta que la plaza sea mía. Y hasta sueño . . .

IGNACIO. — ¿En qué?

PATRICIA. — Fíjate que sueño. Me gustaría llegar al puesto más alto que se pueda llegar en una universidad. Pienso en nuevos caminos, en nuevas orientaciones. Ya sé que me dirás que nunca quieres que viva contigo. Ni yo lo aceptaría. Sueño con vivir sola. Yo sola en este mundo. Y ahora te daré una segunda sorpresa que me quema el alma. Todo lo que tenía en España, lo vendí. Mi dinero está en los Bancos. Esto, que sé que es tan negativo para ti, haré lo posible por conservarlo, porque puede . . .

IGNACIO. — Qué.

PATRICIA. — Que, como sé muy bien como es este país, las deudas encarcelan a todo el mundo. Y en el fondo lo veo. Sí, lo veo. Ese yate de faros potentes. Esta casa preciosa, y sabe Dios qué cosas más . . . Todo esto, Ignacio, no es propio del sueldo de un profesor como tú.

IGNACIO. — ¡Patricia! ¿Qué puedes saber tú de mis trabajos?

PATRICIA. — No intentes mentirme, Ignacio. Sé como ha sido y es tu vida. *(Profundo silencio. Patricia parece sentir compasión.)* Ignacio, no quería hablarte de nada de esto. Perdóname. No quería herirte. No quería humillarte. Ignacio, mírame. *(No la mira.)* Perdóname. Podría coger, ahora mismo, mis maletas e irme. Aprendí muchas cosas, Ignacio, muchas. Entre ellas, que ni el dinero sirve para los que hemos vivido con tanto dolor. Has de verme, Ignacio, trabajando como cualquier persona y . . . tal vez sin ningún dinero, resistiendo mi vida con el dinero de una profesora cualquiera. Perdóname, Ignacio. *(Ignacio está en la mesa de trabajo con la cabeza oculta entre los brazos.)* No me he ido ya porque espero lo que oigo llegar, y quiero saber más. Mucho más. *(Intenta acariciar la cabeza de Ignacio.)* Levanta la cabeza, Ignacio. Que nadie te vea así. ¿Cuáles serán tus pensamientos, Dios mío? Si yo he venido a preocuparte, no me lo perdonaré, pero dejemos que el tiempo hable. Patricia y tu hijo están en la misma tierra que tú pisas. Quizá no te serviremos de nada. Ya lo sé. Pero dejemos al tiempo hablar. Cada uno por un camino, pero que hable el tiempo. Ya frenaron los coches. Siento la alegría de muchos que llegan. Janet no habrá podido impedirlo. Son tus estudiantes. Oigo el murmullo de muchísima gente. Felices. Tienen que ser los del amanecer. *(Abre la cristalera de par en par.)* Dios mío, qué amanecer más hermoso. Cuánta estrella en el cielo. Cómo ríen y cantan los que llegan. Qué contentos vienen. ¿Qué dirán al verme? ¿Qué dirán?

Ignacio se levanta y se sienta en el escalón, esperando, como les dijo. Tiene apoyados los brazos en las rodillas y en la cara. El timbre de la puerta suena y suena. La felicidad de los que llegan, los murmullos, las risas, la alegría, invaden la escena. Empieza a sonar suavemente, mientras se va haciendo el oscuro, la música de "Red Roses for a Blue Lady." Patricia parece querer acariciar a Ignacio. La depresión de Ignacio es grande. Oscuro total.

(Algunos meses después.)

JANET. — Veo que has traído del supermercado todo lo que dijiste.

PATRICIA. — Todo lo que pude.

JANET. — Ya ves, preparo una cena que estará muy pronto.

PATRICIA. — Debemos esperar hasta que él venga, aunque nosotras estemos hablando un poco más. ¿Vendrá?

JANET. — Me prometió que sí.

PATRICIA. — No me canso de mirar la casa. Nunca estuvo mejor arreglada.

JANET. — Y es verdad.

PATRICIA. — ¿Por qué tarda tanto en venir?

JANET. — No todos los días, Patricia.

PATRICIA. — Sí. No todos los días que venimos, cuando él dice que vengamos.

JANET. — Lo que ocurre es que hay muchas reuniones en la universidad. Reuniones que duran horas y horas. Ya terminó el curso.

PATRICIA. — ¿El trabaja en verano?

JANET. — Sí. Trabaja.

PATRICIA. — Claro. Claro. Esto me alienta. ¿Y a ti te han cambiado los horarios de clase en el último trimestre?

JANET. — No, Patricia, no. Yo ya terminé en la universidad.

PATRICIA. — *(Sorprendida)*. ¿Cómo no me lo dijiste antes? Yo . . . hubiera . . . podido hablar en el *college* donde trabajo. ¿De qué vivirás ahora?

JANET. — Ni lo sé. Envié muchas cartas de petición a infinidad de colegios y de universidades.

PATRICIA. — Pero, Janet.

JANET. — Qué.

PATRICIA. — Va a ser muy dura esta separación.

JANET. — No, Patricia. Una de las grandes virtudes que tenemos los que vivimos en este país es la resignación para todo. Sabemos que el destino cierto es la soledad. Ya lo viste la noche final del año, cuando llegaron los alumnos y otros jóvenes desconocidos que los alumnos trajeron. Cómo recuerdo a aquél, tan tímido y tan joven, que era un español recién llegado y no sabía ni hablar inglés. Todos pensaban que el destino cierto es la soledad. En este mundo no hay más remedio que luchar. No hay comprensión para nada.

PATRICIA. —No me recuerdes aquella noche. Y no es porque yo me sorprendiera. Todo lo intuía. Fue . . .

JANET. — Qué.

PAIRICIA. — El no saber cómo poder socorrer a todos aquellos que vinieron de "A Deshoras." Cómo recuerdo también a los jóvenes de color que se sentían como humillados. El tener la certeza de que ya no los volvería a ver . . . No sé . . . No sé. Tuve muchos recuerdos aquella noche. Cómo me hubiera gustado poder ser amiga de tanto desamparado. *(Reaccionando.)* Pero, no creo en lo que me has dicho, Janet.

JANET. — ¿Por qué?

(Están preparando la comida y la mesa.)

PATRICIA. — Porque no puedo comprender que te hayas quedado sin trabajo. ¿Qué has hecho tú para ello? Sé que has leído mucho, que explicas tus clases bien, que los alumnos te quieren . . .

JANET. — La vida en estas universidades es así. Sencillamente porque no convendré al profesorado. Hay poco dinero ahora y yo, a pesar de lo que tú has dicho, no soy ninguna lumbrera de la enseñanza.

PATRICIA. — Sigo sin poder comprender.

JANET. — Ya lo comprenderás, Patricia. Pienso que yo soy de Harlem. Pienso que todavía no hay justicia. Que no hay solidaridad entre los seres humanos. Nos desprecian a los de color. No tiene remedio nada, por mucho que digan las grandes asociaciones y los políticos en nuestro país.

PATRICIA. — No puedo creer en lo que dices. En estos años ya no puede existir eso.

JANET. — Así es, pero es muy difícil luchar con todos aquellos que, sin tener el menor prestigio, saben tener amistad con el presidente de la universidad y los políticos.

PATRICIA. — Pienso que es repugnante todo lo que me estás diciendo.

JANET. — Y yo también. Y el profesor. Y todos los alumnos del profesor.

PATRICIA. — Dime, Janet.

JANET. — Qué.

PATRICIA. — ¿Cómo llegaste a estudiar, a ser profesora?

JANET. — Muy sencillo, Patricia. Hice el bachiller como pude, casi a escondidas. Casi a escondidas estudié en la universidad. Me pasó un poco como a ti.

PATRICIA. — ¿En qué sentido?

JANET. — Quería tener una vida que se saliera de lo corriente. Creía que llegaría a ser algo más que una pobre negra de Harlem. Cuando salía de mi barrio a pasear, me sentía despreciada. Además, mientras el profesor trabajaba en el muelle, yo . . . quería . . .

PATRICIA. — Qué.

JANET. — Es difícil de contar.

PATRICIA. — Nada es difícil de contar.

JANET. — Bueno. Es verdad. Quería ilusionarlo hablándole de física. Mientras él trabajaba yo, de mis ahorros, le compraba libros. Cuando llegaba deprimido y cansado del trabajo, entonces, me sentaba junto a sus pies; y antes de que empezara a dormirse, iba, poco a poco, levantando su ánimo. Le hacía soñar en otra vida mejor que tendría que venir. Y así fue. Después de muchas peticiones y curriculum presentados, llegó un día la noticia de que, tal vez, sería profesor de esta universidad. Yo seguí estudiando. Él luchó mucho por mí y . . . me pude colocar donde él. Ahora, Patricia, ya no le hago falta y podré encontrar trabajo en alguna parte.

PATRICIA. — Yo no puedo consentir esto.

JANET. — ¿Por qué?

PATRICIA. — Habéis estado mucho tiempo unidos y esta separación, puede ser muy penosa para ti. Deja los vasos en esa bandeja y siéntate en este escalón conmigo.

JANET. — El escalón donde se sentaron los desamparados que llegaron la noche final de año, y yo veía que, aunque querías reír y llorar con ellos, tus lágrimas estaban siempre en tus ojos.

PATRICIA. —Yo no tengo ya lágrimas. Anda, siéntate.

JANET. — Si es tu gusto. *(Se sienta.)*

(Silencio.)

PATRICIA. — ¿Crees que podrás vivir sin el profesor?

JANET. — Lo sentiré claro, pero tengo que aceptar la vida como venga.

PATRICIA. — ¿Y crees que el profesor dejará que te vayas?

JANET. — ¿Por qué no? El profesor tiene un alto concepto de la vida.

PATRICIA. — Nunca me has contado tu intimidad con él.

JANET. — Intimidad hermosísima, como pocas se darán en este mundo.

PATRICIA. — ¿Por qué?

JANET. — Porque he seguido sus pasos con un cariño . . .

PATRICIA. — ¿Cómo

JANET. — No puedo expresarlo.

PATRICIA. —¿Por qué?
JANET. — Es muy difícil para mí.
PATRICIA. — ¿Estas enamorada de él?
JANET. — Enamorada de todo él. Todo él cuando él mismo se crea y se destruye, cuando él mismo siente una gran depresión o una gran alegría. Le he quitado los zapatos cuando llegaba a la casa de Harlem, oprimido, desesperado y hasta borracho. He secado el sudor de su frente. Lo he despertado a su hora para que fuera puntual al trabajo. Le he dado siempre ánimos hablándole y hablándole de lo que es su vocación. Le he hecho ver un futuro hermosísimo. He conseguido mucho, Patricia. Creo que le he conseguido casi todo lo que él es.
PATRICIA. — ¿Y no será eso un amor difícil de entender?
JANET. — Quizá. Un amor que nadie podrá comprender nunca. Yo *(Inclina la cabeza y baja la mirada)* nací como me ves . . . con otra vida . . . pero . . .
PATRICIA. — Qué.
JANET. — Nada.
PATRICIA. — Dime, Janet, ¿hubieras querido ser una mujer blanca?
JANET. — Jamás. Soy quien soy y no quiero ser de otra manera.
PATRICIA. — Pero . . .
JANET. — *(Cortándole la intencion.)* No te equivoques, Patricia, jamás di un beso en los labios al profesor. Ni me desnudé para él. Lo adoré y lo adoro no sé bien por qué. Quizá sí, porque ayudé a un desamparado que vino de España. Yo creía que ni tenía familia. Lo encontraba muy solo. Profundamente solo. *(Patricia tiene lágrimas en los ojos.)* Perdona, Patricia. No sé bien como habrá sido vuestra vida.
PATRICIA. — Para mí, tan hermosa y sintiendo tanto amor por él, que, como tú, le seguí sus pasos siempre, aunque no estuviera cerca de mí. Sentí un hijo de él en mis entrañas. No se lo dije hasta llegar aquí. Y, mírame, aquí estoy, como tú, para ayudarle en todo lo que pueda al único hombre del que me enamoré en la vida.
JANET. — ¿Y tu hijo, Patricia?
PATRICIA. — Es precioso, Janet. Estoy sufriendo por no tenerlo a mi lado. Lo dejé en un colegio de Nueva York. Quiero que se eduque fuera de nuestros problemas. Al fin y al cabo está en la misma tierra que el profesor y yo pisamos. Pisadas que, tal vez, no lleguen a encontrarse nunca en el suelo de una casa, de un hogar.
JANET. — ¿Por qué?

PATRICIA. — Porque presiento que no. Conozco muy bien al profesor. Nuestras ideas fueron muy distintas. Ahora, juraría que no. En otro tiempo tuve todo lo que quise, menos al profesor. Pero aquí estoy, como tú, deseando poderle ayudar.

JANET. — ¿Podemos seguir preparando la cena?

PATRICIA. — Sí. Pero antes quiero decirte que mires la mesa de estudio de Ignacio. Mira, cartas y más cartas, deudas y más deudas que voy pagando, sin que él, apenas, creo yo que lo sepa. ¿Pero tú crees Janet que yo no sé lo que ha pasado?

JANET. — *(Levantándose como la que intenta esquivar la conversación.)* Patricia . . .

PATRICIA. — Lo sé como tú, Janet. Sé que ya no es profesor en esta universidad. Sé por qué lo han echado. Sé por qué llega tan tarde. Sé por qué a veces ni llega. Sé que está desesperado y a punto de enloquecer porque no encuentra trabajo, y se va a unos sitios y a otros para encontrarlo, y cuando llega a tiempo nos engaña, diciendo que las reuniones en la universidad duran muchas horas.

JANET. — ¿Cómo lo sabías, Patricia?

PATRICIA. — Lo sabía como tú. En este mundo se sabe todo lo malo enseguida. Mi pena es que tú, la que no le has dado nunca un beso en los labios, lo sabías también, y no me lo decías. Llegué a desconfiar un poco de ti, pero, al fin, comprendí tus razones. Por eso, ya que sabemos las dos el estado en que se encuentra, tenemos que unirnos más y luchar por él. *(Se levanta y va a la cristalera. Vuelta de espalda dice:)* Estoy segura de que, a pesar de todo, llegará a ser una persona importante en la universidad. Tiene mucho talento. Lo que no comprendo es, cómo un hombre como él, pudo llegar a endeudarse tanto. No comprendo cómo él tanto dice que nadie debemos depender de nadie y, sin embargo, llega a este país y ya ves. ¿Qué tendrá este país para que todos los seres humanos quieran tener lo que no pueden? No quiero pensar que a mí me llegue a ocurrir. Algún día quiero hablar con él de la contradicción tan grande entre lo que habla y lo que hace. ¿Qué misterio tiene este país para ir encarcelando a la humanidad? ¿Por qué él, siendo tan trabajador, tan inteligente, ha caído en el encarcelamiento en que lo veo? ¿Qué podrá haberle pasado, Dios mío? ¿A dónde podrá llegar por este camino? ¿Qué será de su vida? Sé que me despreciará aún más, cuando sepa que estoy pagando sus deudas. Que no me lo perdonará nunca. Ay, Janet, deseo tu consuelo y tu ayuda. No te podrás ir de mi lado, ahora menos que nunca.

Tenemos que salvarlo entre las dos. Dejemos que nos siga, o me siga engañando. Le hablaré siempre creyendo todas las mentiras que me diga. Pero no te vayas, Janet.

JANET. — Tú, Patricia, eres suficiente ahora para seguir la lucha que yo siempre sostuve con él. Yo . . . creo que estorbo entre vosotros.

PATRICIA. — Janet, mi Janet. Estoy tan sola como tú. No estorbarás nunca ni a mí ni a nadie. Quiero hacerte una confesión. ¿Sabes a lo que aspiro?

JANET. — ¿A qué, Patricia?.

PATRICIA. — A vivir sólo de mi trabajo. Esto sería mi mayor orgullo y mi mayor conquista. Aspiro a llegar a no tener dinero. Al pagarle las deudas, no creas que me quedaré con nada de él. Algún día sabrás mi secreto. Cuando ya no tenga dinero, más que el que me dé mi humilde trabajo, le diré lo que siempre deseé decirle: soy tan pobre como tú. He conseguido lo que deseé siempre: ser aquella que te dio su amor y tú despreciaste porque te sentías humillado al ser yo hija de padres millonarios. Ahora empieza mi verdadera vida. Una vida sin ti, pero llena de gozo. Mi única pena es que ahora, no sé cómo eres, si verdadero o falso, si valiente o miserable, si luchador o ambicioso. Creo que sigues siendo el mismo que siempre fuiste, pero sin querer, te has traicionado. Sin embargo, me parece muy bonita tu vida, y te sigo queriendo.

JANET. — ¿Podras conseguir todo lo que dices?

PATRICIA. — Como lo conseguiste tú, y no diré jamás, lo que tú dices: "me vuelvo a Harlem." Yo nunca me volveré ya a España. Me quedaré aquí. Aquí. Aquí siempre. Lo más cerca que pueda de él. *(Muy feliz.)* Vivamos el juego de una de las vidas menos creíbles del mundo, pero más verdaderas, más llenas de cariño, de pureza, de bondad, de verdad. *(Con más alegría aún.)* Vamos a seguir poniendo la mesa y preparando la cena. Puede que llegue esta noche. Vamos a seguir viviendo en el engaño. Lo oigo llegar.

JANET. — Sí. Yo creo lo mismo.

PATRICIA. — Es su auto que frena. Nos dijo que viniéramos hoy. No habrá podido mentirnos. Verás como llega con mucha alegría, aunque ni la manifieste. Siempre es muy difícil saber de él.

(Ignacio abrió la puerta y entró.)

IGNACIO. — *(Sonriendo, feliz.)* Ya sé que me esperábais, que no faltaríais a mi cita. *(Se quita la chaqueta y la corbata y las va dejando en los sillones.)* Hoy ha terminado la reunión más temprano. Estoy harto de tanta reunión.

PATRICIA. — ¿Qué pasa ahora?

IGNACIO. — Quieren traer a científicos nuevos. Se habla de algún premio Nobel. Tal vez sobremos los demás. *(Se sienta y se quita los zapatos.)*

PATRICIA. — ¿Sobrar?

IGNACIO. — Sí. Sobrar. Las universidades están continuamente enfrentándose unas con otras. Qué profesorado, santo Dios. Son auténticos lobos entre ellos.

PATRICIA. — ¿Quieres ducharte, Ignacio? Vienes sudando.

IGNACIO. — No importa. Quiero veros. Quiero hablar con vosotras. Muchos días os cito y no puedo venir.

PATRICIA. — No te preocupes, lgnacio. Ya sabemos tus muchos problemas. ¿Sabes que alquilé una casita muy cerca de aquí?

IGNACIO. — ¿Cómo no me lo dijiste antes? *(Janet sigue preparando todo.)*

PATRICIA. — Porque ha sido reciente.

IGNACIO. — ¿Es bonita?

PATRICIA. — Creo que sí. Está en un bosque muy cercano de esta casa, pero también se ve el lago y las luces de la ciudad.

IGNACIO. — Hice bien en daros a las dos las llaves de mi casa. Así podréis venir siempre que queráis, aunque yo no esté. Y ahora *(Levantándose)* me encuentro con la grata sorpresa de que habéis preparado una cena. ¿Qué veo, Dios?

PATRICIA. — Qué.

IGNACIO. — Libros nuevos en mi estantería. *(Silencio.)* ¿Quién los trajo de las dos?

JANET. — Las dos, profesor. Recorrimos librerías y hemos traído en estos libros las más recientes novedades de la física.

IGNACIO. — Estoy asombrado. Son libros que me han de enseñar mucho. ¿Y cómo es tu casa, Patricia?

PATRICIA. — Bueno . . .

IGNACIO. — ¿Bueno, qué?

PATRICIA. — No como la tuya. A veces me quedo mirando horas y horas todo lo que tienes aquí. Qué asombro de bellezas. Allí hay cuadros de Cucaro y de Dalí. Allí, faroles rojos japoneses. Allí, Budas de madera negra. ¿De dónde son, Ignacio?

IGNACIO. — De Hong-Kong.

PATRICIA. — ¿Y dónde encontraste tantas cosas preciosas?

IGNACIO. — Muy sencillo. Viajé mucho a San Francisco.

PATRICIA. — Cómo deseo conocer San Francisco.

IGNACIO. — Lo verás pronto. En los anticuarios, cerca de Sausalito, encontrarás todo lo que quieras.

PATRICIA. — ¿Y esto qué es?

IGNACIO. — Lámparas de pedrería que hacen imitando el estilo asiático.

PATRICIA. — ¿Qué me dices?

IGNACIO. — Allí hay de todo, Patricia. Yo . . . cojo estos objetos entre mis manos y me hacen pensar mucho.

PATRICIA. — Y a mí también. Cuando no estás, miro todo esto y pienso en la capacidad creadora de los hombres que lo hicieron. ¿Y sabes qué pienso más? . . . Que me hubiera gustado conocerlos, hablar con ellos. Hablar con hombres artistas, genios, como los que han hecho todo lo que conservas en tu casa, que es un palacio, de verdad. Qué buen gusto.

IGNACIO. — A mí todas estas figuras me hacen reflexionar y querer ser como los que las hicieron. Les tengo cariño a todas estas figurillas. Me dan consuelo. Pienso, quién pudiera haber llegado a ser como los que las hicieron. Cuánta paciencia y cuánto cariño hay que tener para hacer todo esto.

PATRICIA. — Ignacio, tú eres igual o mejor. Hablé con algunos de tus alumnos y te adoran. Creen, de verdad, que llegarás a ser premio Nobel y que tus ideas, aunque sean poco comprendidas por algunos, son de una persona distinta, una persona que está muy por encima de muchos profesores de estas universidades.

IGNACIO. — *(Preocupado y conociendo la intención se vuelve de espalda y va a la cristalera.)* ¿Mis alumnos?

PATRICIA. — Sí, Ignacio.

JANET. — Sí, profesor. Ya me ve. Yo siempre seguí sus pasos. No podría vivir sin oírlo aunque sea, de vez en cuando, en sus clases.

IGNACIO. — *(Sin volverse.)* ¿Y dónde vives ahora, Janet?

JANET. — Donde siempre.

IGNACIO. — ¿Dónde?

JANET. — En un apartamento de estudiantes. Ya sabe que mi sueldo es el de una profesora principianta, pero sueño, pido, lucho por llegar a ser más. Tuve un gran maestro. Ese maestro, como bien sabe, ha sido y es usted.

IGNACIO. — Yo, de verdad, sé que no enseño como creí.

JANET. — ¿Entonces cómo lo íbamos a seguir tantos? Todos los de mi apartamento piensan como yo.

IGNACIO. — ¿Sabe Patricia qué apartamentos son esos?

JANET. — No sé. Pero Patricia no se asombraría. *(A Patricia.)* ¿Te asombrarías Patricia si supieras que en estos apartamentos viven parejas de estudiantes, como si fueran matrimonios, sin quererse las más veces, sino sólo por ayudarse en la vida y en los estudios, y cuando terminan en la universidad, cada uno se va por su lado?

PATRICIA. — En España pasa algo parecido, aunque quizá sin ese espíritu práctico e independiente que yo tanto admiro. Me gusta esa vida. Eso de separarse e irse cada cual por un camino y volver a encontrar a otras personas, con amor o sin amor, me parece algo hermosísimo. Esa continua separación y ese volver a encontrar, sin saber nadie cómo es nadie, me parece una de las grandes virtudes que pueda tener la inteligencia humana.

IGNACIO. — Estoy extrañadísimo de aquella Patricia que dejé en España y hoy vuelvo a encontrar aquí.

PATRICIA. — ¿Por qué? Siempre pensé igual. Tal vez nosotros nunca hemos hablado tanto como teníamos que hablar. Apenas nos conocemos.

IGNACIO. — Tal vez.

PATRICIA. —Y no es momento de hablar ahora, ni hace falta ya para nada.

IGNACIO. — Sí.

PATRICIA. — *(Reaccionando.)* Pero Ignacio, míranos a las dos amigas que te hemos preparado esta cena.

IGNACIO. — *(Volviéndose.)* Os miro. Qué cena tan espléndida.

PATRICIA. — ¿En que pensabas tanto?

IGNACIO. — En nada o quizá sí. Pensaba en lo que decías y en lo que voy a sentir el no veros por algún tiempo.

PATRICIA. — ¿Por qué, Ignacio?

IGNACIO. — Porque tengo que daros una gran noticia. He sido invitado a varias universidades del Norte para dar cursillos y conferencias.

PATRICIA. — Qué alegría, Ignacio. ¿Cómo no lo dijiste antes?

IGNACIO. — No sabía el momento mejor para decirlo.

PATRICIA. — Yo te tengo preparado otra gran noticia . . . ésta. *(Saca una carta.)*

IGNACIO. — ¿Una carta?

PATRICIA. —Sí, nuestro hijo me ha escrito desde Nueva York.

IGNACIO. — Léela, Patricia.

PATRICIA. — No te inquietes. No sé qué pueda decirme. Pero qué ilusión tan grande. Y cómo quiero que la lectura de esta carta sea lo mejor de esta noche. Antes de que te vayas a las universidades del Norte la quiero abrir al final de la cena. ¿Qué te parece, Ignacio, que tú le contestaras con lo que quieras por un lado y yo por otro?

IGNACIO. — ¿Pero sabe que su padre . . . ?

PATRICIA. — ¿Cómo no ha de saberlo?

IGNACIO. — *(Dudando.)* Pues . . .

PATRICIA. — Qué.

IGNACIO. — *(En su duda.)* Que no me gustaría que empezara a conocerme por carta. Aunque pienso que . . . preferiría que me ignorara siempre, que no me conociera nunca.

PATRICIA. — Qué cosas dice el profesor inteligente que va para premio Nobel. ¿No sabes que en este mundo nos necesitamos todos?

IGNACIO. — Ésas son ideas viejas, Patricia. Ideas de España.

PATRICIA. — Ah, yo las creo de la humanidad entera. ¿Tu no, Janet?

JANET. — Yo también. Estaba pensando lo mismo que tú, mientras terminaba de poner la mesa.

PATRICIA. — No vayas a sentirte humillado, Ignacio, porque no pensemos como tú. Dime, ¿qué quisieras hacer para ser más feliz que eres? Ésta es una gran preocupación mía. Además de viajar y dar todos esos cursillos y conferencias por el Norte, desearía más. Mira Ignacio, voy a conocer mucho mundo. Mucho. Bueno, te traigo también la buena noticia de que ya me coloqué de profesora en un colegio cercano de por aquí. *(Ignacio se vuelve de espalda otra vez.)* ¿No te alegra?

IGNACIO. — Sí. ¿Cómo no?

PATRICIA. — Figúrate, espero que me inviten para dar conferencias en otros estados. Lo sueño. Espero, en vacaciones, ver América entera. Iré al Gran Cañón, a Niagara, a Chicago . . . Lo veré todo. Todo. Y compraré tantas figurillas como las que tú tienes, para tener mi casa llena de recuerdos. Cada figurilla me recordará todas las tierras que pude pisar, todos los estados que pude ver. Y todos estos estados se abrazarán a mi soledad y nunca estaré sola. Me pasará un poco como a ti. Pero, Janet, déjame que te ayude a poner la mesa. Al menos, las sillas. A nuestro profesor, a nuestro premio Nobel, lo pondremos en medio. *(Llaman al timbre de la puerta.)* ¿Quién podrá ser?

JANET. — Ni lo sé.

PATRICIA. — ¿Abro, Ignacio?

IGNACIO. — ¿Por qué no?

PATRICIA. — *(Abriendo y sorprendiéndose.)* Madre mía, mirad quienes llegan. Ignacio, tus alumnos. Eh, Jim, dame un abrazo, y tú, Robert, otro. *(Se lo dan y Patricia observa que vienen con cierto desaliento. Ignacio lo observó también.)*

ROBERT. — Perdonen que hayamos venido a la hora en que iban a cenar.

JIM. — *(Tan tímido y desalentado como Robert.)* Sí. Perdonen.

PATRICIA. — Pero, ¿qué os pasa? Pero, ¿por qué esa timidez? ¿Por qué esas preocupaciones que se os ven en la cara?

ROBERT. — *(Con más timidez.)* Queríamos hablar a solas con el profesor.

JIM. — Nos vamos. Volveremos cuando hayan cenado, o cuando el profesor nos diga.

IGNACIO. — Por mí, quedaros a cenar. Después hablaremos en el salón.

ROBERT. — Hemos cenado ya. Es mejor que nos vayamos.

PATRICIA. — *(Con la alegría de la que tiene una idea luminosa.)* He pensado una cosa. Mirar, se ve que tenéis que hablar con urgencia con el profesor. Habéis venido desde muy lejos. Como el profesor se va mañana a dar conferencias por las universidades del Norte, como tendrá que preparar el equipaje muy rápido, Janet y yo daremos un paseo. No nos importa cenar antes o después. Nos sentaremos en cualquier café y esperaremos. Yo no tenía mucha gana de cenar.

JANET. — Ni yo.

PATRICIA. — Entonces, vamos Janet.

IGNAC IO. — Pero . . .

PATRICIA. — No hay pero que valga. Ellos tienen urgencia de hablar contigo a solas. Janet y yo preferimos salir y cenar más tarde. Eso sí. Cuando pase un rato volveremos, si es que no tenéis mucho que hablar. ¿Sabes por qué, Ignacio?

IGNACIO. — No.

PATRICIA. — Porque te prometí abrir la carta de nuestro hijo y leerla juntos. Consiénteme, Ignacio, que la abra delante de ti. *(Ignacio intenta hacer un gesto negativo. Patricia se interpone.)* Ya sé que no quieres, pero yo, desde que vine, sólo te he pedido muy poco; y no me digas que son ideas viejas. Te prometí leer la carta antes de que te fueras al Norte. Ah, no me vuelvas a negar con el gesto. Leer esta carta no es viejo, sino nuevo, esperanzador, hermoso. Leer esta carta es muy nuevo, porque vamos a empezar a conocer el comienzo de una vida. *(Ignacio vuelve a intentar hablar. Patricia no lo deja.)* Ah, no te dejo hablar. Ya me dirás, o te diré después. Hay muchas cosas en el mundo que, aunque vayas para premio Nobel, desconoces. Vamos, Janet.

JANET. — Vamos.

PATRICIA. — Adiós, Jim. Adiós Robert. Vamos, alegrar esas caras. No tiene importancia lo que vamos a hacer. Ahí os dejamos al profesor. Besos. Muchos besos. *(A Patricia se le ahoga la voz de emoción y vuelve a decir.)* Muchos besos. *(Salen.)*

IGNACIO. — *(Muy contento.)* Sois los de las sorpresas.

ROBERT. — *(Bajando la mirada y muy tímido.)* Debiéramos . . . habernos ido.

JIM. — *(Con la misma timidez de Robert.)* Pero . . .

ROBERT. — Teníamos que hablar con urgencia de lo que ha pasado y está pasando en la universidad. *(Silencio. Ignacio se sienta en el sillón de la mesa de trabajo.)* Bien. Sentaros.

ROBERT. — Es mejor hablar de pie. Así nos iremos antes. Sólo queríamos . . . ser aconsejados por usted.

IGNACIO. — ¿Sobre que? Adivino un poco a lo que habéis venido. Pero ya sabéis, no soy nadie en esta universidad. Sólo un profesor que trabaóo en ella y nada más. Mi contrato no continúa. ¿Qué puedo hacer yo ni nadie?

ROBERT. — Usted es mucho para nosotros, profesor.

IGNACIO. — Lo sé. Vosotros también sois mucho para mí, pero es mejor que no me hayan renovado el contrato. Hay muchos profesores que están en contra de mí, y pensarlo bien . . . quizá también estén en contra de vosotros. A lo largo, podrían haceros daño. No os preocupéis de mí. Ya sabéis. Voy y vengo aquí, pero siempre buscando otro trabajo en alguna universidad.

ROBERT. — Sabíamos que hoy había venido. Sabíamos que se iba mañana tal vez para no volver nunca.

IGNACIO. — Bueno, el trabajo y la vida son así. Quizá nadie quiera comprendernos nunca. Esto lo tenéis que aceptar tal como es.

JIM. — Defenderemos nuestros deseos hasta que nos echen a nosotros también de la universidad.

IGNACIO. — Ya os he dicho. Os pesaría mucho. Mirad esta carpeta. *(La coge y la abre.)* Está llena de cartas y más cartas de peticiones, acompañadas de mi curriculum. No os preocupéis de mí. En alguna otra universidad encontraré trabajo. Lo siento por vosotros.

JIM. — Nosotros no podemos dejar que se vaya usted. Tenemos que hacer todo lo posible para que le renuevan el contrato y . . . después de muchas conversaciones, mañana nos reunimos para hacer la huelga.

ROBERT. — Pidiendo que no se nos vaya el profesor que llegó de España para ser primero cargador de muelles y llegó, después de una gran lucha, a conseguir un puesto en esta universidad.

JIM. — Usted es el hombre que nos ha dado nuevas orientaciones en la ciencia y en la vida.

ROBERT. — Han engañado los demás. Han falseado sus conceptos.

JIM. — Dicen que usted nos alienta para que nos pongamos en enfrente de los viejos, egoístas, ambiciosos y vanales profesores que no saben enseñar, que ni siquiera tienen interés en enseñar.

ROBERT. — Y que usted nos enfrenta con el sentido tradicional de nuestro país.

JIM. — Y lo calumnian diciendo que sus ideas están en contra de usted mismo, porque usted, como todos ellos y como todos los que tienen algún dinero, a lo único que aspira es a poseer todo lo que, debido a su sueldo, no puede poseer y, por tanto, un hombre puro como creemos que es usted, está endeudado como los demás. Dicen que se pasa noches en los casinos jugando al dinero. Y que el que se pasa las noches en los casinos jugando al dinero, ¿cómo puede progresar en la ciencia que enseña?

IGNACIO. — Puede . . . *(Se levanta y va mirando todo lo que hay a su alrededor: las figurillas, los faroles, el yate.)* Me . . .

ROBERT. — ¿Qué, profesor?

IGNACIO. — Me encontraba muy solo. La ciencia no es todo para llenar la vida de un hombre. Quise tener una casa junto a un lago. Quise tener un yate como el que tiene un amigo. Sí, como un pobre ser, para salir de mí mismo y escapar de mi mucha soledad. Sí, vuestro profesor es un pobre ser endeudado, pero tengo la esperanza de ir pagando todo lo que debo con mi trabajo. Por eso busco y busco. Los profesores no me han calumniado. Han dicho la verdad.

ROBERT. — De esa verdad dudamos.

JIM. — Quizá estén en contradicción su sentido de enseñanza con su sentido de soledad. Pero nos rebelamos, y nos rebelaremos siempre contra todos los que se enriquecen con mentiras y robos, que están llevando a nuestro país a que lo odie la humaniad entera. Estas ideas suyas, profesor, son clarísimas.

ROBERT. — Nosotros somos otras generaciones. No nos importan las deudas de un hombre cuando sabe comunicar a los alumnos tan grandeza en sus clases.

JIM. — Diga lo que diga, no nos convencerá. Tiene que quedarse con nosotros.

ROBERT. — Yo sé hasta quién se ríe de mí porque me he puesto a trabajar vendiendo flores para poder pagar los gastos de mi vida y de la universidad, rompiendo los cheques mensuales que me mandan mis padres. A su lado, profesor, estamos aprendiendo grandes paradojas de la vida, grandes utopías, que no sé si nos llevarán al engaño o desengaño. Todo lo que aprendemos son verdaderos tesoros que nos enseñan a soñar en días que han de llegar mejores.

JIM.— Y nos hace pensar en todo lo que nos estorba en este país. Hemos de conseguir escapar de tanto engaño, de tanta trampa, de tanto robo, de tanta compra y venta inútil, de tanto préstamos también inútil para seguir siendo encarceladores de hombres y de naciones.

IGNACIO. — Estoy verdaderamente asombrado y despreciándome a mí mismo porque me siento culpable de vuestras ideas. Yo os afirmo, que no sé bien por dónde camino. Ni sé a lo que aspiro, ni sé lo que ambiciono. No sé quién soy, ni como soy. Me estáis llenando de remordimientos.

ROBERT. — A ese ser que sabe quién es, deseamos tener a nuestro lado, porque nos abre caminos no afirmativos, sino torturantes que hacen convulsionar nuestra conciencia y decirnos: hay que buscar la verdad, hay que saber encontrar, hay que saber dudar, para al final, salvarnos o hundirnos, pero siempre aspirando a un mundo mejor.

JIM. — Déjenos continuar en estos torturantes y dudosos caminos.

IGNACIO. — No pude nunca imaginarme que mis palabras os iban a llevar por estos derroteros, porque al fin, derroteros son. No hay claridad en nuestros pensamientos. Parece que hemos perdido la razón. No sabemos dónde está el bien o el mal.

ROBERT. — Esa lucha eterna será siempre muy nuestra, profesor. No nos atormente más. Le seguiremos como sea. Mire, le traemos en estos papeles una lista de más de setenta alumnos que mañana empezamos la huelga. Ojalá esta huelga pueda llegar a ser una revolución.

IGNACIO. — Por Dios, por Dios, tener piedad de mí. No hagáis ninguna huelga por el bien vuestro y el mío.

ROBERT. — Ya ha llegado a oídos del presidente de la universidad y quiere hablar con nosotros antes de empezar, pero no admitimos diplomacias. Sabemos ya muy bien por donde se camina.

JIM. — Levante esa cabeza, profesor. Usted ha de seguir con nosotros.

IGNACIO. — Dejadme, por favor. Dejadme solo. Quiero estar solo. Mi herida es grande. Me estáis haciendo cómplice de esa huelga que tanto puede perjudicar. Habéis venido a remorder mi conciencia.

JIM. — Somos setenta que estamos con usted. Lo necesitamos y el país lo necesita. Mañana, mientras usted irá a buscar trabajo, nosotros estaremos en el campus con las pancartas y después hablaremos con el profesorado.

(Janet, muy serena, abre la puerta.)

JANET. — Me van a perdonar que abra la puerta para seguir hablando de lo que bien sabemos. Necesito hablar. La mujer del profesor sigue sentada en el café, pero, ¿por qué engañarnos? Ella sabe todo como nosotros.

(El profesor se inquieta.)

No se inquiete, profesor. Su vida está descubierta para todas las personas que lo conocemos. Patricia lo sabe como nosotros. No podía engañarlo más. *(El profesor se inquieta más. Está conteniendo un nerviosismo grande. Vuelto de espalda, mira por la cristalera.)* Profesor, escúchenos. Hemos tenido muchas y largas conversaciones los setenta alumnos que estamos luchando por usted. Sostendremos nuestra defensa hasta el final.

(Con rapidez inesperada, en arrebato de cólera, el profesor abre la cristalera, se sube en el yate y lo maneja con furia inusitada, como el que quiere asesinarse. Todos se sobrecogen y van rápidos a la cristalera.)

Dios. Me da miedo seguir mirando. Ay, Dios. Nunca lo vi con esos ojos dislocados. Es como si un loco hubiera cogido el yate. *(Hincándose de rodillas y vuelta de espalda, se tapa la cara con las manos.)* Profesor, nadie hemos querido hacerle daño.

JIM. — Me arrepiento de haber venido.

ROBERT. — La huelga teníamos que haberla hecho sin decirle a él nada.

(La voz de Patricia suena desde fuera, llamando a Ignacio. Al entrar se asombra al ver a todos en tensión. Va de prisa a la cristalera.)

JIM. — Las luces del yate se perdieron.

(Patricia, con una preocupación contenida, se sienta en un escalón. Rápidamente, Janet va a su lado.)

JANET. — Patricia. *(Silencio.)* Patricia. *(Silencio.)* Patricia, por Dios, háblame.

PATRICIA. — *(Casi sin poder hablar.)* Le dije que quería leerle la carta de mi hijo.

ROBERT. — Cojamos el coche y vayamos pronto en su busca. Pronto. Oigo como si en la lejanía . . .

JIM. — Vayamos rápidos.

JANET. — Patricia, ven con nosotros, tenemos que ir.

PATRICIA. — *(Muy ensimismada y silenciosa.)* No. Me quedaré aquí.

(Todos salen a prisa menos Patricia que sigue sentada en el escalón, pensativa. Parece como si tuviera un profundo dolor que no sabe expresar. La mirada la tiene perdida. No podemos adivinar lo que siente. Oscuro.)

(Al volver la luz, vemos a Patricia sentada en el sillón de la mesa de trabajo de Ignacio, leyendo un libro. Janet lee otro sentada en un sillón del hall. Está atardeciendo.)

PATRICIA. — Así días y días.

JANET. — Y meses.

PATRICIA. — Cuántas experiencias hemos tenido en tanto tiempo. Cuántas esperas baldías.

JANET. — Sí. Muchas.

PATRICIA. — ¿Dónde podrá estar?

JANET. — Nadie lo sabe. Llamé a muchas universidades y nadie sabía ni su nombre.

PATRICIA. — ¿Es interesante el libro que lees?

JANET. — Sí, pero uno más. Apenas me entero de lo que estoy leyendo. No sé ni para qué leo. Ya nada tengo que hacer en la universidad.

PATRICIA. — Anímate, Janet. Todos tenemos que hacer algo. Si supieras que el colegio donde trabajo, se me ha quedado pequeño. Puede que yo no sepa enseñar bien, o que mis preocupaciones hacen que no enseñe bien, pero espero liberarme de todo, de mis preocupaciones y de mi pobre colegio. Al fin y al cabo la vida empieza por vencerse a una misma. Y me venceré. ¿Sabes qué he pensado, Janet?

JANET. — No.

PATRICIA. — Aspiro a la universidad.

JANET. — Tú puedes llegar a ella.

PATRICIA. — ¿Sabes por qué?

JANET. — No podría saberlo bien.

PATRICIA. — He leído mucho. Me he pasado días enteros en la biblioteca. Me encuentro con más fuerza y con una ambición que no me deja vivir.

JANET. — ¿Ambición?

PATRICIA. — Sí. Ambición para destruir a todo ese profesorado, tan mediocre, como decís. Mi ambición es tan grande que aspiro al puesto más alto que una mujer pueda tener dentro de la universidad, para con una frialdad cruel, ir destruyendo todo lo que no sea progresista, todo lo que sea mediocre e inútil. Quién me dijera que este país me iba a dar esas ideas. ¿Sabes que he publicado más artículos?

JANET. — Sí, lo sé.

PATRICIA. — Cuando voy a pasear por el campus universitario, los profesores que pasan por mi lado, ni me saludan. Me miran con rencor. Es que le empiezo a vencer, Janet. Y venceré. Ahora más que nunca.

JANET. — Ya sabes, Patricia, que el presidente de la universidad vino hace poco a conocerte y a preguntar por Ignacio.

PATRICIA. — También intuí su deseo. Venía a ofrecerme un puesto en la universidad, aunque no sabía cómo decírmelo bien, porque no podía saber cuál era mi deseo, mis aspiraciones. Me preguntó con mucha diplomacia, porque aunque haya leído mis escritos, le convengo que dé clase en la universidad. En todo lo que me decía le notaba un gran miedo. Creo que a Ignacio y a mí nos han tomado mucho miedo.

JANET. — Yo también lo observé.

PATRICIA. — Se mira a las personas, se observan los gestos y se adivinan las intenciones. En las palabras nunca creo. Ese presidente sabe que Ignacio conviene en la universidad, pero está acorralado por el profesorado. La huelga continúa. Eso es muy grave.

JANET. — Que así hay que vivir, Dios mío.

PATRICIA. — Sí. Hay que vivir en luchas muy calladas. Pensando siempre. Sabiendo si te van a traicionar o no. Si tú supieras, Janet, las luchas mías de antes y las de ahora.

JANET. — Puedo intuirlas.

PATRICIA. — Pero no saberlas. Las luchas de una, son muy de una. Van tan dentro de nosotras que aprisionan hasta nuestras entrañas. Pero, en fin, Janet, nos hemos dado consuelo una a la otra y eso nos ha servido para seguir en esta lucha incierta. ¿Llamaste a Harlem? *(Silencio.)* ¿Por qué no contestas, Janet?

JANET. — Sí. Llamé varias veces. Él tiene allí muchos amigos. Pero nadie lo vio, aunque alguien me dijo que . . .

PATRICIA. — Qué.

JANET. — Que le pareció verlo entrar de noche en una taberna, pero que no lo reconoció bien. Esto, en principio, me dio consuelo . . . el consuelo de saber que vive. Pero me quedé con grandes dudas y . . .

PATRICIA. — Qué.

JANET. — Si no fuera por ti, me hubiera ido a buscarlo a Harlem. No sé por qué recuerdo aquellos tiempos cuando lo vi por primera vez, tirado como un mendigo en el escalón de mi casa.

PATRICIA. — Por Dios, Janet.

JANET. — Sí, Patricia, callo, pero ya que aceptas la vida con tanta valentía, debes aceptarla tal como es.

PATRICIA. — Como la aceptas tú.

JANET. — Como la acepto yo. Pero la acepto peor que tú. Mi destino es tan incierto que no sé ni a dónde podré ir ahora, ni lo que pasará de mí y te ruego, Patricia, que dejes de pagar todo lo mío: mi apartamento y tantas cosas como dejo a deber. Quiero darte una alegría . . . encontré trabajo en una guardería.

PATRICIA. — Qué alegría. Ni me lo habías dicho.

JANET. — ¿Para qué? Sufro mucho con este trabajo. Le he tomado un gran cariño a los niños. ¿Qué serán el día de mañana? ¿Los querrán sus padres? ¿Quiénes serán sus padres? ¿Cómo serán? Y entonces . . .

PATRICIA. — ¿Entonces . . . ?

JANET. — Quisiera haber tenido hijos. Siento, cuando veo a los de la guardería, la necesidad de haberlos tenido, de haberlos criado. Comprenderás que, a pesar de lo mucho que te quiero, tengo que volver a Harlem. Allí están los míos. Quiero tener un hogar. Mi misión con Ignacio, si es que vuelve, terminó. Te he dicho muchas veces que ya estáis tú y tu hijo en este país. *(Patricia coge una carta.)* ¿Es la carta de tu hijo?

PATRICIA. — Sí.

JANET. — ¿Y no la abriste aún?

PATRICIA. — No. Tengo la esperanza de que Ignacio vuelva y de que veamos juntos la letra de nuestro hijo y lo que nos pueda decir.

JANET. — *(Levantándose.)* Ay, Patricia.

PATRICIA. — ¿Qué te ocurre, Janet?

JANET. — Tú tienes a alguien. Yo a nadie. Ni el consuelo de hacer ya nada por Ignacio.

PATRICIA. — ¿Otra vez llaman?

JANET. — Yo no oigo el timbre. *(Suena el timbre.)* ¿Abro, Patricia? *(Las dos titubean.)* ¿Quién podrá ser?

PATRICIA. — Pudiera ser la policía, pero no. *(Abre una carpeta y busca entre las cartas.)* Aquí están todas las deudas pagadas. *(Vuelve a sonar el timbre.)* No abramos.

JANET. — Pudiera ser alguien con una noticia sobre Ignacio. *(Vuelve a sonar el timbre.)*

PATRICIA. — No abras. Las malas noticias acaban sabiéndose.

JANET. — *(Yendo a Patricia y arrodillándose, abrazada a la cintura.)* Ay, Patricia, ¿estará Ignacio en la cárcel?

PAIRICIA. — No creo. Todas sus deudas fueron pagadas. Pobre niño mío, pobre Ignacio. La vida no le ha hecho ser mejor que yo pensaba. Se autodestruye.

JANET. — Tengo mucho remordimiento. Mucho miedo. No sé lo que habrá podido sucederle a Ignacio, o le podrá suceder, cuando sepa que tú has pagado sus deudas. No te lo perdonará.

PATRICIA. — Pero yo seré muy feliz con su no perdón. Soy ya tan pobre como él. Sólo tengo un pequeño sueldo y una casita alquilada. Si supieras lo feliz que soy. Se han cumplido los deseos más importantes de mi vida: no tener apenas nada y vivir sola con más ansias de superación. Ahora empiezo a vivir, Janet.

JANET. — *(Abrazándola más.)* Patricia mía.

PATRICIA. — Si tú hubieras sentido mis interiores suplicios. Ese saber que Ignacio me rehuía siempre porque se había enamorado de una mujer con dinero. Él no comprendía que yo quería luchar como él y vivir de mi trabajo. Por eso, sin comprenderme nunca, se fue de mi lado sin yo saberlo, dejando a mi hijo en mi vientre. En los primeros días . . . una mañana desperté . . .

JANET. — ¿Y qué?

PATRICIA. — Ya no estaba. Mucho tiempo pasé sin saber nada de él. Ni se dignaba a escribirme. No sabía dónde estaba. Hasta que pregunté y pregunté . . . y supe al fin algo . . . que estaba en Nueva

York. Dejó en nuestra habitación toda su ropa tirada y la maleta abierta.

JANET. — ¿Le comprabas tú la ropa, Patricia?

PATRICIA. — Se la compraba. Siempre engañándolo. Siempre diciendo que compraba la ropa con el poco dinero que él ganaba dando clases particulares. Dejó tirada en el dormitorio la ropa porque bien sabía de mi engaño.

JANET. — Y si volviera ahora, ¿qué haría?

PATRICIA. — No me hagas que te responda. Sólo quiero decirte que he preguntado al consulado y a todos los sitios que pude, incluyendo hospitales y cárceles.

JANET. — Te vuelvo a preguntar, ¿si volviera ahora, qué haría?

PATRICIA. — Ni lo pensemos. Sigamos leyendo. Vendrá. Esperemos los días que haya que esperar. Vendrá, ya lo verás. Y entonces, delante de ti, hablaremos, decidiremos. Yo sé bien cierto lo que tengo que hacer. Sé bien cierto lo que él hará. Esperemos.

JANET. — ¿Tienes dudas de él?

PATRICIA. — Muchas. ¿Cómo no tenerlas? ¿Se puede saber cómo reacciona una persona en un caso límite?

JANET. — Patricia, siento miedo. Mucho miedo. *(Se abraza más a la cintura de Patricia.)*

PATRICIA. — Ningún miedo. Hay que saber esperar sin miedo, no pensar en lo que no sabremos ni ahora ni nunca. Sigamos leyendo, Janet. Lee. Anda, lee. Y si llaman al timbre, no contestaremos. Él tiene llave de la casa. Si oímos frenar coches, no nos preocuparemos. *(Se levanta.)* Mira, voy a abrir la cristalera. *(La abre.)* Ya oscureció. Cómo brillan las luces. No sé por qué pienso que podría venir andando por la orilla del lago. Lo he pensado mucho. Andando por la orilla del lago sin atreverse a llegar, ni menos a mirarme.

JANET. — Yo oigo pasos.

PATRICIA. — Pero no son los suyos. Será alguien que pasea.

JANET. — Sí, alguien que pasea.

PATRICIA. — Veamos. No pensemos más en imposibles. No hablemos. *(Largo silencio.)*

JANET. — ¿Dónde vas, Patricia?

PATRICIA. — A recoger unos cuantos libros y meterlos dentro de esas maletas que tengo abiertas. Son sus libros. Puede que le sigan sirviendo.

JANET. — Yo te ayudo.

PATRICIA. —Sí, Janet.

(Empiezan a hacer lo que dicen. Se oye frenar un auto. Llaman al timbre. Quedan las dos en suspenso.)

JANET. — ¿Quién podrá ser? Si él fuera, como hemos dicho antes, hubiera abierto la puerta con su llave.

PATRICIA. — Estoy segura, Janet, que ya no tiene llave. La llave la habrá tirado en cualquier parte. *(Patricia abre. En la puerta está Ignacio sin querer entrar. Patricia y Janet contienen su alegría.)*

IGNACIO. — *(Como el que entra en una casa que no es suya.)* Vine sólo un momento.

PATRICIA. — Pero, pasa. *(Ignacio no quiere pasar.)* Te ruego que pases.

(Entra en silencio como el que llega a un lugar extraño. Las dos mujeres están expectantes.)

¿Estás cansado? ¿Quieres descansar?

IGNACIO. — No. Ya te he dicho que he venido un momento.

PATRICIA. — Siéntate, por favor. Vamos a hablar. Tenemos que hablar.

IGNACIO. — No me siento en una casa que no es mía. Hiciste muy mal, Patricia. Nunca debieras haber pagado mis deudas. Si yo no hubiera podido pagarlas, estaría feliz en la cárcel. No me asusta nada de este mundo.

PATRICIA. — ¿Te espera alguien?

IGNACIO. — Sí, los que están en el coche.

PATRICIA. —¿Se puede saber quiénes son?

IGNACIO. — Trabajadores que están colocados, como yo, en los casinos de Las Vegas. Allí encontré trabajo. Tenía que vivir. Cuando pude ahorrar algo de mi sueldo, quise seguir pagando lo que debía y . . . me enteré de lo que pasaba. Una vez más hiciste aquello que siempre tanto me humilló . . . ir pagando lo que he debido pagar. Aunque trabajo en un casino, sigo luchando por otro puesto de profesor y a lo único que vine aquí fue a decirte lo siguiente: que por primera y última vez, todo lo que has pagado, te corresponde a ti y así tenemos que legalizarlo ante un notario.

PATRICIA. — He pagado pensando en que todas las cosas que tenías eran vitales para ti.

IGNACIO. — No quiero tu dinero, como tú tampoco lo quieres. Mi única felicidad es que se lo dieras a aquellas familias de Harlem que

tanto me ayudaron. *(Janet se vuelve de espalda.)* No lo digo por ti,
Janet. Ya sé que tú no lo aceptarías nunca. Si así lo quieres, Patricia,
iremos al notario para legalizar esta donación.

PATRICIA. — Cómo me alegra lo que dices. Ahora vuelvo a ver al
profesor que adoran sus alumnos. Y al hombre honrado que
siempre conocí. Tus pensamientos son los míos.

IGNACIO. — Tengo que irme. ¿Puedo coger los libros que hay en
aquellas maletas? Creo que son míos.

PATRICIA. — Tuyos son, pero yo te rogaría que esperaras un poco,
porque quiero hacerte una confesión muy dolorosa. Por favor,
Ignacio, escúchame.

IGNACIO. — Bien. Dime.

PATRICIA. — Te di todo mi cariño y quise llegar a ti, como ni pensaste.
Yo era la muchacha con dinero. La señorita hija de millonarios. Y
ahora, sin dinero estoy. Sólo tengo un empleo en un colegio. Aquí
me tienes como ni pensabas. Ahora empiezo a vivir. Y no me
importa si reaccionas o no en favor mío. He sufrido tanto que he
llegado a la meta de mis sueños, sin que nos necesitemos. Janet se
irá a Harlem. Allí puede encontrar algún trabajo, como lo tiene
ahora en una guardería. Te he querido tanto, Ignacio, que a pesar
de tus desconfianzas, de tus desprecios, de tus humillaciones, he
sabido llegar hasta ti. Sin querer tú, tal vez yo sí, te pedí un hijo, y
me quedé con el hijo en el vientre la noche que te fuiste dejando el
humilde piso que teníamos alquilado. Tu maleta la dejaste abierta
con la ropa tirada por el suelo. Cuando me vi sola, lo único que
pude hacer era recoger tu ropa y guardarla. Era lo único que me
quedaba de ti. Pero ahora soy como tú. Soy la que quise ser y tú no
quisiste comprenderme nunca. Te llevaré siempre dentro de mí. Lo
creas o no lo creas. Poco me importa.

(Los del auto llaman. Ignacio intenta coger las maletas e irse.)

PATRICIA. — Por favor, Ignacio, escúchame. No he terminado todavía
de hablar ni de hacer mi confesión. Quiero primero leerte la carta
de nuestro hijo. *(La abre y lee.)* "Mamá, ven pronto. ¿Vendrá
papá? Mamá, quiero veros." *(Ignacio se impacienta y parece querer
coger las maletas e irse, como si no hubiera oído la lectura de la carta.)*
Ignacio, por favor. Debes de ir a Nueva York a ver a nuestro hijo. Sé
que apenas tienes dinero para vivir. Acepta estos billetes de avión
para ir a verlo. Puedes ir cuando quieras. Sólo tienes que confirmar

el día que vas a ir. Si quieres, no le digas a nuestro hijo quién eres, pero verlo. Es tuyo. Te espera. *(Silencio. Ignacio no sabe qué hacer. Está cerrando las maletas. Parece no querer escuchar a Patricia.)* Ignacio, coge los pasajes del avión y este poco dinero. Es el último que me queda. El dinero puede ser para tu estancia en Nueva York. *(Ignacio no se atreve. Su indecisión es grande.)* Vamos. Vamos. Hay alguien que te espera y que puede darte una vida que no tuviste nunca. No dudes más. Toma esto de una vez. *(Ignacio lo toma.)* Yo me quedaré sola unos momentos. *(Ignacio con cierta bondad mira a Patricia. Coge las maletas y apenas puede tirar del peso de las mismas.)* Janet, ¿qué piensas?

JANET. — Nada, Patricia, nada. Quiero quedarme contigo un poco más.

PATRICIA. — Necesito estar sola. Te lo ruego. Ayuda al profesor. Las maletas pesan mucho.

JANET. — *(Con lágrimas en los ojos.)* Pero, Patricia . . .

PATRICIA. — Anda, ayuda al profesor y cierra después la puerta. Déjame sola, Janet. Te lo vuelvo a rogar. Puede que empiece ahora una vida verdadera.

(Janet, con profundo sentimiento, por dejar a Patricia sola, ayuda al profesor a llevar las maletas. Cierra la puerta sin dejar de mirar a Patricia con gran cariño. El auto arranca. Vemos a Janet tras la cristalera, vuelta de espalda. Se sienta en la arena. Patricia se sentó en el escalón de siempre, silenciosamente, pensativa. Besa la carta del hijo. La acaricia. Sus lágrimas caen en la carta, mientras suena la música de "Red Roses for Blue Lady." Se va haciendo el oscuro y cae muy suavemente el telón.)

FIN

José Martín Recuerda
Salobreña, 1988

LAS REINAS DEL PARALELO
(1991)

PERSONAJES
(Por orden de intervención)

Don Toribio
Los Asperos
Las Coristas
Los Policías
El Gran Kaiser
Puta I
Puta II
Tomás el Azuleño
Luis el Racionero
El General Pardillo
La Muchacha de La Maleta
El Yanqui
José el Socialista
El Puñales

ACCIÓN: En Barcelona a finales de la década de los cuarenta.

José Martín Recuerda

PRIMERA PARTE

Estamos dentro de un teatro. Teatro extraño. Parece un café-concierto. Todas las butacas tienen, por detrás, un tablero que huele a bebidas alcohólicas podridas. Un teatro muy sucio y antiguo. Parece que la gente se ha meado en el suelo o ha hecho cosas peores como dejar semen por los rincones más apartados. Los palcos están en penumbra. La penumbra es tal que parece dispuesta para darle atracos carteriles a los borrachos fanfarrones que allí se esconden para seguir bebiendo anís del mono, o ron, o coñac del peor. En algunos de quellos palcos se ven mantones de manila rasgados por bocados o navajas. Mantones de putas viejas quienes, también borrachas y, tal vez peleantes, los han dejado allí mientras salieron dando tropezones. Se ven hasta collares y pulseras de tres al cuarto, rotas y colgadas en las barandillas de los palcos. El teatro tiene un foso orquestal donde hay un piano roto, pero con las teclas disponibles. También hay algunos violines desastrosos y sin cuerdas, y algunas trompetas, clarinetes, saxofones y tambores que no sabemos si los han dejado allí soldados descarriados o extranjeros que han querido tocarlos o los han estrellado en la cabeza de alguien. Trompetas y demás instrumentos que no se distinguen bien si son de jazz norteamericano o traídos de una Alemania en guerra. No es extraño. Estamos en los últimos años de la década de los cuarenta. Hay también zapatos y botas rotas, sin cordones y sin suelas, abandonadas, como si las hubieran robado a los muertos. No hay barrenderas que limpien no sólo ya el suelo, sino todo el teatro. El escenario es canallesco. Solamente tiene, en los lados, unas cortinillas de encaje, bordado con lentejuelas chillonas y baratas, y cerca de una de ellas hay una pizarra con un nombre, tal vez de algún artista que trabaja allí y que no podemos leer bien. Tal vez diga, "Actuación esta noche La Divina Luisita." Debajo leemos, "Saldrá en pelota." Vemos al fondo y entre bastidores que parecen apuñalados, las puertas cerradas de los camerines, algunas con buenos candados. Todo dará la impresión de que estamos en crisis y que hay tanto ladrón que algunos artistas echan los candados. Conforme vamos mirando hacia arriba, vemos ventanas de casas de barrio, mugrientas, enclaustradas en paredes oscuras de no haberse blanquedo en muchos años. Tienen rajas que da la impresión de derrumbamiento. No sabemos si por el mucho tiempo que ha pasado por ellas, o por una revolución reciente, o por el abandono de un puterío asqueroso que vive dentro de los cuartos de esas ventanas. Cuartos, al parecer, que sólo ultilizan para las noches que cazan a algún extranjero desamparado, o huído de su nación, o algún marinero con buenos trinquis encima que no sabe donde se mete. Tal vez por allí haya también un puerto cercano y alguna comisaría para los rateros. Parece que leemos en una de aquellas paredes unas pintadas que dicen, "Que las arropen en las atarazanas."

Todo está en silencio, mientras el público que entra a ese teatro que funciona a media noche, se vaya dando cuenta de donde está y se quiera salir. Da todo la impresión de que hay putas, chulos y maricones que buscan a los traseuntes catetos para abrirles las braguetas en los sitios más oscuros. Puede que hayan espiado y esperado por aquellos rincones.

Empezamos a oír a gente que pasa cerca de allí cantando el himno falangista "Cara al sol" y oímos, de pronto, muchas voces y aplausos de gente que abrió sus balcones diciendo a gritos, "Viva," "Viva." Entre este alboroto escuchamos una voz que dice con acento alemán, "Nuestro Hitler resucitará." Y otra voz alemana que contesta, "Hay muchos anarquistas," "Hay que tener mucho cuidado con ellos," "Han perdido la guerra y no saben donde van," "Juraría que en el teatro de enfrente se esconden muchos," "Los burgueses ya no van a liceo por temor." Ahora oímos un griterío con bofetadas que van y vienen. Un deseo de revolución cercana tenemos encima. Una voz, llena de odio dice, "¿Es que no se han dado cuenta que han perdido la guerra?"

(Una música de jazz fulasitrona se mezcla con canciones de León, Quintero y Quiroga. Por el escenario vemos pasar, muy lentamente, una pizarra grande donde se lee, "El aspa dorada" (Antiguo molino rojo.) "Lo mejor del paralelo." "Lo que no morirá nunca." Una voz brusca y violenta se oye decir:)

VOZ. — ¡Borrar ahora mismo la palabra "rojo"! ¡Como vuelva a salir ese letrero os echo a patadas! A ver, a los de arriba, que empiecen las aspas a moverse.

(Las aspas bajan a modo de telón cubriendo la emboscadura y moviéndose fuerte y violentamente. La voz vuelve a sonar.)

VOZ. — ¡Esas aspas! ¡El ruido es tan follonero que no se oye ni cantar el "Cara al sol"! ¿Cómo se va a oír la Marcha Real al final de la función?

(Sale don Toribio cabreado y violento. Es un hombre gordo, con gorra, con cadena, al parecer de oro, colgada en su chaleco, un puro encendido en la boca, en mangas de camisa. Muy braguetero. Se ve un gran bribón. Don Toribio, encargado del teatro, se quita el puro de la boca y mirando hacia arriba sigue diciendo:)

DON TORIBIO. — ¡Parar las aspas! ¡Parar! ¡Parar o vais toos a pasearos por la Barceloneta y a ninguno, a ninguno os darán trabajo ni en el "Apolo," ni el en "Arnau," ni en el "Victoria," ni en ningún teatro ni en ningún café concierto! ¡Claro, tenéis que ser los que por lástima, os dimos trabajo! ¡Tantos limosneros de provincias metíos aquí! ¡Perdisteis la guerra, pues aprender a trabajar! ¡Nos os querrán ni en los muelles que hay al final de las Ramblas y de esta avenida que ninguno sabéis que se llama el Paralelo! (*Más violento aún.*) ¡Es que no tenéis oídos?

(*Las aspas suben. Don Toribio se tranquiliza y se seca el sudor. Se pone otra vez el puro en la boca y mira para unos lados y otros. No ve a nadie. En una puerta candada empiezan a dar golpes.*)

¿Quién hay ahí? (*Va a la puerta e intenta forzarla.*) ¡He dicho que quién hay ahí! (*Nadie contesta.*)

(*En estos momentos vemos cruzar rápidamente el escenario, al parecer, un hambriento y pitracoso muchacho muy joven. Va muy mal vestido, con camisón roto y alpargatas llenas de barro. La cara sudorosa y ensolada. Ha intentado darle una patada a la puerta, pero no ha podido. Don Toribio lo cogió del pescuezo, pero se escapó. Huyó sin saber dónde fue. Al mismo tiempo, algo se le ha caído. Don Toribio se dio cuenta y lo cogió.*)

Un roba cartillas. Ésta es otra cartilla de racionamiento. Está pisoteá. Maldito sea. Ya van cinco robadas. (*Sigue dando puñetazos en la puerta candada y, al mismo tiempo, se oye corretear por arriba a los que trabajan en las aspas. Don Toribio mira a las alturas y vuelve a exigir.*) Os dije que bajárais. (*Los golpetazos de la puerta candada suenan más fuertes. Don Toribio intenta arrancar el candado dando patadas en la puerta y diciendo.*) ¿Pero es que al mejor café concierto de Barcelona vienen a esconderse los ladrones? ¿Por qué no trabajáis, granujas? Hay trabajo en vuestros pueblos y os venís aquí a robar. Ea, no puedo aguantaros. Ni el candado cae al suelo. Llamo por teléfono ahora mismo. Vais a ver lo que es bueno. La policía aquí antes de decir amén. Hasta un ejército puedo meter. (*Hablando a los de arriba y a los de abajo.*) ¿Es que queréis que el mejor café concierto de Barcelona se venga abajo? Aquí vienen los ricos de la ciudad y, algunos, en el *foyer*, se quedan bailando hasta que amanece y, vosotros, estéis donde estéis, hambrientos, granujas, me queréis echar abajo "El Aspa Dorada." Ahora veréis.

(Cuando Don Toribio intenta ir, se tiran, agarrados en maromas, los asperos. Corren a la puerta del candado y la abren a patadas. Unos de ellos abrió una navaja y se enfrentó con Don Toribio. Los demás sacaron al que había dentro.)

EL ASPERO DE LA NAVAJA. — Ni te muevas.

DON TORIBIO. — Ya la pagaréis.

EL ASPERO DE LA NAVAJA. — *(Entre dientes.)* Las pagarás tú. Sabemos muy bien quién eres. *(El que etsaba escondido salió muy rápido. Los demás lo cogieron por la camisa y encadenándole los brazos atrás. Hablan de prisa.)*

UN ASPERO. — ¿Has traído todo lo que dijiste?

EL MUCHACHO. — *(Muy rápido y deseando soltarse, mientras lucha.)* ¡Todo!

UN ASPERO. — ¿Cuántas son?

EL MUCHACHO. — *(En la batalla que no cesa.)* Creo que cincuenta. Las que pude robarle al que las traía.

OTRO ASPERO. — ¡Soltadlo y huyamos con él!

(Lo sueltan y lo vuelven a desafiar frente a frente diciéndole:)

UN ASPERO. — Éste tiene que saber mucho.

OTRO ASPERO. — ¿Y dónde está el que las traía? Tendrá muchas más. Tiene que estar escondido por aquí cerca. Tiene que haber llegado del pueblo y no sabrá dónde meterse. Tú debes saber donde está, Llévanos, o te matamos.

DON TORIBIO. — *(Desesperadamente.)* ¡No quiero ver esto más!

EL ASPERO DE LA NAVAJA. — *(A Don Toribio.)* Quieto, que te apuñalo. Cuando se pueda hablar diremos a la policía y a todos los generales que conoces quién eres tú.

UN ASPERO. — *(Riendo nerviosamente.)* Los policías y los generales serán como él.

DON TORIBIO. — ¡No tenéis güevos, ladrones!

UN APSERO. — *(Que sigue riendo a carcajadas.)* ¡No queremos enseñarle los güevos a nadie más.

TODOS. — ¡Huyamos! *(Al de las cartillas.)* Y tú nos las pagarás. Te encerramos para que nadie te descubriera y tú vengas a dar patadas en la puerta. ¡Vámonos de aquí!

EL ASPERO DE LA NAVAJA. — Cuidado con las puertas de los candaos. Mucho cuidao, Don Toribio de pollas.

(Huyen. Unas luces potentes, como de focos de muchos colores, iluminan el escenario. En el foso orquestal suena, con enorme alegría, una música que parece neoyorkina, del Berlin Hitleriano o del Montmatre de París. Cae rápidamente un telón que dice, "Una noche en El Aspa Dorada." Sube el telón y vemos las cortinas de encajes y lentejuelas brillando como estrellas con los efectos de las luces, al mismo tiempo que se llenó de un grupo de coristas que cantan y bailan con gran fuerza, enfrentamiento y pasión, haciendo movimientos grotescos, picarescos, burlones.)

CORISTA I. — ¿Pero qué pasa aquí?

CORISTA II. — Barcelona de noche
es para vivir.

CORISTA III. — Vivir como no se vive
en ningún lugar.

TODAS. — ¡A callar!
Nadie pasea por las Ramblas
cuando las puertas del "Aspa Dorada"
arramblan
con lo mejor de la ciudad.
Y ésta es la verdad.

(Bailan con más fuerza.)

CORISTA I. — ¿Y qué quieren ver los ojos
de los que entran
a ver la funcion? ...

CORISTA II. — Consolación.

CORISTA III. — Eso es: ¡consolación!

TODAS. — Y aquí estamos
para que nadie pida perdón,
sino para que vean
a dónde se llegó,
bailando y cantando
en este salón.

CORISTA I. — ¿Sufrimientos? Muchos;
pero bailar y bailar

310

                    para reinar
                    en este Paralelo
                    que nos cayó del cielo
                    en esta Barcelona inmortal.
TODAS. —   Esta Barcelona que no morirá.
                    Ele ahí.

(Cambian el ritmo del baile.)

CORISTA I. —   Ni la Guerra Civil
                    nada pudo hacer
                    con el sudor
                    derramado
                    en este redondel,
                    donde se baila y se canta
                    lo mismo un fox-trox
                    que una taranta.
                    ¿Y quiénes son éstas que cantan?
                    ¡Eso: las reinas del Paralelo
                    que vinieron del cielo
                    y que no se acuerdan nunca
                    de lo que sufrieron!
TODAS. —   ¡Helas aquí!

(Se apagaron los focos. Dejó de sonar la música. El escenario está solitario. De pronto, la policía invade, resguardada por "grises" armados. Don Toribio va con ellos, nervioso.)

DON TORIBIO. — Miren. Miren. La navaja aquí tirada. El candado que ven aquí lo han arrancado a patadas de esa puerta. Los asperos, que yo les había dado trabajo por compasión, se llevaron al ladrón que había dentro. No tendría ni dieciocho años.

POLICÍA I. — ¿Y dónde podrían vivir?

OTRO POLICÍA. — Usted que les dio trabajo por compasión, sabrá más o menos por donde viven.

DON TORIBIO. — Ustedes bien saben que los anarquistas que quedan en Barcelona les dan cobijo a todo el que viene buscando trabajo, para hacerlos anarquistas como ellos. Yo aseguraría que los que vienen aquí hambrientos, lo que desean es pasar la frontera y están

311

temerosos de ir a esos campos de concentración que han puesto en las orillas de la bella Francia.

POLICÍA I. — Todo eso puede que sea verdad, pero usted tiene que saber por donde viven.

(Don Toribio, cabreado, enciende su puro y no quiere mirar a la policía.)

POLICÍA I. — ¿Qué es lo que le pasa a usted?

DON TORIBIO. — Que ya no quiero hablar con nadie. Y puede decir, muy bien respaldado, que no me fío de nadie. Váyanse por las callejuelas del Barrio Chino. Traían alpargatas rotas y venían haraposos. Dormirán en los trancos de las casas del Chino.

POLICÍA I. — ¿Y usted por el acento de esos haraposos, no sabe de dónde puedan ser?

DON TORIBIO. — ¡Ay qué leche! Tal vez vendrían de esas tierras derrotás y olvidás como son las extremeñas o andaluzas, porque, a lo mejor, no les dan trabajo ni en la aceituna.

POLICÍA I. — ¿Y cuánto les iba usted a pagar?

DON TORIBIO. — Lo estipulado y es costumbre. Máxime, teniendo en cuenta que eran tramoyistas sin especializar.

POLICÍA I. — ¿Y los cables de teléfono que se ven por allí, los cortaron ellos?

DON TORIBIO. — ¿Quiénes iban a ser? He tenío que salir a la calle para avisar a ustés.

POLICÍA II. — ¿Y esos candaos que se ven el algunas puertas?

DON TORIBIO. — ¿Qué quiere usted que le diga? Como estamos viviendo *(Con ritintín.)*, como estamos viviendo, los artistas están hartos de que les roben. Y al terminar la función, echan los candaos.

POLICÍA II. — Pues duras que están las puertas. ¿No hay ventanas por detrás?

DON TORIBIO. — En algunos sí.

POLICÍA II. — Éste parece que tiene la puerta doble.

DON TORIBIO. — De ése tengo yo la llave. *(Con solemnidad.)* Éste es el camerino del Gran Kaiser, artista sublime y que en la vida común responde al nombre de Luisito el de Andalucía.

POLICÍA I. — ¿Quiere enseñarnos lo que hay dentro?

DON TORIBIO. — *(Contesta con desplante, al tiempo en que parece arreglarse la camisa azul que lleva puesta.)* Quiero enseñarles esta cartilla de racionamiento que estaba aquí tirada. *(Dándosela.)* Antes de ná tienen ustés que resolver cómo llegó aquí esa cartilla. Alguien se

312

quedará sin comer. El Aspa Dorada necesita aquí día y noche. Y si no, el compañero y camarada General Pardillo lo resolverá. Yo les aseguro a ustés que yo y mis compañeros, que son lo mejor del ejército español, vamos a limpiar este local y toa Barcelona de indeseables, harapientos, masones y anarquistas. Pero, ¿de qué nos ha servío ganar la guerra?

POLICÍA I. — Se está usté extralimitando. Si no se calla, lo denunciaremos.

DON TORIBIO. — ¿A mí? Yo soy de la vieja guardia de la gloriosa Falange y gané la guerra. Luché tres años sin parar y hasta miren mis manos con señales de heridas. Y si vieran mi cuerpo por dentro . . . , acribillao a balazos. ¿Y me van a ustedes a hablar de esta manera? ¡Salgan de aquí ahora mismo!

(Silencio. Se miran desafiantes.)

POLICÍA I. — ¿Usted ganó la guerra y no cree en los que la seguimos?

DON TORIBIO. — ¿Seguir, qué? Más gente que nunca con oficios como los de ustés, claro, chupando bien del bote, mientras hay más traperos, ladrones, navajeros y gente aprendiendo todo lo peor para dejar a otros en la ruina.

POLICÍA I. — Véngase usted con nosotros y hable lo que está diciendo en la Comisaría.

DON TORIBIO. — *(Con gran desprecio.)* Seré yo quien denuncirá a ustés, porque no saben vigilar bien.

POLICÍA I. — ¡A esposarlo!

DON TORIBIO. — ¡Quietos! Que nadie me toque. Ustés no saben lo que es vivir. No puedo perder tiempo cuando está tan cerca la estrella de este negocio. Tengo que abrirle la puerta.

POLICÍA I. — ¡Esposarlo!

DON TORIBIO. — *(Huyéndoles y señalando a la gran estrella.)* ¡Mírenlo! ¡El Gran Kaiser! ¡Tengo que abrir la puerta de su camerino que está candada!

(Como una fiera, Don Toribio abre rápidamente la puerta. El Gran Kaiser, altivo, elegantón, guapo, está mirando, sin moverse, todo lo que pasa. Don Toribio, que entró como una fiera al camerino, sale rápido. La Policía lo esposa. El Gran Kaiser no se inmuta. Mientras se llevan a Don Toribio, dice a gritos:)

Tenía que abrir ese camerino. ¡Miradlo lleno de trajes y joyas que costaron muchos sudores y muchos sufrimientos! Ganado todo por ése que os mira sin rechistar. Él sabe tanto que ya no quiere hablar. Él salvó todas las desesperaciones de aquellos que vinieron al Aspa Dorada, dándoles alegría con sus canciones y sus bailes, haciéndoles olvidar, reír y llorar a los que lo vieron en estas tablas. ¡Ale, vamos a ver quien gana en la Comisaría, si es que los comisarios que han puesto nuevos son honraos! ¡Tu puerta abierta, Kaiser, que éstos me van a soñar!

(Oscuro. La música del foso orquesial suena. Todo se inunda de luz y de música. El telón de lentejuelas brilla con diversos colores. Vemos al Gran Kaiser como convertido en otra persona, burlesca, sonriente, pícara, vestido con una blusa de colorines y unos pantalones muy ajustados. El Gran Kaiser empieza a divertir.)

EL GRAN KAISER. — Sentí.
        Lo tenía aquí.

(Se señala la bragueta.)

        ¿Que qué era?
(Ríe.)

        Esto no.
        Era un cañón.

(Muy afeminado y suspirando.)

        Ay, cuántos cañones cogí.
        ¿Que dónde?

(Sonriendo con burla.)

        No lo diré.

(Señalando a unos y a otros.)

        Ni a ti.
        Ni a ti.
        Ni a ti.

Todo se quedó en mí.

(Da vueltas y revueltas bailando extraordinariamente bien.)

¿Y ahora qué?

(Guiña.)

¿Que te lo diga?
¿Otra vez?

(Dice que no con el gesto.)

Me dijiste que eras San Rafael,
y no vi tus alas mover,
sino otra cosa
más tiesa cada vez.

(Cambiando los tonos.)

Oh, ¿de qué te ríes?
Pendón.
No me alarmes otra vez
que me voy
donde no me puedas ver
y Barcelona quedará
sin noche
y sin miel.
La miel
que tú dices,
San Rafael,
que mis labios
te dieron
una y otra vez.

(Se vuelve de espalda y sigue bailando.)

¿Que por dónde?
Por aquí.

(Se señala la bragueta.)

¿Y te fuiste al frente
del Ebro sin mí?
¿Qué puedo pensar de ti
soldadito,
bonito,
que tanto tirito
tiraste
por mí.
Mejor:
así me vi aquí.
Ay, soldadito
español,
bendito seas
porque viniste a la tierra
movelona

(Hace movimientos obscenos.)

de esta Barcelona
que ahora
y siempre verás
moverse . . .

(Los movimientos son más obscenos.)

buscando, ¿qué?
¿Lo reconoces?
Te ríes.
Bien se ve.
¿Y qué mayor movimiento
que esta alegría
de vivir
aquí?
Soldadito,
bonito,
ven a mí.

(Abre sus brazos y vuelve a hacer los movimientos obscenos. Se oyen risotadas por todas partes y frases que dicen, "¡Voy a ti!" Cesa la música y se apagan las luces. Vemos ahora el Gran Kaiser arrodillado en su camerino abrazando, tiernamente, sus trajes de mujer de otros tiempos, mientras le caen unas lágrimas. Vemos a un policía que no se fue cuando se llevaron a Don Toribio que está mirando al Gran Kaiser.)

EL GRAN KAISER. — ¿Por qué no se fue usted con los suyos? *(Silencio.)*
EL POLICÍA. — ¿Y por qué tus lágrimas y tus abrazos a esas ropas? Son ropas muy valiosas. ¿De dónde las sacaste? ¿Son tuyas?
EL GRAN KAISER. — Y a usted, ¿qué le importa? *(Deja los vestidos colgados e intenta cerrar la puerta.)* Puede irse.
EL POLICÍA. — Antes tengo que preguntar.
EL GRAN KAISER. — *(Va saliendo del camerino tan tranquilo como lo vimos al principio. Se echa en el quicio de la puerta, cruzado de brazos y sin mirar al policía.)* ¿Es que no hace preguntas a nadie en todo el día? ¿Y esas manos suyas han abofeteado hoy a alguien? ¿Y esos pies, pisotearon hoy a alguno?
EL POLICÍA. — Se ve que las ropas de tu camerino son muy caras. Brilla el terciopelo, los encajes, y las plumas.
EL GRAN KAISER. — ¿Y qué? Hice la guerra tres años en este escenario. Los soldados de todos los frentes venían a verme y les hacía reír y gozar.
EL POLICÍA. — Harías reír y gozar a toda la chusma roja y anarquista.
EL GRAN KAISER. — Me da asco de oírlo. Váyase de una vez. ¿Qué espera de mí?
EL POLICÍA. — Tengo que cumplir un deber.
EL GRAN KAISER. — Pues si te quedas aquí, pimpollo mío, te hablaré de tú. Y entérate bien de lo que te voy a decir. Tú has tenido que ser un hambriento. Has tenido que asesinar en la guerra y después de la guerra. El Gran Kaiser, que conoce bien a los hombres, lo está viendo en tus ojos.
EL POLICÍA. — *(Rápidamente, con gran brusquedad, lo coge del pecho.)* Te partiré los dientes de un puñetazo.
EL GRAN KAISER. — *(Enfrentándosele.)* ¡Anda, hazlo! ¡Hazlo! Yo ya no quiero vivir. No soy quien soy. No me dejáis serlo. Qué pena de mis trajes abandonados. Y ya no quiero a nadie en este mundo. No me volvería a enamorar nunca más. ¡Anda, párteme los dientes y pisotéame!

(El Policía lo suelta. El Gran Kaiser se sienta en un cajón y apoyando los puños en su cara, llora amargamente.)

EL POLICÍA. — Me das lástima. No sé ni por qué lloras. Me gustaría saber mucho de tu vida. ¿Cómo llegaste hasta aquí?

EL GRAN KAISER. — *(Sin dejar de llorar.)* Como pude.

EL POLICÍA. — ¿Qué viniste buscando?

EL GRAN KAISER. — *(Con gran profundidad humana, quitándose los puños de la cara y bajando los brazos.)* Ser reina del Paralelo. He sido reina tres años y ahora sé, que si me pusiera mis vestidos de antes, me pisotearías, como habéis hecho con otros. Vine buscando una vida que no encontraba por otros lugares de España. Vete ya, por favor.

(Silencio. El Policía no se va. El Gran Kaiser se va sublevando. Parece que no le importa ya la vida. Desafiante le dice, sin levantarse, al policía.)

¿Qué esperas? ¿Que te cuente algo más de mi vida? *(Mirándolo muy fijamente y entre dientes.)* Si supieras que puedo denunciarte yo mismo . . . Si supieras que aunque los míos perdieron la guerra, yo estoy haciendo otra guerra que tengo que ganar y que algún día se sabrá . . .

EL POLICÍA. — Puede que algún día digas esto en la Comisaría, o . . . estoy viendo algo pero . . . pisoteado en este escenario.

EL GRAN KAISER. — No serás tú el pobre Policía que me denuncie. Antes de que te vayas quiero decirte dos cosas. Me vine a Barcelona andando porque no tenía dinero para subir en un tren. Me escondí donde pude. Me venía en busca de los míos, porque vi a mis padres subirlos en un camión para fusilarlos no sé dónde. Y andé, andé, para irme de los dominios de los franquistas, a las tierra rojas catalanas y me di cuente que en estas tierras estaban los míos. Los que me quisieron y gozaban con verme bailar con estas ropas puestas. He admirao a muchos hombre de aquellos. Me he enamorao y los he querío mucho. No los he vuelto a ver más. Puede que algún día alguno venga por mí. Qué pena que tenga que cambiar palabras a mis canciones. Que haya una censura asesina . . .

EL POLICÍA. — *(Rápido.)* ¿Sabes lo que haré?

EL GRAN KAISER. — *(Gritándole.)* ¡No me importa!

EL POLICÍA. — Eres la mejor persona para poder detener a muchos más. Vendré mucho a verte. *(Intenta irse.)*

EL GRAN KAISER. — Un momento. No te he dicho la segunda cosa.

(Señalando.) He tenido que arrinconar todos esos trajes que son míos y echar el candado cuando me voy. Pero juro, juro, que iré regalando mis trajes a toda persona hambrienta que llegue. A toda persona que quiera ocultarse aquí, porque no tiene donde meterse. Y si alguno quiere ser reina del Paralelo, bendito sea. ¡El Paralelo, tarde o temprano, se llenará de reinas que cautivarán a vuestros políticos! ¡Aquí han llegado muchos y llegarán!

EL POLICÍA. — *(Rápido.)* ¿Conoces al Azuleño?

EL GRAN KAISER. — *(Entre dientes.)* Si lo conociera, lo cobijaría, porque pienso quién pueda ser.

EL POLICÍA. — Tienes que haberlo visto. Y sabes muy bien que es un anarquista que hizo traición en la División Azul y que estamos buscando. No me extrañaría que quisiera ser también reina del Paralelo. *(Suena un tiroteo. El Policía, alarmado, sale a prisa, diciendo.)* Me voy, pero no olvides que, tarde o temprano, van a "cantar" fuera de las tablas de este escenario. *(Sale.)*

(Rápidamente se apaga la luz. Empieza la música y se encienden las luces del escenario. Vemos al Gran Kaiser imitando alguna artista famosa, muy conocida del paralelo. Da pasitos cortos, pone cara de muñequita. Los gestos son imitando a una tímida japonesita. Guiña antes de empezar a cantar.)

EL GRAN KAISER. —

> Soy,
> la que soy.

(Anda el escenario con pasitos de princesa oriental.)

> Ésta.
> ¿Me veis?
> No llevo ropa azul.
> No. He querido decir
> de tul.
> Adoro el tul.
> ¿Se me entiende la letra "l"?
> Ay, qué susto
> que alguien interpretara "tú."
> No tengo ningún "tú."
> Qué pena.

319

> Viudita he de quedarme
> con sólo mi baúl.
> ¡Ay, otra vez azul!
> Me sonó.
> Acabo de ver el cielo,
> y qué anhelo
> de verlo estrellado
> y tan azul.
> ¿Sabe hoy alguien
> mirar el cielo?
> ¿Y a las estrellas?
> ¿Y a la luna?
> Qué fortuna,
> ya dio la una
> y pronto,
> por aquel lugar
> veremos pasar
> a la bellísima
> "División Azul,"
> y hasta aquí vendrá
> a verme a mí, y a beber
> y a "luchar" . . .

(Guiña, conteniendo lo que quiere decir.)

> ¿Para qué?
> He dicho mal,

(Tontorra.)

> quería decir,
> para verme cantar
> y bailar así.

(Transforma los gestos mientras baila.)

> Suavito.
> Callandito.
> ¿Me conocen ahora?
> Soy "virgencita,"
> "pequeñita"
> y ni quiero cantar

porque no van
a adivinar
la cacioncita que ahí va . . .

(Sigue bailando como una tontita.)

¿Qué voces oigo?
¿Que me quieren llevar a un fiscal?
Nada puede hacerse aquí:
con tanta aspa,
y tan poco "moler" . . .
¿qué hacer?

(Cambiando tonos y bailes.)

Pero yo sí, eh,
aunque pequeñita,
desde siempre
me recibieron,
no por esto

(Se señala los pechos.)

Ni por esto otro

(Enseña la pierna.)

sino por mí.
Por mí.
Sí,
que os tiro a todos besos
desde aquí.

(Tira besos.)

Y ahora,
empiece la canción
para mi mayor emoción, porque os quiero
con pasión.
Ay, sabéis hacer tan bien

321

la revolución.
Ahí va:

(Muy insinuante y pícaro.)

Una por aquí,
plin.
Otra por allí,
plin.
¿Qué más me da a mí?,
plin.
Ya quisieras tú,
plun,
una para acá,

(Se señala el sexo.)

plan.
¡Viva la felicidad!

(Baila, guiña, provoca, etc.)

(Seguimos oyendo el tiroteo. Dejó de sonar la música y se apagaron los focos de colores del escenario. No hay nadie. Se intuye que el Gran Kaiser se encerró en su camerino. Por una de las puertas del escenario entró a prisa y atemorizado el muchacho que quisieron robarle, los de las aspas, las cartillas de racionamiento que tenía. Tiene las manos ensangrentadas. Parece que trae en una bolsa las cartillas que no pudieron robarle. Se acurruca como un animal en un rincón oscuro del escenario. Una luz focal cae ahora sobre uno de aquellos palcos del proscenio que tienen viejos y rotos mantones de manila, y vemos a una puta vieja, casi sesentona, al parecer borracha, acicalada hasta no poder más, pero sudorosa y con la pintura de la cara descorrida. Parece un mascarón. Tiene un escote escabroso por donde le asoman dos tetas gordísimas. En el pelo se ha puesto unos claveles rojos. En una mano tiene una botella de vino. De vez en cuando, bebe un trago. Está, al parecer, sofocada, quizá por el tiroteo, quizá por ser cómplice de los asperos.)

PUTA I. — ¿A dónde te escondiste, hijo de puta? ¡Mis hijos son los de las aspa que te estaban vigilando, porque no me querías vender a mí, por el dinero que dijiste, todas esas cartillas de racionamiento que tienes! Has dejao a un pueblo hambriento y no me quieres vender lo que has robao! ¡No podrás salir de Barcelona y aquí te machacaremos! Pero antes pasarás hambres y cárceles! ¡No podrás cruzar los Pirineos! Yo te iba a dar más billetes de los que te ofrecieron y tú, ¿qué es lo que crees que las del Chino te iban a dar? Te lo diré . . . cama, comía y bebía hasta que te acostumbraras a ellas, pa luego echarte a patás. *(Más encolerizada aún.)* Pero, ¿dónde estás? ¿No hay nadie que encienda las luces pa que no se vea bien? *(Cogiendo de un golpe el mantón, las pulseras y los collares que vio en el palco.)* Ay, lo mío. To lo mío aquí. Maldita sea yo misma que lo dejé aquí y me fui al *foyer* a bailar con dos alemanes que no me dejaban ni de pie ni pisá. Ay, mi mantón. *(Lo coge y se lo enrosca al cuello.)* ¡Malditos alemanes que se vinieron cuando cayó el del bigote que siempre ponía el brazo alto! ¡Maldito! Por si estamos pocos, toos estos aquí también. ¡Y no les saqué ni un duro! Venga. ¡Las cartillas, las cartillas! ¿No hay nadie que encienda la luz? ¡Quemaré to esto, como buena puta revolucionaria que fui siempre, pa no venir más a estos palcos y luego al *foyer*!

(Una violenta luz se cruza con la del palco y vemos, en el palco de enfrente, a otra puta pitracosa que parece que estaba medio dormida en el suelo, al parecer, de una borrachera cogida la noche antes, pero tal vez esté fingiendo.)

PUTA II. — *(Disimulando como la que cree que alguien la vigila.)* ¿Quién es la que ha venío a despertarme?

PUTA I. — Ay, la tarántula aquella estaba vigilando en el palco. *(Con sorna.)* ¿No te pagaron cama hoy?

PUTA II. — ¿Es que te las pagan a ti? ¿No serás tú hasta la que pone los dineros pa pagar las camas?

PUTA I. — *(Muy presumida.)* Yo tengo hasta joyas. *(Enseña toda la bisutería que se encontró en el palco.)*

PUTA II. — *(Despreciativa.)* ¡Ya! Esas joyas que todavía venden los moros escapaos de los ejércitos y duermen en los portales de la calle Robadores o la de San Pablo.

PUTA I. — ¿Y qué te dieron a ti los de las Alemanias imperiales?

PUTA II. — *(Presumiendo.)* Lo que quise. Toas estas botellas que tengo aquí metías. *(Sacándolas.)* Mira. Mira. Una. Dos. Tres . . .

PUTA I. — *(Dando una risotada.)* ¡Están vacías!

PUTA II. — Ja. Que te crees tú eso. Después de que acabe la función voy a vender en el *foyer* copas por un dineral.

PUTA I. — Ja. ¡Porque no has comío en tres días y ni sabes casarles dineros a los de las Alemanias y las Francias!

PUTA II. — *(Abanicándose con mucha guasa.)* A las Francias me iré. Que tengo un novio alemán, rubio y rico, que fue amigo de el del Bigote, y que se vino huyendo de la quema, aunque pa mi tengo que ha venío a raptarme.

PUTA I. — Que estamos racionás y pasando más hambres que las rusas. Con tanta guerra como ha habío, toas las putas europeas, dándoselas de espías, se han refugiado en Barcelona. *(Sorprendida.)* Ay, míralo por allí. *(Señala.)*

PUTA II. — ¿A quién?

PUTA I. — Al que ha traío las cartillas robás. Corre como una rata.

PUTA II. — ¿Dónde está?

PUTA I. — ¿Es que no lo ves? Esa rata que está en aquel rincón.

(El Gran Kaiser descorrió el cerrojo de su camerino y dejó entrar al de las cartillas. Cerró rápido. Se abrió, al mismo tiempo, otra puerta de un camerino que está en el segundo piso y se asomó, con la misma rapidez, un muchacho con una camisa azul.)

EL MUCHACHO DE LA CAMISA AZUL. — *(Llamando hacia abajo.)* Luis. Luis, déjalo que se meta aquí en este camerino. Hay un ventanuco y podrá escaparse cuando quiera.

EL GRAN KAISER. — *(Dentro del camerino.)* ¿Quién habla desde ahí?

EL MUCHACHO DE LA CAMISA AZUL. — Bien lo sabes.

EL GRAN KAISER. — No conozco a nadie. No conozco tu voz.

PUTA II. — ¿Lo ves? Hablan por toas partes. ¿Qué gatos habrá aquí encerraos?

PUTA I. — Te juro que el de las cartillas se metió allí. *(Señalando el camerino del Gran Kaiser.)* Alguien le abrió la puerta y otro habló desde lo alto. ¡Están en complot! Vamos a las tablas hasta que cojamos del pescuezo al de las cartillas. Esas cartillas son nuestras.

PUTA II. — ¡Yo diría que son navajeros!

PUTA I. — Ay, mis hijos los asperos, que estarán revoloteando por esas calles.

PUTA II. — *(Con la mayor crueldad.)* ¡No son tus hijos! ¡No son! ¡No son!

PUTA I. — *(Dentro de su gran lucha interior.)* Ellos hirieron al de las cartillas cuando lo atraparon, pero se les escapó.

PUTA II. — ¡No son tus hijos! ¡No son tus hijos! ¡Son mangantes que tú les buscas planes! ¡Les buscastes a aquella señorica tan vieja, con el pelo teñío y el collar aquel dando vueltas a su cuello pa que no se le vieran las arrugas, porque da buenos duros por verlos en cueros! ¡Ésa que va hasta las oscuridades de las últimas filas del cine Roxy para desabrochar braguetas!

PUTA I. — Mira que te egüello.

PUTA II. — *(Flamencona.)* ¿A mí, tú?

(Ruidos de puertas como si quisieran abrirlas.)

PUTA I. — *(Asustada.)* ¿Oyes?

PUTA II. — ¿No he de oír?

(Golpes violentos de puertas. Entran rápidos los asperos y no saben por dónde meterse.)

PUTA I. — ¡Mis hijos! *(Tirándoles los mantones y las joyas.)* ¡Tomad to esto y venderlo! ¡Y salid de aquí de una vez dejándome las cartillas! ¡Os digo que salgáis de aquí, que si no tenéis las cartillas, que son mías pa daros el pan, yo sé dónde está metío el que las robó!

PUTA II. — *(Violentísima.)* ¡Tomad también mis botellas e iros!

PUTA I. — ¡Deja esas botellas, que van a decir que estamos aconchavás!

(Los asperos se escapan como ratas y no sabemos dónde pudieron meterse. Parece como si hubieran bajado unas escaleras y se hubieran metido debajo del escenario. Entra Don Toribio sofocado.)

DON TORIBIO. — Esto no puede ser. Esto no puede ser. La "secreta" tiene que estar aquí metido todo el día. Eh, vosotras, fuera de esos palcos. A la calle.

PUTA I. — No nos da la gana. Te denunciaremos. Por aquí hay muy mala gente escondía.

DON TORIBIO. — Ya hablé en la Comisaría lo que tenía que hablar. El Aspa Dorada no puede ser un tugurio de maleantes. Bastantes hay ya en toa Barcelona. Tanto en el Chino como en los barrios de la aristocracia. Desde la Comisaría llamé a mi amigo el General Pardillo y se echó toa la policía a temblar.

PUTA I. — ¡Canallón!

DON TORIBIO. — *(Desafiante y violento.)* ¡Fuera! ¡Fuera! ¡Y dejar antes en su sitio las botellas, los collares, los mantones! ¡Fuera, iros a dónde sabéis . . . a esquinas de la Barceloneta! ¡Y que yo no os vea más en estos palcos, aunque os vea cogías del abrazo de los aristócratas que entran al Liceo.

PUTA II. — *(Fingiendo elegancia.)* Nos vamos al Montjuit.

PUTA I. — ¡Antes, las cartillas! ¡Las cartillas son nuestra salvación, tendremos dinero pa coger tranvías, trenes y hasta barcos y no ver más ni las calles del Chino ni el Montjuit de aquella, y *(Dirigiéndose a Don Toribio)* donde hay tan mala gente como tú, que ya te diré un día quién eres. ¡Te he de ver salir de aquí encarcelao! ¡Quién supiera "escrebir" pa contar toas las historias que estoy viendo!

PUTA II. — ¡Vamos a decirlo a la policía! ¿Por dónde entra y por dónde sale tanto malo como se ve en El Aspa Dorada?

PUTA I. — Tú y yo también somos culpables, pero yo sé dónde ir. *(Como una reina altiva.)* Hablaré con los generales de toos los regimientos, porque, entérate bien, llegamos aquí descalzas y tuvimos que buscarnos el pan como pudimos. *(Con un odio feroz.)* Hasta con algunos generales que nos llevaron a sus camas.

DON TORIBIO. — Sería pa que hiciérais de braseros calienta camas o acompañantas de otras más jovencitas. ¡Fuera de este café concierto!

(El Gran Kaiser abre la puerta del camerino y dice muy tranquilo:)

EL GRAN KAISER. — ¿Por qué se han de ir?

(Silencio. Todos miran al Gran Kaiser. Al mismo tiempo, la puerta del camerino de arriba se abre y sale, muy tranquilo también, el de la camisa azul.)

TOMÁS EL AZULEÑO. — ¿Por qué se ha de ir?

DON TORIBIO. — ¿Quién eres tú?

TOMÁS EL AZULEÑO. — ¿No me has descubierto? *(Extendiendo los brazos en cruz.)* Soy el que llama la policía el Azuleño.

DON TORIBIO. — ¡Baja ahora mismo de ahí!

EL GRAN KAISER. — ¡Cállese, Don Toribio! *(Mira hacia arriba.)* No puedo comprenderte, Azuleño.

TOMÁS EL AZULEÑO. — Me metí aquí como tantos.

EL GRAN KAISER. — ¿De dónde viniste?

TOMÁS EL AZULEÑO. — De la División Azul.

EL GRAN KAISER. — Sigo sin comprenderte.

TOMÁS EL AZULEÑO. — Yo a ti, sí.

EL GRAN KAISER. — ¿Te hace falta algo? Tienes la camisa hecha jirones. ¿Tienes dónde vivir? ¿Tienes hambre?

TOMÁS EL AZULEÑO. — No.

EL GRAN KAISER. — ¿Entonces?

TOMÁS EL AZULEÑO. — Quiero solamente hablar a todos los que hay aquí.

DON TORIBIO. — *(Sin poderse contener.)* ¡Baja y habla conmigo!

TOMÁS EL AZULEÑO. — *(A Don Toribio.)* ¡Cállese! *(A Tomás el Azuleño.)* Si tanto me conoces, te aconsejo que te vayas. Cuando acabe el tiroteo, la policía volverá. El policía que habló conmigo sospechaba que tú estarías por aquí.

EL GRAN KAISER. — ¿Os conocéis?

TOMÁS EL AZULEÑO. — Hemos nacío en el mismo pueblo. Y hemos ido juntos a la escuela. Sal de ahí, Luis.

(Luis va saliendo con la bolsa en las manos, un miedo contenido y una mirada mansa y buena.)

¿Por qué robaste?

(Silencio.)

LUIS EL RACIONERO. — *(Casi sin querer mirar.)* No lo sé. Quizá . . .

TOMÁS EL AZULEÑO. — ¿Qué?

LUIS EL RACIONERO. — Porque no pienso como tú.

TOMÁS EL AZULEÑO. — Nuestro maestro nos enseñó a saber respetar, a cuidar por el bien ajeno. Son muchos a los que has dejado hambrientos.

LUIS EL RACIONERO. — Mientras tú buscabas el pan por otras partes.

TOMÁS EL AZULEÑO. — Pero yo no abandoné nunca a nuestro pueblo. Alguien del pueblo que me encontré . . .

LUIS EL RACIONERO. — ¿Dónde?

TOMÁS EL AZULEÑO. — En el Valle de Arán.

LUIS EL RACIONERO. — *(Con más miedo aún.)* Esos . . . son . . .

TOMÁS EL AZULEÑO. — Los guerrilleros, Luis. Los que nunca dejarán de luchar.

LUIS EL RACIONERO. — ¿No han muerto aún?

TOMÁS EL AZULEÑO. — No. Viviremos siempre. Yo estuve con ellos después de venir de Rusia y alguno sabía que vivías por aquí. Estamos empezando a vivir, aunque muchos crean que los anarquistas estamos destruídos. Nuestras palabras no morirán nunca y, después de esta España en que vivimos, vendrá otra más hermosa y nunca traicionera.

LUIS EL RACIONERO. — Pero tú vienes . . .

TOMÁS EL AZULEÑO. — Sí. Vengo de la División Azul . . .

LUIS EL RACIONERO. — ¿Y a qué fuiste?

TOMÁS EL AZULEÑO. — Para jugarme la vida desenmascarando las ideas que llevaron hasta las trincheras del fascismo en Rusia, a muchos incautos y vividores. Fui para que las ideas de un anarquista empezaran a vivir y remordieran las conciencias. Y así fue. He ido e iré a donde haya que ir, y nadie podrá quitarme los sentimientos de cariño por nuestro pueblo. Tenemos que ayudarnos unos a otros y no traicionarnos en nuestra lucha contra tantos ladrones como roban y oprimen en la España en que estamos viviendo. Me voy otra vez al pueblo, Luis. Si no quieres venirte conmigo, dame esas cartillas que guardas que yo las devolveré. Sé que sabrán perdonarte.

LUIS EL RACIONERO. — Nunca.

TOMÁS EL AZULEÑO. — ¿A qué aspiras, Luis?

LUIS EL RACIONERO. — A no tener ideas ningunas de salvamiento para nadie. Pienso en las hambres que los míos y yo pasamos en nuestro pueblo y he venido aquí, a Barcelona, donde puedo vender mejor lo que traigo. Y después . . .

TOMÁS EL AZULEÑO. — Tienes las manos heridas. Dame esa bolsa y deja que cure tus manos.

LUIS EL RACIONERO. — Nunca. Di muchos pasos hasta llegar aquí. Sé que todos me denunciaron y la Guardia Civil me persigue. Me costó mucho trabajo entrar a unas casas y a otras para hablar con unos y otros mientras les robaba.

TOMÁS EL AZULEÑO. — Luis, por Dios. Olvídate de lo que hiciste. Paga tu castigo. Después la vida será mucho mejor para ti. Y tendrás tu casa y tus hijos. Todo esto que estamos viviendo se olvidará.

LUIS EL RACIONERO. — Pero yo quiero irme a otros lugares de la tierra y olvidar a España para siempre. Y la única salvación está en estos robos que tengo entre mis manos.

TOMÁS EL AZULEÑO. — Empezar robando es traicionarse a sí mismo.

LUIS EL RACIONERO. — Lo que acabas de decir es la historia que nos contaban en la escuela. Pero, ¿quién puede admitir esa falsedad? Viviendo como vivimos, ¿quién no se traicionará a sí mismo? La vida irá pasando así, robando todos, traicionándonos todos.

TOMÁS EL AZULEÑO. — Esto no está dentro de mis ideas ni de las de ninguno de los míos.

LUIS EL RACIONERO. — Piensa como quieras. Pero te adelanto que acabarás muy mal. La pureza no la encontrarás en ninguna parte. Cuando acabó la Guerra Civil, bien lo sabes, leía la Biblia en nuestro pueblo y hasta la Biblia me enseñó a pensar así. El rey David le dijo a su hijo antes de morir, "No creas nunca en los profetas, sino en lo que te diga tu corazón."

TOMÁS EL AZULEÑO. — Antes de robar, te enamoraste, y ella te espera en el pueblo.

LUIS EL RACIONERO. — Ya no creo en nadie. Ni en el cariño que nadie pueda tenerme. Nadie quiere a nadie.

TOMÁS EL AZULEÑO. — ¿Ves los ojos de la gente que te escucha?

LUIS EL RACIONERO. — Tú has querido que oigan mi confesión. Y mira lo que te digo, si alguno de aquí quisiera matarme o robar lo que tengo entre mis manos, rompería todas cartillas a bocados. *(Enfrentándose a todos.)* ¡Andad! ¡Andad! ¡Andad! ¡Venid por todo lo que tengo entre mis manos. *(Se va retirando hacia atrás entre aterrorizado y valiente.)* ¡Andad! ¡Venid! ¡Mirad mis dientes ya! ¡Y mis manos heridas dispuestas a todo!

PUTA I. — *(Sin poderse contener.)* ¡No puedo más! ¡Son dos locos! ¡Dos locos! ¡Asperos, subir! ¡Subir con las navajas abiertas! ¡Váyase usted, Don Toribio, con su amigo El General! ¡Y tú, el de los buenos trajes de mujer, huye también! ¡Las cartillas son de nosotras dos que tenemos más fuerzas y reaños que el politiquero de la camisa azul, y que tú, y que la policía de toa Barcelona! ¡Nos fingimos borrachos y putas, pero las dos estamos muy unías, por muchas razones que no entenderéis! ¡A por él!

(Las dos putas se lanzan como fieras a quitarle la bolsa a Luis. Pelean a rabiar. Tomás el Azuleño quiere ayudar a Luis y pelea también. Don Toribio sale huyendo. Los asperos suben con navajas abiertas. Luis, abriendo la bolsa, muerde las cartillas y las hace pedazos, cayendo de rodillas y llorando como el que se volvió loco. Los asperos quieren apuñalarlo, pero Tomás el Azuleño y el Gran Kaiser defienden a Luis, hasta que con enorme fuerza y sabiduría en la lucha, logran que los

asperos tiren las navajas al suelo. Suena el teléfono insistente. Insistente cada vez más y más. Huyen todos. El Gran Kaiser intenta meter a Luis en su camerino.)

TOMÁS EL AZULEÑO. — ¿Qué vas a hacer con él?
EL GRAN KAISER. — Lo que no puedes ni imaginarte. Vete de aquí, Tomás. Huye por toda Cataluña, con los tuyos. Y si me necesitas, aquí me encontrarás.
TOMÁS EL AZULEÑO. — *(Más violento.)* Pero, ¿qué vas a hacer con él?
EL GRAN KAISER. — ¡Darle el pan que tú no le darías! ¡Huye, Tomás el Azuleño! ¡Todo el mundo sabía que ibas a venir!

(Las voces de socorro se oyen por todo el escenario. El teléfono sigue sonando más y más. La música y la luz vuelven a inundar el teatro. Salen felices, cantando y bailando, las Coristas que vimos al principio.)

CORISTAS. —   ¿Qué pasa aquí?

(Señalando al público.)

        Di tú.
        Y tú.
        Y tú.
        ¿Sabe alguien la vida seguir?
        ¿Sabe alguien lo que
        la vida es?
        ¿Morir?
        ¿Vivir?
        ¡Siempre vivir!
        Vivir
        como sea,
        llorando,
        o rezando,
        riendo
        o bailando,
        por eso, ¡vivir!
        ¡Vivir así!
        Así. Así. Así.

(Bailan con más fuerza.)

¡Ésta es la Historia
de la hazaña más perentoria
de nuestra España
enternamente estrafalaria!
Seguiremos viendo
y oyendo
lo que pueda ocurrir,
ay, lo que ha de venir.
¿Qué será de nosotros?
¿Veremos el fin?
¿Quién no conoce la vida
como es?
¿Los de hoy,
los de mañana
o los de ayer?
¡Nunca lo sabrá nadie!
¡Eso es!
¡Por eso,
a bailar en cualquier lugar!
¡A reír,
abriendo la boca así!

(Dando carcajadas siguen diciendo.)

¡Así! ¡Así! ¡Así!
Y a reír
y a beber
y a luchar con amor.
¿Que quién quiere amor?
Esto es,
¿no lo ves?

(Groseramente mueven todo el cuerpo y el sexo más aún, al mismo tiempo que señalan al público.)

¿Tú?
¿Tú?
¿O los dos?

331

Para los dos
hay amor.
¡Amor se da
en este Paralelo
que está
tan cerca del cielo.

(Siguen bailando groseramente.)

Barcelona de noche
es la ciudad
de más verdad
de todas las de este mundo,
aquí socorremos
hasta con caridad
a los que padezcan
de amor.

(Vuelven a hacer gestos y convulsiones con el sexo.)

¡Sí, señor!
La noche del Paralelo
empezó ya
y sus reinas,
ya nos veis,
a bailar y a enamorar.
¿Quién baila mejor,
la que no tiene razón
o la que no tiene amor?
¡Las dos!
¿Verdad?
Ven acá.
Ven acá.
Ven acá.
¡Ven a ver
a las reinas triunfar.

(Siguen bailando con ademanes groseros y fieros cada vez más.)

¡Sí, ademanes

groseros
y fieros.
Cada vez más
para salvar
y hacer reír
a todo el que viene
aquí.
¡Paralelo barcelonés,
qué bellas estrellas
brillan por doquier!
Allí una.
Allí otra.
Y otras . . .
Aquí.

(Se señalan el sexo y con gran alegría dicen:)

¡A seguir!

(Sigen bailando, volviéndose de espalda y moviendo los culos. Se levantan las faldas haciendo guiños y ademanes cada vez más provocativos. Se fue la música y la luz.)

(El Gran Kaiser está en el foso orquestal, tecleando el piano. Su camerino está abierto y encendido. Luis el Racionero está cansado. Se le observa el cansancio por todas partes. Está sentado en las tablas, apoyando la espalda contra la pared.)

EL GRAN KAISER. — ¿Te cansas?
LUIS EL RACIONERO. — No.
EL GRAN KAISER. — ¿Entonces?
LUIS EL RACIONERO. — Lo sabes bien.
EL GRAN KAISER. — No sé nada.
LUIS EL RACIONERO. — Lo sabes como yo. No cantaré ni bailaré nunca. No puedo aprender. Por más que trabaje, no puedo aprender.
EL GRAN KAISER. — Quiero para ti lo mejor.
LUIS EL RACIONERO. — Lo sé.
EL GRAN KAISER. — Anoche fuiste al Liceo.
LUIS EL RACIONERO. — Sí. Bajé a escondidas las Ramblas. Quiero

saber cómo bailan y cantan otros. Me escondía por todas partes.

EL GRAN KAISER. — No vuelvas a pensar en eso más. Piensa en ti. Ya tienes que saber algo. ¿Cantaba alguien bien en los coros?

LUIS EL RACIONERO. — Para mí es que no cantaban.

EL GRAN KAISER. — Eran figurantes, Luis. Ganan un sueldo, pero tienen algún sentido de la música y del movimiento.

LUIS EL RACIONERO. — Esta vida no es para mí.

EL GRAN KAISER. — Yo te digo que sí. Yo te digo que podrías hacer mucho en el Paralelo.

LUIS EL RACIONERO. — ¿Vino otra vez la Guardia Civil?

EL GRAN KAISER. — No lo sé.

LUIS EL RACIONERO. — Sí. Vino. Don Toribio me ha dicho que han venido ya tres veces preguntando por mí. Don Toribio quiere llevarme a la casa del General Pardillo.

EL GRAN KAISER. — Nunca. *(Se levanta y sube al escenario. Se mete en el camerino. Se sienta. Se mira al espejo. Busca los maquillajes.)*

LUIS EL RACIONERO. — ¿Te ayudo, Gran Kaiser? El maquillaje lo aprendí bien.

EL GRAN KAISER. — No, no, no. Yo solo. Nos sobra tiempo y quiero volver a tocar el piano para que sigas bailando y cantando lo que te enseñé.

LUIS EL RACIONERO. — *(Levantándose.)* No puedo. No puedo. Tú das pasos graciosos de mujer y haces gestos de mujer, pero yo no puedo.

EL GRAN KAISER. — Hay que aprender a burlarse de la humanidad entera. He bailado y cantado vestido siempre de mujer, hasta que llegaron los falangistas y me lo prohibieron.

LUIS EL RACIONERO. — Lo sé. Lo sé. Lo sé. Sé que te convertiste en reina del Paralelo y lo sigues siendo.

EL GRAN KAISER. — ¿Y qué más da todo en este mundo?

LUIS EL RACIONERO. — No puedo pensar así.

EL GRAN KAISER. — Entonces, ¿qué puedes hacer en esta Barcelona?

LUIS EL RACIONERO. — No sé. No sé. No sé. Me estoy volviendo loco. Paso las noches durmiendo en tu camerino, entre tus ropas, pero apenas puedo dormir. Pienso en Tomás el Azuleño. Pasara lo que pasara, me tendría que haber ido con él al pueblo.

EL GRAN KAISER. — ¿No leíste *La Vanguardia* que te dejé por aquí?

LUIS EL RACIONERO. — No. No quiero saber más mentiras.

EL GRAN KAISER. — En la página que te dejé tirada de ese periódico tan catalán, decía que el Azuleño está en los calabozos de la

Dirección General de Seguridad de Madrid. Tal vez no lo volvamos a ver más. De esos calabozos pasan a los paredones.

LUIS EL RACIONERO. — ¡Dios!

EL GRAN KAISER. — Así es. Luis. (*Luis pasea nervioso por el escenario.*) Lo sabía. Sabía que tenía que terminar en los calabozos. Por todas partes fue hablando de sus ideas democráticas y anarquistas. Se peleó a voces con los guardias que lo llevaron a la Dirección General diciéndoles que el trigo que envían de la Argentina a España, nadie que sea del pueblo, debe tocarlo.

LUIS EL RACIONERO. — Yo pienso como él. Prefiero comer pan negro al pan de trigo que nos envían de la Argentina. Comeré siempre pan negro hasta que no vea florecer el trigo en las tierras donde vivimos.

EL GRAN KAISER. — Qué valiente te has vuelto. Claro, valiente, durmiendo en mi camerino y comiendo de lo que te doy, mientras te enseño a bailar y a cantar. (*Luis, bruscamente, intenta irse. El Gran Kaiser va en busca de él hasta cogerlo del brazo.*) No quise ofenderte, Luis. Esto te lo dije para que pensaras, para que pudieras ver una solución para seguir tu camino. Has roto todas las cartillas de racionamiento que querías vender en el mercado negro de Barcelona. Hay mucha gente en tu pueblo pasando hambre por tu culpa. Te persigue la Guardia Civil y la policía. Yo estoy haciendo lo mejor para ti, ya te acordarás algún día; pero no quiero, ¡no quiero verte más en el estado en que estás!

LUIS EL RACIONERO. — (*Rápidamente se abraza al Gran Kaiser y se va arrodillando abrazado.*) Mi amigo. No te podré olvidar nunca.

EL GRAN KAISER. — Levanta, Luis. No te volveré a hablar más de esto. Ni te orientaré para que sigas un camino que no quieres, pero tampoco quiero verte en los calabozos de ningún sitio. Te ayudaré mientras viva, como he ayudado a Tomás el Azuleño.

LUIS EL RACIONERO. — (*Sorprendido y levantándose con una gran alegría contenida.*) ¿Cómo?

EL GRAN KAISER. — (*Volviéndose de espalda y apoyándose en la pared del camerino, como el que no quiere hablar.*) Yendo a donde prometí no ir nunca más.

LUIS EL RACIONERO. — ¿Dónde?

EL GRAN KAISER. — A la casa del General Pardillo.

LUIS EL RACIONERO. — ¿Por qué?

EL GRAN KAISER. — Por lo que ni puedo hablar.

LUIS EL RACIONERO. — Pero, ¿por qué? A mí sí me lo podrás decir. El

General Pardillo me envió recados para que yo fuera a su casa a
verlo.

EL GRAN KAISER. — *(Golpeando en al pared.)* ¡No irás nunca! ¡Nunca!
¡Nunca!

LUIS EL RACIONERO. — Pero, ¿por qué? ¿Por qué?

EL GRAN KAISER. — *(Golpeando más.)* ¡No puedo hablar!

LUIS EL RACIONERO. — *(Sorprendido cada vez más.)* Dicen que es el
dueño de este lugar donde estamos y que ayuda a todos los que le
piden porque su bondad es grande.

EL GRAN KAISER. — *(Que sigue golpeando.)* ¡No puedo hablar, Luis!
¡No puedo hablar! *(Volviéndose rápido y cogiendo de los hombros a
Luis.)* ¡Mi vida está entre seguir bailando en este café cantante o
fusilado ante las tapias de algún cementerio. ¡No quiero hablar
nunca más con ese general!

LUIS EL RACIONERO. — ¿Que malo le has hecho?

EL GARAN KAISER. — ¡Ninguno!

LUIS EL RACIONERO. — ¿Entonces?

EL GRAN KAISER. — *(Desesperado.)* ¡Déjame que no hable! ¡Te lo he
dicho cien veces!

LUIS EL RACIONERO. — Si tú no quieres ver al general, iré yo! ¡Le
daré las gracias!

EL GRAN KAISER. — ¡Te he dicho que nunca!

LUIS EL RACIONERO. — ¡Pienso en Tomás el Azuleño! ¡Puede que
haya salido del calabozo! ¡Iré yo!

EL GRAN KAISER. — *(En la misma desperación.)* ¿Todavía no te das
cuenta que te acecha no sólo la policía, sino la Guardia Civil y los
traficantes del mercado negro.

LUIS EL RACIONERO. — ¡No importa! *(Empuñando de la camisa al Gran
Kaiser.)* ¡Háblame claro! ¡Háblame claro de una vez!

EL GRAN KAISER. — ¡Ya lo irás viendo todo! ¡Por todas partes no hay
más que escoria humana, ya sea en las tablas de este escenario, en
las calles del Chico, en la Diagonal, en el Montjuit y en las más altas
esferas de los que viste entrar al Liceo! ¡Y esta escoria está también
. . . *(Golpea las paredes con más fuerza, como el que se está volviendo loco.)*

LUIS EL RACIONERO. — ¿Dónde? ¿Dónde?

EL GRAN KAISER. — ¡Me matarían!

LUIS EL RACIONERO. — ¿Dónde?

EL GRAN KAISER. — *(Volviéndose rápido y echado sobre la pared, como el
que se siente morir. Habla casi en voz baja.)* En algunos de los altos
jefes del ejército español que ganaron la Guerra Civil y hoy viven

como reyes! ¡No puedo hablar más Luis! Sólo te diré que todos los trajes de mujer que hay ahí dentro tuve yo que ganármelos haciendo reír en estas tablas porque ni sabía cantar ni bailar. De esta manera, y viviendo peligros muy grandes, me hice reina del Paralelo. ¡Yo también llegué de un pueblo de donde me echaron a patadas!

LUIS EL RACIONERO. — ¿Y eso quieres que yo haga?

EL GRAN KAISER. — Sí. Sí. Sí. Fui más torpe que tú. No aprendí a robar. Todo lo que sabía era imitar a los pobres seres que veía bailar y cantar en estas tablas. Tienes que seguir mis pasos aunque no quieras. No podrás pasar la frontera. Te estoy viendo en un campo de concentración de los del Sur de Francia. Tu acorralamiento es grande.

LUIS EL RACIONERO. — Te he dicho que hablaré con el General Pardillo para ayudar a un anarquista como yo.

EL GRAN KAISER. — Mira, me estás llevando a donde nunca quise. Hablaré yo mismo con el General Pardillo. ¡Fue mi amante! ¡En contra de mi voluntad fue mi amante! ¡Me hice reina del Paralelo sin contar con él! ¡Fue el público quien me siguió! ¡Las canciones mías se ríen de todas las ideas y dicen lo que los politiqueros de todos los bandos quieren oír! *(Como el que intenta derrochar una alegría incierta y contenida, se dirige al foso orquestal para seguir tocando el piano. Mientras toca , dice:)* ¡Olvidemos todo! ¡Todo! ¡De mi lengua no salió ninguna palabra! ¡Vamos a bailar y a cantar!

LUIS EL RACIONERO. — *(Con gran rencor.)* ¿Y quieres convertirme a mí en reina?

EL GRAN KAISER. — ¡Quiero! ¡Quiero! ¡Quiero!

LUIS EL RACIONERO. — *(Gritándole.)* ¡Soy un macho!

EL GRAN KAISER. — ¡Pero yo te quiero, Luis! ¡Sigue los compases y el ritmo de esta música que te toco y que te canto!

LUIS EL RACIONERO. — ¡No puedo más! ¡Me voy de aquí!

EL GRAN KAISER. — Jamás. En el estado en que te veo es como tienes que cantar y bailar, odiándome a mí. Pero hazlo como sepas. Torpemente, ya lo sé. Más gracia harás a toda la gente de Barcelona que se meta dentro de este teatro. Conocerás la vida. Conocerás a la humanidad y podrás algún día ser lo que quieras, venciendo. Venciendo a todos. ¡Ale, a cantar, a bailar, torpe, ridículo, más gracia harás! ¡Ponte ese traje de mujer que tienes en el suelo! *(Luis coge el traje y lo rompe a bocados.)* ¡Ahora! ¡Ahora sigue este ritmo y canta conmigo.

(Luis se tira a las tablas y llora. El Gran Kaiser empieza a tocar el piano y a cantar. Luis el Racionero, levantando la cabeza poco a poco, intenta cantar también:)

> ¿Que de dónde vine?
> ¿Y a ti qué?
> ¿Es que no canto bien?
> ¿Es que no bailo bien?

EL GRAN KAISER. — ¡Levántate y baila como sepas, como puedas!

(La violencia del Gran Kaiser es tan grande que Luis se levanta y baila como un animal herido. Su ridiculez causa risa y tragedia.)

> ¿Sabéis quién soy?
> ¡Un volcán
> para amar,
> bailar,
> cantar
> y enamorar!

EL GRAN KAISER. — *(En su colérico alentamiento.)* ¡Venga, Luis. Búrlate de todos¡ ¡Que tu baile sea burlón!

(Luis lo intenta sin poder y casi aterrorizado por la fuerza con que el Gran Kaiser intenta comunicarle.)

> ¡Ahora viene lo tuyo!

> ¿Sabéis que sin ninguna pena
> soy la Racionera?
> ¡La Racionera
> para amar,
> a quien quiera!
> Eh, tú, ven a mí,
> por aquí.

EL GRAN KAISER. — ¡Desnúdate! ¡Desnuda tu alma y tu cuerpo si quieres provocar la emoción, el deseo y hasta la risa del público!

LUIS EL RACIONERO. — *(Tirándose al suelo y dando puñetazos en las tablas.)* ¡No puedo más! ¡No puedo más! ¡No puedo más!

(En un lateral del escenario hay un señor que mira silencioso lo que está pasando. El señor es arrogante, bien vestido y acusa una gran seriedad. Detrás está Don Toribio. El Gran Kaiser dejó de tocar y cantar y se levanta con la misma seriedad, y casi orgullo, que tiene el señor que entró. Lo mira esperando que hable. Luis el Racionero sigue dando golpes en el suelo y llora como un niño. El Gran Kaiser, como si no hubiera visto a nadie, se arrodilla e intenta acariciar la cabeza de Luis. El señor que mira silencioso, es el General Pardillo.)

EL GENERAL PARDILLO. — *(Sin mirar a nadie.)* ¿Quién es? No pasó por mi despacho. Los contratos se hacen desde allí.

EL GRAN KAISER. — *(Entre dientes.)* No pasó. Pero yo voy a volver a tocar y a seguir mi trabajo. Aquí tenemos cada uno un trabajo.

EL GENERAL PARDILLO. — En la situación en que está es injusto. Que se le deje descansar.

(El Gran Kaiser rápidamente baja al foso orquestal y sigue tocando el piano, como si creyera en lo que dice nadie, como si no conociera al General Pardillo.)

¡Deja de tocar!

EL GRAN KAISER. — *(Se levanta y vuelve a decir entre dientes.)* Estoy haciendo un bien por una criatura. Este bien no me lo podrá quitar nadie nunca. Este que ve usted en el suelo, llegará a ser una estrella de este café concierto.

EL GENERAL PARDILLO. — No quiero oírte más. *(A Don Toribio.)* Abre la puerta de mi despacho y que venga a hablar conmigo quien quiera. Soy el dueño de El Aspa Dorada, aunque hay varios socios conmigo y todos tendrían que decidir.

EL GRAN KAISER. — *(Levantándose y con el mismo rencor.)* El dinero entra a este café cantante porque en él canto y bailo yo. Antes de meterse en su despacho, donde yo no volveré a entrar nunca más, quiero que me escuche.

EL GENERAL PARDILLO. — No tengo por qué escuchar a nadie. Hay muchos que esperan un puesto en este café cantante.

(Silencio.)

EL GRAN KAISER. — ¿Podríamos hablar algún día en estas mismas tablas?

EL GENERAL PARDILLO. — No me interesa. *(Vuelto de espalda dice.)* Antes de que lo eche a la calle, quiero saber ¿cómo se llama? *(Silencio.)* Si nadie sabe cómo se llama, sabrá el apodo. *(Silencio. Se vuelve y mira a Luis.)* ¿Cuánto tiempo llevas por aquí? *(Silencio.)* ¿Serviste a la patria o no tienes edad aún? *(Silencio.)* ¿Puedo verte la cara? *(Silencio.)* ¿Quién podrá ser uno que está tan acobardado como tú? ¿Dónde estás viviendo? *(Silencio.)*

(Rápidamente el Gran Kaiser va a Luis y lo coge por detrás de la camisa, levantándole la cara.)

EL GRAN KAISER. — ¡Respóndele!

EL GENERAL PARDILLO. — Algún día hablará conmigo. Ahora puede irse a donde vino.

DON TORIBIO. — Lo vi aquí, desde el día en que los asperos querían robarle. Después he sabido poco de él. Sería preferible que siguiera aquí escondido.

EL GENERAL PARDILLO. — ¿Los asperos?

DON TORIBIO. — Mientras usted estuvo en Madrid, sus socios me dijeron que se hicieran unas aspas para darle más categoría y espectacularidad a la función. Los asperos vieron que el que está en el suelo traía muchas cartillas de racionamiento, seguramente robadas, y quisieron quitárselas, pero no pudieron. Las rompió él mismo a bocados.

EL GENERAL PARDILLO. — ¿Y cómo no lo denunciaste?

DON TORIBIO. — El Gran Kaiser lo defendió. Le envié a su caso varios recados. Puede que no le llegaran.

EL GENERAL PARDILLO. — *(Al Gran Kaiser.)* ¿Por qué hiciste eso? *(Silencio.)* Habla. *(Silencio.)* ¿Lo escondes tú? *(Silencio.)* Me da mucho que pensar todo. ¿Cómo se llama el que no habla?

(Nadie contesta. Luis, poco a poco, en el suelo va levantando la cabeza.)

(Después de mirar mucho a Luis.) No hay ni un solo paso, que se dé en estas tablas, que no lo sepa yo. Eres del mismo pueblo que Tomás el Azuleño.

(Todos quedan sorprendidos.)

Estuve en la Dirección General de Seguridad el tiempo que no me encontraba en Barcelona. Allí defendí a Tomás el Azuleño. Conseguí que lo dejaran en libertad, después de tener el cuerpo acribillado a patadas y apenas tener fuerza para andar. Allí juró que sus ideas anarquistas se irían de él para siempre. Creo que nadie lo creímos mucho. Se verá con el tiempo. *(Dirigiéndose al Gran Kaiser.)* Es lo mejor que he podido hacer por ti. Luis, algún día podrá regresar a su pueblo. Ya sé que piensas en el por qué de este bien que he hecho por ti. No me importa. Quizá yo me traicioné con salvarlo. *(Mirando más fijamente al Gran Kaiser.)* Los que vinieron a mi despacho fue siempre para pedir algo.

LUIS EL RACIONERO. — Señor, ¿quién es usted?

EL GENERAL PARDILLO. — ¿Qué importa quién sea? Ya no voy creyendo en nada. Sólo quiero ayudar a todo el que pueda. *(Volviéndose de espalda y con la mano en la frente.)* Yo gané la guerra, Luis el Racionero, pero tuve que someterme a lo que los demás querían. Yo tenía grandes ideales de justicia, pero los estoy perdiendo. Quizá sólo quise salvarme y no vivir como tantas personas, que querían ser reinas del Paralelo y llegaron a mi despacho . . . *(Dirigiéndose al Gran Kaiser.)* Entérate bien Gran Kaiser, entré en el ejército por miedo. Llegué a ser general sin saber por qué. Hoy no sé quién soy . . . y lo que es peor, no quiero saberlo. Cuando he visto morir acosados a tantos inocentes, mis remordimientos son tan grandes que yo, como Luis, me considero igual: un ser humano que antes o después será perseguido o despreciado. Me pregunto también si los grande ideales, el ansia de poder, es amor a la patria o el mejor camino para robar . . .

(Salen las putas a los palcos escénicos, para decir, como las que están espiando:)

PUTA I. — ¡Para robar!

PUTA II. — *(En la misma exaltación que la primera.)* ¿Qué quieres conseguir ahora con tus remordimientos y con tus mentiras, General Pardillo?

PUTA I. — ¿Llevarte al que estaba en el suelo como te llevaste al Gran Kaiser y a tantos para enviciar a todos?

EL GENERAL PARDILLO. — *(A gritos.)* ¡Lo que estáis diciendo lo diréis en la cárcel!

LAS DOS. — ¡Nada nos importa!

341

PUTA I. — ¡Anda y llama a tus ejércitos!

PUTA II. — ¿Sabes quiénes somos? ¿Estraperlistas porque ya se cansaron de nuestros cuerpos?

PUTA I. — Estuvimos hasta en campos de concentraciones. Y no nos haremos facistas ni aunque nos mande recao Pilar Primo de Rivera.

PUTA II. — Y ahora, mira lo que te digo, General Pardillo. Fíjate bien en lo que voy a decirte. El Gran Kaiser tiene que hacer, del que estaba tirao en el suelo, una reina del Paralelo más para que lo que trabaje y el dinero que gane, lo reparta entre nosotras y entre tantos que no tienen dónde ir. No tenemos otra salvación antes de ir a las cárceles o a los hospitales.

(Suena la música con mucha alegría y se ilumina todo el teatro. Salen las coristas, cantando y bailando, con peluca rubia a la moda alemana. Provocan al público con guiños y ademanes picarescos que pronto cambiarán en un pedir misericordia y caridad. Podemos observar que una corista no tiene el cuerpo femenino. Se equivoca en el cante y en el baile.)

CORISTAS. — Ay, la mejor función
que nadie en el mundo vio,
pero qué emoción,
todo el buen hacer
de los que saben salir
como al nacer.
¡Ay, luces
de todos la ciudad!
¡Ya brilláis
por aquí y por allá!
¡Qué felices sois
todos los que vivís
y veis un espectáculo
sin igual!
¡Dios,
Dios del cielo,
te pedimos
caridad!
¡Caridad,
bondad,
piedad,
para todos los que nacimos

y vivimos
sin saber
donde la vida va!
¿Qué hacer,
mi Dios? . . .
Darnos luz
y claridad,
para adorarte
y saber perdonar
todo el mal
que nos puedan
hacer en este mundo
tan distinto
a como cada uno
lo ve.
¡Piedad!
¡Piedad!
¡Caridad!
¡Caridad!
¡Caridad!
¡Piedad!
¡Piedad!

(Van cayendo suavemente al suelo sin poderse ya casi distinguir, por los efectos de las luces, pero levantado los brazos como los que piden al cielo. Antes de caer al suelo, se han quitado, muy suavemente también, las pelucas. Intentan como quedarse desnudas sin llegar a quitarse los vestidos. Entonces, podemos distinguir que la corista que bailaba mal, es un muchacho. Rápidamente la escena queda rodeada de policías. Dos de ellos cogen a la corista que cantaba y bailaba mal, la abofetean, le cogen los brazos y se los atan a la espalda, lo tiran al suelo y le dan patadas sin piedad. Ninguno quiere ver lo que pasa y todos gritan. Gritan y gritan. El Policía rompe el vestido por la parte del pecho. Al ver que no tiene senos de mujer, intenta desnudarlo entero, pisoteándole el sexo. Vuelto de espaldas de nuevo, sigue dándole patadas. El griterío es alarmante. Oímos la voz del Gran Kaiser que dice, "¡Luis, Luis!" El Gran Kaiser se interpone a todos y cogió el brazo del policía hasta retorcérselo. Los que intentan detenerlo, no pueden con él.)

EL POLICÍA. — *(Luchando con el Gran Kaiser, al mismo tiempo que le dice:)* ¡Es un hombre! ¡Está prohibido por la ley! ¡Suelta mi brazo porque te mataré! *(Varios policías luchan con el Gran Kaiser y lo esposan con las manos hacia atrás.)* ¡El culpable eres tú! Estoy seguro que eres tú. ¡Llevárselo pronto! ¡La Dirección de Seguridad responderá de ti!

(Sale el General Pardillo y ordena.)

EL GENERAL PARDILLO. — ¡Quietos todos! *(Silencio.)* Yo responderé de él. *(Nadie se atreve a salir. Luis sigue en el suelo, ensangrentado. Poco a poco se van retirando todos.)* ¡Quiero que salgan todos del escenario! *(Dirigiéndose al inspector que manda al grupo de policías.)* Y usted, por favor, acompáñeme a mi despacho.

(Empezamos a oír la música de un desfile militar que pasa por la calle, tocando "Soldadito español." En el fondo escénico, las ventanas de la calle empiezan a encenderse. Oímos aplausos no exentos de miedo. El escenario queda vacío. Solamente está Luis en el suelo con las manos atadas y ensangrentado. Se ilumina el cuerpo de Luis mientras continúa el palmoterío y la marcha militar.)

SEGUNDA PARTE

Atardece. El café concierto está solitario. Los camerinos, cerrados. Escuchamos unos pasos suaves, desconcertados y miedosos. Vemos aparecer a una muchacha pueblerina. Trae una maleta atada con una cuerda. Viene vestida muy pobremente. Cada paso que da está lleno de desconcierto y terror. Está mirando los camerinos como la que desea leer un hombre en la puerta. Va de un lado a otro sin encontrar lo que busca. Deja la maleta en el suelo y se sienta a esperar. Podemos ver entonces su cara. Es muy joven. Es muy bonita, pero parece que viene de dejar un tren y está sin apenas arreglar. Siente unos pasos. Se levanta y no sabe dónde meterse. Huye con la maleta y se esconde en el foso orquestal.

Un foco va a un palco escénico y vemos a un ser humano extraño, vuelto de espalda. Poco a poco nos vamos dando cuenta que es una mujer gruesa, con la cabeza rapada. Cuando podemos ver su cara se observa que la han pisoteado. Se sienta en una silla del palco. De su cartera, va sacando pinturas y un espejo. Empieza a acicalarse. No ve bien su acicalamiento. No puede. La pintura no resalta ni la embellece. Sigue con la cara amoratada y cuando se ve el rapamiento de la cabeza, cierra la cartera, metiendo dentro las pinturas y el espejo y empieza a llorar echada en la baranda del palco.

Al oír el llanto, la luz ilumina el palco de enfrente y vemos levantada y también rapada a otra mujer gruesa con los pechos muy abultados, pero elegantona y con un vestido de escote tan grande que asoman casi las dos tetas. Mientras la otra llora, ésta empieza a reír y le dice enfadada:

PUTA II. — Te dije que no salieras. Yo puedo hacerlo toó mientras te crece el pelo. *(Nos damos cuenta enseguida que las rapadas son las dos putas, casi desfiguradas por las palizas que han tenido que sufrir.)* Te dije que no bajaras a los calabozos. Que no hablaras. Yo podía haberlo hecho toó y haber firmao por ti, que sé cambiar muy bien las letras. En el calabozo es donde maltrataban bien. Y ahora, mira, anocheció y no he oío más que unas pisás de alguien que se escapó, no sé por qué puerta, si es que no está escondío quien sea en los fosos, detrás del piano.

PUTA I. — *(Cabreada.)* ¡Calla de una vez!

PUTA II. — No me da la gana. Estás tú más fea y pisoteá que yo, porque no me hiciste caso. Pero ya verás, qué buena salía nos han dao ...
Ahora ganaremos dineros a montones.

345

PUTA I. — *(Mientras sigue llorando echada en el palco.)* ¡La muerte hubiera sío mejor! ¡No haber consentío que nos mataran! ¿Pa qué vivir ahora así? Ni un tío siquiera se acercará a nosotras, por mu viejo y borracho que esté. ¿Pa qué vivir así?

PUTA II. — Tú guarda bien los papeles que nos dieron en esa Comisaría, después de tres días de hambre, sin saber si íbamos pa este mundo o pa el otro. ¿Qué buscas?

PUTA I. — *(Que se levantó.)* Mi sombrero con mi peluca.

PUTA II. — Allí lo tienes. Desde aquí lo veo.

PUTA I. — Ponte el tuyo que yo te vea bien.

PUTA II. — Me sua mucho la cabeza cuando me pongo esa peluca con ese sombrero. Tenemos que respetar toó lo que firmamos en aquellos papeles.

PUTA I. — No hables de lo que me da asco. La policía me ha preguntao tres veces si no volvió por aquí el Azuleño y los suyos. Y los muchos más.

PUTA II. — Dicen que han venido muchos de otras tierras y que están escondíos por toa Barcelona. Una barricá he visto hacer cerca de aquí. No sé cómo no no la quitaron ya de en medio.

PUTA I. — Porque se van llevando como pueden a unos y a otros, y aunque así lo hacen, siempre salen más y más por toas partes. Aquí pasa algo gordo.

PUTA II. — ¿Qué pue pasar con tanto acecho de la policía, y encima, nosotras acechando también, que es lo que prometimos, y habrá otras como nosotras, que ya daremos con ellas? La pena es no poder salir ni al tranco de la puerta con esta cabeza y esta cara. Hubiera preferío la cárcel. Me da mucho miedo que la gente me vea así. Ay, aquellos golpes, aquellas patás, aquellas tijeras cortándonos el pelo. Pues a pesar de toó, nosotras, bien lo sabes, en vez de putas somos ya de la policía. *(Abre la cartera, saca un espejo y se mira.)* Pues estoy guapa a pesar de toó.

PUTA I. — ¡Maldito general ese! ¡Malditos tantos . . . ! Al entrar aquí, parecía que había una trinchera como en los frentes y no se ve ni a la policía. Unos y otros se esconden y no sabemos en qué sitios. Las ventanas de las casas del barrio están cerrás. Yo no soy ni seré nunca chivata. Ni tú tampoco, bien lo sabes. *(Mirándose al espejo.)* Ay, madre mía, qué cara, qué cabeza. Ahora mismo me daría golpes en las tapias de las Atarazanas pa que me encontraran allí tirá y tuvieran que hacer algo por mi cuerpo. ¡Esas tapias donde tanto soldao me abrazó y besó! ¡Esas tapias que saben de mis mejores noches! ¡Madre mía, qué bonitos son toós los recuerdos de esta vida por mu malos que sean!

(Se vuelven a oír los pasos silenciosos.)

PUTA II. — ¿Se oyen otra vez los pasos?
PUTA I. — Sí. Los de antes.

(Del foso orquestal subió la muchacha de la maleta. Las dos putas se ponen enseguida las pelucas con los sombreros y toman aire de regalonas y altaneras.)

PUTA II. — ¿Quién eres?
LA MUCHACHA. — *(Con gran humildad.)* Acabo de llegar de mi pueblo.
PUTA II. — ¿Y cómo te has metío aquí?
LA MUCHACHA. — Me dijeron que podría encontrar a quien busco.
PUTA II. — ¿Es de tu pueblo también?
LA MUCHACHA. — Sí. Me dijeron que aquí me darían razones para saber dónde está.
PUTA II. — ¿Y cómo se llama el que buscas?
LA MUCHACHA. — Luis.
PUTA II. — *(Asombrada.)* ¿Luis?
LA MUCHACHA. — Sí. Luis y su amigo Tomás. Los dos son de mi pueblo.
PUTA II. — Y si no llegan, ¿qué harás?
LA MUCHACHA. — Buscarlos.
PUTA II. — ¿Y si no los encuentras?
LA MUCHACHA. — Los encontraré.
PUTA II. — Qué segura estás.
LA MUCHACHA. — Segura. Dicen que este café se llama El Aspa Dorada y que aquí estarán. He dado, antes de venir, muchos paseos por las Ramblas. Nunca pude imaginar que hubiera tantos puestos de flores. Yo, como Luis, he venido también a trabajar a Barcelona. Mientras miraba las flores, soñaba con ser algún día florista. A pesar de tanto ladrón como dicen que hay por aquí, ninguno me robó la maleta. Es una alegría pasearse por las Ramblas. ¿Conocen ustedes a Luis?
PUTA I. — Nunca lo hemos visto.
PUTA II. — *(En un grito.)* ¡Dile la verdad!

PUTA I. — *(Gritándole también.)* ¿Qué verdad puedo decirle yo a esta criatura?

LA MUCHACHA. — ¿Por qué hablan ustedes así?

PUTA I. — *(Casi entre lágrimas.)* ¡Porque no queremos conocer a nadie más! ¡A nadie más! *(Se tira en el barandal del palco y llora a lágrima viva, diciéndole a la otra puta.)* ¡Toma! ¡Toma mi bolso con los papeles que nos dieron en la Comisaría. ¡Que me arrastren otra vez! ¡Yo no puedo traicionar a nadie. *(Le tira, con fuerza, el bolso. El bolso queda abierto y pinturas y papeles fuera, cerca de La Muchacha. La otra puta sale rápida del palco y recoge todo lo tirado.)*

PUTA II. — *(A voces.)* ¿Cómo es posible lo que has hecho? *(Mirando a unas partes y a otras.)* ¡Nos vigilarán por todas partes! ¡Ay, Dios! *(A la muchacha.)* ¡Vete pronto de aquí!

LA MUCHACHA. — Vine buscando a Luis.

PUTA II. — ¡Coge los salvoconductos falsos que nos dieron para traicionar! *(Se quita el sombrero y la peluca y los tira a las tablas, diciéndole a La Muchacha.)* ¡Mírame! ¡Lo mismo que yo está aquella! ¿Sabes por qué?

PUTA I. — *(Sin poder contener su nerviosismo.)* ¡Que le mato! *(Se abalanza y luchan.)* ¡Calla esa boca de una vez!

(La Puta II se defiende y se va a un rincón para decirle a La Muchacha.)

PUTA II. — ¿Sabes por qué? Porque dándoles esos salvoconductos falsos a los descaminados y revolucionarios que quieran pasar las fronteras, irán desapareciendo, poco a poco, cayendo en manos de la policía.

PUTA I. — Calla to boca. *(Abofeteándola.)* ¡Calla tu boca! ¡Calla tu boca! ¡No sabemos quién andará por aquí! ¡Sabía que tarde o temprano lo dirías. *(A La Muchacha.)* ¡Vete, porque serías la primera en caer en manos de quien menos te esperas! ¡Algún día sabrás bien lo que es esto! *(Asustada.)* ¿Qué ruidos son esos? *(Las tres miran hacia todas partes.)* ¿Dónde están los que corren? ¡Por allí! ¡Por allí arriba! *(Se ve correr a los asperos.)* ¿Qué hacéis? ¿Qué queréis?

UN APSERO. — ¡Lo que verás! *(Apuñalan las aspas. Las putas gritan cogiendo a La Muchacha.)* ¡Somos ya muchos los que luchamnos juntos! ¡Todo el mundo sabe lo que hicieron con vosotras en la Comisaria y las consignas que os dieron. *(Rápidamente las putas cogen los salvoconductos. Los jirones de las aspas quedan colgando, mientras el*

348

aspero dice:) ¡Que vayan viendo lo que está pasando aquí y pasará en toda Calatuña. (*Los asperos huyen. La muchcha también.*)

(*Empieza a sonar un tiroteo. Se oye, al mismo tiempo, un gran murmullo de voces cercanas. Parece como si un gran regimiento quisiera entrar al café. Vemos a un grupo de muchachos dislocados que no saben por dónde meterse. Suben y bajan, entran y salen de unos camerinos a atros. Con la misma rapidez, las dos putas cogieron los salvoconductos y los metieron en los bolsos. Salen también huyendo. En las tablas del café han quedado las pelucas y los sombreros y la maleta de La Muchacha. Alguien apagó la luz mientras sigue el tiroteo. Con la misma rapidez se vio bajar a alguien desde los corredores de los camerinos de lo alto y se oyen cerrar las puertas del café que dan a la calle. Va viniendo la luz. Todo queda en silencio. Casi a escondidas se ve subir al muchacho que cerró las puertas de la calle, quien, parsimoniosamente y vuelto de espalda, va mirando todos los camerinos, buscando sin encontrar a nadie.*)

TOMÁS EL AZULEÑO. — (*Vuelto de espaldas.*) Qué cansancio. (*Cae de rodillas. Saca un pañuelo y se limpia el sudor de la cara. De un camerino sale, en el mayor de los silencios, un muchacho harapiento, con la camisa hecha añicos, quien dice a Tomás:*)
EL YANQUI. — ¿Era aquí?
TOMÁS EL AZULEÑO. — Sí.
EL YANQUI. — ¿Dónde están los demás?
TOMÁS EL AZULEÑO. — No sé bien.
EL YANQUI. — ¿Te hiciste daño en la pierna?
TOMÁS EL AZULEÑO. — Sí. Pero apenas me duele. Andé mucho para encontrarnos. Me dijeron que veníais y no sabía bien si en trenes o por los campos.
EL YANQUI. — Levanta.

(*Tomás el Azuleño hace grandes esfuerzos y se va levantando.*)

¿Te duele?
TOMÁS EL AZULEÑO. — Sí. Pero estoy acostumbrado al dolor.
EL YANQUI. — Bajo.
TOMÁS EL AZULEÑO. — No. Espera.
EL YANQUI. — ¿Cómo tenías las llaves de las puertas de la calle?
TOMÁS EL AZULEÑO. — Las tenía desde . . .
EL YANQUI. — ¿Desde cuándo?

TOMÁS EL AZULEÑO. — Desde hace poco tiempo . . . (*Quiere andar y no puede.*)

EL YANQUI. — Bajo ahora mismo.

TOMÁS EL AZULEÑO. — No. No. Quédate ahí. (*Va cayendo al suelo y, de espalda, extiende los brazos en cruz. Vemos que es Tomás el Azuleño, quien pregunta casi sin poder hablar.*) ¿Y los demás?

EL YANQUI. — No sé. Déjame que baje y te ayude.

(*Sale otro muchacho de los camerinos de arriba, casi derrotado y ensangrentado un brazo. Es José el Socialista.*)

JOSÉ EL SOCIALISTA. — Te ha dicho que no bajes.

EL YANQUI. — Pero . . .

JOSÉ EL SOCIALISTA. — Las derrotas es mejor vivirlas así.

(*Sale otro muchacho, algo mayor que los demás, de otro camerino. Se ve también muy cansado.*)

EL YANQUI. — ¿Dónde estabas?

EL PUÑALES. — Esperándoos.

EL YANQUI. — ¿Dónde?

EL PUÑALES. — En una iglesia cercana. Os vi llegar hasta aquí. Me fui detrás de un carro de piedras. Han apagado las luces de las calles. Se ve poco.

EL YANQUI. — ¿Y los demás?

EL PUÑALES. — Huyeron. Estarán escondidos donde no sepamos.

EL YANQUI. — Sólo estamos cuatro aquí.

JOSÉ EL SOCIALISTA. — Tendremos que entregarnos. La policía está por todas estas calles.

EL YANQUI. — Y los nuestros también. Hay cientos. Lo sé. No perderemos.

TOMÁS EL AZULEÑO. — A . . . gua.

EL PUÑALES. — Voy. (*Empieza a buscar.*) ¿Dónde estará por aquí el agua? (*Metido en un camerino.*) Los grifos de los lavabos no tienen agua. Bajaré a ver si la encuentro por algún lado. (*Busca por todas partes.*) No hay ni agua en Cataluña.

JOSÉ EL SOCIALISTA. — Baja la voz.

EL PUÑALES. — Qué más da. Nos tendremos que entregar. (*Al Alzuleño.*) Dame las llaves con las que abriste y cerraste la puerta de la calle. Puedo ir por agua y por vendas.

TOMÁS EL AZULEÑO. — *(Casi sin poder hablar.)* Tómalas.

EL YANQUI. — ¡Deja quietas esas llaves! ¡Nos encontrarán antes! No hemos ido nunca por las calles de este barrio. Hemos venido andando, agotados de cansancio desde el Valle de Arán hasta aquí. Estamos acorralados. No sé dónde se habrán metido los demás que vinieron con nosotros. *(Muy nervioso.)* ¡No sé! ¡No sé! ¡No sé!

JOSÉ EL SOCIALISTA. — ¡Calla de una vez! Hay mucho mundo que todavía podemos andar. No moriré hasta ver derrotados a todos los fascistas que mataron y matan a los nuestros o nos hicieron huir a Francia.

EL PUÑALES. — Callar, por amor de Dios. Los labios del Azuleño se secan. Tiene que haber agua por algún sitio. Dinos, por Dios, ¿quién te dio esas llaves que no quieren estos que cojamos?

JOSÉ EL SOCIALISTA. — ¡No le hagáis hablar más! *(Tocándose la herida del brazo.)* Mi sangre chorrea. A pesar de todo quiero pensar. ¡Pensar en cómo destruir! *(Se abraza a un poste, vuelto de espalda, como el que no quiere hablar más. Va cayendo de rodillas, diciendo con rabia.)* ¡Cuántos ojos cerramos en el Valle de Arán! ¡Cuánta tierra echamos encima a los más valientes! Y nosotros que vivimos, ¿no vamos a seguir luchando? Cerré los ojos de muchos mientras les decía, "Mi venganza seá tan dolorosa como vuestra muerte."

EL YANQUI. — *(Dando una patada a un camerino y abriendo la puerta.)* Mirad. Mirad, un camerino lleno de ropas. Algunas son de terciopelo y brillan como si tuvieran perlas. ¿De dónde serán?

JOSÉ EL SOCIALISTA. — Deja lo que no es tuyo.

TOMÁS EL AZULEÑO. — No toques eso. Sal de ahí.

(Todos lo miran sorprendidos.)

EL PUÑALES. — Oigo que abren una puerta. *(Quieren huir, pero la puerta se abre y se detienen desafiantes. Suenan unos pasos. Alguien sube. Es el Gran Kaiser. Se queda mirando a todos sin saber qué decir. Se da cuenta, al mismo tiempo, que las aspas están apuñaladas y los jirones cuelgan. Parece presentir lo que pueda pasar. Al ver al Azuleño, va rápidamente hacia él, y arrodillándose, lo abraza.)*

EL GRAN KAISER. — Tomás. Tomas. ¿Qué te pasa, qué tienes?

TOMÁS EL AZULEÑO. — Lo ves, Gran Kaiser, no perdemos. Volví de Madrid y . . . *(Apenas sin poder hablar)* me quedé en Barcelona. Seguí luchando al lado de muchos.

EL GRAN KAISER. — *(Mirando a todos.)* ¿Quiénes son? ¿De dónde habéis venido? *(Silencio.)*

TOMÁS EL AZULEÑO. — Agua.

EL GRAN KAISER. — *(Pasando sus dedos por los labios del Azuleño.)* Secos . . . *(Se levanta y corre en busca de agua. Las tuberías estaban cerradas y las abre. Llena un vaso de agua y le da a beber.)* Bebe. Bebe y dime de dónde han venido estos.

TOMÁS EL AZULEÑO. — *(Casi sin poder hablar.)* Del Valle de Arán . . .

EL GRAN KAISER. — Qué valientes. Valientes como tú. Estoy seguro que después de salir de la Dirección General de Seguridad con una consigna para que destruyeras y te destruyeran, has sabido hacer la más grande de las revoluciones: el no dejar de ser quien eres. *(A los otros.)* Vosotros, curad bien al herido. *(Señalando.)* Allí tenéis vendas, yodo y alcohol. Ayudarle, mientras yo ayudo a Tomás. Dime, Tomás, dime.

TOMÁS EL AZULEÑO. — Ya . . . te hablaré.

(El Gran Kaiser se levanta y pasea con cierto nerviosismo.)

EL GRAN KAISER. — Puedo adivinarlo. Lo sé. Lo vivo todo. Lo vivo sin decir palabra. Va muy dentro de mi vida lo que vivo. ¡Nos las pagarán, Tomás! Hemos de verlo. *(Dándose cuenta de las pelucas y de la maleta tiradas.)* Madre mía, pelucas tiradas y una maleta cerrada con una cuerda. *(Se arrodilla y abre la maleta. Se sorprende al ver ropa de mujer y una carta cerrada en el sobre se lee, "Busca a Luis. En El Aspa Dorada vive." Golpea con fuerza las tablas del escenario.)* ¿De quién? ¿De quién? ¿Y quién pudo apuñalar las aspas? ¡Mirad todos hacia arriba! ¡Mirad! ¡Mirad!

(Suena la música. Se encienden los focos de colores del escenario. Un proyector blanco ilumina al Gran Kaiser, arrodillado, al lado de la maleta y con la carta en las manos junto a su pecho. No se verá ahora más que al Gran Kaiser. Dulcemente, canta.)

> En el Paralelo,
> tan cerca del cielo
> encuentro el consuelo
> de lo que amor
> pudiera ser.
> ¿Me permitiréis

desde este rincón
cantar
una pequeña canción
de amor.
Pequeña, pequeñita,
que a nadie
haga daño,
y no sienta desengaño,
sino mucha consolación.

Nunca vamos,
como siempre,
a reír aquí
y a burlarnos
de ha Humanidad,
de mí,
de ti.
Ésta es una carta,
de Luis.
¿Que quién es?
¡Quién lo pudiera
saber!
A mis manos.
a mis manecitas llegó
sin saber quién la envió.
La beso
así,
así,
porque es de Luis
y dejo mis gotas
de lágrimas aquí.
¿Se encontrará en la vida
el amor?
Después de tanta lucha,
me pregunto,
¿quién será capaz
de abandonar
el amor,
cuando el amor
llegó?

¿Que hay revolución?
¿Qué tiene que ver
con el amor
pequeñito
y dulce
cuando este
amor
empezó?
¿Cómo puede existir
ni siquiera
la traición
cuando la vida
el amor pequeñito
nos dio?
Déjame otra vez
que te bese,
carta mía,
mía para siempre
serás,
aunque los demás
nunca quieran saber
lo que el amor
nos da
y nos dará
para siempre, ¡siempre!,
carta mía
ni de noche
ni de día
te dejaré.
¿Hay algo más hermoso
en este Paralelo
que el amor
que nos envía el cielo?
Pero el Gran Kaiser es
junto al que veis,
el más traicionero
que podéis conocer.
¡Allá va el Gran Kaiser
que la vida le hizo ser!

(Deja la maleta y la carta. Se levanta y canta con rabia.)

La función
ya empezó.
El Aspa Dorada
se abrió.
Ésta es El Aspa Dorada
por donde pasa
la vida, al parecer,
de tantos
que no sé.
¿Pero sabe alguien
la vida cómo es?
¿Dónde está la bondad?
Mejor que en El Aspa Dorada
en ningún lugar.
Lo habéis de ver.
Y si El Aspa Dorada
trae pesar
es para mejor
salvar
a todo aquel
que trae tristeza
sin saber
lo que pudiera
ser
el que lucha
y su razón
de luchar
por el amor,
la justicia
y la caridad.
Lo que digo,
se verá
cuando penséis
lo que este mundo
puede ser.
Aquí todo cambió,
hasta la canción.
Ya la canción

no es un decir "será,"
sino un hablar
de la revolución
que tarde o temprano
llegará.
¿Que cómo?
Tenemos las manos
atadas
de todo aquel
que por aquí pasó.
!A callar!
¡A callar siempre!
¡Siempre, siempre!
¿Quién no lleva
un mal-decir
en su corazón?
Ésta es la cuestión
del mundo
en que vivimos,
y por aquí
y por allí,
oímos los pesares
de toda una nación,
pero vamos en busca
de la salvación.
¡Salvación a gritos
pedimos
los españolitos
que por todas partes
donde vivimos
oímos lo que el mundo
no debe saber,
pero tarde o temprano se sabrá.
¡A bailar!
¡Vamos a confesar
toda la verdad
de lo que fuimos
y somos!
¡Vamos a confesar
todo lo que hemos

de cambiar!
¡A cantar!
¡A bailar!
¡Los cambios
son para robar!
¡Ésa es la única verdad!
¡A bailar!
¡A cantar!

(Termina la música. Se apaga el foco que iluminaba al Gran Kaiser. Vemos que Tomás sigue en el suelo. La maleta, la ropa, y las pelucas también. La carta no está. Las telas apuñaladas de las aspas parece como si las moviera el viento. Todos siguen en el mismo lugar en que los vimos por última vez.)

EL GRAN KAISER. — *(Preguntando a todos.)* ¿Cómo habéis podido entrar aquí?
TOMÁS EL AZULEÑO. — Yo tenía unas llaves . . . y . . .
EL GRAN KAISER. — ¿De quién?
TOMÁS EL AZULEÑO. — Me las dio . . . el que estuvo muchos días aquí contigo. Tú le diste unas iguales a las tuyas para que entrara y saliera.
EL GRAN KAISER. — *(Tapándose la cara con las manos.)* ¡Dios!
TOMÁS EL AZULEÑO. — *(Apoyándose en un cajón, intenta levantarse, pero apenas puede.)* Somos compañeros. Tenemos que saber unos de otros. Tenemos que saber por donde andamos.
EL GRAN KAISER. — ¿Quiénes?
TOMÁS EL AZULEÑO. — Todos los que luchamos unidos contra los fascistas. Sabemos que muchos de ellos, muy cercanos a ti, trafican con el estraperlo y permisos de importación y se enriquecen robando. Sabemos muy bien quienes son. No te vayas nunca de aquí, Gran Kaiser. Lucha desde aquí. Ayúdanos. Lucharemos contigo como podamos.
EL GRAN KAISER. — ¿Y Luis?
TOMÁS EL AZULEÑO. — Nadie sabe si ha muerto o vive.
EL GRAN KAISER. — ¡Dios mío!
TOMÁS EL AZULEÑO. — No te atormentes. Todos sabemos lo que pasó. Al sacarlo de aquí nadie sabe donde fue.
EL GRAN KAISER. — ¿Y esta maleta?
TOMÁS EL AZULEÑO. — No sabemos quién pudo traerla.
EL GRAN KAISER. — ¿Y estas pelucas?

TOMÁS EL AZULEÑO. — Tú puedes saberlo mejor que nosotros de quiénes son.

EL GRAN KAISER. — *(Paseándose nervioso hasta gritar llamando.)* ¡Don Toribio! ¡Don Toribio! ¿Dónde está? ¿Dónde está? *(Va a la puerta del despacho del General Pardillo y la abre a patadas.)* ¡Nadie! ¡Nadie! *(Van echándose sobre la pared los que curaron a José el Socialista. El Gran Kaiser los mira. Ellos, sin poder hablar, lo miran también.)* ¿He dicho que quiénes sois?

EL PUÑALES. — Tranquilo, Gran Kaiser. Ya sabes de donde hemos venido, escondidos en vagones y andando por los campos cuando se podía, y ahora, ¿dónde ir hasta que no empiecen las señales?

EL GRAN KAISER. — ¿Qué señales?

EL PUÑALES. — Las que bien sabes. Del Valle de Arán han venido muchos hombres para darle libertad a Cataluña y a España entera.

EL GRAN KAISER. — ¿Y a dónde iríais después de oír las señales?

EL PUÑALES. — No sabemos.

EL YANQUI. — Hay que saber esperar. Que la suerte de uno sea la de los otros.

JOSÉ EL SOCIALISTA. — Mi esperanza es mucha.

EL YANQUI. — Y la mía.

EL GRAN KAISER. — ¿Tú quién eres?

EL YANQUI. — Me llaman El Yanqui.

EL GRAN KAISER. — ¿Por qué?

EL YANQUI. — Mi historia pasada ya no importa. El pasado no debe importar, sino la lucha presente, aunque no sepamos quiénes somos cada uno.

EL GRAN KAISER. — ¿No os conocéis?

EL YANQUI. — No.

EL GRAN KAISER. — ¿Podré yo conoceros algún día?

EL YANQUI. — Quizá nunca, pero te confieso, os confieso a todos, que yo no quisiera irme nunca de Barcelona. Me importaría poco solucionar mi vida aunque fuera cantando y bailando en un tugurio del Paralelo.

EL PUÑALES, TOMÁS EL AZULEÑO, Y JOSÉ EL SOCIALISTA. — ¡Yanqui!

EL YANQUI. — ¡Eso, Yanqui!

EL PUÑALES. — Nunca nos has contado por qué te llaman "El Yanqui."

EL YANQUI. — Ni tú a mí por qué te llaman "El Puñales." Y éste que calla, ¿quién será?

JOSÉ EL SOCIALISTA. — No importa quien sea.

EL YANQUI. — ¿Hemos venido aquí a seguir haciendo la guerra? Y ahora la guerra es más grave porque estamos solos y nos acechan por todas partes.

EL PUÑALES. — Yo juraría que en Barcelona y en Cataluña entera hay cientos de personas que se unirán a nosotros. No sólo los que han venido del Valle de Arán, sino muchos que están viviendo aquí. Los que ni siquiera habrán nacido en estas tierras.

(El Yanqui, en un ataque nervioso, sube rápido al segundo piso, abriendo y cerrando las puertas de los camerinos, dando grandes golpes. Todos miran asustados.)

EL GRAN KAISER. — ¿Pero qué le pasa al Yanqui? ¡Yanqui, deja de dar esos portazos! ¡Los camerinos son de personas que vienen a buscarse la vida.

EL YANQUI. — *(Rápidamente.)* ¡Cómo quisiera buscármela yo! ¡Estuve muchos meses trabajando en aeropuertos! ¡Se decía que los yanquis vendrían a protegernos! ¡Mirad! *(Se rompe la camisa y enseña la espalda.)* ¿Veis? ¡Cicatrices de balazos! ¡Y sé muy bien el por qué me las hicieron! ¡Soy un hombre! ¡Un hombre! Pero un yanqui que vi en el aeropuerto donde trabajaba se hizo mi amigo y me decía siempre, en Nueva York vivirás una vida que no podrás vivir aquí jamás! ¡Aquel yanqui quiso ser mi amante! Me dijo que era capitán de aviación y que me fuera con él.

EL GRAN KAISER. — *(Contagiado de angustia.)* ¡Calla de una vez!

EL YANQUI. — ¿Callar? Me metió en un avión a escondidas, sin pasaporte y sin dinero. La policía me descubrió. Salí huyendo y me acribillaron a balazos. Estoy seguro que fue el mismo capitán quien me denunció porque yo no quise ser su amante.

EL GRAN KAISER. — ¡Calla, te digo!

EL YANQUI. — ¡No callo!

EL GRAN KAISER. — ¡Tus voces se están oyendo por todas partes y los portazos que das!

EL YANQUI. — ¡Que se oigan, Gran Kaiser. Quisiera ver algún día esa América que soñaba y que a mí me ha hecho tanto daño ya! ¡Quisiera ir a esa América para destruir a quien pudiera. *(Sigue golpeando más fuerte.)*

(Rápidamente suben todos, menos el Gran Kaiser. Intentan detenerlo. El Gran Kaiser se sienta en un cajón, vuelto de espalda y con los puños en los

oídos para no escuchar los alaridos del Yanqui. El Yanqui se defiende y se suelta de ellos, diciéndoles entre dientes:)

¿Quiénes queréis ser? ¿Quiénes creéis que sois? ¡Pobres seres que no sabéis ni por dónde andáis! ¡Así no se vence nunca!

(El Puñales lo golpea hasta hacerle sangre en la cara.)

TOMÁS EL AZULEÑO. — *(Gritándole y luchando con el Puñales.)* ¡No lo hieras! ¡Y menos tú, Puñales!

EL PUÑALES. — *(Suspirando con cansancio por la lucha que acaba de tener.)* ¿De qué sirvieron nuestros cansancios y nuestras luchas? ¿De qué? ¿De qué? Dios mío, ¿de qué? *(Va cayendo de rodillas y mirando hacia arriba, como el que quisiera ver el cielo.)* Dios mío, no hay un capítulo en las Sagradas Escrituras donde se defina al hombre por mucha sabiduría que se tenga. ¿De qué ha servido tanto teólogo en el mundo? ¿Cómo han sido los santos que siempre fueron vencidos? ¿En dónde está la sabiduría, la paz y el amor para todos los pobres seres como nosotros? ¿Entrar yo a la iglesia, nunca más? ¿Leer las Sagradas Escrituras, sí, porque quisiera comprender lo que hasta ahora no he comprendido nunca? ¿Me verás Tú a mí, Dios? ¿Nos verás a todos? *(Levantándose y hablando como para sí mismo.)* Soy el Puñales, porque siendo párroco de una iglesia, vi besar a muchas mujeres, desesperadas y sin encontrar soluciones a sus vidas, a la Virgen de los Puñales. Saqué los puñales del pecho de la Virgen y le dije, "Dime a mí por qué todas estas mujeres besan a diario tus puñales y no les das valentía para enfrentarse con la injusticia de la España que estamos viviendo." ¡Ay, Iglesia Católica española! ¡Ay, Iglesia Católica del mundo! ¿Dónde está la salvación?

(El Gran Kaiser, poco a poco, se va levantando y mira silenciosamente a unos y a otros.)

EL GRAN KAISER. — Si esto es el mundo, no quiero vivir. Pero si el mundo necesita una ayuda, estas manos mías se la podían dar. También, una gran ayuda me habéis dado con vuestras palabras, para hacer nuevas canciones que estremecerán a muchos. *(Reaccionando alegre, como si quisiera que los demás olvidaran todo, se baja al foso orquestal y toca el piano.)* ¡Fuera tanta lucha inútil! ¡A vivir! *(Teclea y, de pronto, deja de teclear, apoyando la cara en el piano y diciendo en voz baja y con cariño.)* Luis, Luis, Luis.

(Se oyen unos pasos suaves. Sube por las escaleras del foso La Muchacha de la maleta.)

(Rápido y asustado.) ¿Dónde estabas?

LA MUCHACHA. — Cuando empezó el tiroteo, todos huyeron y yo me metí ahí debajo. *(Señalando bajo las tablas.)*
EL GRAN KAISER. — ¿Quién eres?
LA MUCHACHA. — Nadie.
EL GRAN KAISER. — ¿Quién eres te digo?
LA MUCHACHA. — Nadie. He subido por mi maleta. *(La recoge y mete la ropa dentro.)* Ahora me voy.
EL GRAN KAISER. — ¿Dónde?
LA MUCHACHA. — Al pueblo de donde vine.
EL GRAN KAISER. — En la maleta tenías una carta que ya no tienes.
LA MUCHACHA. — No importa.
EL GRAN KAISER. — ¿Por qué?
LA MUCHACHA. — Porque era de no sé quién.
EL GRAN KAISER. — ¿De Luis?
LA MUCHACHA. — Luis no me hubiera escrito nunca al pueblo.
EL GRAN KAISER. — Pero, ¿tú conoces a Luis?
LA MUCHACHA. — Sí. Me dijeron que trabajaba aquí. Por eso, cuando todos huyeron, yo me escondí por si venía. Pero no vino . . .
EL GRAN KAISER. — ¿Y dónde irás?
LA MUCHACHA. — A buscar trabajo por alguna parte. Quizá pueda vender flores . . . Quizá algún día encuentre a Luis . . . *(Sale.)*

(El Gran Kaiser toca desesperadamente el piano como el que busca la alegría y música. El escenario se ilumina con todos los colores posibles. Salen a cantar las dos putas rapadas, vestidas con trajes pobres que imitan seda. Con ellas salen las Coristas, también con las cabezas rapadas. Cantan, como siempre, con burla y sonrisas, sin abandonar la frivolidad y la insinuación obscena.)

PUTA I. —   ¿Quién ríe por ahí?
PUTA II. —   ¿Quién quiere saber de mí?
PUTA I. —   ¿Y de mí, quién?
LAS DOS. —   Nadie de ahí

tiene el cabello dorado
como las dos
que estamos aquí.

(Se levantan la ropa y se señalan el sexo.)

PUTA I. —   ¿Qué no veis
                nuestro pelo dorado?
PUTA II. —   ¿Quién dijo eso?
PUTA I. —   Qué pesado.
PUTAS Y
CORISTAS. —   Nadie en España
                ve
                la mayor verdad
                que existe y existirá
                durante toda la vida
                en nuestra Patria tan
                querida.
PUTA I. —   ¿Podrá ser alguna vez?
PUTA II. —   ¿Quién puede decir
                que sí?
PUTA I. —   Ni éste,
                ni aquél.
LAS DOS. —   ¿Que quiénes somos?
                Ah, las que tenemos
                el pelo como el oro
                y no vemos,
                lo que tenemos que ver:
                nuestro único tesoro.
                ¿Y qué tesoro es? . . . ,
                el que no existe
                ni existirá nunca.

(Señalándose otra vez el sexo.)

                Éste de aquí, no.
                ¿Quién de vosotros
                vio
                nuestros cabellos
                largos, dorados,

que dan
tanta sensación:
¿de mentira
o de verdad?
PUTA I. —   A ver,
que diga aquél,
o aquél otro.
¿Quién sabe
responder
a estas dos putas
canutas
que no quisieran
volver
a vivir
lo que vieron
y sufrieron?
¿Sufrir?
¡Nunca!
Engañado estás tú,
y tú,
y tú.

PUTAS Y
CORISTAS. —   Bueno, venga la canción
de estas dos putas
que nadie quiere creer
que no tienen
los cabellos como el oro,
sino a la fuerza dicen
que tienen la cabeza
rapada.
LAS DOS. —   ¿Así vamos a salir
a veros a tantos
que, al parecer,
sin quebrantos
venís aquí?
¡Ay, los españolitos
tan queridos
por todas las que sufrimos
y nadie sabe por qué?

PUTA I. —   Quieren ver lo que no ven
                   y ésta es nuestra canción.
                   ¿Mejores piernas
                   que las nuestras veis?
PUTA II. —   ¿Y pecheras,
                   quién
                   las ve?
LAS DOS. —   Ay, españolitos,
                   ahí va otra vez nuestra canción;
                   nuestas cabezas
                   no están rapadas,
                   sino llenas de oro,
                   y quien no lo vea
                   es que no sabe ver
                   lo que entre manos tenga
                   nuestra Nación.
                   ¿Lo veis ahora?
                   ¿A que no?
                   Españolito,
                   bonito,
                   procura ver
                   y entender
                   a las dos mejores putas
                   que ni saben escribir
                   ni leer.

PUTAS Y
CORISTAS. —

                   ¡Viva aquél!
                   ¡Y aquél!
                   ¡Y aquél!
                   ¡Todos unidos
                   con nuestro culo,
                   con nuestras tetas
                   y nuestros chuminos!
                   ¡Vivan los cafés-conciertos
                   y los ejércitos
                   y los que saben entender
                   todo lo que hay
                   que hacer
                   en este mundo!

364

(La luz vuelve al Gran Kaiser, que está en el piano, cansado y echado en sus brazos. Los camerinos están cerrados. Parece que los que vinieron del Valle de Arán están descansando dentro. Entra Don Toribio crispado, sin darse cuenta de que el Gran Kaiser está en el foso orquestal.)

DON TORIBIO. — ¿Quién hay aquí? ¿Quién hay? La puerta del despacho abierta. *(Mira después hacia las aspas.)* ¡Dios, las aspas apuñaladas! *(Mirando a todas partes.)* Putas rapadas, ¿dónde estáis? ¡Decidme dónde estáis! *(Da patadas abriendo camerinos de abajo. El Gran Kaiser se levanta. Don Toribio señala hacia arriba.)* ¡Una revolución se prepara y qué culpa tenemos nosotros! La policía, al ver todas las puertas del café cerradas, anda por otras partes. Las llaves las tenemos sólo tú y yo. ¿Quien pudo entrar aquí? ¿Dime, quién?

(Va saliendo de los camerinos de arriba los que vinieron del Valle de Arán. El Azuleño se adelanta y dice:)

TOMÁS EL AZULEÑO. — Yo te lo diré.
DON TORIBIO. — *(Sorprendido.)* ¿Tú quién eres?
TOMÁS EL AZULEÑO. — Mírame bien.
DON TORIBIO. — *(Balbuciente.)* Creo . . .
TOMÁS EL AZULEÑO. — ¿Qué?
DON TORIBIO. — No lo puedo creer. ¿Tomás el Azuleño?
TOMÁS EL AZULEÑO. — El mismo. Calla, Don Toribio, porque ya ves, somos muchos en contra de ti. *(Don Toribio, asustado, corre al despacho. El Gran Kaiser se adelanta y se le interpone.)*
DON TORIBIO. — ¿Qué quieres aquí?
EL GRAN KAISER. — No dejarte entrar.
DON TORIBIO. — Son anarquistas refugiados. Tu serás el culpable si no se van ahora mismo. *(El Azuleño da vueltas a las llaves de El Aspa Dorada.)* ¿Cómo tiene las llaves de aquí ese canalla que no debió salir nunca de la Dirección General de Seguridad? Esto se tiene que saber. ¡Qué arda Barcelona entera, pero los culpables de esta revolución que ya está empezando, escondiéndose la gente en los portales y otros sin salir de sus casas, y nosotros con el café cerrado noches y noches, tienen que pagarnos todo! *(Desafiando a todos.)* ¡Los ejércitos están preparados para salir y la policía busca a los culpables! *(Intenta entrar al despacho y otra vez el Gran Kaiser se lo impide.)*

EL GRAN KAISER. — ¿A dónde vas?
DON TORIBIO. — ¡A dar parte de lo que veo! Y tú, Azuleño, tira esas
llaves ahora mismo.
TOMÁS EL AZULEÑO. — ¡Se las daré a tu general! ¡Pero antes hablaré
con él! ¡Telefonea, anda, telefonea!
DON TORIBIO. — ¿Qué tienes que hablar con el general?
TOMÁS EL AZULEÑO. — ¡Lo que sólo sabrá él!
DON TORIBIO. — ¡Tira las llaves!
TOMÁS EL AZULEÑO. — ¡Son mías! ¡Mías!
DON TORIBIO. — ¿De dónde las robaste?
TOMÁS EL AZULEÑO. — ¡No las robé!
DON TORIBIO. — *(Apartando de la puerta del despacho al Gran Kaiser y
entrando mientras dice:)* ¿Cómo venís a refugiarse aquí? ¡Vuestro
amigo, el Gran Kaiser, será encarcelado! ¡Ya no se puede más! *(El
Gran Kaiser está desafiante, deseando de hablar. Don Toribio sale con un
montón de papeles.)* ¡Mirad, denuncia tras denuncia a vuestro amigo,
esta estrella del Paralelo que tenéis delante, porque sus canciones
son cada vez más burlescas en contra del Ejército, de los franquistas
y del mismo General Franco!
TODOS LOS DE ARRIBA. — ¡Abajo los dictadores!
DON TORIBIO. — ¡Iros pronto! ¡Iros!
EL GRAN KAISER. — *(Quitándole, rápidamente, todo el papelorio que ha
sacado y diciendo triunfante:)* ¡Mira lo que hago con estas denuncias.
(Con furia, las rompe, mientras dice:) ¡Lo mismo me gustaría romper
vuestros permisos de importación y todos los negocios que hacéis
arruinando al país! ¡Si el poder es el robo, mueran todos los que
tienen el poder! ¡Nosotros, nosotros solos tenemos que defender a
España contra todos los dictadores y políticos! ¡Son muchos,
muchos obreros los que oyen y cantan mis canciones denunciadas
por las calles de Barcelona! *(Volviéndose a ellos.)* ¿Sabéis por qué
mantienen El Aspa Dorada aún a sabiendas de todo lo que aquí
pueda pasar? *(Silencio.)* ¡Porque es la manera de tapar la corrupción
y todo el dinero robado en otras empresas! ¡Si tenemos que morir,
aquí moriremos!
DON TORIBIO. — ¡Así será!
EL GRAN KAISER. — ¿Quién te dio las llaves, Azuleño? Porque si es
quien pienso, tendría que estar aquí con nosotros para morir
también.
TOMÁS EL AZULEÑO. — *(A gritos.)* ¡Me las dio Luis!

(El Gran Kaiser empieza a darse puñetazos en el pecho y cae de rodillas.)

DON TORIBIO. — ¡Un ladrón de cartillas de racionamiento!

EL GRAN KAISER. — *(Mientras se golpea.)* ¡Calla, que te mato!

DON TORIBIO. — *(Triunfante.)* ¿No lo sabíais los demás? *(Al Gran Kaiser.)* Y el culpable eres tú, que amparaste a un ladrón que dejó hambrientos a muchos de su pueblo. ¡Y tuvo que encerrarse aquí, amparado por éste *(Señalando al Gran Kaiser)* que seguramente, le sacaría una copia de las llaves que él tiene! ¡Llegó a querer hacerlo reina del Paralelo vistiéndolo de mujer, atentando contra la ley! La policía se dio cuenta y Luis salió de aquí pateado y golpeado, casi sin vida. ¡No sabemos ni a dónde iría a parar! ¡Puede que se lo esté comiendo la tierra! ¡Iros de aquí! ¡La puerta os abro ahora mismo! ¡Iros a luchar por esas calles con los vuestros! ¡Os juro, por mis muertos, que si pasáis aquí una sola noche, encontraréis la muerte! ¡Azuleño, echa las llaves de una vez e iros todos! ¡Iros!

TOMÁS EL AZULEÑO. — Estas llaves irán conmigo hasta que El Aspa Dorada no exista. Estas llaves servirán mucho todavía. Me lo dijo Luis casi en una agonía de muerte.

EL GRAN KAISER. — *(Arrodillado y gritándole.)* ¿Dónde estaba? ¿Dónde estaba?

TOMÁS EL AZULEÑO. — ¡No lo puede decir!

EL GRAN KAISER. — *(Levantándose y cogiendo del pecho a Don Toribio, le dice con el mayor de los odios y entre dientes.)* ¿Dónde está el general? ¿Por qué no viene por aquí?

DON TORIBIO. — *(Con el mismo odio.)* ¡Quita las manos de mi pecho antes de que estos que quieres amparar sepan quién eres!

EL GRAN KAISER. — *(En la lucha.)* ¡Si supieran quién soy, sería una ruina para ti, para el General Pardillo y para todos los suyos! ¡A solas hablaré con el General Pardillo! ¡Me teme tanto que no viene por aquí! *(Abofeteando a Don Toribio.)* ¡Se quedarán conmigo! ¡Nada temáis! ¡Lo mando yo! ¡Yo, yo, yo! ¡Entérate bien, Don Toribio! Han venido sin armas a este café! ¡Han venido en mi busca! ¡Ni tú, Don Toribio, sabías lo que yo tengo aquí! *(Entra rápido a su camerino. Saca varios fusiles y los tira a las tablas.)* ¡Aquí tenéis! ¿Sabéis cómo llegaron a mí? Me los trajeron los obreros que vienen a oírme cantar y que están dispuestos a dar su vida por la lbiertad. *(Vuelve a coger a Don Toribio del pecho.)* ¡Tú eres el primero que tienes que callar! ¡Sé como podrías no entrar más aquí! Bien lo sabes. Si algo ocurriera por tu culpa, no tendría compasión de ti.

DON TORIBIO. — *(Separándose del Gran Kaiser.)* ¡Os denunciaré a todos! *(Sale.)*

EL GRAN KAISER. — **¡Aquí esperamos tu denuncia!** *(Vuelve a caer de rodillas al suelo. Mirando las tablas, dice como para sí mismo:)* Quien quiera que salga. Llevaros los fusiles antes. No me importa que me dejéis solo. Tomás, antes de irte, dame las llaves.

TOMÁS EL AZULEÑO. — Tómalas pero no nos vamos. Nos sentaremos en estos cajones y esperaremos.

EL GRAN KAISER. — *(Con las llaves en las manos.)* ¿Cómo te las dio?

TOMÁS EL AZULEÑO. — No me hagas hablar.

(El Gran Kaiser besa y besa las llaves. Todos están silenciosos con los fusiles en las manos. Ninguno se va. Música fuerte y colores brillantes. Las putas rapadas y las coristas vuelven a salir cantando y bailando con enorme alegría.)

PUTA I. —	¡Ja!
PUTA II. —	¡Ja!
TODAS. —	¡Ja, ja, ja!
PUTA I. —	¿Delatar yo?
PUTA II. —	¿Delatar yo?
TODAS. —	Moriremos
	defendiendo
	a los que queremos.
	¿Quién no traiciona
	hoy día?
	¿Hay alguien
	que sepa defender
	a aquél
	que sabe dar
	la vida
	por querer
	a los demás?
	¿Todos calláis,
	verdad?
	¿Creéis que no existe
	ni justicia,
	ni caridad,
	ni bondad?
	En los seres

>   desgraciados,
>   más.

(Muy felices se vuelven de espalda meneando los culos.)

>   Aquí tenéis
>   a las rapadas.

(Todas las coristas, meneando el culo, se quitan las pelucas rapadas y las tiran.)

>   Rapadas,
>   pero con un saber,
>   que ya quisieran muchos
>   tener.
>   Rapadas,
>   para querer mucho más
>   al mundo
>   que vivimos
>   y, aunque por las Ramblas
>   subimos,
>   lo hacemos
>   tranquilas,
>   oliendo a claveles
>   y a rosas con espinas.

(Vuelven a menear los culos. Cogen las pelucas rapadas y se las vuelven a poner.)

>   Y las rapadas
>   preguntamos,
>   ¿por qué pasarán
>   estas cosas en el mundo?
>   ¿No hay manera
>   de querer
>   y de saber
>   el por qué
>   de todo este dolor . . . ?
>   Pero, a callar.
>   Soñemos,

queramos
y vivamos
amando a los demás.
Rapadas. Rapadas. Rapadas,
pero con mucho amor
a todos
y a Dios.
¡Ele ahí,
rapadas!
Nadie sabía
que teníamos alas.

(Meneando las tetas.)

¡Menudas alas
para volar
y hacer callar
a todo el que queramos.
¡Nadie verá nunca
tan bonita
función,
como la que
en esta ocasión
se está viendo
en El Aspa Dorada
con sus aspas
apuñaladas!
No importa,
todo es luchar
para que
el hambre
no venga más.
¡Ele ahí
las rapadas,
doradas
como los rayos del sol
y desbordando
justicia,
piedad

y amor!
¡Ele ahí!

(Bailan brúscamente meneando mucho los culos y las tetas.)

(Cesó la música y se fue la luz. Están los cinco como los vimos últimamente. En su fondo parece latir una seguridad grande y no tener miedo.)

EL PUÑALES. — Hace tres horas que no se oye tirotear.

JOSÉ EL SOCIALISTA. — Tres horas.

TOMÁS EL AZULEÑO. — Para mí estos momentos son de una gran hermosura.

EL PUÑALES. — ¿Por qué?

TOMÁS EL AZULEÑO. — Porque no paro de pensar.

EL PUÑALES. — Y a mí me ocurre igual.

JOSÉ EL SOCIALISTA. — ¿Y a quién no?

EL YANQUI. — Yo tengo mucho miedo.

TOMÁS EL AZULEÑO. — ¿Por qué?

EL YANQUI. — No sé bien por qué . . . Quizá sea porque no sé qué es la libertad. No la tuve nunca. Cuando veníamos en los vagones, soñaba con ver Barcelona. Ni la vi. Todo ha sido pasar a escondidas por las calles y sin saber dónde están los nuestros.

TOMÁS EL AZULEÑO. — Vendrán.

EL YANQUI. — ¿Cuándo?

TOMÁS EL AZULEÑO. — Los primeros tiroteos que suenen serán los de ellos. Se abrirán las puertas y entrarán. Estoy seguro que saben dónde estamos y hasta muchos soldados en los cuarteles se van a sublevar. Barcelona arderá.

EL GRAN KAISER. — No penséis en eso.

EL YANQUI. — *(Acercándose al Gran Kaiser.)* No quiero pensar en eso. No me importa decirlo. Parece que soy el que más sueño. Todavía pienso en lo que aquel capitán me dicía, "Vente a América y vivirás en un mundo lleno de libertad, de alegría y de riqueza, donde los sueños se convierten en realidad." Quizá mi sueño sea el sueño temeroso de todos los españoles . . . que los americanos acaben apoderándose de nuestro país.

EL GRAN KAISER. — ¿Sabes manejar un fusil?

EL YANQUI. — Sí.

EL GRAN KAISER. — ¿Dónde aprendiste?

EL YANQUI. — En el ejército franquista de donde deserté. Huí para coger un avión que saliera para América. No pudo ser . . . y aquí estoy, esperando a ver lo que pasa de mi vida, y si no fuera nunca a esa América que sueño, quisiera morir en estas tablas.

EL PUÑALES. — *(Levantándose.)* No puedo oírte.

EL YANQUI. — Hablo de mi libertad. ¿Acaso tú no la tuviste nunca?

EL PUÑALES. — Nunca.

EL YANQUI. — Qué extraño. ¿Por qué estás aquí entonces?

EL PUÑALES. — Buscando la libertad que no tuve.

EL YANQUI. — ¿Ni de niño?

EL PUÑALES. — Ni de niño. Mis padres me llevaron a un orfelinato y allí aprendí a obedecer órdenes de unos y de otros. Más tarde . . .

EL YANQUI. — ¿Qué?

EL PUÑALES. — Creyendo que en La Iglesia iba a encontrar libertad, me ordené de sacerdote. Creo que tenía fe y . . . casi seguro me parece que la sigo teniendo. Leí y releí mucho, desde San Agustín y Santo Tomás a los teólogos de nuestros días.

EL YANQUI. — ¿Y qué te pasó? ¿Por qué te hiciste anarquista?

EL PUÑALES. — Empecé a darme cuenta que la Iglesia está dominada por ladrones que quieren apoderarse de todos los tesoros de la tierra. Entonces, cuando ya no aguanté más, en los primeros momentos que pude, me unía a los que quemaban iglesias. Desde entonces me persiguen. No he sabido dónde meterme y me vine a Cataluña porque me sentía devorado por unos ideales de gran rebeldía que tienen que acabar conmigo. Yo no cambiaré nunca de partido como hacen tantos miserables cuando les conviene. Estuve . . .

EL YANQUI. — ¿Dónde?

EL PUÑALES. — En campos de concentración. Vi morir a muchos fusilados y hambrientos. Os juro que aquellos que morían, no eran culpables, entonces . . . ¡No puedo seguir hablando!

EL GRAN KAISER. — ¡Di ya de una vez!

EL PUÑALES. — Sentía el deseo de darles los Santos óleos y bendecirlos. ¡Dios mío! ¡Aquel sacerdote no se va de mí! Sin embargo, no creo en la Iglesia Católica, ni en el Vaticano que yo quisiera adorar, pero no puedo. Me pregunto cómo he llegado a esta vida mía de ahora. ¡En las iglesias que quemaba, veía gente morir! ¡Dios mío, creo en Ti, pero no en los hombres de tu Iglesia! ¿Quién soy yo que con tanto rencor quité los puñales del pecho de la Virgen, porque los besaban todos los días las mismas personas sin encontrar solución para sus vidas? ¿Qué quiero de mí?

EL YANQUI. — *(Con gran rencor.)* Sin embargo, yo sí, sé lo que quiero de mí: saber cómo es el mundo y los políticos que acechan a nuestro país y que no nos ayudaron, ni nos ayudarán. ¡Esa América . . . !

JOSÉ EL SOCIALISTA. — ¡Fuera todo eso que habláis! ¡Oigo pasos cercanos de soldados!

TOMÁS EL AZULEÑO. — *(Muy rápido.)* ¡Y yo muchos pasos por los corredores de este café! ¡Pasan y cruzan! *(Señalando.)* ¿Los veis?

EL GRAN KAISER. — *(Con la misma rapidez.)* ¡Son los asperos!

(Los asperos se tiran desde arriba cogidos de maromas. Mientras hablan, se van de unos lados a otros, corriendo y emprendiendo un juego dislocador. Nadie puede con ellos.)

UN ASPERO. — *(Al Gran Kaiser.)* ¡Dadnos armas a nosotros también!

OTRO ASPERO. — ¡Hemos oído contar vuestras historias!

OTRO ASPERO. — ¡Sabemos la del Gran Kaiser, que es la peor!

ORTRO ASPERO. — ¡El Azuleño y los demás se salvarán por nosotros, pero el Gran Kaiser, no! ¡No creemos en él!

EL GRAN KAISER. — *(Gritándoles.)* ¡Parad de una vez y explicarme! ¡No nos volváis locos con vuestras correrías! ¡Nunca me dijisteis quién erais y sé que entráis por los ventanucos de los camerinos de lo alto.

UN ASPERO. — *(Sin dejar de correr y gritando.)* ¡Hemos querido buscar trabajo y no hemos encontrado por ninguna parte! ¡Venga las armas que tienes en tu camerino!

EL GRAN KAISER. — *(En su alarma.)* ¡Entrar! ¡Entrar y llevároslas! *(Cogiendo a un aspero del pecho.)* ¿Dime por qué mi historia es la peor?

EL ASPERO. — ¡Salid todos pronto de aquí!

TOMÁS EL AZULEÑO. — *(Interponiéndose.)* ¡No dejamos al Gran Kaiser!

EL ASPERO. — ¡Salid os digo! Y si no, ¡abrid las navajas, asperos!

(Abren las navajas. Con la misma violencia, las putas rapadas se asoman a los procenios.)

PUTA I. — ¿Por qué?

PUTA II. — *(Con la misma violencia que la primera.)* ¡Cerrad las navajas! ¡Estamos condenadas por vuestra culpa! ¡Nunca se quedará el Gran Kaiser solo!

PUTA I. — ¿Qué queréis hacer con esas armas? ¡Dejar las armas donde estaban! ¡Dejarlas todos!

PUTA II. — *(Gritándoles.)* ¡En la Barceloneta hay un barco que espera! ¡Ese barco os puede llevar lejos!

UN ASPERO. — *(Señalándolas con odio.)* ¡No las creáis! ¡No os creemos nadie! ¡Sois las rapadas! ¿Sabéis por qué son las rapadas? . . . ¡Porque prefirieron que las raparan y ser espías franquistas antes que morir! ¡El barco que hay en la Barceloneta puede ser un engaño, una traición!

PUTA I. — *(Saliendo del palco del proscenio, se tira al cuello del aspero.)* ¡Te ahogo! ¡Ninguno de vosotros hubiérais podido resistir lo que nosotras hemos resistido! ¡Te mato! *(Le ha cogido el puño y le ha forzado hasta dejar caer la navaja al suelo. El Azuleño y los suyos están apuntando a los otros asperos.)*

PUTA II. — ¡Déjalo! ¡Déjalo!

PUTA I. — *(Lo deja.)* ¿Quién os creéis que sois cada uno? ¿Por qué nosotras confiaríamos en los asperos?

(Empieza a sonar un tiroteo. Entra el General Pardillo.)

EL GENERAL PARDILLO. — ¡Quietos todos!

(Por todas partes van saliendo policías. Van cogiendo a todos, quitándoles los fusiles y esposándoles las manos a la espalda. A Las Putas y a Las Coristas también. Todas siguen rapadas. Se oyen pitidos por todas partes.)

EL GRAN KAISER. — *(Desafiando al General.)* ¡Diles que quiten las esposas de mis manos!

(La policía intenta llevarse a los asperos mientras gritan.)

LOS ASPEROS. — ¡Viva el anarquismo! ¡Antes de salir a la calle os matarán los nuestros!

(Un aspero esposado se escapa. Sube al segundo piso. Le da un puntapié a un camerino. Se asoma a una ventana con rejas y dice a gritos:)

UN ASPERO. — ¡Aquí estamos! ¡Viva el anarquismo!

(El tiroteo se hace más violento. La policía sigue luchando como puede para esposar a unos y a otros. Todos intentan escapar. Rápidamente el Gran Kaiser va hacia el General Pardillo. Los dos se miran.)

EL GENERAL PARDILLO. — Tú quedarás aquí.

EL GRAN KAISER. — *(Con un odio feroz.)* ¡A tu lado, nunca! ¡Nunca más! *(A voces.)* ¡Diles que no se los lleven porque puedo acarrearte disgustos que ni los esperas! ¡Conservo todas tus cartas!

EL GENERAL PARDILLO. — *(Ha sufrido una brusca reacción y ordena.)* ¡Adelante! ¡Que te lleven a ti también!

EL GRAN KAISER. — ¡No! ¡No! ¡No me llevarán sin que me escuchen! *(A todos y entre dientes.)* ¡Soy el dueño de este café! ¡Yo! ¡Yo! *(Todos se detienen.)* ¿Sabéis por qué? *(Silencio.)* ¿Sabéis por qué? *(Silencio.)* ¡Nunca quise hacerle daño a nadie como este General lo hizo conmigo! ¡Me regaló el café! ¡Lo firmó! ¡Si me callo y no hablo más de tu daño es porque no quiero que te fusilen en el ejército! Me callo a condición de que me aclares esta pregunta, ¿dónde está Luis? ¿Qué hiciste con Luis?

EL GENERAL PARDILLO. — Lo que pensé que debía hacer. A Luis no le hiciste ningún bien.

EL GRAN KAISER. — *(Entrando en una desesperación.)* ¡Todo el que pude! Dime, ¿dónde está?

EL GENERAL PARDILLO. — *(Ordenando.)* Dile, Azuleño, ¿quién te dio las llaves con las que pudisteis entrar aquí?

TOMÁS EL AZULEÑO. — Luis me las dio cuando casi moría.

EL GRAN KAISER. — ¿Dónde?

TOMÁS EL AZULEÑO. — Me llevaron casi a escondidas. No sabría decir en qué hospital estaba. Me las dio sin que nadie las viera.

EL GRAN KAISER. — *(Hincándose de rodillas mientras llora.)* ¡Luis, yo no quise ser culpable de lo que te pasó! Estabas acorralado cuando yo quise tu bien. Si tu cariño se apoderó de mí, ¿cuál pudo ser mi culpa?

EL GENERAL PARDILLO. — *(Volviéndose de espalda y con gran respeto.)* Tu culpa fue igual que la mía, Gran Kaiser. Créeme que hice por Luis todo lo que pude, como lo hice por ti. Voy a decirte, *(Se vuelve hacia el Gran Kaiser)* delante de todos, lo que no te dije nunca. Cuando terminó la guerra, tú eras la gran estrella del Paralelo, pero te quisieron echar de este café. No llegaste a salir de aquí por las defensas que de ti hice. Sabía tu vida. Sabía que te habías venido a Barcelona desde un pueblo de Andalucía. Sabía que buscabas trabajo en los peores tugurios del Barrio Chino. Sabía de los camiones que llevaron a tus padres a los paredones. Necesitabas contárselo a alguien y nunca podías, hasta que un día, te vi tirado en el tranco de una casa de la calle Robadores. Te llevé a mi casa. Te hiciste mi amigo y me lo contaste todo.

EL GRAN KAISER. — *(En la misma actitud de agresividad.)* ¿Y lo que yo sé de ti? ¿Y los negocios que hiciste mientras yo bailaba y cantaba en este café? Tú y los tuyos no habéis hecho más que traficar con el dinero y las personas. ¿Qué España es ésta, Señor? ¿Qué somos los seres humanos?

EL GENERAL PARDILLO. — Lo que yo soy bien lo sabes. Si tus brazos no me los abrías, yo no te abrí nunca los míos. Si tus palabras no me las dabas, yo nunca te las pedía. Que piensen de mí lo que quieran los demás. Me voy para siempre de El Aspa Dorada y me daré de bajo en el ejército, pero nadie podrá decir nunca que yo haya traficado ni con el dinero ni con las personas. Pregunta, anda, pregunta.

EL GRAN KAISER. — ¿Cuándo? ¿Cuándo me llevan de aquí esposado para siempre? *(Con el mayor dolor.)* ¡Malditos seamos todos los que quisimos ser reinas del Paralelo!

(La policía intenta llevarse al Gran Kaiser.)

EL GENERAL PARDILLO. — ¡Esperar un momento! Antes de que salgas de aquí, mira lo que te traje.

(Entra Luis casi sin poder andar, tirando de unas muletas como el que tiene huesos de las piernas rotos. Detrás viene la muchacha con la maleta. Todos quedan en el mayor silencio.)

EL GRAN KAISER. — *(Con gran ternura.)* Luis . . .

LUIS EL RACIONERO. — *(Sonriendo.)* Gran Kaiser . . . Sufrí mucho con los huesos de las piernas y de la cadera. Ya apenas podré andar nunca. *(Mirando a La Muchacha.)* Ella vino por mí, pero antes, estuvo muchos días a mi lado. El general le dijo dónde estaba y ella no me ha dejado ni un solo momento. *(Sonriendo, con cariño, y casi en voz baja.)* El general me ayudó mucho, Gran Kaiser, y me salvó. Estoy seguro que te han de quitar esas esposas con que te han atado las manos. *(Su voz se hace cada vez más cariñosa.)* Ahora me voy *(Sonriendo)* a la cárcel . . . para pagar mis deudas. Después . . .

volveré a mi pueblo. No quería irme sin despedirme de ti. Quiero decirte adiós, Gran Kaiser. Para mí, como tú, hay muy pocas personas. Quiero besarte, Gran Kaiser. *(Suavemente, el Gran Kaiser se levanta y Luis le besa la frente.)* Adiós, Gran Kaiser, adiós.

(Va saliendo en el mayor silencio. La Muchacha sigue tras él. Ya que salieron, el Gran Kaiser mira al General. No sabe decirle adiós, ni el General sabe mirarlo. La policía se va llevando a todos sin que nadie se rebele.)

EL GRAN KAISER. — *(Mirando todo el café-concierto, pensativo, profundo.)* Volveré a . . . cantar . . . en estas tablas. Solo, profundamente solo.

(El General sigue sin poder mirar al Gran Kaiser. Salen todos. La música suena con fuerza y alegría. Todo se ilumina. Aparecen todos, esposados, tal y como salieron. Cantan y bailan.)

EL GRAN KAISER. —
  Éste es
  el final
  de lo que veis.
  Un final
  que no
  terminará
  jamás.
  Tú eres como yo
  y yo como tú.
  ¿Quién puede decir
  que engaño
  es
  lo que has visto,
  ves
  y verás.
  Llegará
  el final
  tuyo, mío
  y el de aquél
  y será
  igual
  a lo que ves.

No sabrás de ti,
ni del otro,
ni del que está aquí
ni allí.
Odié ser reina del Paralelo,
pero he visto
que no es un dolor
sino in placer,
para salvar,
con amor,
a todo el que pueda ser.
A esto tendremos
que aprender
para encontrarnos
la verdad.
Si esto callamos
y no respetamos,
¿cómo poder vivir?
Ven aquí,
aspero,
que quiero
saber tu verdad.

LOS ASPEROS. —

(Bailando y cantanto con gestos burlones.)

No te burles
ni de mí,
ni de aquél.
Asperos todos
cuando haya
que ser,
siempre por salvar
la verdad
y el pan
que haya
que comer.

(Se ríen y siguen burlándose más.)

PUTAS Y CORISTAS. —
　　　　　　　¿Quién dijo eso?
　　　　　　　El pan se gana a pulso
　　　　　　　viviendo
　　　　　　　y sabiendo
　　　　　　　lo que sea menester.
　　　　　　　No más conflictos
　　　　　　　en la humanidad.
　　　　　　　Ésa es la verdad.
　　　　　　　¿Por qué ha de haber
　　　　　　　rencores, odios, traiciones
　　　　　　　entre unos y otros
　　　　　　　si al fin
　　　　　　　todos llevan dentro bondad?

GRAN KAISER. — Mírate bien,
　　　　　　　te lo digo a ti,
　　　　　　　y a ti,
　　　　　　　y aquél
　　　　　　　que he visto
　　　　　　　pasar
　　　　　　　y reflexionar
　　　　　　　lo que el mundo
　　　　　　　pueda ser.

(Los asperos pasan en ella, guiñando. Las putas rapadas también.)

TOMÁS EL AZULEÑO Y LOS DEL VALLE DE ARÁN. —
　　　　　　　¿Para qué dejar
　　　　　　　todos los Valles de Arán?
　　　　　　　¿Para no saber
　　　　　　　dónde está
　　　　　　　la verdad
　　　　　　　de unos
　　　　　　　y de otros
　　　　　　　y después
　　　　　　　traicionar
　　　　　　　y robar

                          y querer ser más
                          que las reinas del Paralelo?

GRAN KAISER. — Del Paralelo
                          que está bajo el cielo,
                          no se saldrá
                          jamás.
LAS DOS PUTAS. —
                          ¿Qué sabe nadie
                          de estos pobres asperos,
                          lo que tuvieron
                          que hacer
                          para vivir
                          y después padecer?

LOS ASPEROS. — ¿Y ellas,
                          a sus años,
                          no saben
                          vivir,
                          ni sentir,
                          ni dónde ir
                          a por el pan?
                          Qué vidas
                          tan fulastronas
                          tienen las putas
                          pelonas.
                          ¿Y los que vinieron?
                          ¿Vinieron desde el Valle de Arán
                          al cielo
                          de estas tablas,
                          donde el Gran Kaiser
                          cantó y bailó
                          tanta canción
                          que se olvidará?
                          ¡Ya se verá!

TOMÁS EL AZULEÑO Y LOS DEL VALLE DE ARÁN. —
                          Vinimos a guerrear,
                          pero guerrear
                          no es conseguir

ni lo que se quiere allí,
ni aquí,
ni allá.
Qué mundo
el que tenemos
que vivir.

TODOS. —

No más engaños,
no más traiciones,
no más pensar
en que tú y yo
llevamos la razón
y nos van a adorar.
¿A que te cansarás
de luchar?
Sí,
te lo digo a ti,
y a ti,
y a ti,
y a ti.
Respóndeme.
¿A que no?
Viva la canción
que el Gran Kaiser
creó
para decirle
al mundo,
pensar,
que si tú destruyes,
¿qué será de los demás?

PUTAS Y CORISTAS. —

Éstas son las reinas
del Paralelo
que, si pensáis bien,
vinimos del cielo
para haceros
el gran bien
de que reflexionéis,
de que penséis

en el amor
para todos,
en la bondad,
en la justicia,
en la caridad.
Paralelo,
no mueras nunca.
A vivir.
A saber
el bien
que se pueda hacer,
el bien que todos
lo que aquí
estamos,
deseamos.
Habla tú,
y tú, y tú, y tú,
y todos cantemos,
bondad para
los que están
a tu lado,
y al mío, y al mío, y al mío.
Bondad,
caridad,
amor.

(Ríen, lloran, hacen gestos de burla, meneos groseros y burlescos.)

GRAN KAISER. — Si alguna vez
te toca vivir
como a mí, ¿qué pasará?
¿Perdonarás?
¿Odiarás?
¿Qué se sabe,
dirás?
Anda, dime
tú, y tú, y tú.
Yo te he contado
mi verdad.
Cuéntame la tuya,

anda,
ten piedad.
¿No la quieres contar?
Qué pena
que las personas
no queramos
a veces hablar.
¡Qué daño tan grande
se les hace a los demás!

TODOS. —

(Con la mayor alegría.)

¿Quién perderá?
¿Quién ganará?
¿Se sabrá alguna vez
quiénes podrán ser
los que amor tengan
a esta tierra
que pisamos?
amor para salvar,
Amor para engrandecer,
para progresar
con toda la verdad.

(Se arrodillan todos.)

Nos arrodillamos
para besar
las tablas que pisamos.
¡Nuestras! ¡Nuestras!
Qué gran hazaña
el saber luchar
con fervor,
aunque encadenados
quedemos
los que hemos luchado
por ver a una España
mejor,

resplandeciente
y ardiente,
que irradie
ambición,
paz,
justicia
y libertad,
aunque luchemos
por ella
con ideales,
sean como sean,
para unos y para otros,
pero siempre sin rencor,
sino llenos de fe
y amor.

(Empezamos a oír música militar de toda Europa. Los cambios son bruscos y violentos. Las ventanas de la calle se encienden, mientras todos siguen arrodillados, mirando las tablas de El Aspa Dorada.)

FIN

José Martín Recuerda
Salobreña, 1991

BIBLIOGRAPHY

Bibliography

Dramatic Work by José Martín Recuerda

La Garduña (1940)
Unpublished.

El Padre Aníbal (1941)
Unpublished.

El Enemigo (1943)
Published in *The Theatre of José Martín Recuerda* (Edwin Mellen Press, 1993).

La Reina Soñada (1945)
Unpublished.

Caminos (1945)
Unpublished.

Dauro (1946)
Unpublished.

La Llanura (1947-48)
Staged in 1954 at Isabel la Católica (Granada), Lope de Vega (Sevilla) and Español (Madrid) theatre houses by the Teatro Universitario de Granada under the direction of the playwright. The work was restaged by El Divan (1980), a Granadine theater group, and later by La Barraca (1984), a Barcelonian troup. Published in 1977 in *Estreno* 3.1, and in 1982 by Editorial Don Quijote (Granada).

Los Átridas (1950)
Staged in 1955 by the Teatro Universitario de Granada and directed by Trino Martínez Trives at the Teatro Cervantes (Granada). Unpublished.

José Martín Recuerda

El Payaso y los Pueblos del Sur (1951)
Staged in 1956 by the Teatro Universitario de Granada and directed by Martín Recuerda at the Teatro Isabel la Católica (Granada). Unpublished.

Ella y los Barcos (1952)
Unpublished.

Las Ilusiones de las Hermanas Viajeras (1955)
Staged in several Madrid high schools and colleges in 1973 by a university group and directed by Andrés Peláez. Published by Editorial Godoy in 1981 (Murcia).

El Teatrito de Don Ramón (1957)
Winner of the Lope de Vega Prize in 1958. Staged in 1959 at the Teatro Español (Madrid) by the Compañía Nacional under the direction of José Tamayo. Taped for a TV presentation under the direction of Alberto González Vergel (1969). Restaged in Murcia in 1981 by La Bella Aurelia theatre group and directed by Antonio Morales. Published by Taurus, ed. José Monleón (1969); Escelicer (1969), and Clásicos Plaza & Janés in 1984 (edition by Gerardo Velázquez Cueto).

Como las Secas Cañas del Camino (1960)
Staged in 1965 at the Teatro Capsa (Barcelona) under the direction of José Ariza. Originally titled *Ricitos*. Taped for TV under the direction of Pilar Miró (1968). Published in *Yorick* 17-18 (1966); Escelicer (1967), and by Clásicos Plaza & Janés in 1984 (edition by Gerardo Velázquez Cueto).

Las Salvajes en Puente San Gil (1961)
Staged in 1963 at the Teatro Eslava (Madrid) under the direction of Luis Escobar. A film version with the same title, directed by Antonio Ribas, appeared in 1965. Restaged in 1973 under the direction of Antonio Díaz Zamora at the Teatro Quart 23 (Valencia). Published in *Primer Acto* 48, (1963); *Teatro Español: 1962-63*, Aguilar, ed. Sáinz de Robles (1964); Escelicer, 452 (1965); Taurus, ed. José Monleón (1969) and Cátedra, ed. Francisco Ruiz Ramón (1977).

El Cristo (1964)
Never staged in Spain. Staged by the Retamar theater group in various areas of the Granadine province (1983). Translated into Italian and

staged by R.A.I. in 1972, 1975, 1977. Published by Taurus, 633 (1969); Escelicer (1969), and Don Quijote (1982).

¿Quién Quiere una Copla del Arcipreste de Hita? (1965)
Staged in 1965 at the Teatro Español (Madrid) by the Compañía Nacional under the direction of Adolfo Marsillach. Restaged in 1973 by Roba Estesa Grup Teatre, directed by Nuria Masot. Retitled as *El Arcipreste de Hita y sus Coplas* and staged in 1974 by students from the Cátedra Juan del Enzina of the University of Salamanca under the direction of Angel Cobo. Remounted in Murcia in 1975 by the theatre group, Molinillo, under the direction of Antonio Morales. Published by Editora Nacional (1965), and Escelicer, 496 (1966).

El Caraqueño (1968)
Staged in 1968 by the playwright at the Teatro Alexis (Barcelona) by the Compañía de Carmen Lirio. Staged in 1976 as *Regreso de un Emigrante en el Año 1976* (unpublished). Restaged in 1978/79 by the traveling Compañía de Ana Mariscal and directed by the actress in several Spanish cities. Staged again in 1993 by Fundación Colegio del Rey and directed by Guillermo Baeza García. Published in *Primer Acto* (107, 1969) and by Escelicer (1971).

Las Arrecogías del Beaterio de Santa María Egipciaca (1969-70)
Directed by Adolfo Marsillach and staged in 1977 at the Teatro Comedia (Madrid). Translated by Robert Lima into English and staged in 1980 at The Pennsylvania State University under the direction of Manuel Duque. Directed by Jacinto Soriano and staged in 1980 at the University of Sorbonne Nouvelle (Paris). Published in *Primer Acto* (169, 1974), in Diputación de Málaga (1975), and in Cátedra (1977). Winner of Long Play, Radio Popular of Madrid, and Vivarambla.

El Engañao (1972)
Lope de Vega Prize winner in 1976. Staged in 1981 at the Teatro Español (Madrid) under the direction of Jaime Chávarri. Published in Cátedra (1981).

Caballos Desbocaos (1978)
Published in Cátedra (1981). Not staged.

Las Conversiones (1980)
Staged in 1983 at the Centro Cultural de la Villa de Madrid as *Carnaval de un Reino* under the direction of González Vergel. Restaged with the original text and title at the Aula Juan del Enzina by Angel Cobo (1985). Published by Editorial Godoy (Murcia, 1981).

Carteles Rotos (1983)
Originally titled *Como Desbandada de Pájaros Ciegos*. Retitled as *La Familia del General Borja*. Published by Edwin Mellen Press (U. S. A.), 1993.

La Trotski (1984)
Published in *Primer Acto* (207, 1985) and by Editoriales Andaluzas Unidas (1990).

La Cicatriz (1985)
A version published in *Canente* 7 (Málaga, 1990: 79-110). A second version published by Edwin Mellen Press (U. S. A.), 1993.

Amadís de Gaula (1986)
A version published by University of Murcia in 1991. A second version published by Edwin Mellen Press (U. S. A.), 1993.

La Trotski se va a las Indias (1987)
Published by Editoriales Andaluzas Unidas, 1990.

La Deuda (1988)
Published by Edwin Mellen Press (U. S. A.), 1993.

Las Reinas del Paralelo (1991)
Published by Edwin Mellen Press (U. S. A.), 1993.

Movies Scripts

Seis Historias del la Caída que Llevó a la Paz: Sinópsis de guiones inéditos para el cine. (n. d.)
Includes the following scripts: ------, *Las Brigadas Internacionales, La Sublevación de Cullera, Teruel, El Ebro, Madrid en los Finales. El Ebro* is reworked and appeared as a script for TV in 1983.

TV Scripts

Juan el Deudor (1966)
Transmitted by T. V. E. (1966). Unpublished.

El Viajero Ciego (1966)
Transmitted by T.V.E. (1966). Unpublished.

El Temerario, su Mujer y su Suegra (1967)
Unpublished.

El Ebro (1983)
Based on a movie script. Reworked for TV. Published in *Barcarola*, 13-14, Albacete (with a study by Antonio Morales).

La Gitanica Rosa (1985)
Script guide about the world of the Gypsy. Published in *Barcarola*, Albacete (with a study by Antonio Morales).

Works on the Theatre of José Martín Recuerda

A(cerete), J(ulio) C. *"Como las Secas Cañas del Camino* de José Martín Recuerda." *Primer Acto* 73 (1966): 62.

Alonso, Elfidio and Juan Cruz Ruiz. "Don Martín Recuerda, destacado autor del la 'generación incomprendida' del teatro español." *El Día* (18 Jan. 1969): 8.

Álvarez, Carlos Luis. "A la busca de las obras perdidas: El teatro de la catacumba. Hoy: José Martín Recuerda." *Blanco y Negro* 3355 (21 Aug. 1976): 50-51.

_____. *"Las Arrecogías en el Beaterio de Santa María Egipciaca* de José Martín Recuerda en la Comedia"(sic). *Blanco y Negro* 3380 (9-15 Feb. 1977): 46-47.

Álvaro, Francisco. *"Las Salvajes en Puente San Gil* de José Martín Recuerda." *El Espectador y la Crítica: El Teatro en España en 1963.* Valladolid, 1964: 56-61.

_____. *"El Teatrito de Don Ramón."* *El Espectador y la Crítica: El Teatro en España en 1959.* Valladolid: Talleres Gráficos, 1960. 41-44.

_____. *"¿Quién Quiere una Copla del Arcipreste de Hita?* de José Martín Recuerda." *El Espectador y la Crítica: El Teatro en España en 1965.* Valladolid, 1966: 149-154.

_____. "Valencia." *El Espectador y la Crítica: El Teatro en España en 1972.* Prensa Española, Madrid, 1973. (On the staging of *Las Salvajes en Puente San Gil* in Valencia).

Amo, Álvaro and Miguel Bilbatua. "El teatro español visto por sus protagonistas: autores." *Cuadernos para el Dialogo,* 3 Extraordinario (June 1966): 43-46. (Issue contains statements by Martín Recuerda, Muñiz, Olmo, and Rodríguez Buded).

Aragonés, Juan Emilio. "La heroína en el Beaterio." *La Estafeta Literaria,* 608 (15 March 1977): 23-24.

Arévalo, José Carlos. "Arrecogíos todos." *Cambio 16,* 272 (27 Feb. 1977).

Barroso y otros. "Introducción." In *La Literatura Española a través de los Textos.* Vol. 4. Madrid: Editorial Istmo, 1981.

Bayón, Miguel. "Arrecogías a la calle: Martín Recuerda, al fin . . . ." *Ozono* 18 (March 1977): 57-58. (On the debut of *Las Arrecogías).*

_____. "Carrozas sin carnaval." *Cambio 16* 624 (14-21 Nov. 1983): 187.

Bersategui, Blanca, "José Martín Recuerda: la cólera del español sentado." *ABC* [Madrid] 8 June 1980. (On *Las Reinas del Paralelo y vida de Carmen de Lirio).*

Bilbatúa, Miguel. "Rebeldía en el Beaterio." *Cuadernos para el Diálogo,* 199 (19-25 Feb. 1977): 46-47.

_____. El Engañao, premio Lope de Vega." *Ya* (16 March 1976): 24.

"Biografía." *Primer Acto,* 169 (June 1977): 11-13.

Bretz, Clare. *The Tragedy of Spain in the Dramas of José Martín Recuerda.* Diss. The Pennsylvania State University, 1981.

Cabello, Francisco L. "Mariana Pineda en dos dramas de Lorca y Martín Recuerda." *Revista de Estudios Hispánicos,* 18.2 (May 1984): 277-292.

_____. *El Teatro de Martín Recuerda.* Diss. Davis: University of California, 1984.

Castro Eduardo. "Su última obra, *Las Conversiones,* describe la juventud de Celestina." *El País* [Madrid] 15 Aug. 1981.

_____. "Homenaje a Martín Recuerda en Almuñécar con 'los mejores exponentes del teatro.'" *El País* (20 Dec. 1984).

Cazorla, Hazel. "Literatura y realidad histórica en *Las Conversiones* de Martín Recuerda." *Romance Quarterly,* 35.1 (Feb. 1988): 75-79.

_____. "The Myths of Freedom: On Stage in Post-Franco Spain." *Hispania,* 69 (March 1986): 141-144. (Brief discussion on *Las Arrecogías del Beaterio de Santa María Egipciaca,* and *Las Conversiones).*

Corbalán, Pablo. *"Las Arrecogías del Beaterio de Santa María Egipciaca* de Martín Recuerda." *Informaciones* (7 Feb. 1977): 23.

Cobo, Ángel. *"Caballos Desbocaos:* un carnaval en busca de redención." In *El Engañao, Caballos Desbocaos.* Angel Cobo, Martha T. Halsey, eds. Madrid: Cátedra, 1981: 51-61.

_____. "El Albaicín y otras demagogías." *Ideal* [Granada] 21 Oct. 1978: 3.

_____. "Introducción al teatro de José Martín Recuerda." In *El Engañao, Caballos Desbocaos.* Angel Cobo, Martha T. Halsey, eds. Madrid: Cátedra, 1981: 11-25.

_____. "Introducción." In *La Trotski. La Trotski se va a Las Indias.* Angel Cobo, ed. Sevilla: Editoriales Andaluzas Unidas, 1990: 9-36. The Introduction incudes the following:
   a) "¿Cómo puede surgir una obra llamada teatral," 11-13;
   b) "El mundo 'vivo' de José Martín Recuerda," 13-22;
   c) "Dos tragedias grotescas ante la imposible rebelión: *La Trotski* y *La Trotski se va a Las Indias,"* 22-35;
   d) "Un paso más en la evolución dramática de José Martín Recuerda," 35-36;
   e) "Bibliografía," 37-42.

"Continúan los comentarios sobre Estudio 1." *Ideal* [Granada] 21 Nov. 1968: n.p.

Cornish, Roger N., "Penn State Premieres Suppressed Spanish Play." *Theatre News* 12.8 (May 1980): 4-5. (On *Las Arrecogías).*

"Crítica a *El Payaso." Ideal* (11 Febrero 1956): n.p.

"Curriculum Teatri: José Martín Recuerda, granadino, 1925." *Ya* (7 Nov. 1973): n. p.

Dillingham, Marjorie. *Social Theater in Contemporary Spain.* I, II. Diss. Florida State University, 1970. (Includes discussion on the *Generación Realista.* For Martín Recuerda, 358-388).

Dowling, John. "Teatro cómico y lo cómico en el teatro español de la posguerra." *Hispania* 60 (Dec. 1977): 899-906. (Includes discussion on *Las Salvajes en Puente San Gil).*

"Enérgica repulsa de Ayuntamiento a los conceptos vertidos en una obra de T. V. E. *Ideal* [Granada] 24 Nov. 1968: 29.

Fernández Aguilar, Jacobo. *Aspectos Trágicos en José Martín Recuerda.* Tesis de licenciatura, Universidad de Murcia, 1978.

———. ed. *Amadís de Gaula* by José Martín Recuerda. Murcia: La Antología Teatral Española, 1991.

Fernández Santos, Ángel. "*Las Arrecogías del Beaterio de Santa María Egipciaca.*" *Diario* [Madrid] 7 Feb. 1977: 16.

———. "Un estreno agitado. *Primer Acto* 48 (1963): 24-25. (On *Las Salvajes).*

Fernández Torres, Alberto. "*Las Arrecogías del Beaterio de Santa María Egipciaca* de José Martín Recuerda." *Insula* 364 (March 1977): 14.

———. "Jaime Chávarri: 'El teatro es un fascinante plano secuencia.'" *Pipirijaina* 18 (Jan.-Feb. 1981): 36-37. (Interview with Chávarri about directing *El Engañao).*

———. "*El Engañao* de José Martín Recuerda." *Insula* 412 (March 1981): 15.

Galindo, (Federico). "*Las Salvajes en Puente San Gil* en Eslava." *Dígame* [Madrid] June 1963: n. p.

García Miguel, Ernesto. "Director del Juan del Enzina: José Martín Recuerda, premio Lope de Vega." *La Gaceta* [Salamanca] 19 May 1976: n. p.

García Pavón, F. *"Las Salvajes en Puente San Gil."* In *Teatro Español 1962-1963,* F. C. Sáinz de Robles, ed. Madrid: Aguilar, 1964: 332-334.

García Templado, José. "Generación Realista de los 60: Martín Recuerda." In *Literatura de la Postguerra: El Teatro. Cuadernos de Estudio, 28.* Madrid: Cincel 1981: 63-68.

G. C. M. "El Engañao, premio Lope de Vega: Martín Recuerda es el primer autor que lo recibe dos veces." *Ya* (6 May 1976): 24.

Giuliano, William. "José Martín Recuerda." In *Buero Vallejo, Sastre y el Teatro de su Tiempo.* New York: Las Americas, 1971: 239-242.

Gómez Ortiz, Manuel. "El pueblo de España canta la libertad." *Ideal* [Granada] 6 Feb. 1977: 17.

González-Cobos, Carmen. "Bibliografía." Universidad de Salamanca. Unpublished.

_____. "Aproximación a las primeras obras de un dramaturgo: *La Llanura* y *Los Átridas* de José Martín Recuerda." In *Studia Philologica Salamanticensia* 5 Salamanca: Universidad de Salamanca, 1981.

Gortari, Carlos. *"Las Arrecogías del Beaterio de Santa María Egipciaca."* *Pipirijaina,* 4 (1977): 61-62.

Granados, Vicente. *Literatura Española. Siglo XX. Historia y Antología.* Manuel Alvar. Madrid: Ed. Rosas, 1978. (Contiains the final scene of *Las Salvajes en Puente San Gil*).

Halsey, Martha T. "Dramatic Patterns in Three History Plays of Contemporary Spain." *Hispania* 71 (March 1988): 20-30. (On Buero Vallejo's *La Detonación,* Martín Recuerda's *Las Arrecogías del Beaterio de Santa María Egipciaca,* Rodríguez Méndez' *Bodas que Fueron Famosas del Pingajo y la Fandanga*).

_____. *"El Teatrito de Don Ramón. Como las Secas Cañas del Camino."* *Estreno* 11.2 (Fall 1985): 34-35. (Review of Gerardo Velázquez Cueto's edition.)

_____. "Martín Recuerda's *El Engañao* and the Primitive Cristianity of Juan de Dios." *The American Hispanist* 4. 32-33 (Jan. -Feb. 1979): 3-7.

_____. "*El Engañao* o el nuevo drama histórico de la posguerra." In *El Engañao, Caballos Desbocaos.* Angel Cobo, Martha T. Halsey, eds. Madrid: Cátedra, 1981: 27-50.

_____. "Introduction to the Historical Drama of Post-Civil War Spain." *Estreno* 14.1 (1988): 11-17.

_____. "José Martín Recuerda at Penn State for Drama Symposium." *Hispania* 63.4 (Dec. 1980): 745.

_____. "Juana la Loca in Three Dramas of Tamayo y Baus, Galdós, and José Martín Recuerda." *Modern Language Studies* 9.1 (Winter 1978-79): 47-59. (Includes discussion on *El Engañao*).

_____. "La Generación Realista: A Selected Bibliography." *Estreno* 3.1 (Spring 1977): 8-13. (For Martín Recuerda, 9-10).

_____. "*La Llanura. El Cristo.*" *Estreno* 9.2 (Fall 1983): 2. (A review of the Antonio Morales edition).

_____. "*Las Salvajes en Puente San Gil. Las Arrecogías del Beaterio de Santa María Egipciaca.*" *Hispania* 61.2 (May 1978): 383-384. (A review of Francisco Ruiz Ramón's edition).

_____. "Martín Recuerda's *Las Arrecogías del Beaterio de Santa María Egipciaca:* A Contemporary Celebration of Mariana de Pineda and her Sisters." *Kentucky Romance Quarterly* 26.3 (1979): 305-318.

_____. "The Politics of History: Images of Spain on the Stage of the 1970s." In *The Contemporary Spanish Theater: A Collection of Critical Essays.* Marth T. Halsey and Phyllis Zatlin, eds. Lantham, MD: U P of America, 1988. 93-112. (On Buero Vallejo's *Un Soñador para un Pueblo, La Detonación;* Martín Recuerda's *Las Arrecogías* and *El Engañao*).

_____. "The Violent Dramas of Martín Recuerda." *Hispanófila* 70 (Oct. 1980): 71-93.

Heras, Santiago de las. "Un autor recuperado: entrevista con José Martín Recuerda." *Primer Acto* 107 (1969): 28-31.

Herrero, San Martín. "Lo que Martín Recuerda dijo antes de su estreno." *La Estafeta Literaria* 169 (1959): 2-4.

Holt, Marion P. "Dramatists of Social Protest." In *The Contemporary Spanish Theater (1949-1972)*. Boston: Twayne Publishers, 1975: 144-150.

_____. "José Martín Recuerda." In *The Contemporary Spanish Theater (1949-1972)*. Boston: Twayne Publishers, 1975: 150-153.

_____. "*The Inmates of the Convent of Saint Mary Egyptian*." *Theatre Journal* 32.3 (Oct. 1980): 390-391.

Huertas, Eduardo. "Martín Recuerda: Un teatro escandalosamente español." *Ya* (17 Nov. 1973): 7.

Indurain, Domingo. "Los Realistas: Rodríguez Méndez, Martín Recuerda y Carlos Muñiz." In *Historia y Crítica de la Literatura Española: Epoca Contemporánea, 1939-1980*. Francisco Rico, ed. Barcelona: Grijalbo, 1981: 618-632.

Isasi Ángulo, Amando C. "José Martín Recuerda." In *Diálogos del Teatro Español de la Posguerra*. Madrid: Ayuso, 1974: 249-264. (Interview.)

"José Martín Recuerda en busca de un nuevo teatro castellano." *El Norte* [Castilla] 9 April 1985: 38. (On *Las Conversiones)*.

"José Martín Recuerda estrena el martes *El Engañao* en el Teatro Español de Madrid." *Ideal* [Granada] 8 Feb. 1981: 17.

Jover, Francisco. "Entrevista con Lauro Olmo." *Yorick* 2 (April 1965): 8-9. (This issue contains statements about the theatre of MartínRecuerda).

_____. "José Ariza Paláez: La difícil plasmación de una excelente idea." *Yorick* 9 (November 1965): 11. (Issue deals with the theatre of Martín Recuerda).

Kastiyo, J. L. "José Martín Recuerda, premio nacional Lope de Vega." *La Estafeta Literaria* 165 (15 March 1959): n. p.

Laborda, Angel. "Con Martín Recuerda sobre *El Engañao.*" *ABC* [Madrid] 6 de Marzo de 1981: n. p.

_____. "*El Engañao* de Martín Recuerda en el Español." *ABC* [Madrid] 10 Feb. 1981: 63.

Ladra, David. "Algunos rasgos característicos del teatro en Madrid." *Cuadernos para el Diálogo,* Extraordinario 3 (June 1966): 7-11. (On *¿Quién Quiere una Copla del Arcipreste de Hita?).*

Ladrón de la Guevara, José G. "José Martín Recuerda volvió a Pinos Puente." *Ideal* [Granada] 26 Aug. 1977: 18-19.

Laín Entralgo, Pedro. "En el redaño de Iberia." In *Gaceta Ilustrada,* Madrid 1963. (On *Las Salvajes en Puente San Gil).* Reprinted in *Primer Acto* 48 (1963): 21-23, and in the program for the premiere of *"Las Salvajes"* in Valencia in 1972.

_____. "*Las Salvajes.*" In *Teatro Español 1962-1963.* F. C. Sáinz de Robles, ed. Madrid: Aguilar, 1964. 330-332.

"La obra de Martín Recuerda tuvo en Madrid una acogida apasionada." *Patria* [Granada] 2 May 1959: n. p.

Lázaro Carreter, Fernando. "Carta a José Martín Recuerda." *La Gaceta Ilustrada* 935 (8 Aug. 1974): 13. (On *Las Arrecogías del Beaterio de Santa María Egipciaca).*

_____. "Crítica del estreno de *Las Arrecogías del Beaterio de Santa María Egipciaca.*" *La Gaceta Ilustrada* 1069 (3 April 1977).

_____. "*El Engañao* (I)." *La Gaceta Ilustrada* 1273 (March 1981): 43. (A review of the debut of *El Engañao).*

_____. "*El Engañao* (II)." *Gaceta Ilustrada* 1275 (March 1981): 97. (Second part of a review of the debut of *El Engañao).*

_____. "La aventura de Quart-23 con Martín Recuerda." *La Gaceta Ilustrada* (1972): 65. (On *Las Salvajes*).

Llovet, Enrique. "Estreno en el Español de ¿*Quién Quiere una Copla del Arcipreste de Hita?*" *ABC* [Madrid] 18 Nov. 1965: n. p.

_____. "Problemas para el nacimiento de un teatro social." *El País* (23 Jan. 1977): 28. (On Martín Recuerda and the theatre of inconformity).

_____. "Fiesta española en el teatro de la Comedia." *El País* (6 Feb. 1977): 6. (On *Las Arrecogías*).

López Sancho, Lorenzo. "*El Engañao* de Martín Recuerda en el Español." *ABC* [Madrid] 17 Feb. 1981: 61.

_____. "*Las Arrecogías del Beaterio de Santa Mariá Egipciaca*, un gran grito del teatro español marginado." *ABC* [Madrid] 6 Feb. 1977.

Lucas, Miguel and Fulgencio Sánchez. "*Las Conversiones*, un gran desafío teatral." *El Adelanto* (1986): 8.

Marquerie, Alfredo, "Estreno en el Español de ¿*Quién Quiere una Copla del Arcipreste de Hita?*" *Pueblo* Nov. 1965: n. p.

Martín, Sabas. "José Martín Recuerda: el drama ibérico." *Cuadernos Hispanoamericanos* 418 (1985): 120-127.

Martín Recuerda, José. "A los que puedan escucharnos y entendernos." *Primer Acto* 158 (1973): 73-74. (On la Cátedra de Teatro "Juan del Enzina" directed by Martín Recuerda).

_____. *Análisis de Doña Rosita la Soltera o el Lenguaje de las Flores de Federico García Lorca*. Salamanca: Universidad de Salamanca, 1979.

_____. "Autocrítica." In *Teatro Español 1962-1963*, F. C. de Sáinz de Robles, ed. Madrid: Aguilar, 1964: 327. (On *Las Salvajes*).

_____. "Autocrítica." *Ideal* [Granada] 28 May 1978: 19. (On *Las Salvajes*).

_____. "Antecrítica." Program of *Las Salvajes* by la Cía, Quart 23. Valencia, 1972: n. p.

_____. "*Como las Secas Cañas del Camino.*" *Yorick* 17-18 (1966): 17. (Contains the full play).

_____. "Creación, arranque y evolución de un autor subterráneo." University of Murcia (18 Nov. 1974): 1-10. (Conference address on *La Llanura*).

_____. "Desahogo sobre algo de mí y de *Las Salvajes.*" *Primer Acto* 48 (Dec. 1963): 26-28.

_____. "*El Cristo* o la Iglesia en el Poder."*Pueblo* [Madrid] 4 June 1982.

_____. "El teatro como salvación." *Diario de Murcia* (7 marzo 1982): 26. (On *Las Conversiones*).

_____. *Génesis de El Engañao. Versión Dramática de la Otra Cara del Imperio.* Salamanca: Ed. Universidad, 1979.

_____. "Historia." In *El Cristo.* Madrid: Escelicer, 1969.

_____. "Introducción." In José María Rodríguez Méndez' *Bodas que fueron Famosas del Pingajo y la Fandanga. Flor de Otoño.* José Martín Recuerda, ed. Madrid: Cátedra, 1979. 11-42.

_____. "Manifiesto de *El Caraqueño* o la deshumanización de un hombre de España." *Primer Acto* 107 (1969): 32-34. (Reprinted in the Escelicer edition, Madrid 1971).

_____. "Notas para un nuevo teatro español." In *El Teatro y su Crítica.* Reunión de Málaga de 1973. Málaga: Instituto de Cultura de la Diputación Provincial, 1975. 315-329.

_____. "*¿Quién Quiere una Copla del Arcipreste de Hita?*" *Primer Acto* 70 (1965): 7.

_____. *"Las Conversiones."* Teatro Estable Juan del Enzina, 1985: 1-2. (Program of *Las Conversiones).*

_____. "Teatro joven y sociedad española." *Cuadernos para el Diálogo,* 3 Extraordinario (June 1966): 30.

_____. "Teatro popular." *Primer Acto* 7 (1965): 17. (On *¿Quién Quiere una Copla del Arcipreste de Hita?).*

_____. *Teatro: El Teatrito de Don Ramón, Las Salvajes en Puente San Gil, El Cristo.* José Monleón, ed. Madrid: Taurus, 1969. The text includes the following articles:
   a)   José Monleón. "Martín Recuerda, o la otra Andalucía." 9-21;
   b)   Benigno Vaquero Cid. "De Lorca a Recuerda." 22-31;
   c)   Lauro Olmo. "Unas palabras en torno a Pepe Martín Recuerda." 35-36;
   d)   José María Rodríguez Méndez. "José Martín Recuerda, allá en Granada." 37-39;
   e)   "Biografía." 43-46;
   f)   José María Lopez y Sánchez. "Teatro universitario en Granada." 47-53;
   g)   José Martín Recuerda. "Pequeñas memorias." 54-59;
   h)   "Los estrenos de Martín Recuerda. " 63-66;
   i)   A. Marquerie. Crítica de *"El Teatrito. . . ."* 67-68 (De *ABC)* ;
   j)   R. Doménech. Crítica de *"El Teatrito. . . ."* 69-70;
   k)   F. García Pavón. Crítica de *"Las Salvajes. . . . "* 70-71 (De *Arriba);*
   l)   Sergio Nerva. Crítica de *"Las Salvajes . . . ."* 72-73 (De *España);*
   m)   J. A. González Casanova. "Martín Recuerda, al cine: La España salvaje de Antonio Ribas." 74-84. (On *Las Salvajes).*

_____. *La Tragedia de España en la Obra Dramática de Rodríguez Méndez (Desde la Restauración hasta la Dictadura de Franco).* Salamanca: Universidad de Salamanca, 1979.

Martínez, Monique. "L'influence de l'esperpento dans quatre oevres de la génération réaliste de l'après-guerre." *Cahiers d'Études Romanes* 13 (1988): 41-53. (Includes plays by Carlos Muñiz, Lauro Olmo, Martín Recuerda, and Rodríguez Méndez).

Martínez Tomás, A. "Alexis: estreno de la obra *El Caraqueño* de José Martín Recuerda." *La Vanguardia Española* (10 Dec. 1968): 53.

Martínez Velasco. "*Las Arrecogías del Beaterio de Santa María Egipciaca* de Martín Recuerda." *ABC* [Madrid] 4 Dec. 1977: 47.

Medina, Miguel A. "Estreno de *El Engañao.*" *Primer Acto* 188 (Feb.-June): 157.

Méndez Moya, Adelardo. "*La Cicatriz* de José Martín Recuerda: una visión de amor total." *Canente* [Málaga] 7 June 1990: 71-77.

Miralles, Alberto. *Nuevo Teatro Español: Una Alternativa Social.* Madrid: Villalar, 1977. (On "Los Realistas," 19-32.)

Miras, Domingo. "Un texto inédito de Martín Recuerda." *Primer Acto* 207 (Jan.-Feb. 1985): 56-96. (On *La Trotski.* Includes the full play).

Medina, M. A. *El Teatro Español en el Banquillo.* Fernando Torres, ed. Valencia, 1976. (Interview with Martín Recuerda).

Mills, Denise C. *José Martín Recuerda: The Maturation of a Dramatist.* Diss. New York: University of Buffalo, 1989.

Molero Manglano, Luis. *Teatro Español Contemporáneo.* Madrid: Nacional, 1974. 393-403. (Text includes a section on Martín Recuerda).

_____. "Teatro español: *El Teatrito de Don Ramón,* Premio Lope de Vega." *La Estafeta Literaria* 169 (1959): 16.

_____. "*El Teatrito de Don Ramón* y su mejor crítica." *La Estafeta Literaria* 172 (1959): 16.

Monleón, José. *Cuatro Autores Críticos.* Granada: Secretaría de Extension Universitaria, Universidad de Granada, 1976. (Includes the theater of Jesús Campos, Francisco Nieva, José Martín Recuerda, José María Rodríguez Méndez. For Martín Recuerda see: "José Martín Recuerda," 7-13; "Mesa redonda," 43-55; "Biografía y Obra," 60-63; "Una escena de *El Engañao* de José Martín Recuerda," 70-74).

_____. "Dos propuestas de teatro popular." *Primer Acto* 70 (1965): 19-22. (On *¿Quién Quiere una Copla del Arcipreste de Hita?*).

_____. "Entrevista con José Martín Recuerda." *Primer Acto* 169 (1974): 8-11.

_____. "Entrevista con José Martin Recuerda." In *Cuatro Autores Críticos.* Granada: Universidad de Granada, 1976: 65-69.

_____. "*Las Arrecogías del Beaterio de Santa María Egipciaca,* año 1977." *Triunfo* 733 (12 Febrero 1977): 53.

_____. "Mariana Pineda, el amor y la libertad." *Tiempo de Historia* 32 (July 1977): 58-67.

_____. "Martín Recuerda, dos obras en juego sobre San Juan de la Cruz y Mariana Pineda." *Triunfo* 621 (24 de Agosto de 1974). (On *El Engañao* and *Las Arrecogías*).

_____. "Martín Recuerda." In *Cuatro Autores Críticos.* Granada: Universidad de Granada, 1976. 7-13.

_____. "Martín Recuerda en Salamanca." *Primer Acto* 143 (1972): 67-70.

_____. "Rodríguez Méndez y Martín Recuerda." *Triunfo* 611 (15 June 1974): 78. (On *Las Arrecogías*).

_____. Teatro: *El Teatrito de Don Ramón. Las Salvajes en Puente San Gil. El Cristo.* Madrid: Taurus, 1969.

_____. "Una representación en la cátedra teatral de Salamanca." *Primer Acto* 158 (1973): 72-73.

Monleón, José and Miguel Bilbatua. "Rebeldía en el beaterio." *Cuadernos para el Diálogo* 199 (19-25 Feb. 1977): 46-47.

Morales, Antonio. *Anotaciones a la Obra de José Martín Recuerda.* Salamanca: Universidad de Salamanca, 1982.

_____. "Dos estudios preliminares a *La Llanura* y a *El Cristo.*" In *La Llanura, El Cristo.* Antonio Morales, ed. Granada: Editorial Don Quijote, 1982. 9-38. (The introduction includes: *"La Llanura* o la conciencia temprana,"* 9-25; "La obra ignorada de José Martín Recuerda: *El Cristo,* " 27-38; and "Bibliografía," 39-49).

_____. "El sentimiento de la verdad." In *Las Conversiones* by José Martín Recuerda. Arte Escénico, 61. Madrid: Preyson, 1985.

_____. *Esquemas de Estudio sobre algunos Temas del Teatro de José Martín Recuerda.* Salamanca: Universidad de Salamanca, 1981.

_____. "Historia de un texto dramático." In *Las Ilusiones de las Hermanas Viajeras, Las Conversiones.* Murcia: Godoy, 1981: 9-19. (Background information to *Las Conversiones).*

_____. "'*Las Conversiones*' y la obra de José Martin Recuerda." In *Las Ilusiones de las Hermanas Viajeras, Las Conversiones.* Murcia: Godoy, 1981: 19-61. (A study on the play's symbolic and thematicelements).

_____. "'*Las Ilusiones de las Hermanas Viajeras*' y Martín Recuerda." In *Las Ilusiones de las Hermanas Viajeras, Las Conversiones.* Murcia: Godoy, 1981: 61-70.

_____. "'*Las Reinas del Paralelo.*'" *Gaceta Cultural* (25 marzo 1992): 28.

_____. "Los pueblos en el teatro de José Martín Recuerda." Seminario (Nov.-Jan., Curso Académico 1972-73) en el Colegio Mayor Sagrado Corazón de la Universidad de Murcia.

_____. "Martín Recuerda, dos obras en juego sobre San Juan de la Cruz y Mariana Pineda." *Triunfo* 621 (24 Aug. 1974). (On *El Engañao* and *Las Arrecogías del Beaterio de Santa María Egipciaca).*

_____. "Martín Recuerda en la periferia." *Primer Acto* 210-211 (Sept.-Dec. 1985): 186-187. (On the debut of *Las Conversiones).*

_____. "Nota a la quinta edición." In *Las Salvajes en Puente San Gil. Las Arrecogías del Beaterio de Santa María Egipciaca.* Madrid: Cátedra, 1988. 38-41.

_____. "Sobre '*El Arcipreste* de Hita y sus Coplas.'" 1975: 1-2 (Debut program. Staged by the Grupo Molinillo Teatro at the Teatro Vico (Jumilla) and Colegio Mayor Cardenal Belluga in Murcia).

_____. "Teatro y polémica." *La Opinión* [Murcia] 31 Oct. 1989). (On *La Trotski* and *La Trotski se va a Las Indias*).

_____. "Toros y Literatura." *Septiembre Taurino* 80 [Murcia] 1980: n. p.

Morales y Marín, José Luis. "Hablemos de José Martín Recuerda." Conferencia. (Residencia Universitaria Teresa de Avila y Colegio Mayor Sagrado Corazón). University of Murcia 1970.

Nerva, Sergio. "*Las Salvajes en Puente San Gil.*" In *Teatro Español 1962-1963*. F. C. Sáinz de Robles, ed. Madrid: Aguilar, 1964. 328-330.

"Nuestra Generación Realista." *Primer Acto* 32 (1962): 1-3.

O'Connor, Patricia and Anthony M. Pasquariello. "Conversaciones con la Generación Realista." *Estreno* 2.2 (Fall 1976): 2-28. (The issue contains a special interview with Martín Recuerda, 17-18).

_____. "Cartelera." *Estreno* 2.2 (Spring 1975): 23. (On the staging of *El Engañao* and *Las Arrecogías*).

Oliva, César. *Cuatro Dramaturgos 'Realistas' en la Escena de Hoy: Sus Contradicciones Estéticas (Carlos Muñiz, Lauro Olmo, Rodríguez Méndez, Martín Recuerda)*. Murcia: Universidad de Murcia, 1978. (For Martín Recuerda, 115-153).

_____. *Disidentes de la Generación Realista*. Murcia: Universidad de Murcia, 1979.

_____. *El Teatro desde 1936*. Madrid: Alhambra, 1989. 262-274. (On *La Trotski* and *La Trotski se va a Las Indias*).

_____. "José Martín Recuerda." In *Cuatro Dramaturgos Realistas en la Escena de Hoy: sus Contradicciones Estéticas*. Murcia: Universidad de Murcia, 1978: 115-149.

_____. *Un Grupo Evolucionado de la Generación Realista (Aproximación a la Obra Dramática de Muñiz, Olmo, Rodríguez Méndez y Martín Recuerda).* Diss. Universidad de Murcia, 1975.

Orozco Díaz, Emilio. *"Las Arrecogías del Beaterio de Santa María Egipciaca."* *Pipirijaina* 4 (1977): 52-60.

_____. "Invención teatral y realidad histórica." *Pipirijaina* 4 (1977): 57-59. (On *Las Arrecogías*).

Ortiz Nuevo, José Luis. "Un modelo de teatro político." *Tierras del Sur* 18 Dec. 1977: 46.

Peretti Della Rocca, Cristina de. "El teatro de la crueldad: Artaud y la necesidad de la metafísica." *Revista de la Universidad Complutense* (1982): 210-218. (On the influence of the Theater of Cruelty in the works by Martín Recuerda).

Pérez, Manuel. *"El Caraqueño o la apuesta feliz por un teatro recio."* *Diario de Alcalá* (Alcalá de Henares), 19 April 1993: 10

Pérez Coterillo, Moisés. "Con José Martín Recuerda y *Las Arrecogías del Beaterio:* más cerca de la historia que los historiadores." *Blanco y Negro* 3382 (1978): 38-41.

_____. "Mariana Pineda arrecogía política." *Tiempo de Historia* 29 April 1977: n. p.

_____. *"El Engañao,* la furia española." *Pipirijaina* 18 (Jan.-Feb. 1981): 38-39. (Criticism of the debut of *El Engañao*).

Pérez de Olaguer, Gonzalo. "La libertad como derecho en *Las Arrecogías* . . . ." *Diario de Barcelona* 16 Sept. 1977: 21.

Pérez García, Francisco. "Demasiadas cañas secas." *Ideal* [Granada] 24 Nov. 1968: 3 (On *Como las Secas Cañas del Camino*).

_____. "Un estreno y dos anécdotas." *Ideal* [Granada] 15 Feb. 1977: 20.

Pérez-Minik, Domingo. *Debates sobre el Teatro Español Contemporáneo*. Santa Cruz: Goya, 1953.

Pérez-Stansfield, María Pilar. *Direcciones del Teatro Español de Posguerra: Ruptura con el Teatro Burgués y Radicalismo Contestatario*. Diss. Boulder: University of Colorado, 1979.

_____. "1963. *Las Salvajes en Puente San Gil* de Martín Recuerda." In *Direcciones de Teatro Español de Postguerra*. Madrid: José Porrúa Turanzas, 1983. 150-155.

_____. "Martín Recuerda: Nuestra historia como una gran fiesta trágica." In *Direcciones de Teatro Español de Postguerra*. Madrid: José Porrúa Turanzas, 1919: 247-256. (On *Las Arrecogías*).

Ramos, Antonio E. "Confesiones de José Martín Recuerda." *Ideal* [Granada] 16 Feb. 1977: 16-17. (On *Las Arrecogías*).

_____. "Martín Recuerda: El teatro de la amnistía." *Triunfo* 735 26 Feb. 1977: 44-45.

Rebollo Sánchez, Félix. "*Caballos Desbocaos. El Engañao*." *Insula* 423 (Feb. 1982): 9. (Review of Martín Recuerda's *Caballos Desbocaos. El Engañao* by Angel Cobo and Martha T. Halsey, eds.).

Rodrigo, Antonina. *Mariana de Pineda*. Barcelona: Plaza y Janés, 1979.

Rodríguez Alcalde, Leopoldo. *Teatro Español: Siglo XX*. Madrid: Espesa, 1973.

Rodríguez Méndez, José María. "La vuelta al teatro de Mariana Pineda." In *Comentarios Impertinentes sobre el Teatro Español*. Barcelona: Península, 1972: 167-170.

_____. *La Incultura Teatral en España*. Barcelona: Editorial Laia, 1974. (On *Las Salvajes* in Valencia).

_____. "La universidad y el teatro." *Sábado Cultural de ABC* [Madrid] 1 Nov. 1980. (On Cátedra "Juan del Enzina").

Ruibal, Arturo. "El túnel sin fin." *Primer Acto* 185 (Aug.-Sept.): 80. (Interview, 79).

Ruiz Molinero, Juan J. "José Martín Recuerda o el teatro subterráneo." *Ideal* [Granada] 14 April 1974: 5-6.

Ruiz Ramón, Francisco. "De Valle Inclán a José Martín Recuerda." In *Estudios de Teatro Espanol Clásico y Contemporáneo.* Madrid Fundación Juan March, Cátedra, 1978. 121-252.

_____. "El drama histórico," and "El Poder y sus máscaras." In *Celebración y Catarsis* by R. Ramón. Murcia: Universidad de Murcia, 1988. 165-208. (Discussions including *Las Arrecogías, Las Salvajes,* and *El Engañao*).

_____. *Historia del Teatro Español: Siglo XX.* 3ra ed. Madrid: Cátedra, 1975. 485-516. (On the authors of the Generación Realista. For Martín Recuerda, 502-509).

_____. "Introducción." In José Martín Recuerda: *Las Salvajes en Puente San Gil, Las Arrecogías del Beaterio de Santa María Egipciaca.* Francisco Ruiz Ramón, ed. Madrid: Cátedra, 1977. 11-40.

_____. "José Martín Recuerda." In *Historia del Teatro Español. Siglo XX.* Madrid: Cátedra, 1975. 502-509.

_____. "*Las Arrecogías* de Martín Recuerda en U.S.A." *Estreno,* 6.2 (Fall 1980): 4-6. Reprinted in *Primer Acto* 185 (Aug. - Sept. 1980): 161-163.

_____. "*Las Salvajes en Puente San Gil:* La aparición del personaje corral." In *Las Salvajes en Puente San Gil, Las Arrecogías del Beaterio de Santa María Egipciaca.* F. Ruiz Ramón, ed. Madrid: Cátedra, 1978. 13-19.

_____. "Martín Recuerda: El estado de sitio." In *Studies in Honor of Gustavo Correa.* Charles B. Faulhaber, Richard P. Kinkade, and T. A. Perry, eds. Maryland: Scripta Humanistica, 1986: 196-208.

_____. "Notas para una lectura de *Las Arrecogías.*" *Primer Acto,* 169 (1974): 14-15.

_____. "Una fiesta española: *Las Arrecogías.*" In *Las Salvajes en Puente San Gil, Las Arrecogías del Beaterio Santa María Egipciaca.* F. Ruiz Ramón, ed. Madrid: Cátedra, 1978. 20-40.

Santos, Jesús María. "José Martín Recuerda estrena una versión discretamente censurada de *El Engañao.*" *El País* [Madrid] 7 Feb. 1981: 7. (Interview).

_____. "José Martín Recuerda: 'Yo no he perdido el tren.'" *El Público* 18 (March 1985): 38-40.

San Martín, G. Herrero. "Lo que José Martín Recuerda dijo antes de su estreno." *La Estafeta Literaria* 169 (1959): 1-2. (On *El Teatrito de Don Ramón).*

Sanz, Julia. "He llevado a Granada por todo el mundo." Ideal (Granada), 5 Feb. 1993: n. p. (Granada honors Martín Recuerda with *La Medalla de Oro).*

Seminar on the Dramas of José Martín Recuerda. Held at Penn State University, Pennsylvania (1980). The seminar included the following:

a) Moderator: Janet Spinas, Humbolt State College;
b) Clare Bretz, Drew University, On *La Llanura;*
c) Barry E. Weingarten, University of Delaware, On *Como las Secas Cañas del Camino;*
d) Federico Pérez, Bucknell University, On *Las Salvajes en Puente San Gil;*
e) Denise Mills, New York-SUC, On *El Engañao;*
f) Film presentation of *Las Salvajes* by Antonio Ribas;
g) Key Note Address delivered by Francisco Ruiz Ramón, Purdue University, On "Hacia una estética del paroxismo: 'Introducción a la dramaturgia de Martín Recuerda'";
h) Film presentation of *Las Arrecogías del Beaterio de Santa María Egipciaca,* English version by Robert Lima and directed by Manuel Duque;
i) A critical session on *The Inmates of the Convent of Saint Mary Egyptian:* A Critical Assessment, moderated by Anthony M. Pasquariello, University of Illinois.

Soriano Sánchez, Jacinto. *Le Théâtre de José Martín Recuerda. Franquisme et petite Bourgeoisie.* Universidad de la Sorbonne Nouvelle, Institut d'Études Théâtrales (unpublished).

Teatro Español Actual. Fundación Juan March. Madrid: Cátedra, 1977. 99-107. (Includes a Prologue and five divisions: "Críticos," 13-68; "Autores," 69-138; "Actores," 139-190; "Directores," 191-246; "El Nuevo Teatro," 247-297).

Teatro Español, 1962-63. F. C. Sáinz de Robles, ed. Madrid: Aguilar, 1964. The text includes the following:
a) José Martín Recuerda, "Autocrítica." 327;
b) Sergio Nerva, Crítica de *"Las Salvajes. . . ."* 328-330;
c) Pedro Laín Entralgo Crítica de *"Las Salvajes. . . ."* 330-332;
d) F. García Pavón, Crítica de *"Las Salvajes. . . . "* 332-334. (Contains full text of *Las Salvajes en Puente San Gil).*

"Teatro y polémica." *La Opinión* [Murcia] 31 Oct. 1989: n. p.

Torres, Sixto. *Social Protest Elements in Theater of José Martín Recuerda.* Diss. The Florida State University, 1980.

_____. "Grotesque Imaginings: Martín Recuerda." *Postscript* 10 (1993): 17-24. (On the Celestina and the grotesque in *Las Conversiones).*

_____. "José Martín Recuerda's *Caballos Desbocaos:* A Carnivalesque Celebration of Recent Spain." *Selected Proceedings of the Mountain Interstate Foreign Language Conference.* Greenville, SC: Furman University, 1987. 351-359.

_____. "José Martín Recuerda's *El Engañao." USF Language Quarterly* 19.1-2 (1980): 35-36, 39.

_____. "José Martín Recuerda's New Play: *La Trotski." Estreno* 14.1 (Spring 1988): 3-4.

_____. *"Las Conversiones, Las Ilusiones de las Hermanas Viajeras"* by José Martín Recuerda. In *Ariel* 2 (Spring 1985): 48-49. (A review of *Las Conversiones, Las Ilusiones de las Hermanas Viajeras,* edited by Antonio Morales).

_____. "Martín Recuerda's *Caballos Desbocaos* and the Quality of Life in Post-Franco Spain." *Hispanic Journal* 8.1 (1986): 61-68.

_____. "Martín Recuerda's *Carteles Rotos:* A Postista Vision of Recent Spain." *Círculo: Revista de Cultura* 18 (Fall 1989): 223-229.

_____. "Notes on Martín Recuerda's *Caballos Desbocaos.*" *USF Language Quarterly* 24.1-2 (Fall-Winter 1985): 35-38.

_____. "Post-Franco Theater: Martín Recuerda's New Drama." *Language Quarterly* 26.1-2 (Fall-Winter 1987): 36-38, 56. (On *Las Conversiones).*

_____. "Sorcery, Doubling, and the Initiation Paradigm in Martín Recuerda's *Amadís de Gaula.*" *Journal of Evolutionary Psychology,* (1992): 328-334.

Torres Monreal, Francisco. "Conversación con José Martín Recuerda." *La Verdad* [Murcia] Dec. 1981.

Trenas, Julio. "*Las Arrecogías del Beaterio de Santa María Egipciaca.*" *Arriba* [Madrid] 6 Feb. 1977: 35.

"Una representación en la Cátedra Teatral de Salamanca." *Primer Acto* 158 (1973): 72-73.

Vaquero Cid, Benigno. "*El Teatrito de Don Ramón* y su mejor crítica." *La Estafeta Literaria* 172 (1959): 16.

_____. "La garra de un dramaturgo." In *Obras Escogidas de Martín Recuerda.* Madrid: Escelicer, n. d.: n. p. (On *La Llanura).*

_____. "Sobre *La Llanura.*" *Estreno* 3.1 (Spring 1977): 18-19.

Velázquez Cueto, Gerardo. *José Martín Recuerda: Aportación al Estudio del Teatro Español de la Posguerra.* Diss. Universidad de Granada, 1975.

_____. Ed. *El Teatrito de Don Ramón, Como las Secas Cañas del Camino* by José Martín Recuerda. Barcelona: Plaza & Janes, 1984.

_____. "José Martín Recuerda. *Análisis Total de la Trayectoria de un Dramaturgo (1922-1977)*. Diss. Granada: Universidad de Granada, 1977.

_____. "De Lorca a Martín Recuerda: Crónica de una violencia siempre anunciada." *Insula* 440-441 (July-Aug. 1983): 23.

_____. "Actualidad y entendimiento de *Doña Rosita la Soltera o el Lenguaje de las Flores de Federico García Lorca. Insula* 410 (Jan. 1981): 1, 12-13. (On *Como las Secas Cañas del Camino*).

Vicente Mosquete, José. "*Las Salvajes en Puente San Gil:* Una vieja historia de palpitante rebeldía." *El Público* 50 (Nov. 1987): 9-10.

_____. "Martín Recuerda: 'Lo que pasa es que no he sabido venderme . . . .'" *El Público* 50 (Nov. 1987): 11-13.

Weingarten, Barry E. "Form and Meaning of José Martín Recuerda's Social Drama: *Las Salvajes en Puente San Gil." Estreno* 6.1 (Spring 1980): 4-6.

_____. "José Martín Recuerda's *Como las Secas Cañas del Camino* and Rural Drama." *Hispanic Review* 51.4 (1983): 435-448.

_____. "Rural Society in *Como las Secas Cañas del Camino." Revista de Estudios Hispánicos* 18 (1984): 103-114.

Zatlin Boring, Phyllis. "*El Engañao, Caballos Desbo*caos." *Estreno* 8.2 (Fall 1982): 8. (A review of Martín Recuerda's *El Engañao, Caballos Desbocaos* edited by Angel Cobo).

_____. "Encuesta sobre el teatro madrileño de los años 70." *Estreno* 6.1 (Spring 1980): 11-12. (Issue contains statements by Buero Vallejo, Gala, Herrera, Martín Recuerda, Martínez Mediero, Muñiz, Olmo, Quiles, and Rodríguez Méndez).

_____. "*Las Conversiones, Las Ilusiones de las Hermanas Viajeras." Estreno* 8.2 (Fall 1982): 8, 45. (A review of Martín Recuerda's *Las Conversiones, Las Ilusiones de las Hermanas Viajeras* edited by Antonio Morales, 1981).

413

"5 preguntas a los autores que estrenan." *Primer Acto* 170-171 (1959): 1-2. (On *Las Ilusiones de las Hermanas Viajeras*).

"24 horas: José Martín Recuerda." *Diario Patria* [Granada] 26 Feb. 1959): n.p. (On *El Teatrito de Don Ramón*).

Translations

Martín Recuerda José. *The Christ (El Cristo)*. Trans. by Joelyn Ruple.

_____. *The Inmates of the Convent of St. May Egyptian (Las Arrecogías del Beaterio de Santa María Egipciaca)*. Trans. by Robert Lima. In *Drama Contemporary: Spain*. New York: Performing Arts Journal Publications, 1985.

_____. *Like the Dry Stalks Along the Way (Como las Secas Cañas del Camino)*. Trans. by Marion P. Holt. (Part of National Endowment for the Arts grant project).

_____. *Don Ramon's Small Theater (El Teatrito de Don Ramón)*. Trans. by Janet Spinas.

_____. *The Man from Caracas (El Caraqueño)*. Trans. by Janet Spinas.

HISPANIC LITERATURE

1. Kenrick Mose, **Defamiliarization in the Work of Gabriel García Márquez from 1947-1967**

2. Fray Francisco Moner, **Obras Castellanas: Poemas menores (vol.1)**, Peter Cocozzella (ed.)

3. Fray Francisco Moner, **Obras Castellanas: Poemas mayores (vol.2)**, Peter Cocozzella (ed.)

4. Jorge de Montemayor, **The Diana**, RoseAnna Mueller (trans.)

5. Miriam Adelstein (ed.), **Studies On The Works Of José Donoso: An Anthology of Critical Essays**

6. Lisa P. Condé, **Women in the Theatre of Galdós: From *Realidad* (1892) to *Voluntad* (1895)**

7. Lisa P. Condé, **Stages in the Development of a Feminist Consciousness in Pérez Galdós (1843-1920): A Biographical Sketch**

8. Stephen Pallady, **Irony in the Poetry of José de Espronceda, 1834-1842**

9. Frederic W. Murray, **The Aesthetics of Contemporary Spanish American Social Protest Poetry**

10. Benito Pérez Galdós, *Angel Guerra*, Karen O. Austin (trans.)

11. Stephen M. Hart, **Spanish, Catalan and Spanish-American Poetry from *Modernismo* to the Spanish Civil War: The Hispanic Connection**

12. David Garrison (trans.), **Poems of José Bergamín: Echoes of a Distant Sea**

13. Kathleen March (ed. & trans.), **An Anthology of Galician Short Stories: Así vai o conto**

14. Benito Pérez Galdós, *The Unknown/La Incógnita*, Karen Austin (trans.)

15. Benito Pérez Galdós, *Reality/Realidad*, Karen Austin (trans.)

16. Benito Pérez Galdós, **The Theatre of Galdós, *Realidad* (1892)**, Lisa Pauline Condé.

17. Benito Pérez Galdós, *Gerona*, Translation and with an Introduction by G.J. Racz

18. Antonio Sobejano-Morán, **La Metaficción Creadora en *Antagonía* de Luis Goytisolo**

19. Connie L. Scarborough, **Women in Thirteenth-Century Spain as Portrayed in Alfonso X's *Cantigas de Santa Maria***